U1009457

中国文旅产业疫情影响与全面振兴

邓爱民　李鹏　著

中国旅游出版社

序言

新冠肺炎疫情的暴发成为2020年影响我国文旅产业的“黑天鹅”事件，给我国的文旅产业带来了巨大损失，同时也暴露出了我国旅游危机治理体系不完善、旅游治理体系不健全等问题。虽然此次疫情暴发让我国文化旅游产业深陷危机，但有“危险”就有“机遇”，如何实现旅游业的“化危转机”，率先抢抓机遇，对于疫情过后我国文旅产业的短期复苏与长期转型升级具有重要意义。2019年我国旅游业对GDP的综合贡献为10.94万亿元，占GDP总量的11.05%。旅游直接就业2826万人，旅游直接和间接就业7987万人，占全国就业总人口的10.31%。由此可见，文化旅游产业在我国经济结构中占有举足轻重的地位，实现文化旅游产业的振兴和转型升级，对于我国经济的稳定增长，实现既定的国民生产总值增长速度，打赢脱贫攻坚战，全面建成小康社会都具有重要意义。

本书作者结合多年的科研实践经验，发挥学科特色和专业优势，系统分析了我国在2003年非典型肺炎疫情后文化旅游产业的振兴措施，进行了广泛的市场调研，并结合我国文化旅游产业发展趋势，潜心撰写了此书，力求为我国2020年新冠肺炎疫情后文旅产业的振兴和产业结构优化提出合理化建议。本书共分9章，结构合理，富有逻辑。本书首先介绍了编写的背景，分析了文化旅游产业的产业特征，论述了编写的现实意义。之后介绍了新冠肺炎疫情的发展历程和传播特点，政府和企业都采取了哪些疫情防控措施。系统分析了新冠肺炎疫情对我国文化旅游产业的影响，以及我国文旅产业在疫情后将面临的发展环境。梳理、总结了我国2003年非典型肺炎疫情后文化旅游产业振兴的措施，在此基础上，从宏观、中观、微观的角度提出了振兴我国文旅产业的建议措施。最后，对疫情后我国文旅产业的发展进行了反思，强调战胜疫情需要党中央的坚强领导，需要构建文化旅游产业的危机管理机制，同时需要政府的支持政策和文旅企业进行积极自救。

本书丰富了我国重大公共卫生事件后的文化旅游产业振兴理论。文化旅游产业是一个高度环境敏感性产业，容易遭受境内外突发事件的冲击和影响，从而导致严重的衰退和滑坡，虽有学者研究过重大疫情后文化旅游产业振兴问题，也有一部分研究成果。但是每个国家的国情不同、体制不一，应对重大疫情的政策和措施也会有很大差异，特别是我国正在面临文旅产业结构调整和疫情后的产业振兴双重压力，环境更加复杂，任务更加艰巨。本书从宏观、中观、微观层面提出我国文化旅游产业振兴的策略建议，将进一步丰富我国重大公共卫生事件后文化旅游产业振兴的理论和实践。

本书丰富和完善了现代旅游危机管理体系。新冠肺炎疫情的暴发，充分暴露了我国的旅游危机治理体系不完善，这也是我国旅游治理的短板。本书根据现代治理理念，以新冠肺炎疫情暴发为契机，对照2003年非典型肺炎疫情期间我国政府、企业应对疫情的管控和振兴措施，结合我国国情和文化旅游产业发展特点，构建旅游危机管理体系，丰富和完善了现代旅游危机管理体系。

由于作者学识有限，时间仓促，本书如有错误疏漏之处，期望得到读者的批评指正。本书受到中南财经政法大学“新型冠状病毒肺炎应急对策研究后期资助项目”——《中国文旅产业：疫情影响与全面振兴》的资助，在此特表示感谢！

邓爱民于广西邕城

2020年3月22日

目录

第一章 绪 论

新冠肺炎疫情的暴发成为2020年影响我国文化旅游产业的“黑天鹅”事件，给我国的文化旅游产业带来了巨大损失，同时也暴露出我国旅游危机治理体系不完善、旅游治理体系不健全等问题。虽然此次疫情暴发让我国文化旅游产业深陷危机，但有“危险”就有“机遇”，率先抢抓机遇对实现旅游业的“化危转机”以及疫后我国文化旅游产业的短期复苏与长期转型升级具有重要意义。2019年我国旅游业对GDP的综合贡献为10.94万亿元，占GDP总量的11.05%。旅游直接就业2825万人，旅游直接和间接就业共7987万人，占全国就业总人口的10.31%。由此可见，文化旅游产业在我国经济结构中占有举足轻重的地位，实现文化旅游产业的振兴和转型升级，对于我国经济的稳定增长、实现既定的国民生产总值增长速度、打赢脱贫攻坚战、全面建成小康社会具有重要意义。

第一节 背景介绍

伴随着经济的发展和人民生活水平的提高，人们对于文化旅游的消费需求越来越强烈。作为幸福产业，文旅产业成为人们追求美好生活不可缺少的组成部分。文化是旅游的内核和灵魂，旅游是文化的载体和途径。文旅产业指的是与人们的休闲生活、文化体验、物质生活、精神需求等息息相关的领域，是以旅游业、服务业、娱乐业和文化产业为主体而形成的经济形态和行业系统。文旅产业的发展对挖掘地方文化、完善旅游产业、调整经济结构等方面具有十分重要的意义。

一、中国文旅产业的发展状况

（一）中国文旅产业的发展背景

1. 经济背景

“十三五”期间，我国经济发展进入新阶段，正在由高速增长阶段转向高质量发展阶段，社会主要矛盾由人民日益增长的物质文化需要同落后的社会生产之间的矛盾转化为人民日益增长的美好生活需要和不平衡不充分发展之间的矛盾。不平衡不充分发展的问题的解决有赖于经济结构的调整、发展动力的转换以及民生问题的改善，文旅产业基于其在拉动内需、满足国民休闲需要等方面的作用，在转换发展动力、调整经济结构、改善民生问题等方面具有十分重要的作用。文旅产业的健康快速发展，有利于更好地满足人民在经济、文化、生态、社会等方面的需求。

2. 市场背景

近年来，旅游市场发展迅速，根据国家统计局数据统计（见图 1–1、图 1–2），2012 年我国国内旅游人数为 29.57 亿人次，旅游收入为 2.27 万亿元，接待入境旅游人数为 1.32 亿人次。2019 年全年国内游客人数达 60.1 亿人次，比上年增长 8.4%；国内旅游收入达 57251 亿元，增长 11.7%。入境游客人数达 14531 万人次，增长 2.9%。国际旅游收入达 1313 亿美元，增长 3.3%。国内居民出境人数达 16921 万人次，增长 4.5%。由此可以看出，我国旅游业的市场规模呈现出逐年增长的趋势。

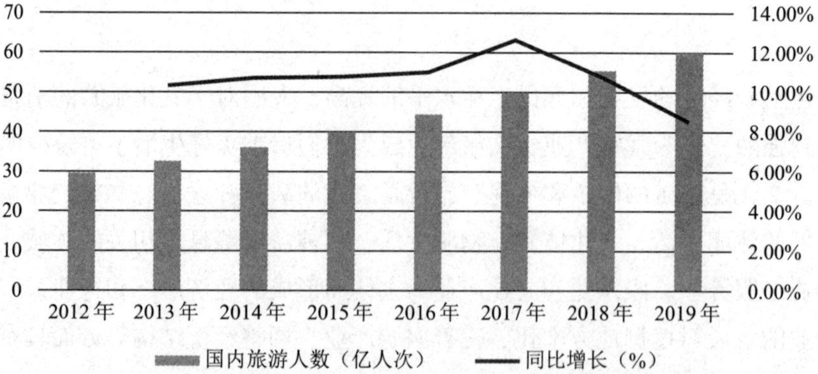

图 1–1　2012—2019 年国内旅游人数增长趋势

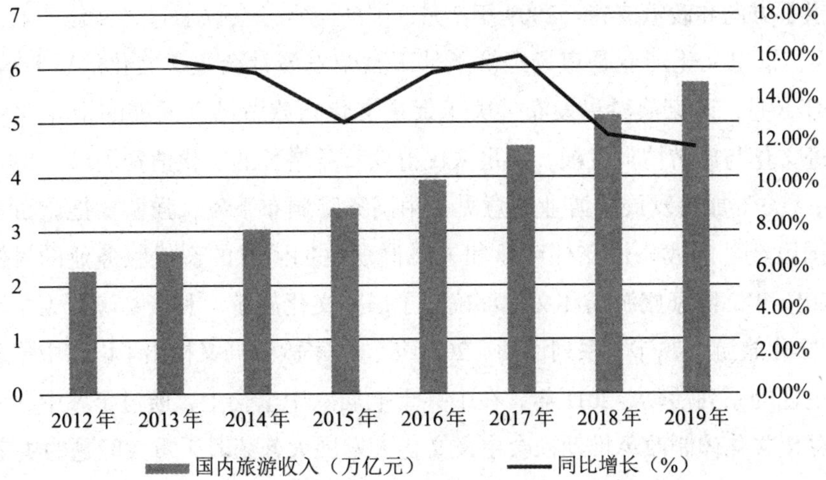

图 1-2 2012—2018 年国内旅游收入增长趋势

随着文旅产业的蓬勃发展，我国文旅产业的投资越来越受到重视，近几年我国文旅产业的投资规模不断提高，2014 年全国旅游业的投资规模为 7053 亿元，预计 2020 年将达到 2 万亿元的投资规模（见图 1-3）。

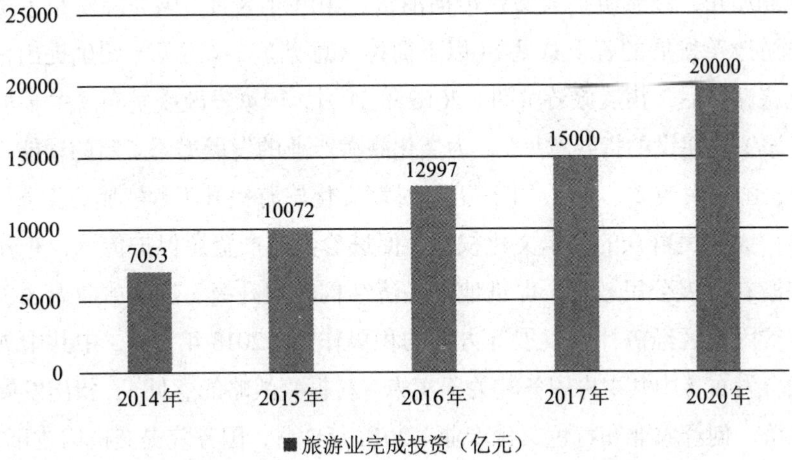

图 1-3 2014—2020 年中国旅游业完成投资及目标规划

3. 政策背景

近年来，国家颁布了众多支持文旅产业发展的政策，为我国文旅产业的发展提供了方向和政策支持。2009 年 7 月，国务院常务会议通过《文化产业振兴规划》，指出文化产业是市场经济条件下繁荣发展社会主义文化的重要载体。2009 年 8 月，国家旅游局发布《关于促进文化与旅游结合发展的指导意见》，以推进文化与旅游协调发展，满足人民群众日益增长的文化消费需求。2009 年 12 月，《关于加快发展旅游业的意见》由国务院颁布下发，强调要把旅游业培育成国民经济的战略性支柱产业和人民群众更加满意的现代服务业的目标定位。2010 年，国家旅游局和文化部确定了以“文化旅游、和谐共赢”为主题的“中国文化旅游主题年”系列活动。2011 年，国家旅游局又推出了以“中华文化游”主题的系列活动。2011 年，在中共十七届六中全会上，通过了《中共中央关于深化文化体制改革推动社会主义文化大发展大繁荣若干重大问题的决定》，旨在促进社会主义文化大发展大繁荣，以满足人民群众日益增长的文化需求。2013 年，党的十八大报告提出，要推动文化产业快速发展，将文化产业建设成为国民经济支柱性产业。2013 年，习近平总书记提出了“一带一路”倡议，为文化产业的国际化发展提出了新的要求。2014 年 3 月，国务院发布的《关于推进文化创意和设计服务与相关产业融合发展的若干意见》中指出，以文化提升旅游内涵质量，以旅游扩大文化传播消费。2014 年 8 月，国务院发布了《关于促进旅游改革发展的若干意见》(以下简称《意见》)，《意见》明确提出，要创新文化旅游产品，拓展旅游空间。2016 年 11 月，国家发改委发布《关于加快美丽小（城）镇建设的指导意见》，为文化旅游产业的发展增添了新的动能。2017 年 3 月，国家发改委印发《“十三五”时期文化旅游提升工程实施方案》，提出要保障广大人民群众的基本文化权益，促进珍贵遗产资源保护传承，充分发挥文化旅游在开展公民教育、促进地方经济结构转型升级、带动革命老区、民族地区、贫困地区经济社会发展等方面的积极作用。2018 年 1 月，中共中央、国务院联合发布《中共中央国务院关于实施乡村振兴战略的意见》，指出发展乡村共享经济、创意农业和特色文化产业。2018 年 3 月，国务院提交机构改革方案，组建文化和旅游部，不再保留文化部、国家旅游局，以增强和彰显文化自信，统筹文化事业、文化产业发展和旅游资源开发，提高国家文化软实力和中华文化影响力，推动文化事业、文化产业和旅游业融合发展。2019 年 3 月，文化和旅游部印发了《关于促进旅游演艺发展的指导意见》，明确提出要提升创作生产水平，推进业态模式创新。

从系列政策红利接连释放可以看出，国家对于文旅产业的重视程度在不断提高，这对于我国的文旅产业的持续发展起到了有力的推动作用。

4. 需求背景

马斯洛曾经提出著名的需求层次理论，他把人的需求分成五个层次，从低到高依次为生理需求、安全需求、社交需求、尊重需求和自我实现需求。只有低层次的需求得到满足后，才会有高层次的需求主张。人的最迫切的需求才是激励人行动的主要原因和动力。人的需求是从外部得来的满足逐渐向内在得到的满足转化。随着人们生活水平的提高，文化旅游逐渐成为人们的刚需，成为生活中不可缺少的一部分。通过文化旅游，人们获得某种归属和认同，赢得别人的尊重和认可，同时，旅游不仅是获得审美享受、增长见识的机会和途径，也是发现自我、变现自我和实现自我的一种方式。所以，文化旅游消费需求是一种高级的需求层次。

此外，根据国家统计局数据统计，2019 年全国旅游业对 GDP 的综合贡献为 10.94 万亿元，占 GDP 总量的 11.05%，而全年餐饮收入为 4.6 万亿元，可以看出，游客在出游过程中，“吃、喝”已不再是游客的唯一需求，“玩、乐”逐渐被游客所需。结合 2019 年全国居民人均消费支出构成（见图 1–4）可以看出，人均教育文化娱乐消费支出 2513 元，占人均消费支出的比重为 11.7%，同比增长 12.9%，表明对文旅产业的需求在不断增长。

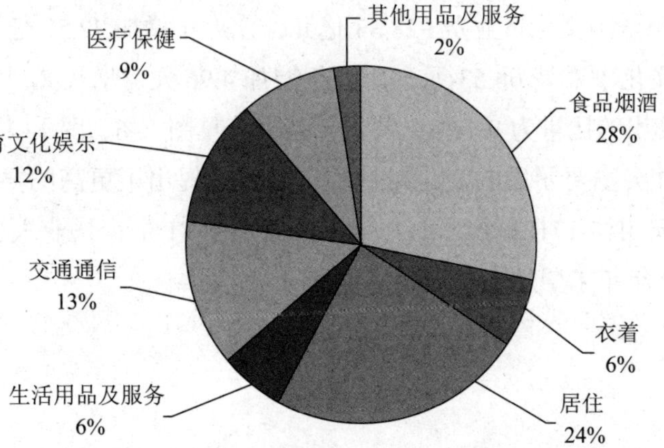

图 1–4 2019 年全国居民人均消费支出构成

（二）中国文旅产业的发展现状

我国文旅市场起步较晚，但整体发展速度较快。《中华人民共和国文化和旅游部2018年文化和旅游发展统计公报》显示，截至2018年年末，全国各类文化和旅游单位共31.82万个，从业人员375.07万人（见图1–5）。

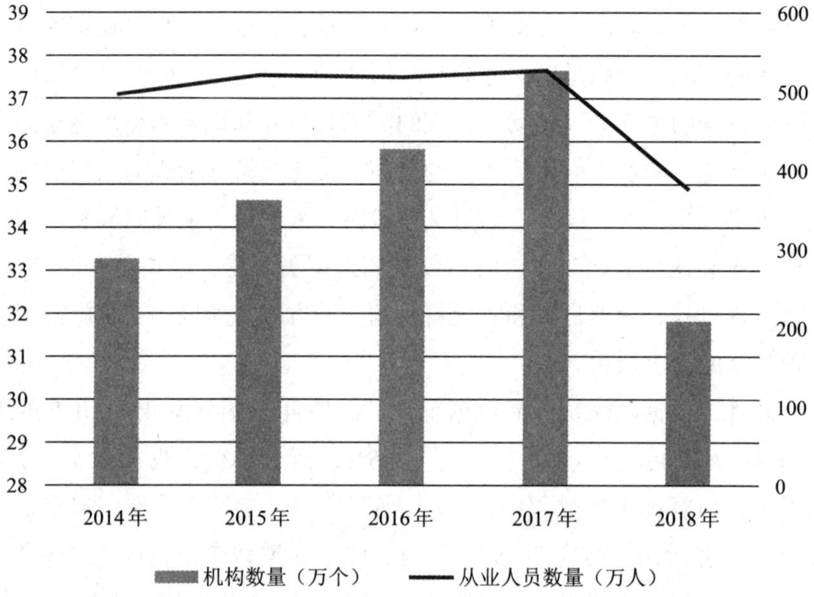

图1–5　2014—2018年中国文化和旅游单位及人数变化趋势

2018年全国文化事业费928.33亿元，比上年增加72.53亿元，增长8.5%；全国人均文化事业费66.53元，比上年增加4.96元，增长8.1%。文化事业费占财政总支出的比重为0.42%，与上年持平（见图1–6、图1–7）。

我国社会主要矛盾的变化对精神文明建设提出了更高的要求。2018年全国艺术表演团体17123个，比上年年末增加1381个；从业人员数量为41.64万人，比上年年末增加1.34万人（见图1–8）。

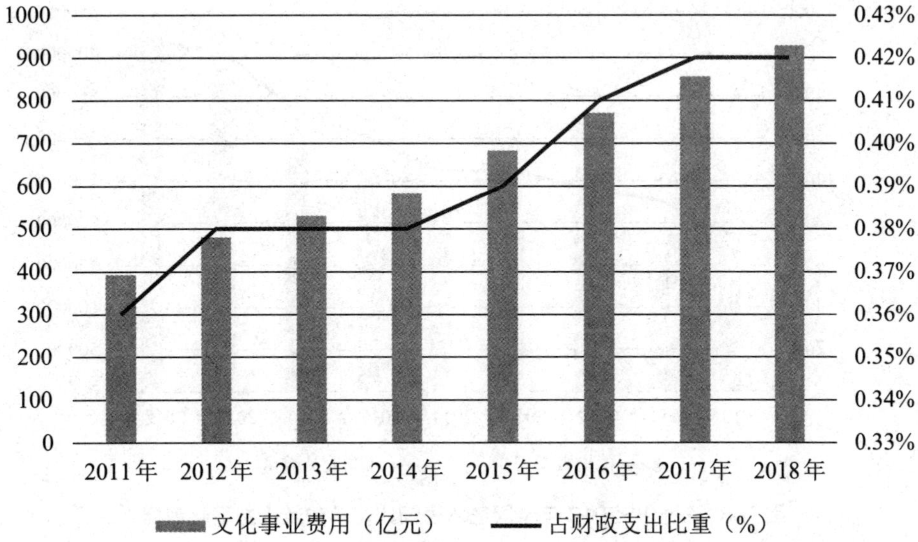

图 1-6 2011—2018 年全国文化事业费用及所占财政支出比重

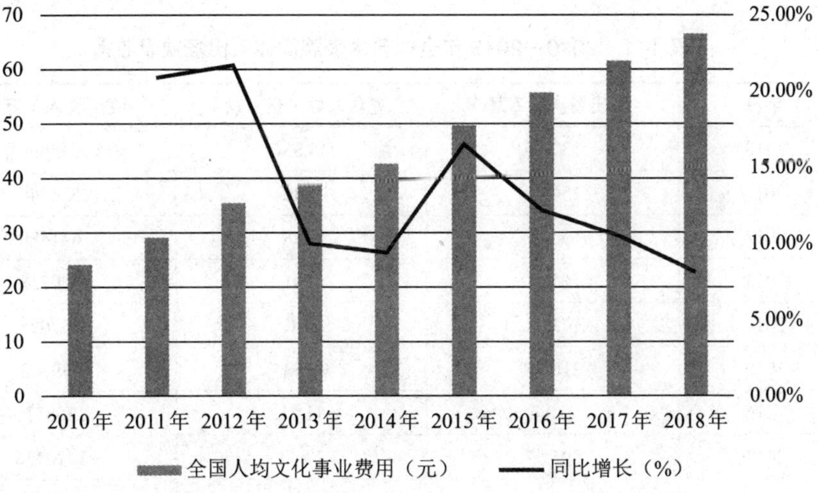

图 1-7 2010—2018 年全国人均文化事业费用及增长趋势

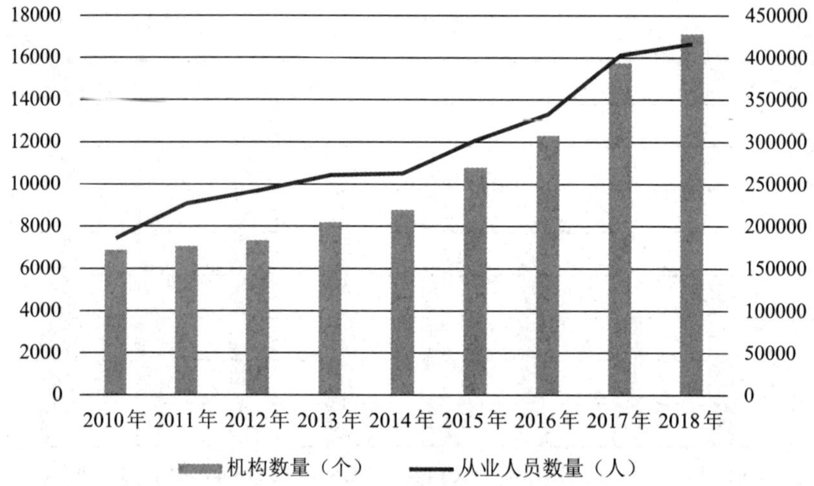

图 1-8 2010—2018 年全国艺术表演团体单位及人数变化趋势

2018 年全年演出 312.46 万场，比上年增长 6.4%；国内观众人数达 13.76 亿人次，增长 10.3%；演出收入为 152.27 亿元，比上年增长 3.1%（见表 1-1）。

表 1-1 2010—2018 年全国艺术表演团体演出场次及收入

年份	演出场次（万场）	观众人数（亿人次）	演出收入（万元）
2010	137.15	8.85	342696
2011	154.72	7.46	526745
2012	135.02	8.28	641480
2013	165.11	9.01	820738
2014	173.91	9.1	757028
2015	210.78	9.58	939313
2016	230.6	11.81	1308591
2017	293.57	12.47	1476786
2018	312.46	13.76	1522685

2018 年公共图书馆共 3176 个，比上年年末增加 10 个；图书总藏量 10.37 亿册，增长 7.0%；全年全国公共图书馆流通总人数达 8.20 亿人次，增长 10.2%；书刊文献外借 58010 万册，比上年增长 5.3%；全年共为读者举办各种活动 179043 次，增长 15.1%；参加人数达 10648 万人次，增长 20.2%（见图 1-9）。

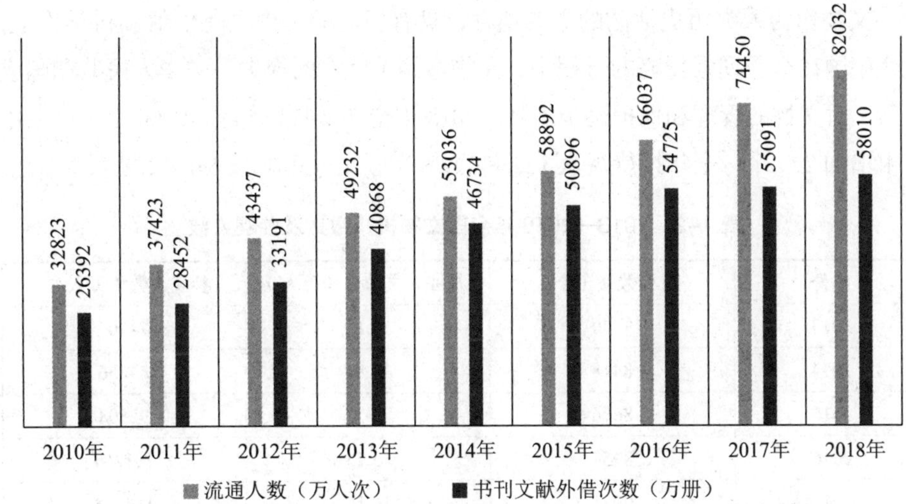

图 1-9　2010—2018 年全国公共图书馆流通人数及书刊文献外借次数变化趋势

2018 年全国群众文化机构 44464 个，比上年年末减少 57 个；全年共组织开展各类文化活动 219.48 万场次，比上年增长 10.9%；服务人数 70553 万人次，增长 10.3%（见图 1-10）。

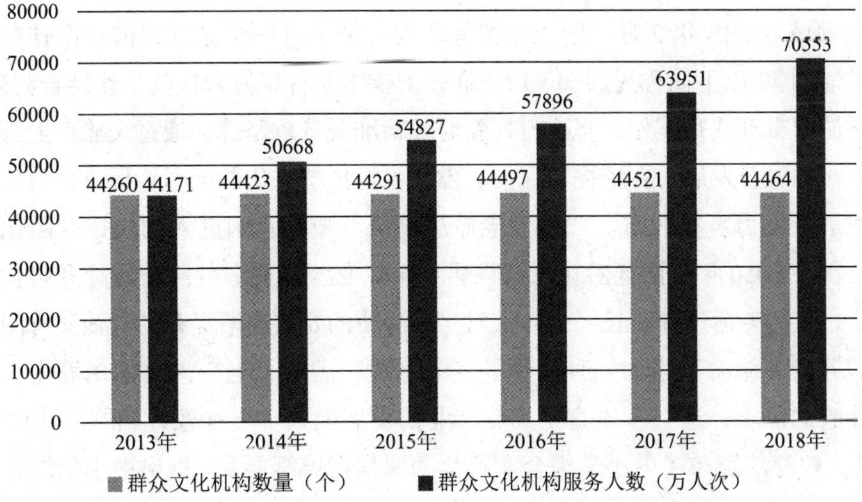

图 1-10　2013—2018 年全国群众文化机构数量及服务人次变化趋势

文物作为人类历史活动的重要遗存，具有极高的历史文化价值和科学价值，近代中国在遭受列强侵略的过程中，文物遭到了巨大的损失。中华人民共和国成立后，对文物的管理和保护逐步加强。2018 年全国文物机构有 10160 个，比上年年末增加 229 个；全年接待观众 122387 万人次，比上年增长 6.6%（见表 1–2）。

表 1–2　2013—2018 年全国文物机构数量及参观人数

年份	机构数量（个）	从业人员数量（万人）	参观人数（万人次）
2013	7740	13.88	74706
2014	8418	14.81	84256
2015	8676	14.6	92508
2016	8954	15.15	101269
2017	9931	16.16	114773
2018	10160	16.26	122387

（三）中国文旅产业的发展趋势

1. 多领域融合发展

旅游在融合文化发展的基础上，向越来越多的领域触及和延伸。一是乡村振兴领域。2018 年 2 月，国家旅游局印发《关于进一步做好当前旅游扶贫工作的通知》（以下简称《通知》），《通知》指出要将旅游和扶贫工作结合起来，以旅游业带动扶贫工作，坚决打好新时代精准脱贫攻坚战。通过文旅产业与美丽乡村的融合发展，在挖掘、保护、发扬乡村传统文化的同时，促进乡村旅游的发展，助力乡村脱贫。二是养老旅居领域。随着我国进入到快速老龄化阶段，预计 2050 年我国老龄化人口将达到 4.87 亿。同时，伴随着医疗和科技的进步，人的寿命逐渐延长，老年人对生活品质的要求逐渐提升，有钱又有闲使得“养老 + 旅游”作为一种新型的养老方式，满足了老年人对休闲养生、娱乐体验的需求，进一步丰富了文旅产业的发展模式。三是教育领域。2017 年 9 月，教育部发布《中小学综合实践活动课程指导纲要》，指出中小学综合实践活动课程是义务教育和普通高中课程方案规定的必修课程，所有学生都要学习，都要参加，打破了传统的教学模式，实现了“研学 + 旅游”的融合发展，使学生在游中学，在学中游。四是文化融合更加顺畅。随着国家机构改革的推进，国家文化和旅游部挂牌成立，随后各省、自治区、直辖市都挂牌成立了文化旅游机构，这在体制机制上为文旅融合提供了保障，更加促进了文旅融合的深度和广度。五是体育领域。体育和旅游融合进入快车道，随着人们生活水平的提高和认识的提升，人们对于体育更加关注，这为体育和旅游的融合创造了契机。大型运动赛事、低空飞行、登山运动、溯溪运行、骑行运动等不同的运动形式都可以和旅游结合，进行融合发展。六是工业领域。工业旅游是工业和旅游业融合发展的结果。以企业工厂为场景，以工业产品生产过程为参观路线，满足人们对工业生产的好奇心。

2. 多渠道注入资本

近年来，旅游业的投资规模逐渐扩大，到 2020 年，预计旅游投资总额将达到 2 万亿元。在投入领域上，主题乐园、文旅小镇、度假村、乡村旅游、文旅综合体等文旅项目成为投资的热点，如香港富德集团投资 110 亿元人民币建造 Hello Kitty 主题乐园，在资本注入上，多渠道跨界投资成为主流，如百度跨界投资 QQ 旅游、去哪儿网、百度旅游等，阿里巴巴跨界投资浙江未来酒店、飞猪旅行、穷游网等，腾讯跨界投资同程旅游、艺龙旅游等，携程投资途牛旅游、旅游百事通等，投资覆盖的领域逐渐扩大，有助于产业链条的延长。

3. 科技创新增强动力

随着科技发展的日新月异，作为第一生产力的科学技术与文旅产业的结合越发紧密，科技在旅游中的运用越发广泛，如智慧景区、智慧酒店的应用，有助于更加精确地搜集、分析和整理数据，智能导览系统、生物识别电子门票、AI 客服等的应用，既节省了大量的人力成本，也为游客提供了诸多便利，以及 VR、AR 等沉浸式娱乐项目的开发，提升了用户的体验感和新鲜感。科技的运用渐趋成为文旅产业发展的方向，在优化文旅产业发展结构、促进文旅产业健康发展上具有十分重要的地位和作用。

4. 生态保护延续发展

文旅产业的持续发展不仅需要对文化资源的开发和利用，更需要对文化资源的保护和维护。2018 年 12 月，文化和旅游部发布《国家级文化生态保护区管理办法》，指出以保护非物质文化遗产为核心，对具有重要价值和鲜明特色的文化形态进行整体性保护。因此，文旅产业作为文化产业的重要组成部分，需要在不断创新发展模式的同时，加强对自然环境和人文环境的宣传和保护，以实现“遗产丰富、氛围浓厚、特色鲜明、民众受益”的目标。

（四）文旅产业融合发展的意义

文化旅游产业把文化与旅游相结合，文化是旅游的灵魂，旅游是文化的重要载体。文化赋予了旅游项目深厚的文化内涵，使其具有竞争力和生命力；旅游为文化搭建了平台，使更多人了解文化的内容，同时为文化的保护、开发提供了资金支持。所以，文旅融合是两大产业相互交叉、相互促进的过程。旅游有利于文化的传播，文化有利于旅游的发展。

二、疫情的影响范围

这次新冠肺炎疫情是中华人民共和国成立以来，传播速度最快、感染范围最广、防控难度最大的重大突发公共卫生事件。新冠肺炎疫情与非典型肺炎疫情相比，存在致命性相对较低但传播性更强的特点，在影响程度上将大于2003年非典型肺炎疫情暴发时所造成的影响。非典型肺炎疫情时期，中国经济发展整体处于上行周期，增速较快，人口红利巨大，市场爆发力较强，加之当时我国加入WTO的正面效应逐渐显见，据统计，2003年非典型肺炎疫情虽然造成第二季度GDP损失2个百分点，但年度GDP增速仍然维持在10%左右。新冠肺炎疫情暴发时期，我国经济发展处于下行周期，增速相对放缓，国际市场红利消退，与美国的贸易摩擦加深，据经济学家任泽平团队的研究统计，仅春节七天，电影票房损失70亿元，餐饮零售损失5000亿元，旅游市场损失5000亿元，仅这三个行业的直接经济损失就超过1万亿元。这1万亿元，占到了2019年第一季度GDP的4.6%。综上，与非典型肺炎疫情相比，新冠肺炎疫情暴发所造成的整体影响更大，具体体现在以下方面：

（一）对第一产业的影响

第一产业指的是主要以利用自然为主，生产不必经过深度加工就可以进行消费的产品或部门，一般包括农业、林业、渔业、畜牧业和采集业。受疫情防控工作的影响，对第一产业的影响主要表现为：一是基于人们对野生动物安全性意识的提高，未来有关野生物的买卖和食用会在一定程度上有所减少，这必将影响野生动物的养殖；二是由于全国多地实施交通管制和封锁，会对产品运输和流通造成一定的影响；三是受疫情影响，人们的健康和卫生意识普遍增强，对产品加工、包装等环节的重视程度会提高；四是受人流管制的影响，部分采摘农业，如草莓、樱桃等采摘园，因产品受生长周期的时间限制无法及时售卖，因而会造成一定的损失。

（二）对第二产业的影响

第二产业指的是对第一产业和本产业提供的产品（原料）进行加工的产业部门，主要包括制造业、电力、燃气及水的生产和供应业、建筑业等。基于疫情传播性强的特点，其防控期持续时间也相对较长，进而导致春节假期后各地复工缓慢，对第二产业的影响可分为两方面：一方面，受疫情影响，大部分工厂企业无法正常复工，这对第二产业会造成负面影响；对劳动密集型企业、外贸出口型企业等造成了较大的负面影响，主要体现为劳动密集型企业可能面临招工困难的问题，同时还要承担企业租金、银行贷款等外部问题，使得企业在承担支出的同时，由于人员的短缺无法按时交货，最终陷入恶性循环；外贸出口型企业则受复工时间延迟的影响，会丢失一定的国际订单，进而加剧国际产业转移的风险。另一方面，对医药制造行业的产品需求大大增加，自疫情暴发以来，多地口罩、防护服、酒精、消毒液、双黄连等脱销可见端倪。据统计，医药商业、医疗器械服务、生物制品、化学制药等上市企业的股价涨幅都超过10%，其中，人民同泰上涨46.36%，海王生物上涨46.27%，普门科技上涨54.85%，恒康医疗上涨46.70%，四环生物上涨46.27%，哈药股份上涨46.67%。

（三）对第三产业的影响

第三产业是指除第一产业和第二产业以外的其他行业，主要包括交通运输、旅游、餐饮、住宿、零售业等服务业。基于第三产业的产业特点，受疫情的影响较为广泛。总体而言，疫情的影响主要是负面的。首先，负面影响主要集中在影视行业、交通运输业、餐饮业、旅游业、房地产业等行业，这些行业大多响应国家关于疫情防控的号召，选择暂停营业。暂停营业就没有收入，但这些企业还有固定成本需要支出，包括员工工资、员工社会保险费、房租等，造成财务压力和运营的困境。其次，正面影响主要集中在游戏、在线教育、电商物流等行业。在疫情期间，由于人们出行和活动受限，大部分人宅在家中，很多消费活动受到了限制，但也催生和促进了“宅经济”的发展，主要就包括网络游戏、在线教育、在线娱乐、网络购物等形式，刺激了线上产业的大幅度增长。

三、疫情之下中国文旅产业的现状分析

文旅产业作为全球最大的人群聚集型产业，包括交通旅行、游览游乐、演艺、餐饮、旅居、购物等活动，都是以人群集聚甚至大规模集聚的形态呈现，具有高敏感性的特点。同时，文旅产业的产业链很长，根据《国家旅游及相关产业统计分类》，包括指直接为游客提供出行、住宿、餐饮、游览、购物、娱乐等服务活动的集合以及为游客出行提供旅游辅助服务和政府旅游管理服务等活动的集合，涉及 200 多个行业。遭遇突发疫情就会导致文旅产业出现阶段性、断崖式的大幅度、大面积急速下滑。根据携程发布的预测数据，2020 年春节，全国或有 4.5 亿人出行，旅游业的收入将不低于 5500 亿元，由于旅游产业的关联性，综合收入将更高，受疫情影响，导致全年预期从同比增长 10% 变为负增长 14%~18%。同时，相关政策法规的颁布，如文化和旅游部办公厅下发通知要求 1 月 24 日起全国旅行社及在线旅游企业暂停经营团队旅游及“机票 + 酒店”产品，包含国内游、出境游在内的所有团队旅游和“机票 + 酒店”旅游产品暂时停止销售和服务；交通运输部、民航局和国家铁路决定，自 1 月 24 日 0 时起，凡此前已购买火车票、客车票、船票、机票的旅客，自愿改变行程需退票的，免收其退票手续费，携程、飞猪等 OTA 平台迎来退票潮等，亦使得文旅产业基本断流，遭受重创。加之封路、封村、封城等阻断式防御措施的相继执行，使得对文旅产业的影响远远大于其他行业，具体体现在以下方面：

（一）酒店行业的现状分析

根据中国饭店协会与联合优尼华盛共同发布的酒店市场数据，可以看出受

疫情影响，2020 年春节七天全国 5109 家酒店平均入住率、RevPAR 呈大幅度下降趋势，其中平均入住率由 2019 年的 60.25% 下降至 14.01%，RevPAR 由 413.04 元下降至 113.29 元，平均房价略有上涨，由 648.6 元上涨至 705.2 元，共计营业损失达 12.3 亿元（见图 1–11）。平均每家酒店损失约 40.16 万元，主要来自顾客退订、酒店关店以及抗击疫情的支出，其中，自 2020 年 1 月 21 日以来，由于餐厅及客房退订所造成的酒店直接损失占 2020 年酒店春节可实现收入的 62%；为抗击疫情，选择关店的酒店数约 1747 家，占比达到 34.2%，因关店所造成的税负、人力成本以及水电、设备能耗等支出高达 5.93 亿元；在疫情防治上，为应对疫情，平均每家酒店在酒精、消毒液、口罩等防控用品上的支出为 1063 元 / 天。此外，为做好一线医务人员的后勤保障工作，部分酒店选择无偿为医护人员提供住宿服务，该部分酒店占比达到 3.2%，每天的支出费用为 6797 元。

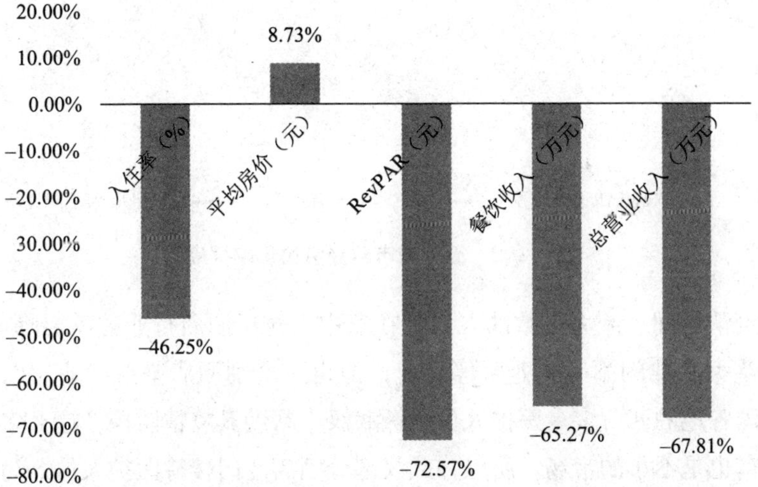

图 1–11　2020 年春节七天全国酒店经营情况

具体来看，在受疫情影响的五大城市群当中，影响较大的是成渝城市群和长江中下游城市群，主要是因为这两个城市群距离疫情重灾区湖北省较近。在疫情暴发后，多数游客放弃了出行计划，因而在一定程度上给酒店业造成极大的损失；影响较小的地区集中在京津冀城市群和珠三角城市群，主要是因为这两个城市群距离疫情中心武汉的距离相对较远，抗击疫情的压力相对较小。此外，两地的经济发展水平相对较高，防护和应急措施相对较为快速和完善，因此在总体影响上相对较小（见图 1–12）。

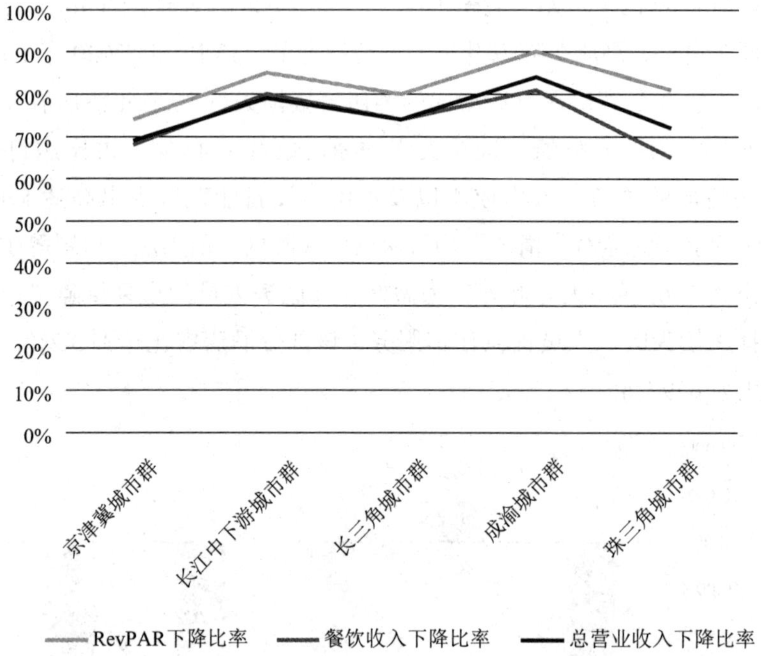

图 1–12　五大城市群受疫情影响程度

在疫情期间，绝大多数的人们宅在家中，对于酒店行业的需要降至冰点，所以，绝大多数的酒店企业暂停营业，但也有个别酒店坚持营业。以武汉为例，全国各地的四万多名医护人员驰援武汉，帮助其疫情防控，这么多医护人员的住宿也是不小的市场。所以，武汉部分酒店专门接待医护人员，为其提高住宿、餐饮服务。另外，在全国各地实行交通限行之后，很多人滞留他乡，无法返程，特别是湖北的居民更是不能及时返回。所以，全国各地都指定了定点酒店为这些人员进行接待服务。

（二）餐饮业的现状分析

基于疫情传播速度快、传染性强等特点，全国各地迅速采取居家隔离、封路等阻断式的疫情防护措施，恰逢农历新年这一亲朋好友聚餐高峰期，对餐饮业的冲击极为强大。根据美团 2020 年 2 月的调查数据显示：在营业状态方面，57.6% 的餐饮商户表示其所在城市的食堂、外卖均暂停营业，26.6% 的餐饮商户表示其所在城市的食堂暂停营业、但外卖仍可配送，11.1% 的餐饮商户表示其所在城市的食堂、外卖均可营业，4.7% 的餐饮用户属于其他情况（见图 1–13）。其中，大部分外卖配送业务是为了满足疫情下一线医护人员以及部分上班族的用餐需求，尽可能避免频繁外出采购、就餐等过程中所造成的交叉感染，进而增加疫情防控的难度。

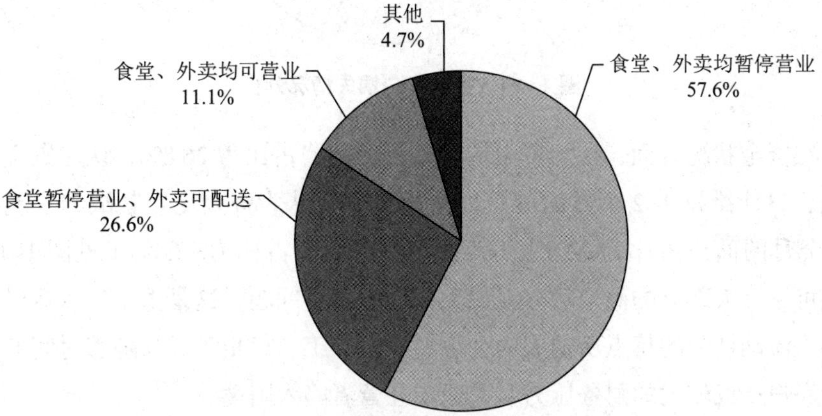

图 1–13 餐饮商户营业状况分析

在遭受损失方面，认为疫情期间餐饮经营遭受非常大损失的经营者占比达 69.3%，认为疫情期间餐饮经营遭受比较大损失的经营者占比为 25.8%，认为疫情期间餐饮经营受到损失较小或基本没有损失的经营者占比仅为 4.9%（见图 1–14）。这些商户的损失大多是由于为防止疫情扩散而主动或被动关店所造成的，其中，不同类型的餐饮商户损失规模有所不同，对于正餐类型的商户影响较大，这些类型的餐饮基本以在店消费为主，与外卖的契合度不高，很难进行调整，而对小吃、饮品、甜点等类型的商户影响相对较小，因为这些类型的餐饮大多便携，有些甚至本身就无法在店消费，与外卖具有很高的契合程度，因而受影响的程度相对较小。

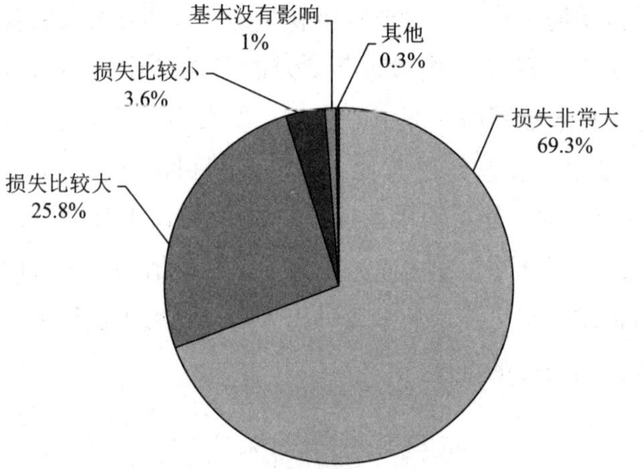

图 1–14　餐饮商户损失情况分析

在资金状况方面，认为资金周转不开的商户占比为 26.8%，认为资金极度紧缺、只能维持 1~2 个月的商户占比为 37%，认为资金比较紧缺、只能维持 3~4 个月的商户占比为 22.9%，其他情况的商户占比为 13.3%（见图 1–15）。由此可见，大部分的商户均存在或大或小的资金问题，这是由于餐饮业经营规模小、流动性强的特点所造成的，原材料、人工、房租等成本随着时间的增加会给商户造成较大的财务压力，进而使经营者陷入困境。

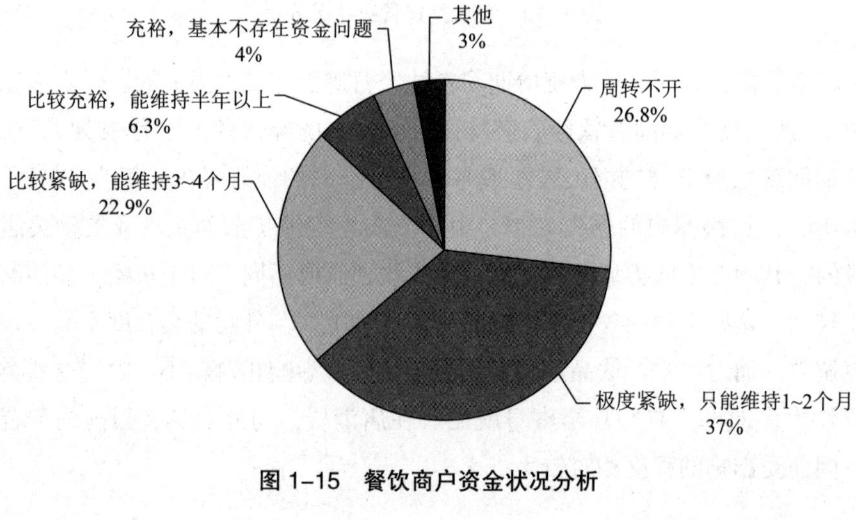

图 1–15　餐饮商户资金状况分析

（三）旅行社及在线旅游企业的现状分析

2020年1月24日，文化和旅游部办公厅下发通知，要求24日起全国旅行社及在线旅游企业暂停经营团队旅游及“机票+酒店”产品，包含国内游、出境游在内的所有团队旅游和“机票+酒店”旅游产品暂时停止销售和服务，对旅行社及在线旅游企业造成了极大的损失，主要表现在：首先，在资金方面，旅行社作为中间商向航空公司、酒店、景区等预付了大量的资金，但国家文化和旅游部下发禁行令造成了大量的退订业务，这些资金很难在短期内进行回收，且旅行社还需要预先垫付相应的游客损失，极易引起资金链的断裂；同时，疫情暴发之后，传播速度之快、传染性之强使很多有出行意愿的潜在游客打消了念头，且疫情消散日期处于尚不可知的状态，为旅行社造成了极大的潜在损失；此外，当前绝大多数旅行社及在线旅游企业处于停工状态，但却要承担相应的房租、人力等成本支出，在没有收入的情况下承担着相应的费用压力，也在一定程度上加剧了企业的经济损失。其次，在服务方面，由于疫情暴发突然，禁行令的颁布使众多企业陷入措手不及的状态之中，积压了大量的退改订单，一方面要与各航空公司、地接社、景区、代理商等进行沟通，另一方面要处理顾客的诉求和业务，据去哪儿网统计，疫情期间去哪儿网电话订单量较去年同期增长10倍，峰值时期增长超过25倍。客服人均每天接单量达到200个，每日工作时长超过12小时，可见疫情期间给旅行社及在线旅游企业增加了极大的服务挑战性。最后，在员工方面，企业为春节及黄金周所进行的旅游策划及营销宣传不仅没有取得实质性的成果，反而要承担大量的退订业务，从而承受了极大的工作强度和压力。

（四）影视行业的现状分析

疫情的暴发对影视行业投资、制作、宣发及播出的全过程均造成了一定的影响和冲击。在投资上，基于疫情暴发，使得客户的诉求发生了相应的变化，继而许多影视招商工作被迫暂停。在制作上，为避免人群聚集引发的大规模暴发，许多正在拍摄的影视作品暂停拍摄，且大型影视拍摄基地如横店影视城，其文化产业实验区管理委员会、东阳市文化和广电旅游体育局下发通知，关闭拍摄场景，暂停防控期间的剧组拍摄活动。在宣发上，由于一些打算在春节期间上映的影视作品在前期进行了大量的宣发和营销，但疫情暴发后却无法如期上映，因而造成了大量的沉没成本。在播出上，《唐人街探案 3》《紧急救援》《夺冠》《姜子牙》等七部春节档主要影片宣布撤档，择日再映，票务平台猫眼、淘票票、万达电影公布退票细则，称所有撤档影片均可无条件全额退款；影院端，大地、金逸、卢米埃、奥斯卡、CGV、博纳国际等宣布休业，截至 2020 年 1 月 30 日，全国院线排片量已从年前 338041 场减至 1442 场，影视作品在票房上呈现出断崖式的下降。根据猫眼数据，2019 年、2018 年、2017 年春节档票房收入分别为 58.59 亿元、57.70 亿元、34.20 亿元，分别占到这三年国产电影总票房的 14.2%、15.2%、11.4%，占有较大的比重。2020 年大年初一，票房仅 181 万元，全国院线排片跌至不到 1500 场（见图 1–16）。

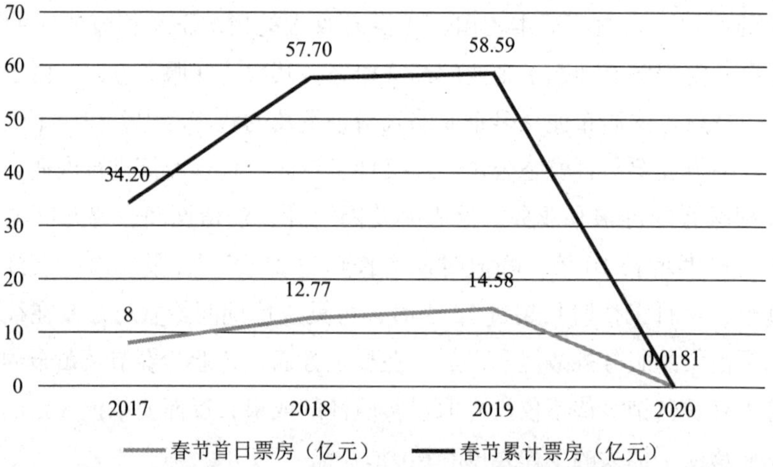

图 1–16　2017—2020 年春节档电影票房

受疫情暴发的影响，影视作品的拍摄活动暂停，导致影视作品的拍摄周期和成本相应增加，对影视公司造成了较大的负面影响。根据对 11 家影视公司的数据统计可以看出，超过半数的影视企业处于亏损状态（见图 1–17）。

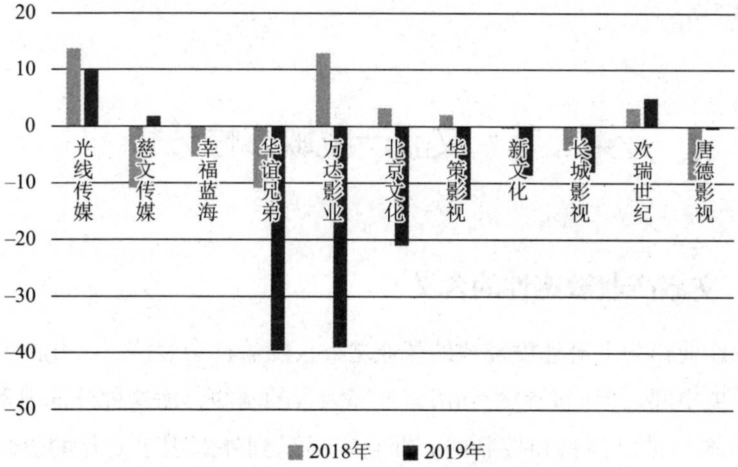

图 1-17　2018—2019 年影视公司业绩

与此同时，基于阻断式的疫情防护措施，大多数人“宅”在家中，使得 2020 年春节假期（1 月 24~31 日），移动互联网流量消费了 271.6 万 TB，同比增长 36.4%，其中除夕和初一两天的移动数据流量消费分别同比增长 42.1% 和 40.8%。

受疫情影响，影视行业也出现了一些新的现象和趋势。例如，原来电影的上映都在线下电影院播放，然后再在线上播放。而今年受到疫情影响，却出现了新的现象。由于受到疫情影响，2020 年贺岁电影《囧妈》从电影院撤档，其发行方欢喜传媒集团有限公司与北京字节跳动科技有限公司签订合同，北京字节跳动科技有限公司以 6.3 亿元的价格买下《囧妈》的版权。随后北京字节跳动科技有限公司将《囧妈》上架其旗下的西瓜视频等网络平台，消费者可以在网络平台免费观看。这种做法在我国还比较少见，电影新片一般都是先在电影院放映，过了“窗口期”才能在网络平台播放。而《囧妈》却开了先河，这样的做法，动了电影院的“奶酪”，所以多家电影院联合声讨和谴责。但对于消费者来说，却是获得了实惠。从这个事件中，也许给电影业带来了新的发展思路，是否也可以将影片直接在网络播放，也许这会给我国电影业带来新的模式。而且，并不是所有消费者都有充足的时间前往电影院观影的，网络平台播放的模式，让消费者有更多的选择，让消费者获得更多实惠，也不失为一种不错的选择。

第二节　文旅产业敏感性分析

一、文旅产业敏感性的含义

文旅产业作为上升速度较快的产业之一，随着社会经济、文化的发展拥有广阔的发展空间。但同时也受到诸多外部因素的制约，而这种外部因素往往是文旅产业本身难以预料和控制的，即它容易受到外部因素变化的影响，一有“风吹草动”就会立即做出反应，但一旦外部的不利因素消除，它很快就会恢复常态。这是文旅产业自身具有的特点，也是文旅产业与其他经济产业显著不同的特点之一。

（一）敏感性与脆弱性的辨析

1. 脆弱性

“脆弱性”一词在英文中对应的词是 vulnerable，指的是易碎易折经受不起挫折。基于文旅产业易受环境变化的影响，有相关学者认为文旅产业是脆弱的，其发展是极度不稳定的，若一个国家或地区的经济发展倚重于文旅产业，就仿佛空中楼阁，没有根基，会严重危及当地经济的健康发展，即“脆弱性”理论，其基本观点认为文旅产业经不起风波，容易受外来冲击而出现大的起伏或波动，具体体现在两个方面：一是旅游消费的易波动性和旅游企业的抗风险能力低，即人们对旅游——这一高层次、高品位的精神追求是随着社会经济的发展和人们素质提高而增加的。所以，旅游消费总是被人们放在了衣、食、住、行这些生活基本需求的后面。二是旅游消费与旅游者个人的兴趣、爱好、心情相联系，在消费上具有很大的随意性；旅游企业在我国是由大量的中小企业组成，这些企业普遍规模小，应急能力较差，抵御风险的能力较低。

2. 敏感性

敏感性（Sensitivity），原本是指人或人体器官对外界事物的感觉或反应的敏锐程度。文旅产业的敏感性指的是当文旅产业在发展中受到外界经济、政治、文化等诸多因素的影响和制约，对上述外界因素的变化反应是积极的。所谓“敏感性”理论，就是认为文旅产业在一些危机面前，总是不可避免地遭受损害，但是，每次危机过后，它都会给人以惊喜，反弹的速度和势头总是超出人们最初的预料。正如世界旅游组织秘书长弗朗加利所说的那样：“在旅游的历史上，从来就没有出现过深度而长期的萧条。旅游业每次经历过危机，都安然度过，而且焕发出更加旺盛的生命力。”

3. 敏感性与脆弱性的区别

敏感性与脆弱性二者之间存在一定的差异性，具体表现为：第一，敏感指的是对外界反应的快慢，脆弱却是自身生存能力的缺点；第二，敏感是对正负外因的同等反映，脆弱却仅限于负面效应的生成；第三，敏感在外因出现新的变化时，将会出现反弹，而脆弱却不具有弹性；第四，敏感可以通过创造条件来应对，而脆弱却难以找到再次的重生。

（二）文旅产业的敏感性解读

1. 文旅产业敏感性的含义

文旅产业的敏感性有两层含义：一是反应快，二是恢复快。所谓反应快，是指文旅产业深受外界因素的影响，对其变化迅速做出反应；所谓恢复快，是指影响因素一旦消失，文旅产业又能迅速恢复常态。文旅产业因其自身具有的一些特性，恰好适应当前经济发展状况和发展程度，具备了得天独厚的优势，各个国家和地区，无论贫富、大小、现代还是古老，都能够找到发展文旅产业的切入点，而且，越是边远、贫穷的地方，越能保存最稀有的、世人难得一见的奇丽风景和民俗风情，在发展其他产业缺乏相应资源要素时，却有发展文旅产业得天独厚的优势，文旅产业也成为各个国家与地区振兴经济的新热点。文旅产业的敏感性特征恰好是旅游业之所以在全球高速发展、迅速崛起的原因之一，也是文旅产业区别于其他产业的根本特点之一。

2. 文旅产业脆弱性的由来及危害

之所以出现文旅产业脆弱性的观点，是由于文旅产业受外界冲击容易出现大的起伏和波动引起的。其由来如下：第一，文旅产业有比较明显的波动性。旅游活动和旅游地的适游条件本身存在季节性的波动。有些以自然风光为主体的旅游目的地，往往会受所处地理位置的制约，其旅游观赏功能的发挥具有明显的季节性，如钱塘江观潮在农历八月十五最为壮观，泰山日出需在秋冬为宜，并非一年四季都具有旅游吸引力。文旅活动也会受一些人文因素的影响，如传统的民间节庆活动，传统的习俗，特定的假日等都会有一定的时间性。同时社会经济发展和社会环境变化也自然导致了旅游需求的波动，旅游需求的变化、转移不仅使旅游地的竞争更为激烈，而且对旅游地的经济也产生很大的影响。第二，安全性突发事件对文旅产业的冲击大。生命安全是人的第一需要，任何安全性突发事件都会使人们普遍降低或停止活动频率，包括旅游。所以我们也不难理解在 2003 年，第一季度江苏省旅游形势喜人，各项指标均保持快速增长的势头，但从 3 月下旬特别在 4 月 20 日杭州公布 3 例输入性非典型肺炎病例后，入境旅游受到重创，出境旅游大幅下滑，国内旅游明显下降，江苏省旅游业遭受到前所未有的打击，旅游接待人数下降 90%，旅游收入下降 95%。第三，倚重文旅产业风险比较大。基于比较优势和经济分工原则，很多国家或地区存在倚重某种优势产业的现象，如果一个国家或地区把文旅产业列为重点产业，那么必将承担文旅产业比重较大带来的结构性风险，风险和收益对等也是基本的经济规律。如以文旅产业为主要经济增长点的泰国，由于受非典型肺炎疫情的影响，旅游经济降至冰点，其全年的国民经济产值也出现负增长。第四，旅游业多年来形势良好导致危机意识淡化。多年来我国旅游业实现了强劲增长，虽然其间多次受到不利环境的影响，但年均增长速度高于全球总体和国民经济总体增长速度，至今仅在 1989 年出现负增长，第二年就迅速恢复快速增长。良好的增长形势使人们对旅游业受冲击而出现损失的承受程度很低，危机意识的淡化，也导致了对突发性危机的措手不及，出现悲观倾向。

文旅产业具有敏感性，这是学者的普遍共识，但文旅产业是否具有脆弱性，却存在着争议。如果说文旅产业存在脆弱性，那么文旅产业在遭受意外事件冲击后，就会一蹶不振。而历史上历次突发危机事件后，文旅产业会迅速复苏和振兴，这就说明文旅产业不具有脆弱性。且“脆弱性”理论具有一定的危害性，具体表现在：第一，脆弱的产业经不起风浪，不值得重点培育和发展。

如果文旅产业脆弱论成立，那么就会影响许多省、市、区把文旅产业作为支柱产业和重点产业来扶持的定位，也影响文旅产业作为国民经济新的增长点的地位，继而影响到全国经济发展形势。第二，文旅产业是脆弱的产业，那么就会影响政府的产业决策，因为脆弱的产业不值得扶持。这势必影响全国和各地旅游发展的政策环境、舆论环境。第三，脆弱的产业不可能持续发展。这将影响文旅产业本身的发展信心，影响社会各个方面对旅游发展的信心，挫伤投资文旅产业的积极性。第四，“脆弱论”将影响各文旅部门的地位和作用。如果政府不重视发展文旅产业，我国的经济发展将会错过世界经济发展的最佳时期和最佳途径，进而阻碍我国经济的发展。

3. 文旅产业敏感性的体现

文旅产业的敏感性，可以很好地在我国 2003 年发生的非典型肺炎疫情过程中体现。2003 年 3 月，一场突如其来的非典型肺炎疫情，阻断了中国旅游业良好的发展势头，对我国入境旅游、国内旅游和出境旅游市场形成重创。与 2002 年同期相比，民航、铁路客运业务下降了 60%~70%；旅行社业务减少 90% 以上；旅游饭店平均客房出租率由疫情前的 65% 降到不足 20%，降幅超过 70%。景区、娱乐业遭受的损失情况也大致如此。

疫情对国民经济各行业的冲击具有不平衡性和局部性的特征：有的直接，有的间接；有的影响轻微，有的影响严重；对人员流动的消费服务行业带来的是灾难性的损失，而对其他行业并没有构成威胁。商业、餐饮、交通等行业这些以人员直接接触性活动为特征的，避免人群接触是非典型肺炎疫情的重要防范措施。所以在疫情期间，旅游等服务行业当然会受到重创。如果把危机事件的特殊性说成是文旅产业是脆弱的行业，那么，国民经济中不脆弱的行业就太少了，如果把脆弱的行业都限制发展的话，那么，人们对基本的生活也难以保障了。的确，文旅产业是受到比其他任何一个行业都要严重的打击，但是，文旅产业也以其他行业没有的爆发力在复苏。2003 年 6 月，各省、直辖市、自治区的国内旅游活动逐步恢复，6 月 1 日当天，广东赴香港旅游就有 32 个团，1000 多人，6 月 2 日广之旅（广东一著名旅行社名称）报名几千人，出乎意料，国庆节 7 天长假又是一次旅游业的“井喷”，各旅游地人潮如织，人们压抑的心情一扫而光，处处看到的是欣欣向荣的旅游业。由此可以看出，文旅产业是一个敏感的产业，但超强的韧性和超快的恢复速度说明文旅产业并不是一个脆弱的产业。

二、文旅产业敏感性的成因

由于整个社会处于一个不断发展变化的过程中，随着经济的发展，社会分工越来越细，国民经济的各个环节环环相扣，彼此之间的关联性逐渐增强，文旅产业作为其中的一环，必然会受到其影响而呈现出一定的敏感性，但更为重要的是由文旅产业的产业特性和相应的经济学特征所造成的。

（一）产业特性角度

从产业特性角度来看，文旅产业具有综合性、开放性、互联性、传递性等特性，这些特性使得文旅产业不可避免地受到政治、经济、文化、生态等变化的影响，对外部环境呈现出相应的敏感性。

1. 综合性

文旅产业就是文化产业和旅游产业的集合，是两种产业融合发展的结果。文化旅游是一个具有生命周期的综合性经营产品，包括“旅游资源—文化内涵挖掘—经营创造—旅游者消费”的完整链条。首先，文化旅游需要建立在文化资源的基础上；其次，旅游经营者对城市资源进行文化内涵的深度挖掘和开发，对文化资源进行包装，打造成具有消费属性的旅游产品；最后，旅游者以旅游的形式参与消费、体验与享受文化。文化旅游是文化产业和旅游产业的融合体，是结合两者的基础开发出来的，集游览、娱乐、消费为一体的综合性经营产品。文化旅游业是一个综合性的产业，涉及众多方面，需要多行业共同协调合作才能促进其发展。从传统的要素来说，旅游就包含“食、住、行、游、购、娱”六方面，这涵盖了文化旅游消费的整个过程。由此可以看出，旅游者整个文化旅游消费过程的每个环节，都与文旅产业有关，只要一个细小的环节出现问题，都会影响旅游者对文化旅游消费的满意度。所以，文旅产业是一个综合性产业。

2. 开放性

文旅产业有较高的对外依存度，这是旅游活动的特点所决定的。旅游活动本身是人们求新、求异，不断探索未知世界的产物，所以旅游活动的特征首先表现为异地性，旅游者必须离开自己惯常居住和生活的地方到异地他乡游览访问，这就意味着文旅产业从一开始就必须是个开放的行业。文旅产业的生命线——旅游者，主要以外来人为主，因为几乎所有人对同样的旅游产品只消费一次或少量的几次，不会像肥皂、食盐那样重复消费，一个旅游目的地必须面对新市场，不断开发新客源，源源不断的客源依靠的正是世界各国各地的新的旅游消费者。文旅产业的开放性决定了消费者（甚至是外国消费者）必须离开自己的惯常居住和生活的地方到异地进行文旅消费，如果一旦受到外界环境影响，不管是来自于旅游目的地的环境因素，还是来自客源地的环境因素，或者是来自两者之间通道的环境因素，都会影响文旅活动的进行。

3. 关联性

文旅产业是关联性极强的行业，内部环环相扣，互为因果。这种关联性使得文旅产业对其他行业的带动性极强，能够促进当地的文化发展和环境改善，增加就业机会，提高收入水平。同时，文旅产业受其他行业的制约性也强，容易受到相关行业的影响。以旅游产业中的旅行社、旅游住宿业和旅游交通业为例，关联性表现得尤其明显。旅行社是旅游产业的龙头，直接负责旅游活动的组织安排，并且衔接着其他旅游企业，是旅游产业的前锋。但是如果没有便利的交通、各种档次的酒店和餐厅，旅行社是无论如何也完不成旅游产品的组合和销售的。在 20 世纪 80 年代初期，制约我国文旅产业发展的瓶颈是酒店和交通。我国在 20 世纪 80 年代最早与国际旅游产业接轨的就是酒店业，一些中外合资合作酒店纷纷在我国拔地而起，解决了住宿难的问题；20 世纪 90 年代我国高速公路和航空业发展迅速，交通这个制约旅游产业发展的瓶颈业迎头解决了，旅游产业焕发出前所未有的生命力，跃居世界前列。而反过来看，旅游产业的发展也极大地改善了交通状况，促进了交通的发展。按一般规律，高品位的风景总是处于人迹罕至的地区，人类旅游活动，本身就有探险、揭秘的目的，越是难以到达的地方越能激发人的欲望，这样，旅游活动多了，旅游产业发展了，交通自然就提上了议事日程，这样交通问题也可解决了。如我国的云南省，地处西南边陲，自然风景神奇优美、民族风情神秘淳朴，西双版纳的傣族风情和热带风光十分吸引地处黄土高原的山西人，在 20 世纪 90 年代，山西人去西双版纳旅游，如果坐火车，要先到成都，再倒车去昆明，又要经过将近24小时的长途汽车的颠簸才能到达地处云南西南部的西双版纳。1999年，借着世界园艺博览会的东风，云南更声名大噪，越来越多的人期望一睹西双版纳的热带风光、期望亲身经历泼水节的热闹，所以，西双版纳交通问题也迎刃而解了。现在，每天有十几次飞昆明至西双版纳的航班，公路、铁路交通运输网络也建成。

文旅产业的关联性较强，食、住、行、游、购、娱任何一个环节要素出现问题，都会影响到文旅活动的正常进行。

4. 传递性

文旅产业有传递性的特点，产业内一个行业发生较大波动，其他行业也深受影响：其中任何一个行业的发展滞后，都会影响旅游者对目的地的整体评价。并且，这种传递性不仅表现在行业之间，也表现在地区之间、国家与国家之间。文旅产业行业之间传递性具体表现为：航空业接二连三地发生空难，必然会影响酒店的入住率；火车提速、飞机票折扣松动都是旅行社的利好消息，促进了旅行社的业务的发展；伊拉克爆发了战争，战火纷飞，硝烟四起，文旅产业陷入瘫痪，周边国家也很冷清，几乎没什么旅游者前往。虽然许多产业具有传递性的特征，但文旅产业传递性特征的明显性是其他产业不可比拟的。一旦受到外界环境的影响，旅游活动受阻，那么整个产业链条的旅游交通、旅游餐饮、旅游住宿都会被迫按下暂停键。

（二）经济学理论角度

1. 文旅产业的外部性

著名经济大师马歇尔在其1890年的巨著《经济学原理》中，首次提出外部性（externality）概念。经济学中的解释为：又称外部影响，是指一个经济主体的经济活动对另一个经济主体的福利所产生的效应，但这种效应并没有通过市场交易反映出来。外部性有正负之分，分别称为外部经济和外部不经济。外部经济如养蜂人和果农之间的互惠关系，如你种树别人可以乘凉，你放烟花别人可以观赏等。外部不经济如造纸厂排出的污水影响了邻近饮料厂的生产质量，吸烟造成了室内污染，引起他人不适等。

文旅产业因其涉及面广而成为外部性效应较为显著的主要领域之一，外部性主要表现为外部经济性。发展文旅产业可以提高旅游地知名度，在不经意间促成了贸易、引入了资金；可以推动当地的精神文明建设，提高当地居民的素质，为经济发展储备了人才；可以改善环境质量，使当地居民受益；可以改善交通状况，使整个旅游目的地的经济发展都受益。外部不经济主要是发展文旅产业社会成本提高。这是因为多数旅游资源和旅游产品是“公共物品”，尤其是旅游基础设施，消费具有非排他性和非竞争性，属于公共物品的范畴，如政府或企业对交通道路的修建受益的不仅是文旅产业，还有其他行业和个人，大量“搭便车”现象存在。旅游目的地居民的素质、宗教信仰和对外国旅游者的态度影响着当地文旅产业的发展，如中东地区经常发生当地居民袭击欧美游客的事件，旅游极度萎缩；过多的旅游者产生大量的旅游废弃物，加重了环境污染；景区内拥挤的人群增加了噪声和对植被的破坏程度等。文旅产业的外部经济性使文旅产业与其他国民经济的行业息息相关，彼此受益，彼此带动；市场机制无法消除文旅产业外部不经济，游客实际支付的价格只是他们观赏风景和享受服务的成本，而没有包括污染和拥挤的社会成本，游客也拒绝为他们旅游过程带来的社会成本提供补偿，这就使文旅产业处于一个不断调整变化的过程中，力图使其自身达到帕累托最优。这就是文旅产业敏感性的理论依据之一。

2. 文化旅游的需求弹性

需求弹性是需求的价格弹性的简称，它表示在一定时间内相对于商品价格的相对变动，一种商品需求量相对变动的反应程度。需求弹性的大小通常用弹性系数来表示，它被定义为商品需求量的变动率与价格的变动率之比。一般来说，生活必需品、支出在家庭总支出占很小比例的商品、替代程度较低的商品的需求价格弹性较小；奢侈品、其支出在家庭总支出占较大比例的商品、替代程度较高的商品的需求的价格弹性较大。文化旅游消费是一种高层次、高品位、高格调的消费活动，属于精神享受型消费，不属于生活必需品，一些高品位的文化旅游资源为主的旅游产品是世界上独一无二的，几乎没有替代品，且通常开支较大，这些特性就决定了旅游消费有很强的价格弹性，特别是商务旅游，更是一种典型的经济景气导向型消费活动与市场经济存在着水涨船高的密切关系，一旦经济萧条，文化旅游则会急剧萎缩。对于包价度假旅游亦是如此，价格始终是左右消费者出行决策的根本因素之一，由于产品的极度丰盛和竞争的广泛存在，消费者对度假旅游区的种类有着相当大的选择权，讨价还价、权衡利弊，好中选优的空间很大，某一旅游目的地的价格即使出现微小波动，也有可能引起竞争力的下降，尤其是对于一些替代性很强的旅游产品。文化旅游需求价格弹性较高，微小的变动会引起更大比例的巨大需求的变化。

三、文旅产业敏感性的影响

随着我国宏观经济持续健康发展，居民收入不断提高，人民生活水平不断提高，文化旅游消费已经成为人们生活中不可缺少的一部分。2019 年我国居民人均出游达到了 4.3 次，随着文化旅游消费活动的不断成熟，人们对于文化旅游产业也提出了更高的要求。人们对旅游的认识逐渐从“看山看水看风景”阶段走向“观文品史、体验生活”的新阶段，不再满足于传统的观光旅游这种低层次、表面化的消费形式，文化体验交流逐渐成为旅游者的新需求。根据联合国世界旅游组织的统计数据，全世界旅游活动中约有 37% 涉及文化因素，文化旅游者以每年 15% 的比率增长。可见，文化早已经成为旅游活动的重要成分，而且以高速的增长逐渐扩展。但是，事物总是矛盾的，也是对立统一的，有利就有弊。有人认为文旅产业不具有稳定性，依赖文旅产业会危及当地经济的健康发展。任何事物都有正反两方面，文旅产业也不例外，敏感性作为文旅产业的一个重要特征，对经济运行所带来的影响既有有利的方面，又有不利的方面，具体分析如下：

（一）文旅产业有利影响分析

1. 反映经济运行状况

基于文旅产业的敏感性，使得经济发展水平和速度能够迅速地在文旅产业上得以表现。根据文化消费规律，人们在不同的收入水平条件下，会更加倾向于相应的文化旅游消费模式。根据世界休闲组织的预测显示，如果一个国家或地区人均 GDP 超过 1000 美元，那么大众型观光旅游是主要的需求类型；如果一个国家或地区人均 GDP 达到 2000 美元，那么人们对于休闲旅游的需求会相应地增多；如果一个国家或地区人均 GDP 达到 3000 美元，那么人们对于度假需求会极度扩张。根据这些数字和经验，说文旅产业是经济的晴雨表是恰当的。即经济发展，文旅产业必然会跟着发展，文旅产业的繁荣就证明经济的繁荣。文旅产业可谓是国民经济发展状况的晴雨表，一个国家的经济运行情况，从旅游活动中反映得非常明显。旅游活动是人类高层次的精神需要，是人类社会发展到一定阶段才会产生的。一个普通人想要成为一个旅游者，他不仅需要有足够的可自由支配的收入和闲暇时间，还需要强烈的旅游动机。客观地说，一个人的收入水平和能够自由支配的闲暇时间的多少，总是与社会经济发展水平一致的。旅游动机与旅游者的教育水平、生活环境有极大的关系，往往一个人所受教育程度越高，素质越高，对身外世界就越感兴趣，越能激发起他的旅游动机。而以上三方面，离开经济的发展都不可能实现，所以，旅游与经济发展息息相关，旅游的发展离不开经济的发展。旅游业是敏感的，经济发展水平和速度很迅速地在旅游业上有所表现。

2. 发挥旅游乘数效应

基于文旅产业的敏感性，使得文旅产业的发展必然会促进许多与文旅相关的间接部门的生产发展，从而带动整个国民经济的发展。例如，旅游者到异地进行文化旅游消费就肯定会涉及交通运输服务，必须依靠飞机、汽车等机车制造业，而这些制造业的发展又带动了钢铁工业、有色金属工业的发展；旅游者的住宿，需要通过建筑业建造宾馆饭店，从而又带动建材业的发展；旅游者的膳食，带动了餐饮业的发展，同时需要农业部门提供丰富多样的农副产品；旅游者的购物，也需要轻工业和手工业提供各种旅游商品等，由此便形成了旅游乘数效应。在分析旅游活动时，有很多经济学家系统地运用乘数理论对旅游的经济效应进行了分析，用以评价旅游业对当地经济系统所产生的经济影响。一般计算五种乘数，即包括旅游收入乘数、旅游产出乘数、旅游就业乘数、旅游投资乘数、旅游进口乘数。旅游收入乘数是指旅游消费所带来的旅游总收入与旅游消费之比，即旅游直接收入、旅游间接收入与旅游诱导收入的总和，再除以旅游消费总额的比值，从旅游收入方面说明旅游消费所产生的旅游经济效应，也可以通过与国民收入进行比较，以反映其对国民经济的作用和影响。旅游产出乘数，指单位旅游花费给整个经济系统带来的产出水平的增加量，旅游产出乘数的估计过程包含两个部分：一是对旅游者支付的每一项目所产生的收入，包括旅游全过程中食、住、行、游、购、娱的支出进行估计；二是对当地居民将这些收入支付于当地所产生的乘数效应进行估计。为了评估这些收入，每项活动都要分别考察。一般包括：旅游者在饭店和宾馆住宿、饮食方面的支出；旅游者支付租用各种车辆所产生的费用；旅游者购物支出所产生的收入；旅游者停车费所产生的费用；流入地方税和建筑业的货币所产生的收入。旅游就业乘数，是指由于旅游收入或旅游消费支出增加所引起的社会就业岗位数量的变化。旅游就业乘数有两种表示方法：一是旅游总就业效应，是指旅游总收入或旅游总消费与全部旅游就业（包括直接和间接）人数的比值，其反映了在一定时期内旅游收入或旅游消费对社会就业的带动作用和水平；二是旅游业就业效应，是用旅游收入或旅游消费所带来的直接与间接就业人数之和同直接就业人数之比来表示，其反映了旅游业就业对相关社会就业的带动作用。因此，通过使用上述两个旅游就业乘数，就可以综合分析旅游经济对社会就业的带动作用和影响。旅游进口乘数，是每增加单位旅游收入最终导致旅游目的地国家或地区总进口额增加的比率关系。该乘数表明一个国家或地区随着旅游经济发展，旅游企事业单位及向旅游业提供产品和服务的其他相关企事业单位，向国外进口物资、设备等数额的增量与总进口增量的关系，体现了旅游经济对旅游目的地国家或地区进出口总额的影响。以上都是文旅产业的敏感性对整个国民经济的贡献。

3. 优化国民经济结构

社会经济的发展得益于合理的经济结构，然而经济结构并非一成不变，它会随着经济条件的变化而变化。科学技术的不断进步会刺激新兴产业的涌现，人们消费结构的变化会引起经济结构的改变。近年来，我国十分重视经济结构的调整，大力促进文旅产业的发展，根据国家统计局发布的文化产业相关数据，可以看出 2018 年全国文化及相关产业增加值为 41171 亿元，占国内生产总值（GDP）的比重为 4.48%，比上年提高 0.22 个百分点。文旅产业由于是综合性的产业，关联性又强，因而具有一定程度的敏感性，进而在改善经济结构上具有很大的作用，主要表现为：文旅产业是第三产业的重要组成部分，根据发达国家的经济结构占比情况，可以得出，随着国家经济的发展，第三产业的经济占比会逐渐增加，发达国家的第三产业能占到国民生产总值的 70%~80%。所以，发展文旅产业有利于对国家产业结构进行调整和优化。文旅产业对相关产业资源的整合利用、效益增值有促进作用。比如，书店和咖啡馆结合而成的书吧，不仅可以整合书店和咖啡店的原有市场，也将带动两者的结合派生新的消费模式。例如，雕刻时光、松鼠家等已经成为文艺书吧中的代表。据中国青年报社会调查中心通过清研咨询，对 2160 人（其中“80 后”占 63.0%，“70 后”占 26.1%）进行的调查显示，被调查者中 67.3% 的人表示身边有人经常泡书吧，说明市场潜力巨大。

（二）文旅产业不利影响分析

1. 抗风险能力差

如上文分析的一样，文旅产业具有敏感性的特征，也具有较强的环境依赖性。所以，文化产业的发展离不开安全、良好的外在环境的支撑，如果一旦发生突发事件，影响文旅产业的外在环境，那么文旅消费就会受到影响。特别是对于国家的旅游来说，一个国家或地区的政治、经济、战争、气候、灾害、疫情等突发事件的发展，都会影响到游客对于这个国家或地区作为旅游目的地决策的选择。造成旅游业抗风险能力差的原因是因为旅游业对国际、国内形势变化敏感，根源是旅游产品生产与消费的同步性。旅游业作为服务业中的一个重要行业，其生产与消费是同时进行的，旅游业不可能将暂时不能出售的产品储存起来今后再销售，因为旅游产品是无形的、不可储存的产品，一旦不能及时售出，则将永远消失。将来即使旅游人数出现大幅度反弹，也不会是原有尚未消费的累加，只能是新的消费。无论是交通运输业的飞机座位，还是作为旅游吸引物的景区景点，都是如此。而旅行社这个经营“人”的行业，任何让人感觉不安全的因素首先限制和制约的就是人的活动，一旦人不活动了它也就立刻停业了。人流断了，现金流也断了，整个旅游的链条就难以活动了。这样，整个文化旅游业即将陷入的是全面瘫痪，由此可以体现文旅产业的抗风险能力差的特征。

2. 不稳定性强

旅游业的敏感性特征是不容置疑的，且是客观存在的，旅游业的敏感性导致旅游业时常因为他国的原因而制约本国的经济发展。有一些小国或地区主要依靠旅游业来发展自己的经济，把旅游业作为支柱产业来发展，做到旅游立国，成功的例子不少，如马尔代夫、斐济，但对于像我国这样一个泱泱大国，要是如此，就岌岌可危了。这是因为：一是旅游活动对季节很敏感，几乎所有的人都喜欢在气候温暖、不冷不热的时候出门，遇到隆冬季节，人们最向往的地方是自己温暖的家。同时，旅游资源以及以各种旅游资源为中心组成的旅游产品也有季节性的特点。如一个人想去河南的洛阳、山东的菏泽观牡丹，只有每年的 4 月中旬去才是最好，因为一年中只有这个时候牡丹才会开放（虽然现在可以进行人工条件控制，改变花期，但毕竟是少数，大面积的自然开放必须是在 4~5 月份）。要想在青岛、大连的海滩上晒太阳，7、8 月份是最佳时候；哈尔滨的冰雪旅游搞得不错，可惜赏冰灯、滑雪，也只有短短几个月是适合的。尽管旅游业在营销时努力减少季节性的波动，但季节性特征不可能完全消失。这样，淡季时，接待国（地）会有大量的失业人口，不仅给经济带来严重问题，同时产生的还有社会问题。二是接待国（地）无法控制本国的经济发展，接待国（地）的经济发展很大程度取决于客源地居民的收入水平和闲暇时间，这些因素，接待国（地）却无法控制，使本国的经济发展依赖他国，有被人牵着鼻子的感觉。一旦客源地经济不景气，或居民的旅游兴趣发生转移，使本国出现长时间的经济萧条，旅游乘数效应就变成了减缩效应。旅游越发达，产业链条越长，旅游业受挫，减缩效应就越明显，直接受影响的包括民航和其他客运交通业、旅行社业、餐饮业、住宿业、景区景点业等，而且与之相关的娱乐业、商业、农业和其他产业均会受到影响。尤其是近年那些为适应旅游业发展，放弃农业而发展旅游业的，连立国之本也没有了，还谈何经济发展呢？如果说旅游业的发展在收入、就业等方面有良好的乘数效应的话，那么旅游业受挫之后，这个乘数效应就会变成减缩效应。三是旅游业对本国的政治、经济、社会乃至自然因素都很敏感，接待国（地）也时常出现意想不到的危机和变故，一旦这些不利因素出现，旅游业就难以控制，旅游需求大幅下降，旅游业乃至整个经济都会下降，如处理不好，会产生严重的社会和经济问题。

四、疫情影响下文旅产业敏感性的表现

（一）文旅产业敏感性的国内表现

据统计，2019 年春节假期期间，全国旅游接待总人数达 4.15 亿人次，同比增长 7.6%；实现旅游收入 5139 亿元，同比增长 8.2%，总体消费增速高于游客人数增幅，特别是每晚 1000 元以上的各类住宿设施等高品质消费同比增幅甚至超过 40%，消费升级态势显著。但是，因受新冠肺炎疫情的影响，在全国旅游景区、文博场馆乃至城市休闲综合体等涉旅业态基本关停的实情下，2020 年“春节档”文旅产业基本处于停摆状态。根据中国旅游研究院发布的《2019 年上半年全国旅游经济运行情况》，2019 年上半年全国旅游人数达 30.8 亿人次，国内旅游收入达 2.78 万亿元，分别比上年增长 8.8% 和 13.5%。基于文旅产业的敏感性特征，保守预测 2020 年上半年文旅产业收入将会同比减少 60% 左右，全年文旅产业的收入预计同比减少 40% 左右。其中，旅行社及 OTA 企业主要表现为：一是团队游大规模取消，造成旅行社及 OTA 企业的直接损失，包括一些产品的预付金，特别是对于经营出境游的旅行社。二是上下游企业间的应收账款问题，由于供应商与一些较大的零售代理平台以及供应商之间存在账期，遇到“旅游停摆”事件后，存在因为减损金额“不满意”或其他纠纷，导致企业资金链风险，甚至通过连锁反应波及整个产业。三是未来一段时间内无法营业而带来的成本支出和现金流压力，部分中小商家会面临歇业、关门的困境。酒店、主题公园主要表现为：酒店、主题公园一般投资规模大，人力成本高，资产折旧摊销大，在没有收入的情况下，仍需要对设备和资产进行维护，发放员工工资，偿还银行贷款，根据 STR 初步统计数据，2020 年春节的酒店入住率相比去年同期下降了 71%。酒店入住率比 2003 年“非典”期间 30%~40% 的入住率还低。不仅连锁酒店集团受到冲击，“散、小、弱”的单体酒店更是面临生存危机。此外，对动物型主题乐园而言，要承担动物繁育和养护的支出。根据迪士尼相关统计显示，新冠肺炎疫情导致其在上海和香港的主题乐园关闭两个月，损失将达 1.75 亿美元。景区主要表现为：疫情的暴发导致绝大多数景区直接关停，对经营不佳的中小景区可谓是致命的

打击，某些景区变得更加脆弱，甚至面临破产风险，进而影响从业人员、投资人员的信心，引发资金不足、动力不足、信心不足等一连串的问题，此外，作为文旅产业的核心部门，景区具有较强的关联性，国家政策、经济发展、老百姓收入、自然灾害、局部战争、金融危机和疫情等，都会对一个地区旅游景区造成直接的影响，因而恢复过程较为艰难，需要交通、旅游者的信心以及酒店餐饮配套行业的全面支持。其中，交通恢复期较快，受国家政策和相关规定的影响，疫情结束便可在短时期内进行恢复；对游客的信心而言，疫情暴发期间大众对于病毒的所见所感会产生一定的恐惧心理，使得在危机解除后的短时间内无法从怀疑和紧张的情绪中抽离出来，因而旅游者的信心恢复需要一定的时间；酒店、餐饮、游乐等作为景区的支撑配套行业，其恢复营业的时间和程度对景区起着关键性的作用。影视行业主要表现为：在影视播出方面，春节档《唐人街探案 3》《紧急救援》《夺冠》等多部影片陆续宣布撤档，2020 年情人节档影片也相继官宣撤出，疫情造成整个 2 月院线出现首个空档。相关专家预计，清明节或者五一档，电影市场或许才能回暖，这意味着 2020 全年票房或减少近百亿元。在此情况下，电影《囧妈》转档至头条系平台进行线上首播发行，这将打破行业稳局，成为新一轮热点，未来网络电影将存在很大的发展空间。在影视经营方面，中国电影、上海电影、横店影视股份有限公司等全部暂停营业。在影视拍摄方面，基于影视摆设具有人群密集型的特点，横店影视城、象山影视城等多家影视基地相继闭园，全部剧组的拍摄活动停止，辖区内拍摄场景悉数关闭，包括拍摄基地、外景拍摄基地和摄影棚等。

（二）文旅产业敏感性国际表现

疫情暴发将重创同期国际旅游市场，特别是亚洲区域市场。据 2019 年统计数据，该年春节期间有超过 700 万人次的中国公民出境旅游，直接消费超过 500 亿元，均比上年实现两位数增长，泰国、日本、越南、韩国、新加坡、马来西亚等亚洲国家最受国人青睐。2020 年，这些国家已投入更大的人力物力准备迎接中国游客，但由于疫情影响，损失同样巨大。受疫情影响，中国游客赴日旅游的人数将锐减到去年同期的一半，赴韩国的航班缩减了 40%，这导致日本、韩国的国际旅游业务锐减。泰国国家旅游局预计，2020 年来自中国的游客将减少至少200万人次，RHB投资银行经济学家Billy Toh称中国疫情可能导致泰国旅游收入损失1093亿泰铢（约合35.1亿美元），他还称尽管专家都将这次疫情与2003年暴发的SARS进行比较，但是2002年，中国游客只占泰国入境游客的7.4%，而如今已大不相同。2019年，泰国入境游客中，27.6%来自中国，约1100万人次，泰国旅游收入有28%来自中国游客，约175亿美元，超过了欧洲、东盟和日本，而这些地区在2002年接待的中国游客都高于泰国。如果中国的限制措施持续三个月，泰国旅游业收入损失将高达500亿泰铢（约合16亿美元），泰国政府还下调了2020年的GDP预测，部分原因是疫情的暴发。凯投宏观首席经济学家Alex Holmes指出，泰国在2018年接待了1050万名中国游客，与2008年相比增长了13倍，中国游客在泰国的消费几乎是该国GDP的11%。印尼旅游部部长也表示，如果疫情情况继续恶化，甚至导致整个中国游客全年的出境游旅行因疫情暴发而中断，印尼旅游业收入将损失40亿美元。巴厘岛旅游局的数据显示，到2020年1月底，巴厘岛主要旅游胜地已经取消大约10000次旅行。根据牛津经济研究院旗下的《旅游经济》公布的数据显示，自2002年年末暴发SARS以来，中国游客赴美旅行增长了1270%，2019年中国游客赴美人数达到280万人次。美国商务部进行的国际航空乘客调查显示，15%的中国游客到访美国的目的是留学。中国作为出境旅游消费大国，平均每位游客在美国的消费为6500美元，美国接待的其他国家游客的平均消费为4000美元。受中国疫情暴发的影响，2020年赴美国旅行的中国游客访问量可能会减少28%，并在未来几年累计损失103亿美元的旅行支出，主要损失发生在2020年。《旅游经济》的报告预计，2020年仅中国游客就将使美国酒店业损失400万个住宿间夜，预计加利福尼亚州和纽约州将受中国游客数量下降影响最大，其次是内华达州，华盛顿州和夏威夷州。法国和意大利等欧洲国家的旅游业也同样面临一定的负面影响，据预测，疫情的暴发对法国酒店和奢侈品行业产生了不小的影响，据华盛顿邮报报道，巴黎旅游局整理的数据显示，中国游客在巴黎的人均消费比其他目的地高出60%。在意大利，免税购物游客中，中国游客占比将近30%，而今年意大利旅游收入可能损失50亿美元。此外，疫情持续发展，各国的出入境限制措施长期延续，这将对中国经济发展带来较大的负面效应。长期的出入境限制将减少各国与中国之间的商务旅行和国际会议举办，进而对外资在中国的发展产生负面影响，并且不利于中国提高国际影响力。

第三节　现实意义

在疫情暴发的影响下，各产业的发展都受到了不同程度的打击，但危机中同样隐藏着机遇，随着疫情规模逐步得到控制，疫情所带来的负面影响也会逐步减小乃至消退，但疫情所带给我们的反思和现实意义却值得我们深入研究。

一、对相关企业的现实意义

疫情暴发对我国的一、二、三产业均造成了一定的影响。在第一产业中，受交通、物流等的限制，一些传统种养殖企业的产品出现供给受阻、需求下降等问题，进而引发滞销等一系列连锁问题；在第二产业中，为阻断疫情的传播，众多企业推迟复工时间，带来了严重的经济损失；在第三产业中，旅行社、旅游景区和餐饮企业首当其冲成为受影响最大的部分，此外，为避免人群聚集所引发的大规模传播所颁布的相关政策条例，对旅游企业、影视企业等均造成了较大的影响。随着疫情的消散，后疫情时代对相关企业会带来显著影响。

（一）行业领先的头部企业将不断发展壮大

放眼全球各市场经济国家的产业发展脉络，无不经历了从散乱到集约，从中小企业占主导逐步过渡到若干家巨头企业把控和垄断市场的过程。唯有那些富有耐力、善于长跑的企业，才能在波诡云谲的世界政治经济激流中，一次一次地涉险滩过峡口，历经世纪沧桑而屹立不倒。故此，市场经济实是一场漫长而残酷的淘汰赛，大浪淘沙、优胜劣汰，而每一次外部环境和形势的急剧变化、每一次的外部危机事件，往往是加速淘汰的过程，从影响和结果来看，对优胜企业而言反而会是一次难得的壮大发展机遇。本次疫情的暴发对各相关企业都带来了前所未有的考验和冲击，而且影响还会持续一段时间。但从企业个体来看，影响是分化的，总体来看，行业领先的头部企业抗冲击能力强，受到的影响较小，疫情后恢复再生能力强，振兴速度也更快；相对而言，行业内的中小企业受到的波及更大，为数不菲的企业因原料、人工、市场暂时冰封而陷入休克，即便疫情过去，一时半会也难以彻底复苏。这种分化必然会带来一个结果，就是疫情过后，一部分中小企业的市场份额将让渡出来，被头部企业收编吞并，行业集中度进一步提升。正如达尔文进化论中所奉行的“适者生存”，疫情的暴发将会淘汰掉各行业中发展状况较差的一部分尾部企业，这部分企业所让渡的市场资源将用来支持发展前景良好的头部企业，这同时也是向成熟的市场经济转型的重要表现。

此次新冠肺炎疫情的发生，使我国面临文化旅游产业结构调整和疫情后的产业振兴的双重压力，疫情过后，肯定会面临文旅产业一次新的洗牌。我们可以趁此时机，加快文旅产业机构优化升级，促进优质文旅企业壮大发展，引导不适应市场需求的企业退出市场，从而实行文旅产业的高质量发展。

（二）企业将更加重视稳健经营

此次疫情对各相关企业来说是一次极限压力测试，在很短的时间内，就导演了一出抗风险能力的现形记。例如，国内餐饮界的优秀企业西贝餐饮集团有限公司集团旗下的 75% 的门店暂停营业，仅留下了 25% 的门店（100 多家）开展餐饮外卖业务。尽管如此，如果疫情在短期内不能得到有效控制，餐饮门店不能正常营业，那么该餐饮企业的现金只能坚持三个月。消息一出瞬间刷屏，不少常客开始声援西贝，也为之担忧。西贝的公众号上看到，很多人留言为之打气。贾国龙公开“哭穷”7 天以后，浦发银行 1.2 亿元流动资金贷款就入账西贝餐饮集团。诚然，遇到超出能力范围的困难积极请求政策外援无可厚非，西贝作为政策第一批重点支持企业也确实很快拿到了急需的贷款资金，但对绝大多数企业而言，可能不会那么幸运。近段时间多个部委出台了特殊调节支持政策，央行紧急放了款，财政部拨了专项款，证监会放宽了再融资政策……但相对于庞大的有实际困难和救助需求的企业而言，估计很难皆大欢喜。更现实和务实的可能还是企业积极自救，查漏补缺，深挖洞、广积粮，建立起应对各类风险情景和突发危机的长效机制，真正走向稳健经营，打牢百年老店的基础。

此次新冠肺炎疫情的发生，对于国家的重大公共卫生事件治理是一次大考。同时，对于文旅企业来说，也是一次大考。在这场没有硝烟的战争中，文旅企业是否能够存活下来，就要考验企业的经营情况，是否有充足的资金储备，是否有稳健的经营战略，是否有切实可行的危机处理机制，这些都会影响企业在疫情后的命运。

（三）企业将建立自营物流系统

疫情暴发导致的物流受阻是众多企业反映的问题，这一问题的产生既与国家及地方为防控疫情所颁布的交通限制性规定有关，同时也与相关企业没有建立起自营物流系统、严重受制于社会化运输服务有关。疫情暴发以来，许多物流快递企业暂停营业，这严重制约了生产资料、产品的流通。在这特殊的时期，充分显示出那些建立有自己物流系统企业的优势。例如，京东建立有自己的物流快递系统，所以在疫情期间，在其他网络购物平台都不得不暂停营业的情况下，京东一直正常运营，增强了市场竞争力，扩大了市场占有率，树立了良好的形象，势必会有利于疫情后企业的大发展。

这种在企业内部的物料按照工艺流程的要求，借助相应的搬运手段和工具，从一个单位流入另一个单位，形成了企业物流。现代企业物流系统是系统整合的协同物流，其最终的目的是满足客户价值与企业战略目标的需要，为企业和客户创造最大价值。具体而言，即通常所言的6R原则：在恰当的时间（Right Time）、恰当的地点（Right Place）以恰当的成本（Risht Cost）得到恰当的数量（Right Quantity）的恰当产品（Right Product）或将恰当的数量的恰当产品提供给恰当的客户（Right Customer）。疫情过后，针对自营物流体系这一短板和风险敞口，相信会有不少实力强的大企业将探索自建物流体系，实现自建物流与已有业务的融合协同。

（四）企业将更加重视智能化发展

疫情的暴发对人员聚集型行业或领域的冲击巨大，尤以餐饮业、服务业、商业、旅游业等为甚，因人员短期内难以复岗，造成复工缓慢，生产负荷也难以在短期内恢复，尤其是旅游业的产品存在无法储存性的特点，使得损失掉的部分均转化为了沉没成本。相比来说，互联网企业、金融企业等一些人员不密集的新经济行业企业，则凭借其线上线下协同的固有优势，在危机状态下切换到在线远程的工作模式，因而几乎没有受到疫情大的冲击。这给相关企业带来了重要启示，即利用新技术手段，推进智能化建设，减人数、减人员密度，不仅对提高企业的生产效率和品质具有战略意义，对于危机应对和危机管理也有特殊的功用。一般来说，传统制造企业进行智能化改造，需要经历以下几个阶段：一是信息化系统建设。企业要想进行智能化升级，首先要有一个健全的信息化系统，信息化系统涉及企业运营的一系列环节，包括人事系统、财务系统、进销存系统等。二是物联网建设。物联网是智能化升级的一个关键点，通过物联网系统能够全面实现一系列技术的落地应用，包括人工智能技术。对于制造业企业来说，物联网将承载起整个智能化体系，所以物联网体系的建设必须有一个系统的规划。三是人才队伍建设。智能化升级具有系统性、长期性和复杂性，所以企业需要有一个专业的团队来推进智能化建设，这个团队既需要有专业的技术人才，也需要有行业专家的参与，毕竟在智能化建设的过程中，要解决一系列技术的落地应用问题，行业专家在这个过程中会起到关键性的作用。

此次新冠肺炎疫情的暴发，更加凸显了智能化发展对于文旅企业的重要性。受疫情影响，消费者对于安全性会更加关注，即使疫情结束，消费者对于面对面的对客服务可能也会心存芥蒂。这个时候，企业的智能化就可以大显身手。在智能化的酒店，消费者可以通过手机自助办理入住、离店手续，不用再在大堂排队等待服务员的人工服务。甚至，消费者在房间预定的餐饮，都可以通过机器人送到房间，给消费者充足的安全距离和安全心理。在智能化的景区，可以将景区的美景、文化制作成 VR，放在网络上进行广泛宣传，提前锁定潜在消费者。在景区内部，可以为游客提供实时的导航服务，引导游客避开人群密集场所。因此，疫情结束后，文旅企业将会更加重视智能化发展。

二、对文旅产业的现实意义

2020 年 1 月 24 日，国家文化和旅游部办公厅下发紧急通知，要求即日起全国旅行社及在线旅游企业暂停经营团队旅游及“机票 + 酒店”旅游产品。由此，文旅产业作为一个敏感性和关联性极强的产业，疫情的暴发对其造成了致命的冲击。但是，随着疫情的逐渐好转，作为一个并不脆弱的行业，文旅产业未来的发展将逐渐向好，后疫情时代带给文旅产业的影响深远，具有重要的现实意义。

（一）文旅企业更加注重 IP 品牌的创建

受经济下行的影响，加之文旅行业经过多年高速发展已进入了存量博弈的阶段，使得文旅企业的发展转入困难时期。目前，我国有 3 万多家景区景点，但能够真正实现盈利的占比不大；我国的 100 万个单元的酒店整体入住率 55%，可以说，整个行业的红利期已过。加之疫情的暴发，更使文旅产业陷入前所未有的寒冬，而如何在寒冬中生存和发展将成为后疫情时代文旅企业争相关注的焦点。疫情过后将会加速产业洗牌，那么反思产业发展模式、探索创新模式，成为停摆期所有文旅人最迫切的任务之一。存量时代要靠品牌 IP，简单来看 IP 其实就是知识版权，站在文旅产业的角度来说，IP 可以理解为旅游的吸引物，是旅游产品的核心内容。作为旅游地的一种无形资产，IP 能够有效传播目的地文化、提高旅游地的知名度，更重要的是通过 IP 落地能够获得可观的经济收益。如果品牌带来用户，那么 IP 就带来粉丝。纵观全球文旅企业，做得好的头部企业都离不开自己独特的 IP 品牌，如作为一个拥有近 600 年历史的文化符号的故宫，就是一个巨大的 IP 宝藏。2014 年，故宫文创平台——故宫淘宝在《雍正：感觉自己萌萌哒》文章发布后引起广泛关注，通过反差感卖萌，雍正成了故宫品牌下的第一个 IP 代言人，开启了故宫文创的序幕。此后故宫推出了一系列创意性、娱乐化的文创产品，通过用户驱动、激发全民参与，与品牌跨界合作、进行 IP 授权等方式，实现了 IP 落地，通过文创产品的销售带来相当可观的销售收入。IP 代表个性、稀缺性，IP 与内容同样也是文旅产业疫情后期重振的重要支撑，对于文旅企业未来打造差异化竞争优势和业务创新都有极大帮助。台湾知名文旅专家庄锦华教授提出“文旅八大心法”，认为目的地所承载的人、礼俗、文化、产业、风景地貌、民俗活动与本地人生活紧密连接且具有感情牵引，是文旅体质的重要指标，其中大众认可度最高的风土资本构成品牌文化主图腾，而基于此对品牌特性、差异化分析后所得出的核心优势，就是目的地旅游品牌。品牌形象是在游客心中最直接、最感性的认知，从很大程度上决定了消费者的第一选择。因此，后疫情时代，利用这个契机进行在地文化挖掘、梳理资源、卖点提炼、品牌建立等品牌体系建设工作，将成为战“疫”胜利结束时提前抢占市场的利器，也将为产业发展起到更长远的正面作用。

（二）文旅产业将更加注重“互联网 +”的发展

文旅产业作为一个空间流动性和人员聚集性相结合的产业，基于疫情暴发所导致的禁止人员大规模聚集等防控措施，没有空间的流动和人员的聚集使得文旅产业损失惨重，多数企业被迫暂停营业，甚至众多中小企业因现金流不足而面临破产风险。但与此同时，我们也看到“云游”的兴起，它指的是抗击疫情“宅”在家期间，那些在手机上环游世界的行为，如世界文化遗产莫高窟虽暂停开放，而“云”端一直在线。打开全新上线的“莫高窟的四季”，可随时饱览莫高窟美景，春芽夏绿，秋叶冬雪，尽在“掌握”；移步“线上颐和园”，又是另一番京腔京韵。《皇家戏楼的声学奥秘》《妙趣横生的七巧桌》《透风的墙》等精彩视频给人们讲述了古建筑背后的科学知识；北京动物园推出“线上动物园”，市民可以在网上观看动物的近况，了解饲养员如何消毒、制作饲料、喂食、观察、训练等工作日常。“云游”的火爆，不仅仅是线下消费场景封闭，疫情之下文旅企业能想到的最迅捷应对之法，更映射出文旅行业线上线下业态融合的一种发展趋势，更让我们看到了文旅产业与科技、互联网融合发展的空间和可能性。因此，疫情过后文旅产业将抓住转型升级的机遇，拥抱互联网和人工智能，利用“旅游 +”业务等自选动作，规避线下风险。充分利用现代技术，开发线上博物馆、AR 沉浸式体验等“非接触式”产品服务解决方案。此外，文旅企业还应加强网络营销力度，利用社交媒体的影响力，实现低成本、高效率的传播营销推介，将快消品领域的“种草带货”“网络直播”技术运用到文旅领域，不断开发新型营销模式，加速文旅产业的快速发展。

（三）研学旅行将更加注重卫生防疫

新冠肺炎疫情的暴发与人类捕食野生动物有着千丝万缕的关联，这也从侧面说明我国在关于野生动物保护知识、法律法规普及方面的匮乏。俗话说“少年强则国强”，中小学生作为国家未来的建设者和接班人，更要加强有关野生动物知识的普及和教育。研学旅行作为一种新型教育渠道，逐渐受到国家的重视。根据教育部等11个部委于2016年11月联合下发的《关于推进中小学生研学旅行的意见》，研学旅行已经纳入中小学教育教学计划，成为中小学必修内容。研学旅行作为中小学生学习体验的重要方式之一，对中小学生的世界观、人生观、价值观的养成和塑造起着举足轻重的地位和作用。经历过这次疫情，可以将野生动物保护、卫生防疫等知识融入研学旅行的过程和内容。在灾难面前，社会即课堂、生活即教育。我们需要共同面对、共同讨论、共同参与、共同承担，把灾难当成鲜活的教材，共同完成好这场生命教育、信念教育、科学教育、道德教育，在抗击疫情的战役中进一步树立和塑造正确的世界观、人生观、价值观，培养我们坚忍不拔、从容不迫的奋斗精神和赤诚仁爱、胸怀天下的家国情怀，真正与祖国一起成长，在灾难和不幸面前，让灾难见证我们坚定成长的足迹，让不幸成为通向幸福的桥梁。

（四）将加速文旅产业命运共同体的构建

文旅产业命运共同体的构建最先起源于驴妈妈旅游网推出的“先游后付”创新旅游体验，“先游后付”基于行业信任体系的打造，形成产业共同体，倒逼整个供应链及旅游整体商业环境变得更好。驴妈妈通过精选合作伙伴、严选整体爆款、优选旅游导服标准这三个“选”来做产品，确保游客在“先旅游、后付款”的过程中，获得更有保障、更安心的旅游整体体验。文旅产业的产业链非常长，包含食、住、行、游、购、娱等各个方面，在这个过程中进行跨公司、跨领域甚至是跨行业的协同合作，同时使游客放心、安心、舒心，是一件十分困难的事情，但面对疫情冲击后的文旅市场，更需要整个行业携起手来，整合各方资源，共享利益、共担风险，构建利益共同体、责任共同体、认知共同体，进而形成命运共同体来推动整个文旅产业的恢复和发展。

旅行社企业在整个文化旅游消费过程中起到重要的作用，充当着联系消费者和文化旅游产品桥梁的角色。旅行社企业将各种旅游产品进行有效组合，形成能够满足消费者整个消费过程的产品集合，进行宣传推介，出售给消费者。

文化旅游消费的链条比较长，需要多个行业共同协调配合才能完成整个消费过程。携程、驴妈妈、途牛等这些大型 OTA 企业，在整合文化旅游产品资源，宣传推介，沟通消费者方面起到重要的作用。OTA 企业将交通运输、住宿、餐饮、景区、娱乐企业整合成一个完整的产业链条，帮助消费者完成整个文化旅游消费过程。

受疫情影响，整个文化旅游产业链条上的许多企业损失惨重，甚至有破产倒闭的危险，这对整个文化旅游产业的生态都是一种伤害和损失，可以说大家一损俱损，一荣俱荣。OTA 企业作用的特殊性，决定了其有责任和义务对于产业链条上有困难的企业进行帮助，支持其渡过难关，打造文旅产业链条命运共同体。携程在此次疫情期间，及时启动“同袍”计划，投入 10 亿元合作伙伴支持基金和 100 亿元额度小微贷款，支持百万合作伙伴共渡难关。

三、疫情对国民经济的现实意义

新冠肺炎疫情暴发下国民经济的发展受到相应的冲击，经济运行出现暂时的停滞和下行，众多行业受到了不同程度的打击和亏损，受封村、封路、封城的影响，交通和物流发展受阻，养殖业和交通运输业损失惨重，石油行业也出现了相应的亏损，受严格隔离措施的影响，电影业、旅游业、餐饮业、酒店业基本关门，此外，建筑行业、房地产行业、金融行业等受到了不同程度的损伤。但同时，基于互联网的快速发展，疫情暴发也催生了线上教育、游戏等行业的快速发展。同时，由于对医疗的需求大幅度增加，也促进了医疗行业的改善和提升。总体而言，疫情暴发在对国民经济发展造成冲击的同时，也使我们看到了经济发展过程中存在的问题和机遇。

（一）数字经济发展遇到机遇期

疫情的暴发将引发各个部门对数字经济发展的重视，对于政府部门来说，一是对智慧城市建设的重视程度上升，而智慧城市的建设又将对大数据、物联网、云计算、人工智能、5G、区块链、传感器等技术的融合与创新提出更多的期待的需求。二是对应急处理能力的重视程度会提升，政府未来在加大城市公共计算与存储服务中心建设的同时，会关注医疗卫生系统的短板投入。对于企业部门，生产端的“复工瓶颈”启示企业应该提高自动化程度，通过人工智能、工业机器人、云计算、物联网等，将工匠拥有的生产技能及作业程序数字化，减少对传统人工的依赖。对于居民部门来说，新经济正在向“衣食住行”等生活的各个方面深入渗透。新经济在改变人们生活习惯方面创造了新需求，办公方式的多样化，将使云办公的应用场景日益丰富。“宅经济”模式和共享式经济的模式，对企业未来的大数据运用、渠道建设、物流运输等，都提出了更高的要求。

（二）将更加重视现金流的监控和稳健运行

现金流本质上的作用就像血液对于身体的作用，如果现金流断了，那么就像是身体失血过多一样，会出现生命危险。当然在企业的不同发展阶段，获得现金流的方式也有所不同，但无论哪一种获得现金流的方式，都必须保证现金流是充沛的，是足够用的，特别是创业期的企业，这个时候可能收入很少，利润为负，那么融资就成了公司最重要的工作，只有不断的融资，才能保证公司现金流的延续，才能让公司一直处于可持续经营的状态；而当公司已经走上正轨，产品销售额很高的时候，那么回款就决定了现金流，不能只是卖出产品而无法收回款项，有质量的销售是一手钱，一手货，不能长时间挂在账上变成应收账款。通过调研显示，在疫情持续发酵之下，国内七成的企业可以维持 3 个月的现金流。疫情过后，现金流至少维持企业运营 3 个月是否会成为企业界约定俗成的标准和规范，以应对不可预知的各类风险考验，值得高度预期。对一个国家而言，最好能维持 90 天以上石油战略储备，其意义无须赘言；对企业而言，世界上伟大的企业都有“屯现金”的习惯，国外如伯克希尔哈撒韦和苹果公司，其现金流都以千亿美元计；国内如华为公司、平安公司等，也都会维持比较高的现金储备。手上有钱、心里不慌，不仅可以备企业不时之需，也能在突发危机事件从容地抄底优质资产，实是进可攻、退可守的两宜之举。鼠年之疫，让我们想到了老鼠的一个优秀品质：深挖洞，广积粮，故能亿万年生生不息。这次疫情让很多企业陷入手忙脚乱，将企业轻率冒进的致命弊病暴露无遗。希望疫情过后，企业更加重视现金流安全垫，建立并持久保有一定规模的“小金库”。

（三）公共卫生将受到更加重视

疫情的暴发使我们认识到，我们目前在公共卫生预防和治理方面还存在很多不足，这就要求我们要进一步提高公共卫生预防和处置能力的重点是提升流行病学调查与预测能力。公共卫生能力需要基础设施建设，但科学合理的公共卫生预防措施，基于流行病学的疫情监控和预测能力可能是最重要的，武汉和湖北的情况表明，防疫战线失守会产生大规模的医疗挤兑，再充足的医疗资源都无法应付。快速调动大学与研究机构计算数学人才支援流行病调查与预测研究具有迫切性和可操作性。人们常说“前事不忘，后事之师”，必须不断地总结教训，避免一再“掉进同一条河里”。但实践活动所具有的知行合一性，决定着每一项重大的预防机制走向成熟，都需要历经实践的反复检验和反复打磨，每一个小的进步都来之不易。日本是一个地震多发国家，其地震灾害的预警和应急机制历经千锤百炼，才得以基本完备。美国的突发公共安全事件应急机制同样经过了在实践中无数次地打补丁、补漏洞，时至今日依然不能说尽善尽美。我们国家也建立了各类公共安全应急机制，但客观地说，这次突发疫情暴露出了国家重大公共卫生危机的应急机制依然存在很大的漏洞，宏观性和笼统性有余、指导性和实战性不足，疫情后亟待进一步升级完善。

2003 年的非典型肺炎疫情和 2020 年的新冠肺炎疫情都与野生动物存在着直接或间接的联系，这不得不引起我们的高度重视和认真反思，应该从法律上、制度上加强完善，杜绝类似的事件发生。要从法律上要明令禁止非法野生动物交易，实行最严格的监管与惩治。21 世纪以来，人类已经先后经历了多次疫情的侵扰，如 2003 年的 SARS、2009 年的甲型 H1N1 流感、2014 年的脊髓灰质炎疫情、2014 年的埃博拉疫情、2015 年的“寨卡”疫情、2019 年的埃博拉疫情和 2020 年新冠肺炎疫情。通过梳理，可以发现我国在防控外输性疫情方面措施得力，但对于国内内发性的疫情防控还有许多不足之处，需要从制度上不断强化和完善。我们要进一步完善相关法律法规，完善和优化《国家突发公共卫生事件应急预案》，构建快速有效的国家卫生事件防控机制。

第二章　新冠肺炎疫情分析

经临床医学证实，引发新冠肺炎疫情的罪魁祸首是一种病毒，这种病毒就是 2019 新型冠状病毒（2020 年 1 月 12 日世界卫生组织命名为 2019-nCoV）。2019 新型冠状病毒与引发非典型肺炎疫情的 SARS 病毒属于同一大类，但并不是同一种，我们有必要了解一下这类病毒的基本信息，对病毒采取客观公正的态度，熟悉其传播特征，梳理疫情发生的过程，为疫情防控措施提供依据。同时，要了解疫情本身和疫情防控措施对文旅产业会产生什么影响，从而为文旅产业的恢复和振兴发展提供依据。

第一节　正确认识新冠肺炎

一、新冠肺炎的病因

新冠肺炎是由 2019 新型冠状病毒感染导致的肺炎，简称新冠肺炎。2020 年 1 月 12 日，2019 新型冠状病毒被世界卫生组织命名为 2019-nCoV。2020 年 2 月 11 日被国际病毒分类委员会命名为 SARS-CoV-2。2020 年 2 月 11 日，世界卫生组织总干事谭德塞在瑞士日内瓦宣布，将新型冠状病毒感染的肺炎命名为“COVID-19”。

据我国著名呼吸病学专家钟南山院士介绍，2019 新型冠状病毒与 SARS 冠状病毒虽然属于同一类（都属于冠状病毒），但并不是同一种。冠状病毒是一个大型病毒家族，已知可引起感冒以及中东呼吸综合征（MERS）和严重急性呼吸综合征（SARS）等较严重传染性疾病。新型冠状病毒是以前从未在人体中发现的冠状病毒新毒株。

根据世界卫生组织对于病毒的命名规则，病毒名称中不能带有国名、地名等歧视性信息。虽然目前新冠肺炎疫情最先发现于湖北武汉，但这并不代表湖北武汉就是此次疫情病毒的来源。关于病毒源头和传播途径问题，是一个科学问题，应该交由科学家和医学专家研究，而不能由一些政客进行无端猜测和政治化指责。目前2019新型冠状病毒源头尚未查清，但一些外国政客为了推卸责任，转移本国民众注意力，转嫁矛盾，竟然将2019新型冠状病毒称为“中国病毒”“武汉病毒”，甚至提出让中国赔偿其国内疫情造成的经济损失，真是无稽之谈，这是对中国搞污名化。病毒不分国界、不分种族，全人类只有共同努力，站在人类命运共同体的角度，才能战而胜之。但是，这些外国政客对我国的无端指责、混淆视听，让一些不明究竟的国际消费者误以为我国就是此次疫情病毒的来源，严重影响了我国的国际形象，这给我国未来的国际旅游市场带来了严重的负面影响。

二、流行性病学特征

首先，在传染源上，以新型冠状病毒感染的患者为主，无症状感染者也具有传染性，也可能成为传染源。其次，在传播途径上，经呼吸道飞沫和接触传播是主要的传播途径。可以确定的新冠肺炎传播途径主要为直接传播、气溶胶传播和接触传播。直接传播是指患者喷嚏、咳嗽、说话的飞沫，呼出的气体近距离直接吸入导致的感染；气溶胶传播是指飞沫混合在空气中，形成气溶胶，吸入后导致感染；接触传播是指飞沫沉积在物品表面，接触污染手后，再接触口腔、鼻腔、眼睛等黏膜，导致感染。最后，通过现有病例发现，对于新型冠状病毒，人群普遍易感，老年人及有基础疾病者感染后病情较重，儿童及婴幼儿也有发病。

基于目前的流行病学调查，潜伏期1~14天，多为3~7天。以发热、乏力、干咳为主要表现。少数患者伴有鼻塞、流涕、咽痛和腹泻等症状。由于新冠肺炎潜伏期较长，既有感染的患者传播，也有无症状感染者传播，这给疫情防控带来了困难。传播途径既有直接传播、接触传播，还有气溶胶传播，甚至还有我们没有发现的传播方式和机制。为了切断疫情传播途径，在党中央的坚强领导下，全国上下一盘棋，各地采取了严格的疫情防控措施，包括封城、封路、封社区，限制交通运输，禁止人员流动和聚集。因此，无论是新冠肺炎疫情本身，还是应对疫情采取的防控措施，都给我国经济造成了严重冲击。根据国家统计局公布的数据显示，经过初步核算，2020 年一季度国内生产总值为 206504 亿元，按可比价格计算，同比下降 6.8%，可见新冠肺炎疫情对于经济影响的程度巨大。其中，文化旅游产业由于其对环境的敏感性、文旅活动的人员流动性和聚集性，决定了文化旅游产业遭受疫情的冲击最为直接和严重。例如，2020 年一季度我国餐饮收入 6026 亿元，同比下降 44.3%。2020 年一季度，全国居民人均教育、文化、娱乐消费支出 350 元，同比下降 36.1%。

三、新冠肺炎疫情持续时间

虽然目前国内疫情防控形势持续向好，但何时能够完全控制疫情，现在还存在许多不确定性（特别是在境外疫情防控形势严峻的条件下）。为积极应对疫情，在党中央的坚强领导下，全党、全军、全国各族人民众志成城，共克时艰。我国 31 个省（自治区、直辖市）启动了重大突发公共卫生事件一级响应，采取了严格的防控措施，目前国内疫情防控形势持续向好，但国际疫情防控形势依旧严峻，境外疫情输入防控工作依然压力巨大。

当前我国疫情防控阶段性成效进一步巩固，复工复产取得重要进展，经济社会运行秩序加快恢复。同时，国际疫情持续蔓延，世界经济下行风险加剧，不稳定不确定因素显著增多。我国防范疫情输入压力不断加大，复工复产和经济社会发展面临新的困难和挑战。

我国疫情防控任务仍然艰巨，境外输入和个别地方本地疫情交织叠加，对此我们要高度重视，不能掉以轻心。全国各地都在按照党中央的安排部署，一手抓疫情防控，一手抓复工复产，在保证公共卫生安全的前提下，稳步有序推进经济恢复。我们要统筹推进疫情防控和经济社会发展工作，在疫情防控常态化前提下，坚持稳中求进工作总基调。

在做好疫情防控措施的前提下，各省市也在逐步安排文旅产业复工复产，陆续放开了本地游政策，除不得经营跨省（自治区区、直辖市）和出入境的团队旅游业务及“机票＋酒店”旅游业务外，其他经营活动陆续恢复开展。

文旅产业由于其人员聚集性的特征，对于文旅产业的复工复产必须慎之又慎。在2020年清明节期间，黄山景区出现了游客爆满现象，不得不紧急采取关闭景区的措施。为了确保旅游景区安全有序开放，文化和旅游部、国家卫生健康委下发了《关于做好旅游景区疫情防控和安全有序开放工作的通知》，明确要求疫情防控期间，旅游景区只开放室外区域，室内场所暂不开放；旅游景区接待游客量不得超过核定最大承载量的30%。收费景区在实施临时性优惠政策前要慎重做好评估，防止客流量超限。

当前新冠肺炎疫情在全球多点暴发、迅速蔓延，我国决定自2020年3月28日0时起，暂时停止外国人持目前有效来华签证和居留许可入境。境外输入和个别地方本地疫情交织叠加，疫情防控压力仍然巨大。鉴于目前疫情持续时间的不确定性，这给文旅产业的全面恢复和振兴造成了困难。

四、新冠肺炎疫情症状

新冠病毒感染的一般症状有：发热、乏力、干咳，然后逐渐出现呼吸困难；部分患者起病症状轻微，甚至可无明显发热。严重症状有：急性呼吸窘迫综合征脓毒症休克、难以纠正的代谢性酸中毒、出凝血功能障碍。从目前收治的病例情况看，多数患者预后良好，少数患者病情危重，甚至死亡。除了以上发病症状，还有可能发病症状“不典型”。例如，仅以消化系统症状为首发表现，如轻度食欲缺乏、乏力、精神差、恶心呕吐、腹泻等；以神经系统症状为首发表现，如头痛；以心血管系统症状为首发表现，如心慌、胸闷等；以眼科症状为首发表现，如结膜炎；仅有轻度四肢或腰背部肌肉酸痛。

除此之外，还有无症状感染者，全称是“新冠病毒无症状感染者”，指无相关临床症状（如发热、咳嗽、咽痛等），但呼吸道等标本核酸检测或抗体检测呈阳性者。无症状感染者不是确诊病例，因此不算新增感染病人。无症状感染者也能成为传染源，具有一定的传播风险，无症状感染者密切接触者也要进行14天的集中隔离医学观察。

截至2020年4月17日24时，31个省（自治区、直辖市）和新疆生产建设兵团报告新增无症状感染者54例，其中境外输入无症状感染者3例；当日转为确诊病例9例（境外输入6例）；当日解除医学观察66例（境外输入12

例）；尚在医学观察无症状感染者 1017 例（境外输入 191 例）。

由于无症状感染者也可能具有传染性，成为疫情传染源，而且没有典型的显性感染症状，具有一定的隐蔽性，这给疫情防控带来了挑战和困难。

五、新冠肺炎的有效防护措施

现在人类对于新冠肺炎的治疗还没有特效药，疫苗还处于实验阶段，何时能够面世还不得而知。因此，我们面对疫情，最好是做好防护措施，切断疫情传播渠道。

（一）个人防护措施

1. 尽量减少外出

禁止前往疫情正在流行的地区。

禁止走亲访友和聚会，尽量在家休息，与外界尽量隔离。

禁止到人员密集的公共场所活动，尤其是空气流动性差的地方。

2. 个人防护和手卫生

如有特殊情况需外出时，建议外出佩戴口罩。外出前往公共场所、就医和乘坐公共交通工具时，佩戴医用外科口罩或 N95 口罩。

减少接触公共场所的公用物品和部位，保持手部卫生；从公共场所返回，要及时用洗手液或肥皂，流水洗手，或者使用含酒精成分的免洗洗手液。

3. 健康监测与就医

主动做好个人与家庭成员的健康监测，每天测量体温，密切关注身体状况。若出现可疑症状，应主动戴上口罩及时就近就医。若出现新型冠状病毒感染可疑症状（包括发热、咳嗽、咽痛、胸闷、呼吸困难、轻度食欲缺乏、乏力、精神稍差、恶心呕吐、腹泻、头痛、心慌、结膜炎、轻度四肢或腰背部肌肉酸痛等），应根据病情，及时到医疗机构就诊。尽量避免乘坐公共交通工具，可以乘坐私家车或拨打 120。到医院就诊时，应该如实汇报自己的旅行居住史，以及发病后接触过什么人，配合医生开展相关调查。

4. 保持良好卫生和健康习惯

居家卧室、客厅应勤开窗，经常通风。家庭成员不共用毛巾，勤晒衣被。

保持家居、餐具清洁，定期消毒，可以进行分餐制。

不随地吐痰，口鼻分泌物用纸巾包好，弃置于有盖垃圾桶内。

注意营养，适度运动。

不要接触、购买和食用野生动物。

家庭备置体温计、医用外科口罩或 N95 口罩家庭消毒用品等物资。

（二）家庭防护措施

（1）居室保持清洁，勤开窗，经常通风，定期消毒。

（2）回家后用洗手液或肥皂，流水洗手，或者使用含酒精成分的免洗洗手液。

（3）外出佩戴口罩。外出前往公共场所、就医和乘坐公共交通工具时，佩戴医用外科口罩或 N95 口罩。

（4）保持良好的卫生和健康习惯，家庭成员不共用毛巾，保持家居、餐具清洁，勤晒衣被，定期消毒，实行分餐制。注意营养，适度运动，提高身体免疫力。

（5）主动做好个人与家庭成员的健康监测，每天策略体温，密切关注身体状况。

（6）准备常用物资。家庭备置体温计、一次性口罩、家庭用的消毒用品等物资。

（三）公共场所防护措施

（1）公共场所工作人员要自行健康监测，若出现新型冠状病毒感染的可疑症状，需及时上报，不要带病上班。

（2）若发现新型冠状病毒感染的可疑症状者，工作人员要及时上报，妥善处理。

（3）公用物品及公共接触物品或部位要定期清洗和消毒。

（4）保持公共场所内空气流通。

（5）洗手间要配备足够的洗手液，保证水龙头等供水设施正常工作。

（6）保持环境卫生清洁，及时清理垃圾。

（7）疾病流行地区，公众应尽量减少前往公共场所，尤其是避免前往人员密集和空气流通较差的地方。

（四）公共交通防护措施

（1）发生疾病流行地区的公共交通工具在岗工作人员应佩戴医用外科口罩或 N95 口罩，并每日做好健康监测。

（2）公共交通工具建议备置体温计、口罩等物品。

（3）增加公共交通工具清洁与消毒频次，做好清洁消毒工作记录和标识。

（4）保持公共交通工具良好的通风状态。

（5）保持车站、车厢内的卫生整洁，及时清理垃圾。

（6）做好人员的工作与轮休安排，确保司乘人员得到足够的休息。

（五）出现可疑症状的防护措施

（1）若出现新冠肺炎可疑症状，应及时上报，并根据病情及时就医。

（2）避免乘坐地铁、公共汽车等公共交通工具，避免前往人员密集的场所。

（3）就诊时应主动告诉医生自己的相关疾病流行地区的旅行居住史，以及发病后接触过什么人，配合医生开展相关调查。

（4）患者的家庭成员应佩戴口罩，与无症状的其他家庭成员保持距离，避免近距离接触。

（5）若家庭中有人被诊断为新冠肺炎，其他家庭成员如果经判定为密切接触者，应接受 14 天医学观察。

（6）对有症状的家庭成员经常接触的地方和物品安排进行彻底消毒。

（六）病例密切接触者的防护措施

新冠肺炎确诊病例的密切接触者应从和患者接触的最后一天起采取医学观察 14 天。在家中观察期间需与医学观察人员保持联系，并需要了解病情观察和护理要点，掌握家庭预防的洗手、通风防护和消毒措施。具体建议如下：

（1）将密切接触者安置在通风良好的单人房间，拒绝一切探访。

（2）限制密切接触者活动，最小化密切接触者和家庭成员活动公共区域。

确保公共区域（厨房、浴室等）窗户开启。

（3）家庭成员应住在不同房间，如条件不允许，和密切接触者至少保持 1 米的距离。哺乳期母亲可继续母乳喂养婴儿。

（4）其他家庭成员进入密切接触者居住空间时应佩戴口罩。及时更换口罩，摘下并丢弃口罩之后，进行双手清洗。

（5）与密切接触者有任何直接接触，或离开密切接触者居住空间后，需清洁双手。准备食物、饭前便后也均应清洁双手。如果双手不是很脏，可用酒精免洗液清洁。如双手比较脏，则是用洗手液和流水清洗（注意酒精使用安全，避免意外吞食或引发火灾）。

（6）使用洗手液和流水洗手时，最好使用一次性擦手纸。如果没有，用洁净的毛巾擦拭，毛巾变湿时需要更换。

（7）偶然咳嗽或打喷嚏时用来捂住口鼻的材料可直接丢弃，或使用之后正确清洗（如用普通的肥皂洗涤剂和清水清洗）。

（8）家属应尽量减少与密切接触者及其用品接触。

（9）每天频繁清洁、消毒家庭成员经常触碰的物品，如床头柜、床架及其他卧室家具。至少每天清洁、消毒浴室和厕所表面一次。

（10）使用普通洗衣皂和清水清洗密切接触者衣物、床单、浴巾、毛巾等，或者用洗衣机以 60~90℃水和普通家用洗衣液清洗，然后完全干燥上述物品。将密切接触者使用的床品放入洗衣袋。不要甩动衣物，避免直接接触皮肤和自己的衣物。

（11）戴好口罩、一次性手套和保护性衣物（如塑料围裙）再去清洁和触碰被密切接触者的人体分泌物污染的物体表面、衣物或床品。戴手套前、脱手套后要进行双手清洁及消毒。

（12）若确诊病例的密切接触者出现可疑症状，应立即就医。具体指导建议如下：

前往医院的路上，患者应该佩戴医用外科口罩或 N95 口罩。

如果可以，应避免乘坐公共交通工具前往医院，路上打开车窗。

时刻佩戴口罩和随时保持手卫生。在路上和医院时，尽可能远离其他人（至少 1 米）。

若路途中污染了交通工具，建议使用含氯消毒剂或过氧乙酸消毒剂，对所有被呼吸道分泌物或体液污染的表面进行消毒。

（七）疾病流行区居住旅行史人员的防护措施

（1）尽快到所在村支部或社区进行登记，减少外出活动，尤其是避免到人员密集的公共场所活动。

（2）从离开疾病流行地区的时间开始，连续 14 天进行自我健康状况监测，每天两次。尽量单独居住或居住在通风良好的单人房间，自我隔离，并尽量减少与家人密切接触。

（3）若出现新型冠状病毒感染可疑症状，应根据病情，及时到医疗机构就诊。就医途中具体指导建议如下：

前往医院的路上，患者应该佩戴医用外科口罩或 N95 口罩。

如果可以，应避免乘坐公共交通工具前往医院，路上打开车窗。

时刻佩戴口罩和随时保持手卫生。在路上和医院时，尽可能远离其他人（至少 1 米）。

若路途中污染了交通工具，建议使用含氯消毒剂或过氧乙酸消毒剂，对所有被呼吸道分泌物或体液污染的表面进行消毒。

由于目前还没有针对新冠肺炎的特效药，所以应对疫情最好的药物就是提高自身的免疫力，同时做好疫情防护，减少人员流动，避免人员聚集，这些疫情防控措施都与文旅活动的特点格格不入，因此，只有疫情完全得以控制，文旅产业才能实现全面恢复和振兴。

六、保持正常的心态

新冠肺炎疫情是中华人民共和国成立以来发生的传播速度最快、感染范围最广、防控难度最大的一次重大突发公共卫生事件。新冠肺炎疫情严重威胁着公共卫生安全，全面冲击着经济正常运行，深刻影响着社会生活。每天面对媒体不断报道的疫情数据，严重冲击着公众的神经和心理。再加上人们对于医学知识的匮乏，自媒体传播的泛滥，一些谣言趁机蔓延传播，引发了人们许多不理性的行为和心理恐慌。例如，2020 年 1 月 31 日晚间有报道声称，中国科学院上海药物所和武汉病毒所联合研究初步发现，中成药双黄连口服液可抑制新型冠状病毒。如此普通的一则医药新闻，却在这个焦灼的春天爆发出巨大的能量，瞬时成了坊间对之过度解读的谣传。因为号称是权威性的医药研究机构，于是很多人宁愿选择了“宁可信其有，不可信其无”，在抢购风波之下很难坚持自己的主张，放弃了心理的抵抗，从而助长了本次风波，纷纷自行排队抢购“双黄连”，哪怕仍是春寒料峭的夜晚。本来应该是在居家隔离、主动防护的重要时刻，许多人却冒险到药店外排队，增加了疫情蔓延的风险，充分体现了人们在疫情期间的不理性。在淘宝网站，双黄连药物被瞬间抢购一空，更有甚者，居然连含有双黄连的兽药也被秒杀。

作为普通人，我们应该正确认识疫情，科学应对，保持平常的心态，理性思考，不信谣，不传谣，做好防护，对自己负责，也是对他人负责。

无论是 SARS 冠状病毒引起的肺炎、流感肺炎，还是新冠肺炎，尽管病原体不同，但这三者都是病毒性肺炎，它们的病理生理机制和临床表现类似，治疗方法也类似。可以说，因这三种病毒引起的感染，多数病人病情相对较轻，休息、对症治疗以后都可以痊愈。只有那些发生了严重并发症，如呼吸衰竭甚至多器官衰竭，导致病情危重的病人，才需要重症加强护理病房（ICU）收治进行抢救治疗。

那么，为什么有些病毒性肺炎会导致严重后果？有两个关键原因：首先，没有特效药；其次，人体的自我防御能力降低了。

作为普通人，面对疫情我们应该怎么办？医生给了我们科学的建议，简单概括就是三句话：加强防护，好好睡觉，平和心态。

第一，加强防护。居家是最好的防护，如果需要去人群密集、通风差的地方，如乘坐公共交通工具或去医院，一定要正确佩戴口罩。要勤洗手，不要用脏手去摸脸、揉眼睛、擦嘴、抠鼻子，这样很容易把手上的病毒带入人体。

第二，保证睡眠。熬夜对人体免疫系统的破坏有“立竿见影”效果。熬夜会影响人体生物钟、影响免疫系统反应能力和防御能力，研究表明连续缺觉一周会对 700 多个对健康至关重要的基因产生影响，继而对健康产生长期影响。良好的睡眠可以增加人体对抗感染的能力。所以特殊时期，保证每天 7~8 小时良好睡眠比什么都重要。

第三，平和心态，学会微笑。紧张、不安、焦虑，这些心理变化会通过自主神经系统和内分泌系统影响免疫力，免疫系统抵抗病原体的能力就会降低，更容易受到感染。同时，剧烈的心理变化还会引起很多身心疾病，如失眠、头痛、血压波动、胃部不适、肠道功能紊乱等。这些疾病会进一步削弱机体抵抗力。

在疫情期间，全国各地都采取了严格的防控措施，许多人在家进行居家隔离，经过长时间的抑制，许多人想通过外出旅行来排解压抑的心情。而且，适逢部分景区采取了免费、半价等优惠政策，所以才会出现清明节期间黄山景区游客爆满拥挤的现象。对此，我们要保持平常心态，坚持理性消费，不要盲目跟风，宁肯推迟旅游消费，也要确保生命安全，对自己负责，对他人负责。

我们要清醒地认识到，“零增长”不等于“零风险”，不能盲目乐观。目前疫情还没有完全得以控制，国外疫情形势严峻，境外输入和个别地方本地疫情交织叠加，我国疫情防控任务仍然艰巨。在此情况下，文旅产业的复产复工一定要慎之又慎，严格执行国家有关规定，“把人民群众生命安全和身体健康放在第一位”，一定要严格加强疫情防控措施，不能操之过急，在保证公共卫生安全的前提下，有序稳步推进文旅产业的恢复。

第二节　新冠肺炎疫情的发展情况

根据历史经验，虽然每次疫情病原不同，传染能力有差异，持续时间长短不一样，但其发展过程都有一定规律可循，一般都会经历疫情发生、暴发、稳定、消除等阶段。了解新冠肺炎疫情的发展情况，有利于对其的客观认识和理解，并采取合理防控措施，把握不同发展阶段文旅产业的应对措施。

一、新冠肺炎疫情发展情况

目前，国内疫情防控形势持续向好，但国外疫情形势严峻，这给我国疫情防控造成了压力，同时给疫情何时能够得到完全控制和消除带来了不确定性。根据历史经验，重大疫情都有其自身的发展规律，从发生、发展到最后被有效控制。自 2019 年 12 月以来，湖北省武汉市连续发现多起病毒性肺炎病例，并迅速蔓延到全国各地。面对疫情，党中央高度重视，习近平总书记亲自指挥、亲自部署，全国各地采取积极的疫情防控措施，国内疫情防控形势持续向好。

截至 2020 年 3 月 22 日，全国（不含香港特别行政区、澳门特别行政区、台湾地区）累计确诊病例 81093 例，累计死亡病例 3270 例。虽然目前疫情还没有完全结束，但确诊病例持续减少，多地连续多日实现疫情“零报告”，国内疫情防控形势持续向好。我们根据国家卫生健康委员会官方网站公布的每日疫情有关数据，自疫情发生以来到 2020 年 3 月 22 日，进行整理分析，对国内疫情发展情况进行了初步阶段划分，这有助于切实把握疫情发展规律。同时，根据疫情发展的不同阶段采取不同的防控措施，减轻文旅企业遭受疫情的影响和冲击，为疫情后文旅产业的恢复奠定基础，早日实现文旅产业恢复。根据国家卫生健康委员会每日公布的新冠肺炎疫情数据，我们做了新增确诊病例、新增疑似病例数据的发展趋势折线图（见图 2-1，数据中不包含我国港澳台地区的疫情数据），这样可更加形象具体地把握疫情的发展态势。

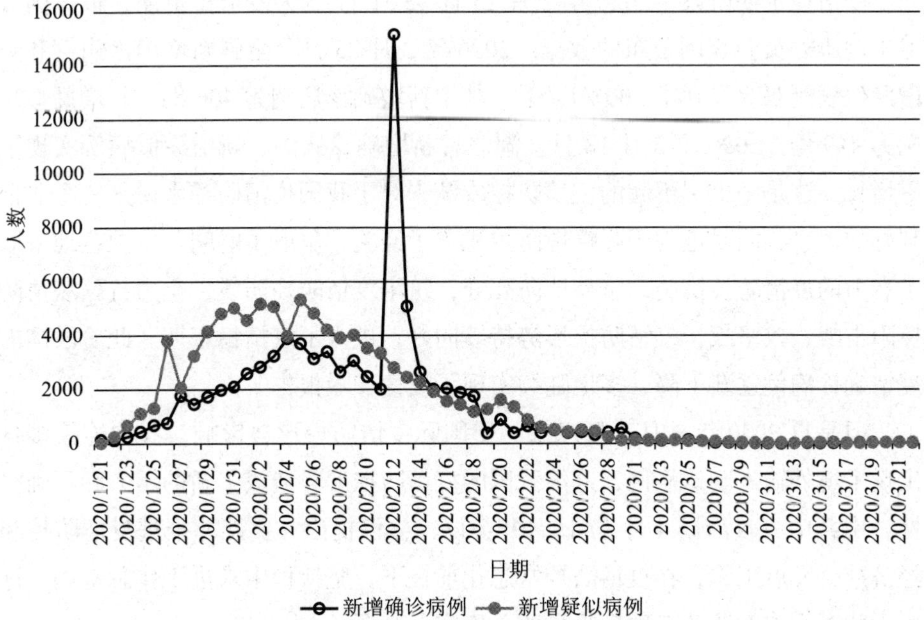

图 2-1　我国新冠肺炎疫情发展情况

在2020年1月21日之前，疫情主要发生在湖北省，所以，国家卫生健康委员会官网公布的全国的疫情数据是从2020年1月21日之后开始的。疫情的新增确诊病例和新增疑似病例数量可以作为判断疫情走势的重要依据。根据图2-1，很明显可以将疫情发展情况划分成三个阶段：疫情发生初期、疫情暴发期、疫情稳定期。

疫情发生初期阶段。2019年12月至2020年1月24日为疫情发生初期，根据国家卫生健康委员会官网公布的数据，2020年1月24日全国新增确诊病例444例，新增疑似病例1118例。此阶段疫情表现为确诊病例较少，而且主要集中在湖北武汉等地。

疫情暴发期阶段。2020年1月25日~2月24日为疫情暴发期，其中2020年2月12日达到了疫情的顶峰，当日新增确诊病例达到了15152例的峰值。由于此次疫情正好覆盖了春节黄金周时段，新型冠状病毒被“春运”人流大军带到了全国各地，迅速在全国传播开来。此阶段疫情表现为确诊病例骤增，而且传播范围蔓延到了全国各地。

疫情稳定期阶段。2020年2月25日~3月17日为疫情稳定期，根据国家卫生健康委员会官网公布的数据，2020年2月25日，全国新增确诊病例和新增疑似病例双双降到了500例以下，其中新增确诊病例为406例，新增疑似病例为439例。2020年3月18日，湖北省新增确诊病例、新增疑似病例实现了零增长，这是一个了不起的疫情防控成绩，对于我国疫情防控来说是一个非常利好的消息，同时也为国际疫情防控积累了经验，争取了时间。全国各地采取了有力的疫情防控措施，坚持严防死守，筑牢疫情防控防线，全力打赢疫情防控阻击战、攻坚战，疫情防控形势持续向好，进入了疫情稳定期。此阶段国内疫情确诊病例逐渐下降，多地陆续实现了疫情“零报告”。

但是自2020年3月4日以来，受国际疫情防控形势影响，我国连续多日出现了境外输入确诊病例，这给我国的疫情防控形势造成了新的压力和不确定性。中共中央政治局4月17日召开会议，会议提出，要统筹推进疫情防控和经济社会发展工作，在疫情防控常态化前提下，坚持稳中求进工作总基调，这也为我国文旅产业的有序恢复指明、确定了基调。

二、疫情中的文旅产业

突发的新冠肺炎疫情，让我国的文旅系统将2020年春节的工作重点从“保障供给，繁荣市场”迅速调整为“停组团、关景区、防疫情”。根据疫情发展阶段，整个文旅行业则经历了“先关停，后防控，再恢复”的过程。

（一）“关停”阶段

在疫情发生初期，文旅系统就迅速行动，做好文化和旅游系统新型冠状病毒感染的肺炎疫情防控工作，有效切断病毒传播途径，防止疫情通过文化和旅游途径传播和扩散，坚决遏制疫情蔓延势头，确保人民群众生命安全和身体健康，国家文化和旅游部办公厅于2020年1月24日下发文件《关于全力做好新型冠状病毒感染的肺炎疫情防控工作暂停旅游企业经营活动的紧急通知》，要求从即日起，全国旅行社及在线旅游企业暂停经营团队旅游及“机票＋酒店”旅游产品。随之，我国文旅产业按下了“暂停键”，进入了疫情“冰封期”。文化和旅游系统所属文艺院团全部停止组织文艺演出活动，所属的演出场馆、剧院停止组织接待文艺演出活动，全国公共文化场所包括各级图书馆、文化馆、博物馆、美术馆停止对外开放，原组织安排的文化活动或取消或延期。各地网吧、游艺、娱乐场所全面停止营业，全面停止审批营业性演出活动和交流性演出活动。

各地积极响应疫情防控，全国31个省（自治区、直辖市）先后启动重大突发公共卫生事件一级响应。2020年1月25日，河南省启动新型冠状病毒感染的肺炎疫情防控一级应急响应后，河南省文化和旅游厅再次专题研究并做出部署，下发通知，要求全省各级文化和旅游部门要充分认清当前新型冠状病毒感染的肺炎疫情的严峻形势，切实做好疫情防控工作，完善假日值班和应急值守制度，按时报送疫情防控工作进展情况。并要求演出活动、大型公众聚集性活动暂停，文化场馆闭馆、部分旅游景区暂停运营，全省旅行社暂停经营团队旅游及“机票＋酒店”旅游产品。

（二）“防控”阶段

文化和旅游部办公厅、国家文物局办公室下发《关于做好新型冠状病毒感染的肺炎疫情防控工作的通知》，要求各地要督促文化和旅游市场主体和公共文化服务机构制定应急处置预案，要求一线从业人员掌握相关城市疾控中心及医院的名称、地址和联系电话；密切关注游客身体状况，发现疑似病症后及时就近联系医院，按指导送医；按要求对疑似病人及时采取临时隔离措施，就地停止旅游活动，做好善后工作。督促星级饭店的对客区域及后台操作区域、A级旅游景区、文化娱乐场所等相对封闭区域，以及美术馆、文化馆、博物馆、开放的文物保护单位等公共文化服务机构，按要求落实通风、消毒等措施，加强内部清洁卫生管理，排查并消除病毒传播隐患。指导各地公共文化服务机构从严控制群众文化活动数量和规模，严格执行活动报批或备案制度。

在疫情期间，各地文旅系统制定了切实可行的疫情防控措施，杜绝在文旅系统内出现疫情蔓延现象。2020 年 1 月 26 日，为组织河南省文化和旅游系统加强新冠肺炎疫情防控工作，及时处置各类突发情况，河南省文化和旅游厅制定并印发《河南省文化和旅游厅防控新型冠状病毒感染的肺炎疫情工作方案》，要求全省文化和旅游系统所属单位和文化旅游团体、企业做好新冠肺炎疫情防控工作，并对疫情防控工作领导组织、日报告制度、应急响应等事项做出具体要求。面对疫情形势，根据疫情防控工作需要，全省文旅行业团结一心，快速反应，积极参与新冠肺炎疫情防控工作。疫情就是命令，防控就是责任。为全力做好新型冠状病毒性肺炎的疫情防控工作，切实保障人民群众的生命安全和身体健康，河南省各地文化和旅游市场监管督查部门逆行而上，对可能出现人员聚集的文化旅游场所持续开展市场防控巡查工作。面对严峻的疫情形势，为畅通上传下达渠道、让公共信息公开透明、及时客观地向社会通报疫情态势和防控工作进展、统一发布权威信息、回应群众关切、及时澄清不实传言、普及疫情防护知识，进一步营造良好舆论氛围，凝聚力量助力打赢疫情防控阻击战，以实际行动维护人民群众生命安全、身体健康和社会大局稳定，河南省文化和旅游系统坚持疫情防控与舆论导控并重，充分利用官方网站和微博、微信公众号等新媒体、融媒体渠道以及条幅、大喇叭、流动宣传车等多种宣传方式，立体、及时地传达有关精神和行业部署，有效发布疫情信息，宣传防疫知识，为打赢疫情防控阻击战凝聚了强大的行业合力。在这场没有硝烟的战争中，勤劳勇敢的河南文化和旅游人，勠力同心、守土担责、守土尽责，用实际行动，书写着自己的大爱和担当，为打赢此次疫情防控阻击战凝聚着强大的力量。

（三）“恢复”阶段

随着国内疫情防控形势持续向好，为指导落实好新冠肺炎疫情防控各项工作要求，推动企事业单位稳步有序复工复产，国务院应对新冠肺炎疫情防控机制于2020年2月21日印发了《企事业单位复工复产疫情防控措施指南》，指导全国企事业单位在做好疫情防控的基础上，有序推进单位复工复产。在此基础上，文化和旅游部资源开发司于2020年2月25日引发了《旅游景区恢复开放疫情防控措施指南》，指导全国旅游景区继续实施疫情防控、稳步做好恢复开放相关工作。按照外防输入、内防扩散的要求，对旅游景区开放条件和必要性进行全面评估。疫情高风险地区旅游景区暂缓开放，疫情中风险和低风险地区旅游景区开放工作由当地党委政府决定。

为激发国内居民消费潜力，国家发展改革委员会、中央宣传部、教育部等23个部委于2020年2月28日联合下发《关于促进消费扩容提质加快形成强大国内市场的实施意见》（以下简称《意见》），《意见》强调要重点推进文旅休闲消费提质升级，丰富特色文化旅游产品，改善入境旅游与购物环境，创新文化旅游宣传推广模式，用消费拉动文化旅游产业恢复。

当然，在疫情还没有完全消除之前，文化旅游消费活动的开展一定要稳步有序，不能造成人员拥挤，不能增加疫情传播蔓延的风险。文化和旅游部、国家卫生健康委于2020年4月13日下发《关于做好旅游景区疫情防控和安全有序开放工作的通知》（以下简称《通知》），《通知》强调要坚持防控为先，实行限量开放。各地在做好旅游景区疫情防控工作的前提下，坚持分区分级原则，严格落实《旅游景区恢复开放疫情防控措施指南》要求，做到限量、有序开放，严防无序开放。疫情防控期间，旅游景区只开放室外区域，室内场所暂不开放；旅游景区接待游客量不得超过核定最大承载量的30%。收费景区在实施临时性优惠政策前要慎重做好评估，防止客流量超限。《通知》要求，要强化流量管理，严防人员聚集。旅游景区要建立完善预约制度，推行分时段游览预约，引导游客间隔入园、错峰旅游，严格限制现场领票、购票游客数量，做好游客信息登记工作。要求各地严格落实旅游车辆防控安全，加强智慧旅游建设，做到旅游景区流量管理关口前置，严控客流。要细化管理措施，规范游览秩序。旅游景区要优化游览线路，在旅游景区出入口、重要参观点等容易形成人员聚集的区域配备必要的人员设备，严格落实体温筛检等防控措施，加强景区疏导和安全隐患排查，规范景区管理。

根据国家的要求，各地在做好疫情防控的基础上，根据分区分级情况精准施策，稳步推进文旅产业恢复。在疫情进入稳定阶段，要做好在常态化防控中稳步推进复工复产达产和经济社会秩序恢复。对于文旅产业的复工复产，河南省根据《关于科学防治精准施策分区分级做好新冠肺炎疫情防控工作的实施意见》，按照属地管理、分批分级、有序开放的要求，做到安全有序推进。河南省依据疫情风险等级对全省景区进行了分级梳理分类，划分Ⅰ类县（市、区）16个、包含42家A级景区，Ⅱ类县（市、区）101个、包含336家A级景区，Ⅲ类县（市、区）57个、包含141家A级景区。对开放景区密切监控，确保万无一失。截至2020年4月17日，河南省恢复开放景区307家，开放率为59.14%。

通过回顾整个文旅行业经历的“先关停，后防控，再恢复”的过程，从时间上来看，正好与我们划分的疫情发展阶段基本吻合。这也符合我们对于公共卫生安全事件发展过程的一般认知，在疫情发生初期阶段，对于文旅行业来说，主要的任务肯定是关停，停止一切的文旅消费活动，避免人员流动和人员聚集，杜绝疫情通过文旅活动进行传播和蔓延。在疫情暴发期阶段，对于文旅行业来说，主要的任务就是要加强疫情防控，杜绝疫情向文旅行业渗透和蔓延。在疫情稳定期阶段，对于文旅行业来说，主要的任务就是在强化疫情防控的基础上，确保文旅消费场所公共卫生安全，稳定有序地推进文旅行业复工复产，满足消费者的文化旅游消费需求。

三、疫情期间文旅管理部门出台的相关文件政策梳理

根据全国新冠肺炎疫情发展态势和阶段，国家部委和各省（自治区、直辖市）适时出台相关政策，指导全国和地方文旅系统积极应对疫情冲击和影响，帮助文旅企业渡过疫情难关，推进文旅产业稳步有序复工复产。文化和旅游部

作为我国文化旅游业的主管部门，在疫情期间，主动作为，出台了系列文件，指导全国文旅系统积极应对疫情防控。我们查阅了文化和旅游部网站相关资料，整理了相关文件，进行系统梳理，以把握疫情期间文化和旅游部对文化旅游产业的指导，捋清其工作脉络（见表 2–1）。

表 2–1　文化和旅游部疫情期间出台的系列文件梳理

时间	文件名	主要内容	工作重点
2019 年 12 月 27 日	文化和旅游部关于许可旅行社经营出境游业务的公告（2019 年第十批）	同意深圳市微笑假期国际旅行社有限公司、北京境界之旅国际旅游有限公司经营出境游业务	保障市场供给、繁荣市场
2020 年 1 月 22 日	文化和旅游部办公厅国家文物局办公室关于做好新型冠状病毒感染的肺炎疫情防控工作的通知	做好文化和旅游、文物系统疫情防控工作	指导、督促文化和旅游市场主体和公共文化服务机构制定应急处置预案，加强疫情防控
2020 年 1 月 24 日	文化和旅游部办公厅关于全力做好新型冠状病毒感染的肺炎疫情防控工作暂停旅游企业经营活动的紧急通知	全国旅行社及在线旅游企业暂停经营团队旅游及“机票 + 酒店”旅游产品	为加强疫情防控，暂停旅游企业经营活动
2020 年 2 月 5 日	文化和旅游部办公厅关于暂退部分旅游服务质量保证金支持旅行社应对经营困难的通知	暂退旅行社企业部分旅游服务质量保证金	暂退部分旅游服务质量保证金，支持旅行社应对经营困难
2020 年 2 月 25 日	文化和旅游部公共服务司关于印发《公共图书馆、文化馆（站）恢复开放工作指南》的通知	印发《公共图书馆、文化馆（站）恢复开放工作指南》，指导全国公共图书馆、文化馆（站）继续实施疫情防控、稳步做好恢复开放相关工作	指导全国公共图书馆、文化馆（站）继续实施疫情防控、稳步做好恢复开放相关工作
2020 年 2 月 25 日	文化和旅游部资源开发司关于印发《旅游景区恢复开放疫情防控措施指南》的通知	印发《旅游景区恢复开放疫情防控措施指南》，指导全国旅游景区继续实施疫情防控、稳步做好恢复开放相关工作	指导全国旅游景区继续实施疫情防控、稳步做好恢复开放相关工作
2020 年 2 月 27 日	文化和旅游部办公厅关于积极应对疫情影响保持导游队伍稳定相关工作事项的通知	采取有效措施，保持疫情期间导游队伍稳定	保持疫情期间导游队伍稳定，为旅游业恢复发展蓄力储能

续表

时间	文件名	主要内容	工作重点
2020年2月28日	关于促进消费扩容提质加快形成强大国内市场的实施意见	推进文旅休闲消费提质升级，丰富特色文化旅游产品，改善入境旅游与购物环境，创新文化旅游宣传推广模式	推进文旅休闲消费提质升级，促进旅游消费
2020年3月3日	文化和旅游部办公厅关于开展2020年全国美术馆青年策展人扶持计划的通知	实施“全国美术馆青年策展人扶持计划”，加强美术馆人才梯队建设	加强美术馆人才梯队建设，培养与扶持美术馆青年策展人员
2020年3月3日	文化和旅游部办公厅关于印发《2020年全国美术馆馆藏精品展出季活动方案》的通知	印发《2020年全国美术馆馆藏精品展出季活动方案》，组织开展“全国美术馆馆藏精品展出季”活动	促进国家美术资源共享，丰富文化市场，更好满足人民群众精神文化需求
2020年3月5日	文化和旅游部关于印发《出境旅游组团社签证专办员卡使用管理规定》的通知	规范出境旅游组团社向出境旅游目的地国家和地区驻华使领馆送办出境团体旅游签证工作，加强对出境旅游组团社签证专办员卡的管理	便利出境旅游组团社开展出境旅游业务
2020年4月8日	文化和旅游部办公厅关于公布2020年度内地与港澳文化和旅游交流重点项目名单的通知	公布2020年度内地与港澳文化和旅游交流重点项目名单	扩大内地和港澳地区文化和旅游宣传、交流
2020年4月8日	文化和旅游部办公厅关于开展“中华优秀传统艺术传承发展计划”2020年度戏曲专项扶持工作的通知	实施“中华优秀传统艺术传承发展计划”，开展“名家传戏——当代戏曲名家收徒传艺”工程	培养戏曲人才，弘扬中华优秀传统文化，促进戏曲繁荣发展
2020年4月8日	文化和旅游部办公厅关于开展2020年度剧本扶持工程申报工作的通知	实施“剧本扶持工程”，扶持优秀剧本创作	培育文化精品，繁荣文化市场
2020年4月13日	文化和旅游部国家卫生健康委关于做好旅游景区疫情防控和安全有序开放工作的通知	严格规范解禁后旅游景区管理，确保旅游景区安全有序开放，各地在做好旅游景区疫情防控工作的前提下，坚持分区分级原则，严格落实《旅游景区恢复开放疫情防控措施指南》要求，做到限量、有序开放，严防无序开放。疫情防控期间，旅游景区只开放室外区域，室内场所暂不开放；旅游景区接待游客量不得超过核定最大承载量的30%	在加强疫情防控措施的前提下，有序推进景区开放

续表

时间	文件名	主要内容	工作重点
2020年4月14日	文化和旅游部办公厅关于开展2020—2021年度“中国民族歌剧传承发展工程”重点扶持剧目申报工作的通知	实施“中国民族歌剧传承发展工程”，促进中国民族歌剧艺术繁荣发展	培育文化精品，繁荣文化市场
2020年4月14日	文化和旅游部办公厅关于开展2020—2021年度“时代交响——中国交响音乐作品创作扶持计划”作品申报工作的通知	实施“时代交响——中国交响音乐作品创作扶持计划”，遴选和扶持一批重点交响乐、民族管弦乐作品	培育文化精品，繁荣文化市场
2020年4月20日	文化和旅游部市场管理司关于公布2019年全国导游资格考试结果的通知	公布2019年全国导游资格考试结果	培养旅游服务人员，推进文旅产业复工复产
2020年4月21日	人力资源社会保障部教育部司法部农业农村部文化和旅游部国家卫生健康委国家知识产权局关于应对新冠肺炎疫情影响实施部分职业资格“先上岗、再考证”阶段性措施的通知	对《国家职业资格目录》中部分职业资格实施“先上岗、再考证”阶段性措施	对《国家职业资格目录》中涉及文化旅游产业的职业资格实施“先上岗，再考证”阶段性措施，促进高校毕业生就业，为产业恢复提供人力资源保障
2020年4月22日	文化和旅游部办公厅关于开展2020年“文化和自然遗产日”非遗宣传展示活动的通知	在2020年“文化和自然遗产日”前后集中开展非遗宣传展示活动	实施中华优秀传统文化传承发展工程，聚焦非遗在人民大众健康生活中发挥的重要作用，宣传非遗在防控新冠肺炎疫情人民战争中发挥的积极作用，以网络平台开展为主，重点围绕传统体育、传统医药和餐饮类非遗项目，开展非遗宣传传播等活动，普及非遗知识和健康生活理念，大力弘扬中华优秀传统文化，坚定文化自信，营造全社会共同参与、关注和保护传承优秀传统文化的浓厚氛围

从文化和旅游部在疫情期间下发的系列文件梳理来看，根据疫情的不同发展阶段，文化和旅游部的工作重点也在不断调整和变化，采取了不同的措施，指导文旅系统积极应对疫情冲击和影响。文化和旅游部的工作重点从疫情前的

“保障供给，繁荣市场”调整为疫情后“停组团、关景区、防疫情”，根据疫情发展阶段，整个文旅行业则经历了“先关停，后防控，再恢复”的过程。

鉴于我国文旅企业大多数为中小微企业，企业规模较小，现金流有限，应对重大疫情等危机事件的危机处理能力不足，很多文旅企业面临倒闭困境。文化和旅游部及时出台政策，暂退旅行社企业的部分旅游服务质量保证金，以缓解旅行社企业的资金压力。同时，文化和旅游部积极与国家相关部委沟通协调，积极争取出台关于文旅企业的帮扶政策。同时，为了帮助文旅企业方便学习、领会和利用政府部门出台的各种政策，文化和旅游部将国家部委、各地方政府出台的支持企业应对疫情的有关政策进行整理汇总（涉及资金支持、金融扶持、税费优惠、社会保障、公用事业、物业租金、稳岗就业、其他措施等方面的政策），方便文旅企业学习查询，用足国家的相关支持政策。另外，文化和旅游部将国内典型企业抗“疫”案例进行梳理、宣传，以方便文旅企业进行学习借鉴。

在疫情期间，剧院、博物馆、美术馆等文化场馆纷纷关闭，为了满足人民群众的文化欣赏需求，文化和旅游部将全国优秀的剧院、博物馆、美术馆、图书馆、非遗展示等文化旅游资源搬上“云端”，让人民群众“宅”在家中就能进行“云游”，极大丰富了人民群众在疫情期间的枯燥生活，同时也有助于优秀文化广泛传播。

第三节　疫情传播特点分析

一、传播途径分析

根据目前的证据显示，新冠肺炎可持续人传人，已确定的传播途径主要为呼吸道飞沫传播（打喷嚏、咳嗽），接触传播（包括手污染导致的自我接种）以及不同大小的呼吸道气溶胶近距离传播（见图 2-2）。

（一）飞沫传播

飞沫指的是直径大于 5μm 的含水颗粒。飞沫可以通过一定的距离（一般为 1 米）进入易感的黏膜表面。由于飞沫颗粒较大，不会长期悬浮在空气中。其产生方式主要分为两种：一种是咳嗽、打喷嚏或说话；另一种是实施呼吸道侵入性操作，如吸痰或支气管镜检查，气管插管或是翻身、拍背等刺激咳嗽的过程和心肺复苏等。通过飞沫传播的病原体有：流感病毒、SARS 冠状病毒、腺病毒、鼻病毒、支原体、A 组链球菌和脑膜炎双球菌（奈瑟菌）等。

（二）气溶胶传播

气溶胶传播即空气传播，可通过空气传播的颗粒，一般认为直径小于 5μm，能够在长时间远距离散播后仍有传染性的颗粒。通过空气传播的病原体也可以经接触传播。经空气传播的病原体有：专一的空气传播；结核杆菌、曲菌经多种途径，但以空气传播为主；麻疹病毒、水痘带状疱疹病毒通常经其他途径，但在特殊情况下（如产生气溶胶的操作——气管插管 / 切开、开放性气道吸引）通过空气传播；天花病毒、SARS 冠状病毒、流感病毒和诺如病毒等。

（三）接触传播

接触传播通常指的是病原体通过黏膜或皮肤的直接接触传播，主要分为：血液或带血体液经黏膜或破损的皮肤进入人体（主要见于病毒的传播）；直接接触含某种病原体的分泌物引起传播，如疥疮间接接触、传染性病原体通过污染的物体或人的传播肠道传染病的病原体多通过间接接触传播；MARS（耐苯唑 / 甲氧西林金黄色葡萄球菌）；VRE（耐万古霉素的肠球菌）；C.difficile（艰难梭菌）。

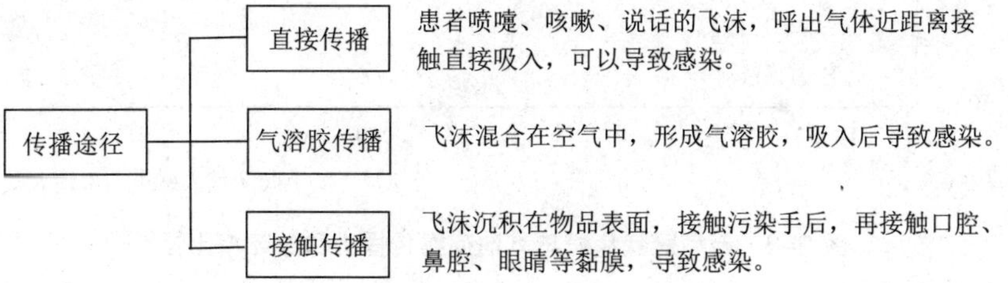

图 2-2　疫情的主要传播途径

二、传播力分析

对于类似新型冠状病毒的病毒性传染病而言，疫情的发生规模很大程度上取决于病毒人传人的能力。学术界常用基本传染数 R_0 值来描述病毒的人传人能力，它的含义为：在没有外力干预下，一个感染者平均能够传染给几个人。当 R_0 小于 1 时，则每个现有患者传染的新感染者少于 1 个。在这种情况下，疫病不具爆发性，感染者要么痊愈，要么死亡，经其传播的下线感染者不到一人，传染病将逐渐消失。当 R_0 等于 1 时，则该疾病将继续存活并稳定下来，但不会暴发或流行。而当 R_0 大于 1 时，则病例可能呈指数增长，并引起流行甚至大流行。按当前评估可以看出，与其他病毒相比，新型冠状病毒的致死率低于 3%，平均传染数在 1.5~3.5。为了了解新型冠状病毒的致病性和传播性，我们将其与其他传染性病毒进行了比较，通过比较新型冠状病毒与其他病毒传播力和致死率（见图 2–3），可以看出，新型冠状病毒具有相对较低的致命性，致死率较低，治愈率较高；但新型冠状病毒具有中等的传播性，传播方式隐蔽，传播范围广，危害性大。

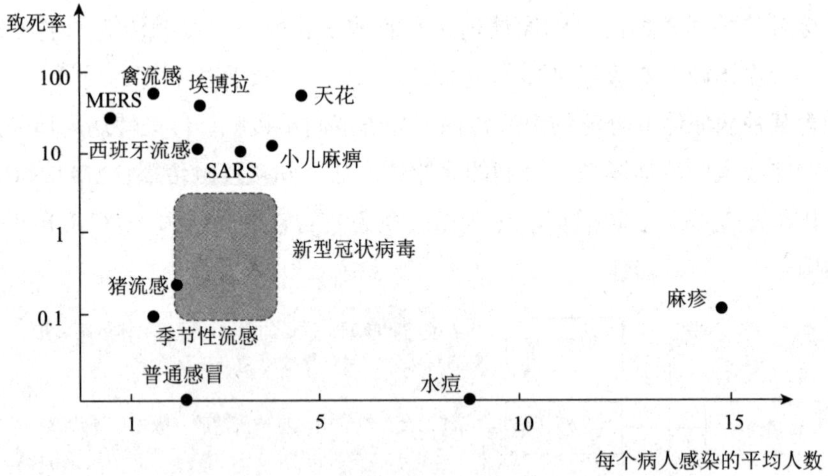

图 2–3　新型冠状病毒与其他病毒传播力和致死率比较

三、传播人群分析

（一）传播来源

根据武汉早期确诊的新冠肺炎病例来看，大多病例来自武汉华南海鲜市场。经调查发现，华南海鲜市场名义上是海鲜市场，实际为综合市场，市场西区尤其是七街和八街靠近市场内部的区域存在多家野生动物交易商铺。根据中国疾控中心的监测结果显示，新型冠状病毒来源于野生动物。

湖北省外的新型冠状病毒确诊患者大多以外省输入性病例为主，部分省市存在有输入性病例向本土病例转化的过程，且本地传播多以家庭密切接触者为主。

（二）易感人群

由当前病例数据看，新型冠状病毒人群普遍易感，目前感染者中，最小的年龄是一个月的新生儿，最大年龄是 90 岁的老人，所有人群均为普遍易感的。

四、传播时长分析

（一）病毒存活时长

病毒离开人体后的存活时间取决于其所依附物体的表面情况，以及周围温度、湿度等环境状况。病毒在体外环境仍能存活一段时间，但不一定具有传染性。现在有研究发现，在光滑的物体表面，病毒可以存活数小时。如果温度湿度合适，有可能存活数天。例如，20℃的环境，湿度 40% 至 50%，有研究发现，病毒有可能存活达到 5 天。总体来看，病毒在非渗透性（防水）表面存活时间更长，如不锈钢或塑料表面；病毒在纤维织物或纸巾等渗透性表面存活时间相对较短。

（二）病毒潜伏期

潜伏期指的是易感人群从感染到发病的时间。对于普通病例来说，因为具体是什么时间感染的很难精确知道，所以一般以接触患者或到疫区的时间作为最可能感染的时间，发病日期与感染日期的时间差就称为潜伏期。病毒潜伏期和初始进入感染者体内的病毒量和感染者的体质有关。一般初始进入的病毒量越大，发病的速度就越快，潜伏期就相对较短。体质的问题则比较复杂，不能一概而论，如有些人因为免疫力过强，当病毒进入体内后，免疫分子很快响应，对病毒感染的宿主细胞进行过度攻击，从而引起超敏反应，造成肺部细胞被自身免疫力，而不是被病毒杀死，进而引发肺炎等严重症状，并可能继发感染其他的微生物等。据研究，新冠病毒的潜伏期大约在 10 天，最短的潜伏期有 1 天发病，最长的潜伏期是 24 天，中位潜伏期为 3 天，潜伏期具有传染性。

五、传播特征

（一）传播速度快

从图 2-1 可知，从最初发现疫情，到疫情大暴发，仅仅经历了一个月的时间，传播速度远远大于 2003 年的非典型肺炎疫情（非典型肺炎疫情从 2002 年 12 月发现到 2003 年 4 月大暴发经历了 4 个月）。

（二）影响范围广

我国 31 个省（自治区、直辖市）均报告有新冠肺炎疫情，香港特别行政区、澳门特别行政区、台湾地区也有确诊病例报告。新冠肺炎疫情在国内的传播范围超过了 2003 年的非典型肺炎疫情（2003 年我国还有七个省区没有发生非典型肺炎疫情）。截至目前，新冠肺炎疫情已经蔓延到世界上 180 多个国家和地区，远远超过了 2003 年非典型肺炎疫情在全球的传播范围（非典型肺炎疫情在全球 30 多个国家和地区蔓延）。

（三）感染人数多

截至北京时间 3 月 25 日 6 时 30 分，全球新冠肺炎确诊病例累计 417698 例，累计死亡 18614 例。非典型肺炎疫情在全球造成至少 774 人死亡，8096 人感染。通过比较可知，新冠肺炎疫情不仅感染人数多，死亡病例也多，但疫情致死率低于非典型肺炎疫情（新冠肺炎目前的致死率为 4.46%，非典型肺炎的致死率为 9.56%）。

所以，新冠肺炎疫情是中华人民共和国成立以来中国发生的传播速度最快、感染范围最广、防控难度最大的一次重大突发公共卫生事件。

第三章　新冠肺炎疫情防控

新冠肺炎疫情发生以来，政府采取了“硬核”的疫情防控措施（这些严格的防控措施也限制和影响了文旅产业的发展），为我国疫情防控取得决定性胜利奠定了基础。文旅产业虽然在疫情期间遭受了巨大的经济损失，但许多文旅企业积极承担社会责任；及时暂停了文旅活动，阻止了疫情通过文旅活动进行传播的途径；为旅游者实行无损退单，确保旅游者的利益；为疫情防控工作捐献资金和物资，充分展现了文旅企业的责任担当。

第一节　政府针对疫情防控的措施

新冠肺炎疫情发生后，党中央、国务院高度重视。中共中央总书记、国家主席、中央军委主席习近平做出重要指示，湖北省武汉市等地近期陆续发生新型冠状病毒感染的肺炎疫情，必须引起高度重视，全力做好防控工作。各级党委和政府及有关部门要把人民群众生命安全和身体健康放在第一位，制定周密方案，组织各方力量开展防控，采取切实有效措施，坚决遏制疫情蔓延势头。

中共中央政治局常委、国务院总理李克强做出批示，各相关部门和地方要以对人民群众健康高度负责的态度，完善应对方案，全力以赴做好防控工作，落实早发现、早报告、早隔离、早治疗和集中救治措施。

根据习近平总书记的指示和李克强总理的要求，国务院联防联控机制 1 月 20 日召开电视电话会议，对新型冠状病毒感染的肺炎疫情防控工作进行全面部署。

一、制订疫情防控方案

为做好全国新型冠状病毒感染的肺炎防控工作，切实维护人民群众身体健康和生命安全，根据疫情形势和研究进展，特制订本方案。

（一）制订疫情防控方案的目的

及时发现和报告新型冠状病毒感染的肺炎病例，了解疾病特征与可能的感染来源，规范密切接触者管理，防止疫情扩散蔓延。

（二）制订疫情防控方案的适用范围

适用于指导各地开展防控工作。本方案将根据疫情形势的变化和评估结果，及时更新。

（三）制定疫情防控措施

1. 加强组织领导

高度重视新型冠状病毒感染的肺炎疫情防控工作。各级卫生健康行政部门在本级政府领导下，加强对本地疫情防控工作的指导，组建防控技术专家组，按照“预防为主、防治结合、科学指导、及时救治”的工作原则，组织有关部门制订并完善相关工作和技术方案等，规范开展新型冠状病毒感染的肺炎防控工作。

各级卫生健康行政部门负责疫情控制的总体指导工作，落实防控资金和物资。

各级疾控机构负责开展监测工作的组织、协调、督导和评估，进行监测资料的收集、分析、上报和反馈；开展现场调查、实验室检测和专业技术培训；开展对公众的健康教育与风险沟通。

各级各类医疗机构负责病例的发现与报告、隔离、诊断、救治和临床管理，开展标本采集工作，并对本机构的医务人员开展培训。

2. 病例发现与报告

各级各类医疗机构、各级疾控机构按照《新型冠状病毒感染的肺炎病例监测方案（第二版）》开展新型冠状病毒感染的肺炎病例的监测、发现和报告工作。

病例发现。各级各类医疗机构在新型冠状病毒感染的肺炎监测和日常诊疗过程中，应提高对新型冠状病毒感染的肺炎病例的诊断和报告意识，对于不明原因发热、咳嗽等症状的病例，应注意询问发病前14天内的旅行史或可疑的暴露史，了解本人近期有无赴新型冠状病毒感染的肺炎疫情发生地区的旅行史，有无哺乳动物、禽类等接触史，尤其是野生动物接触史，以及有无与类似病例的密切接触史。

病例报告。发现新型冠状病毒感染的肺炎疑似病例、确诊病例时，具备网络直报条件的医疗机构应当立即进行网络直报。不具备网络直报条件的，应当立即向当地县（区）级疾控机构报告，并于2小时内寄送出传染病报告卡，县（区）级疾控机构在接到报告后立即进行网络直报。负责病例网络直报的医疗机构或疾控机构要根据实验室检测结果、病情进展及时对病例诊断类型、临床严重程度等信息进行订正。

3. 流行病学调查

县（区）级疾控机构接到辖区内医疗机构或医务人员报告新型冠状病毒感染的肺炎疑似病例、确诊病例后，应当按照《新型冠状病毒感染的肺炎流行病学调查方案（第二版）》进行调查。

4. 标本采集与检测

收治病例的医疗机构要采集病例的相关临床标本，通知县（区）级疾控机构尽快将标本送至当地指定的疾控机构或医疗机构实验室进行相关病原检测。

采集的临床标本包括病人的上呼吸道标本（如咽拭子、鼻拭子等）、下呼吸道标本（如深咳痰液、呼吸道吸取物、支气管灌洗液、肺泡灌洗液等）、抗凝血和血清标本等。临床标本应尽量采集病例发病早期的呼吸道标本（尤其是下呼吸道标本）和发病7天内急性期血清以及发病后第3~4周的恢复期血清。

标本采集、运送、存储和检测暂按二类高致病性病原微生物管理，按照《病原微生物实验室生物安全管理条例》及《可感染人类的高致病性病原微生物菌（毒）种或样本运输管理规定》（卫生部令第45号）及其他相关要求执行。

5. 病例救治及院内感染预防控制

病例需收治在指定医疗机构，承担新型冠状病毒感染的肺炎病例救治的医疗机构，应做好医疗救治所需的人员、药品、设施、设备、防护用品等保障工作。

医疗机构应当重视和加强隔离、消毒和防护工作。对疑似病例、确诊病例实行隔离治疗，疑似病例应当进行单间隔离治疗。医疗机构应当严格按照《医疗机构消毒技术规范》，做好医疗器械、污染物品、物体表面、地面等的清洁与消毒；按照《医院空气净化管理规范》要求进行空气消毒。在诊疗新型冠状病毒感染的肺炎患者过程中产生的医疗废物，应根据《医疗废物处理条例》和《医疗卫生机构医疗废物管理办法》的有关规定进行处置和管理。

6. 密切接触者的追踪和管理

由县（区）级卫生健康行政部门组织、协调密切接触者的追踪和管理。对确诊病例的密切接触者实行居家或集中隔离医学观察，每日至少进行 2 次体温测定，并询问是否出现急性呼吸道症状或其他相关症状及病情进展。密切接触者医学观察期为与病例末次接触后 14 天。

7. 宣传教育与风险沟通

积极开展舆情监测，普及疫情防控知识，及时向公众解疑释惑，回应社会关切，做好疫情防控风险沟通工作。要加强重点人群、重点场所以及大型人群聚集活动的健康教育和风险沟通工作。

8. 加强医疗卫生机构专业人员培训

对医疗卫生机构专业人员开展新型冠状病毒感染的肺炎病例的发现与报告、流行病学调查、标本采集、实验室检测、医疗救治、院感防控、密接管理、个人防护等内容的培训，提高防控和诊疗能力。

9. 加强实验室检测能力及生物安全防护意识

各省级疾控机构、具备实验室检测能力的地市级疾控机构，以及指定的医疗卫生机构要做好实验室诊断方法建立和试剂、技术储备，随时按照实验室生物安全规定开展各项实验室检测工作。

二、民政系统疫情防控工作

国务院应对新冠肺炎疫情联防联控机制关于进一步做好民政服务机构疫情防控工作发出相关通知。

（一）严防民政服务机构发生聚集性感染

各地民政部门要切实履行主管职责，督促指导各类民政服务机构严格按照《关于依法科学精准做好新冠肺炎疫情防控工作的通知》要求，重点防控输入性疫情和内部疾病传播，坚决切断传染源，阻断传播途径。

强化出入管理。武汉市及湖北省其他地区发生了疫情感染的养老机构要坚决执行民政部印发的《新冠肺炎疫情高风险地区及被感染养老机构防控指南》，落实当地防控工作部署，按照封闭管理要求，严格管控服务对象和工作人员进出；其他地区未发生疫情感染的养老机构，要继续落实好《养老机构新型冠状病毒感染的肺炎疫情防控指南（第二版）》要求。儿童福利机构、未成年人救助保护机构要按照防控工作要求，妥善安排收住人员生活，切实履行监护职责，待疫情结束后，再有序开展安置等相关工作。精神卫生福利机构要严格落实各项防控措施，继续做好特困人员、流浪乞讨人员中的精神障碍患者及公安部门移交的肇事肇祸精神障碍患者的精神康复服务，按照当地疫情防控统一部署，有序开展精神障碍社区康复等服务。

强化人员配置。各地要尽快增派医疗和护理力量，统筹解决民政服务机构防疫力量薄弱、人手不足等问题。

强化物资保障。武汉市及湖北省其他疫情严重地区，要按照三级防护标准配备、下发防控物资，确保民政服务机构每日防护需要；其他地区要在保障日常防护需要的同时，按照不少于三天需求量做好储备，确保应急使用。

强化防护能力。民政服务机构要通过手机信息、宣传栏、板报、广播等多种形式，深入宣传疫情防护知识。按照科学预防、积极防治的要求，组织工作人员和服务对象勤洗手、戴口罩，做好个人卫生防护，做好定期监测体温和消毒、通风等工作，提高防护能力。

各地不得将收住有服务对象的民政服务机构征用为疑似病例隔离点。各地医养结合机构在疫情期间不得擅自对外开展发热病人诊疗排查活动。

（二）坚决落实“四早”要求及时收治感染患者

坚决落实“早发现、早报告、早隔离、早治疗”要求，做到应检尽检、应收尽收、应治尽治，切实保障老年人、儿童、精神障碍患者、流浪乞讨人员等特殊人群的生命安全和身体健康。

早发现。湖北省和武汉市以及疫情严重地区，要及时对民政服务机构收住的服务对象和工作人员进行全员核酸检测排查，确保不漏一人。

早报告。各地要落实疫情监测报告责任，安排专人负责，加强应急值守，确保民政服务机构疫情监测报告及时、准确、到位，做好疫情应急响应和处置。

早隔离。对于民政服务机构内出现的疑似病例，各地要及时转运到隔离点进行医学观察，最大限度缩短疑似病例收治时间。

早治疗。各地对于民政服务机构内出现的确诊患者和疑似病例，要及时转运到定点收治医院、隔离点或轻症治疗点接受治疗或观察。要组织医疗卫生机构到民政服务机构开展上门巡诊，避免收住的服务对象因外出就医造成感染。

（三）做好特殊群体兜底保障

各地对于受疫情影响在家隔离的孤寡老人、因家人被隔离收治而无人照料的老年人和未成年人，以及社会散居孤儿、留守儿童、留守老年人等特殊群体，要组织开展走访探视，及时提供帮助，防止发生冲击社会道德底线的事件。各地要建立社区干部联系帮扶一线医务人员家庭制度，帮助解决老幼照护等实际困难，解除一线医务人员后顾之忧。

各地要强化落实属地责任，按照本通知要求，加强统一领导和督促指导，将民政服务机构的疫情排查、转移隔离、集中救治、物资保障等作为防控工作的重点，确保各项政策措施落实到位，保障好民政服务对象的生活和健康。

三、疫情重灾区防控措施

武汉市是此次新冠肺炎疫情的国内首发地和重灾区，为防止疫情大肆蔓延，以武汉市为首的湖北省多个地市果断采取了“封城”措施。2020 年 1 月 23 日凌晨，原湖北省委副书记、武汉市委书记、疫情防控指挥部指挥长马国强主持召开疫情防控工作会议。会议强调，武汉全面进入战时状态，实行战时措施，坚决遏制疫情蔓延。此后，武汉市新型冠状病毒感染的肺炎疫情防控指挥部发布第1号通告：自2020年1月23日10时起，全市城市公交、地铁、轮渡、长途客运暂停运营；无特殊原因，市民不要离开武汉，机场、火车站离汉通道暂时关闭。

据湖北省卫健委消息，截至2020年1月23日24时，湖北省累计报告新型冠状病毒感染的肺炎病例549例，其中武汉市495例、孝感市22例、黄冈市12例、荆州市8例、荆门市8例、仙桃市2例、宜昌市1例、十堰市1例。

这是湖北省卫健委进行日发布制度后，首次详细披露周边地市的病例情况。通报显示，2020年1月23日，湖北省新增新型冠状病毒感染的肺炎病例105例；除武汉新增70例外，湖北其他地市疫情的严重程度逐渐凸显出来。其中，孝感首次发现22例，超过黄冈的12例，成为仅次于武汉的、湖北确诊病例第二多的地级市。湖北的黄石、襄阳、鄂州、咸宁、随州、恩施等地尚未公布确诊病例，然而这些地方的疫情亦不容忽视。以黄石为例，据当地政府消息，截至1月23日21：00，该市共接诊发热病人1917例。1月22日，湖北省襄阳、宜昌、十堰、荆门、咸宁、鄂州、恩施、仙桃、天门、潜江等多地发现疑似病例。

随之，湖北省内共有武汉、鄂州、仙桃、枝江、潜江、黄冈、赤壁、荆门、咸宁、黄石、当阳、恩施、孝感13个地区实行"封城"措施。

为解决感染病人床位紧张的问题，自1月23日武汉市决定参照北京"小汤山"模式建设火神山医院，到建成交付，仅仅用了10天。相较于疫情扩散的速度，抗击疫情的动员速度同样快，5万多平方米的施工现场，施工工人从数百人到7500多人，大型机械设备、车辆从300台到上千台，工人三班倒，机器不停人不停……而建筑面积7.5万平方米，能够提供超过1500张病床的雷神山医院很快也将正式接收病人。另外，武汉正改造一批体育馆、会展中心等变为方舱医院，为救治轻症患者提供机动医疗场所。

同时，全国医疗精锐和救援物资也迅速向武汉集结，截至2月3日晚6时，国家部委和29个省（自治区、市）、部队医院，共派出70支医疗队、8329名医疗队员，支援湖北省疫情防控工作。仅武汉市就有59支医疗队、6794名医疗队员。

在武汉等多座城市采取"封城"措施以后，武汉市乃至湖北省的输出性病例有所减少。目前已有信息明确表示，防控措施做得较好的地方都处于“围堵”关键时期。不过，数字在细微之处也有新变化。在国家卫健委 2 月 4 日举行的新闻发布会上，国家卫健委医政医管局副局长焦雅辉提到，1 月 28 日起，新型冠状病毒感染的肺炎新增的治愈数已经开始超过了新增的死亡数。当然可能后期还会有一些起伏，这也是一个正常的疾病发展的过程。但是从目前来看，综合治疗的效果应该说已经开始在逐步显现。

因疫情蔓延过快，武汉以“壮士断臂”的勇气选择封城，委屈了武汉市民。但只有武汉封城，才能有效控制病毒在全国范围蔓延。这是武汉作为抗击新型冠状病毒最前线上演的可歌可泣一幕。这绝非传统意义上的“封城”。回顾此次抗击新冠肺炎疫情的过程，可以非常明显地看出，武汉封城和湖北各个城市封城，整个省封省的效果！虽然春节前有 500 万人离开武汉（包括从武汉到湖北其他地区的人），但从疫情的统计数据中已经可以明显看出，并没有带来疫情在外省的大流行，短短一个月时间，疫情已经被有效控制。这一点从湖北之外各个省的治愈率和病亡率等指标可以看得非常清楚。除湖北省外，累计确诊 12644 人，累计治愈 5908 人，治愈率 46.7%，累计病亡 92 人，病亡率 0.73%；而湖北省累计确诊 62031 人，累计治愈 10337 人，累计病亡 2029 人，治愈率 16.7%，病亡率 3.27%；武汉市累计确诊 45027 人，病亡率则高达 3.52%。截至 2 月 19 日，武汉市在此次疫情中累计病亡高达 1585 人，付出了巨大的牺牲。

而从这些数据可以看出，通过武汉封城，湖北封省，英雄而悲壮的武汉和湖北人民，承受着巨大的危险、痛苦，付出了巨大的牺牲，保护了全中国大部分人！对比 2003 年的 SARS 5 月结束疫情，此次中国历史上空前的封城措施，使得除湖北外，各个省的疫情在 2 月底就基本好转，比预计提前了两个多月，这对于我国经济和社会的持续发展具有很重要的价值。

习近平总书记于 2020 年 3 月 10 日考察武汉疫情防控情况，对武汉人民在疫情防控中所作出的贡献和牺牲给予极大肯定。习近平总书记在考察中说，正是因为有了武汉人民的牺牲和奉献，有了武汉人民的坚持和努力，才有了今天疫情防控的积极向好态势，“武汉不愧为英雄的城市，武汉人民不愧为英雄的人民，必将通过打赢这次抗击新冠肺炎疫情斗争再次被载入史册！党和人民感谢武汉人民！”

四、国内其他省市的相关措施

（一）疫情早期防控措施

早在武汉市封城之前，北京市、深圳市、广州市、上海市、浙江省五省市已启动针对新型冠状病毒的防控措施，其中，深圳市在机场、码头、火车站等场所启动体温监测，北京市、上海市、浙江省已全面加强预检分诊。

1. 北京市疫情防控措施

北京市发布 89 家设有发热门诊的医疗机构名单和就诊指南。1 月 20 日，北京市卫健委发布消息称，北京市已成立防治新型冠状病毒感染的肺炎工作领导小组，卫生、宣传、网信、公安、交通、市场、医保、药监等部门参加，及时沟通情况，形成防治合力。立足病例早发现、早隔离、早治疗，各级医疗机构加强预检分诊和不明原因肺炎病例排查，强化发现报告能力，严密防控输入性病例。通过排查及时发现 2 例武汉输入性新型冠状病毒感染的肺炎病例。同时对全市医疗机构排查措施落实情况进行了督导检查，1 月 14 日以来，已对医疗机构累计监督 6552 户次，对存在的问题进行督促整改。卫生健康部门及时发布全市 89 家设有发热门诊的医疗机构名单和发热患者就诊指南，引导发热患者规范有序就医，减少交叉感染。市疾控中心针对冬春季传染病防治，连续发布健康教育和提示信息。

2. 深圳市疫情防控措施

深圳市及时在机场、码头、火车站等地启动体温监测。1 月 19 日，国家卫生健康委确认广东省首例输入性新型冠状病毒感染的肺炎确诊病例。目前该名患者病情稳定，另有 8 例观察病例在定点医院隔离治疗，追踪调查和医学观察正在进行中。深圳市卫健委介绍，专家研判现已进入春运，人员大规模流动，新型冠状病毒感染病例输入深圳的风险将持续增加，但当前疫情可防可控。深圳高度重视新型冠状病毒感染的肺炎防控工作，各相关部门合作加强疫情防控工作。

3. 上海市疫情防控措施

上海市及时采取有力措施进行有针对性的疫情防治。上海市卫生健康委印发《上海市新型冠状病毒感染的肺炎疫情防控方案（试行）》等通知。上海市十五届人大三次会议闭幕后，原上海市市长应勇在回答中外媒体提问时表示，上海市委市政府责成市有关部门，采取有力措施，进行有针对性的防治。目前加强了对一些可疑病例的甄别和筛选，对一些可疑病例人员的密切接触人员，也采取了相应的防治措施，将会进一步加强对公共卫生的重视，一旦上海发生确诊的此类病例，将依法依规及时向社会公布。应勇同时表示，春节期间人员流动性大，全社会都要高度重视公共卫生，养成良好的健康习惯，共同做好公共卫生事件的防治。此前，上海市卫生健康委员会发布消息称，已成立专项工作组和专家组，及时制定各项应急措施和工作方案。

4. 浙江省疫情防控措施

浙江省各级卫生健康部门全面响应，相继成立专项工作组和专家组，及时制定各项应急措施和工作方案。目前，浙江省各级各类医疗机构和疾病预防控制机构已全面加强预检分诊和发热门诊的力量配置，规范开展对可疑病例的监测、筛查、诊断治疗和处置工作。

（二）各地启动重大突发公共卫生事件一级响应

在湖北多城封城之后，全国各省市也采取了相应的措施来降低新型冠状病毒的传染，保障人民的健康安全。截至 1 月 29 日 20 时，广东、湖南、浙江、湖北、天津、安徽、北京、上海、重庆、江西、四川、山东、云南、贵州、福建、河北、广西壮族自治区、江苏、海南、新疆维吾尔自治区、河南、黑龙江、甘肃、辽宁、山西、陕西、青海、吉林、宁夏回族自治区、内蒙古自治区、西藏自治区共 31 个省、市、自治区启动重大突发公共卫生事件一级响应。

根据突发公共卫生事件性质、危害程度、涉及范围，突发公共卫生事件划分为特别重大（Ⅰ级）、重大（Ⅱ级）、较大（Ⅲ级）和一般（Ⅳ级）四级。其中，Ⅰ级响应属于最高级别的响应。Ⅰ级响应是发生特别重大突发公共卫生事件，省指挥部根据国务院的决策部署和统一指挥，组织协调本行政区域内应急处置工作。

五、各级人民政府疫情防控措施

（一）划定控制区域

甲类、乙类传染病暴发、流行时（中国国家卫生健康委员会2020年1月20日决定将新型冠状病毒感染的肺炎纳入法定传染病乙类管理，采取甲类传染病的预防、控制措施），县级以上地方人民政府报经上一级地方人民政府决定，可以宣布疫区范围；经省、自治区、直辖市人民政府决定，可以对本行政区域内甲类传染病疫区实施封锁；封锁大、中城市的疫区或者封锁跨省（区、市）的疫区，以及封锁疫区导致中断干线交通或者封锁国境的，由国务院决定。

（二）疫情控制措施

当地人民政府可以在本行政区域内采取限制或者停止集市、集会、影剧院演出，以及其他人群聚集的活动；停工、停业、停课；封闭或者封存被传染病病原体污染的公共饮用水源、食品以及相关物品等紧急措施；临时征用房屋、交通工具以及相关设施和设备。

（三）流动人口管理

对流动人口采取预防工作，落实控制措施，对传染病病人、疑似病人采取就地隔离、就地观察、就地治疗的措施，对密切接触者根据情况采取集中或居家医学观察。

（四）实施交通卫生检疫

组织铁路、交通、民航、质检等部门在交通站点和出入境口岸设置临时交通卫生检疫站，对出入境、进出疫区和运行中的交通工具及其乘运人员和物资、宿主动物进行检疫查验，对病人、疑似病人及其密切接触者实施临时隔离、留验和向地方卫生行政部门指定的机构移交。

（五）信息发布

突发公共卫生事件发生后，有关部门要按照有关规定做好信息发布工作，信息发布要及时主动、准确把握，实事求是，正确引导舆论，注重社会效果。

（六）开展群防群治

街道、乡（镇）以及居委会、村委会协助卫生行政部门和其他部门、医疗机构，做好疫情信息的收集、报告、人员分散隔离及公共卫生措施的实施工作。

（七）维护社会稳定

组织有关部门保障商品供应，平抑物价，防止哄抢；严厉打击造谣传谣、哄抬物价、囤积居奇、制假售假等违法犯罪和扰乱社会治安的行为。

六、卫生行政部门疫情防控职责

组织医疗机构、疾病预防控制机构和卫生监督机构开展突发公共卫生事件的调查与处理。组织突发公共卫生事件专家咨询委员会对突发公共卫生事件进行评估，提出启动突发公共卫生事件应急处理的级别。

（一）应急控制措施

根据需要组织开展应急疫苗接种、预防服药研发。

（二）督导检查

国务院卫生行政部门组织对全国或重点地区的突发公共卫生事件应急处理工作进行督导和检查。省、市（地）级以及县级卫生行政部门负责对本行政区域内的应急处理工作进行督察和指导。

（三）发布信息与通报

国务院卫生行政部门或经授权的省、自治区、直辖市人民政府卫生行政部门及时向社会发布突发公共卫生事件的信息或公告。国务院卫生行政部门及时向国务院各有关部门和各省、自治区、直辖市卫生行政部门以及军队有关部门通报突发公共卫生事件情况。对涉及跨境的疫情线索，由国务院卫生行政部门向有关国家和地区通报情况。

（四）制定技术标准和规范

国务院卫生行政部门对新发现的突发传染病、不明原因的群体性疾病、重大中毒事件，组织力量制定技术标准和规范，及时组织全国培训。地方各级卫生行政部门开展相应的培训工作；普及卫生知识；针对事件性质，有针对性地开展卫生知识宣教，提高公众健康意识和自我防护能力，消除公众心理障碍，开展心理危机干预工作。

（五）进行事件评估

组织专家对突发公共卫生事件的处理情况进行综合评估，包括事件概况、现场调查处理概况、病人救治情况、所采取的措施、效果评价等。

七、医疗机构疫情防控职责

开展病人接诊、收治和转运工作，实行重症和普通病人分开管理，对疑似病人及时排除或确诊。

协助疾控机构人员开展标本的采集、流行病学调查工作。

做好医院内现场控制、消毒隔离、个人防护、医疗垃圾和污水处理工作，防止院内交叉感染和污染。

做好传染病和中毒病人的报告。对因突发公共卫生事件而引起身体伤害的病人，任何医疗机构不得拒绝接诊。

对群体性不明原因疾病和新发传染病做好病例分析与总结，积累诊断治疗的经验。重大中毒事件，按照现场救援、病人转运、后续治疗相结合的原则进行处置。

开展科研与国际交流，开展与突发事件相关的诊断试剂、药品、防护用品等方面的研究。开展国际合作，加快病源查寻和病因诊断。

第二节 文旅企业防控疫情的措施

新冠肺炎疫情发生后，全国各地按照党中央的部署，采取了全面、严格、有效的疫情防控措施。由于各地采取的封城、隔离措施，旅游业及相关行业受到极大的冲击，入境游基本“停顿”，国内游彻底“瘫痪”。国内多地航班、高铁停运，世界多个国家宣布暂停与中国的往返航班，团队形式的入境旅游几乎“停摆”，散客形式的入境旅游被打入一记“重拳”。随着疫情像一座“活火山”似的不断喷射出越来越高的“致命岩浆”，国内各个大小城市开始封路、封城，国内游彻底“瘫痪”。

随之而来的是机票退订、旅行套餐退订……各大航空公司、各大旅行社、各大景区等纷纷出台免费全额退款的措施，并免除相关损失及手续费。据统计，截至2020年2月1日，已有4.5亿人取消或延期春节出行。这场“退改大潮”最先袭击航空企业、OTA企业、旅行社企业。受疫情影响，全球范围超过24家航空控制已暂停了对中国的航班服务，导致前往、途经或从中国出发的超过2.5万个航班取消，作为全球第二大航空市场，中国航空业正在经历前所未有的剧变。与此同时，携程、途牛等OTA平台退订垫资超过数亿元，绝大多数旅行社企业举步维艰。

随后，退改大潮迅速冲击到了景区、景点企业。中国景区的“网红IP”——长隆度假区于1月24日发布暂停公告，宣布：从2020年1月24日17：00起暂停开放旗下广州长隆野生动物世界、广州长隆欢乐世界、广州长隆飞鸟乐园、广州长隆国际大马戏及珠海横琴长隆海洋王国、珠海横琴长隆剧院。恢复开放时间另行通知。很快，三特索道、桂林旅游、黄山旅游、中青旅、曲江文旅、大连圣亚等企业陆续宣布暂停营业。

在这样的情况下，为减少文旅产业的损失，有效帮助国内文旅产业度过疫情“寒冬”，国家陆续开始采取相应的措施来应对此次疫情。

一、相关政策指导与扶持措施

2020年2月5日，国家文化和旅游部办公厅关于暂退部分旅游服务质量保证金支持旅行社应对经营困难的通知：退还八成旅行社旅游服务质量保证金。2月6日，财政部、税务总局出台《关于支持新型冠状病毒感染的肺炎疫情防控有关税收政策的公告》，对住宿、旅游（旅行社、景区）等进行相应政策支持。

（一）2020年质保金暂退方案

文化和旅游部决定向旅行社暂退部分旅游服务质量保证金（以下简称保证金），要点如下：

1. 范围和标准

暂退范围为全国所有已依法交纳保证金、领取旅行社业务经营许可证的旅行社，暂退标准为现有交纳数额的80%。被法院冻结的保证金不在此次暂退范围之内。

2. 交还期限

自通知印发之日起两年内，接受暂退保证金的各旅行社应在2022年2月5日前将本次暂退的保证金如数交还。

（二）财政部、税务总局税收政策

2月6日，财政部、税务总局出台《关于支持新型冠状病毒感染的肺炎疫情防控有关税收政策的公告》，内容摘录如下：

（1）对疫情防控重点保障物资生产企业为扩大产能新购置的相关设备，允许一次性计入当期成本费用在企业所得税税前扣除。

（2）疫情防控重点保障物资生产企业可以按月向主管税务机关申请全额退还增值税增量留抵税额。本公告所称增量留抵税额，是指与2019年12月底相比新增加的期末留抵税额。

疫情防控重点保障物资生产企业名单，由省级及以上发展改革部门、工业和信息化部门确定。

（3）对纳税人运输疫情防控重点保障物资取得的收入，免征增值税。疫情防控重点保障物资的具体范围，由国家发展改革委、工业和信息化部确定。

（4）受疫情影响较大的困难行业企业2020年度发生的亏损，最长结转年限由5年延长至8年。

困难行业企业，包括交通运输、餐饮、住宿、旅游（指旅行社及相关服务、游览景区管理两类）四大类，具体判断标准按照现行《国民经济行业分类》执行。困难行业企业2020年度主营业务收入须占收入总额（剔除不征税收入和投资收益）的50%以上。

（5）对纳税人提供公共交通运输服务、生活服务，以及为居民提供必需生活物资快递收派服务取得的收入，免征增值税。

公共交通运输服务的具体范围，按照《营业税改征增值税试点有关事项的规定》（财税〔2016〕36号印发）执行。

生活服务、快递收派服务的具体范围，按照《销售服务、无形资产、不动产注释》（财税〔2016〕36号印发）执行。

对于旅行社来说，除了来自直接管理部门的帮助以外，近日，中央政府和各地方政府、协会也出台了一系列的政策。金融领域打赢疫情防控阻击战的举措接连出台，包括30条措施、提供3000亿元低成本专项再贷款资金、投放1.2万亿元流动性资金，灵活调整个人信贷还款安排等。

苏州、上海、湖州、北京、福州、青岛、河北等地政府纷纷出台“关于应对新型冠状病毒感染的肺炎疫情支持中小企业共渡难关的措施（意见、政策）”等，以北京“19条举措”为例，其中规定有“帮助各类企业稳定生产经营”“妥善解决困难企业融资问题”以及“延迟缴纳社会保险费”等条款。

二、行业协会措施

旅游行业协会和各类旅游企业已经开展，并将继续开展大量卓有成效的自救与互助工作。中国旅游协会、中国旅行社协会、中国旅游景区协会、中国旅游车船协会、中国游艺机游乐园协会，以及湖北、北京、上海、广东、湖南等地的旅游行业组织很快做出反应，及时回应会员所关心的政策、法律、信息和数据需求，形成应对指导意见和政策建议。在疫情应对方面，各协会纷纷发文表示将免收会员单位一定期间内的会员费，同时对会员单位和全社会发出倡议，主要内容包括：一是做好经营场所防护工作，各景区、酒店等制订有效的防护措施；二是做好疫情防控期间游客退费及投诉处理工作；三是提倡会员单位在暂停营业期间，加强培训工作，提升产品服务水平；四是倡议企业妥善处理与职工的劳动关系；五是协助向有关部门申请相关补助和减免政策，并呼吁相关业主对承租人减免房租。

三、住宿行业疫情防控措施

（一）锦江国际集团

锦江国际集团针对新型冠状病毒性肺炎疫情多次召集旅游、酒店、汽车等多个条线开会研究，进一步在全国范围内部署落实相关工作，要求确保安全、确保岗位、确保利益。同时启动应急响应机制，党委层面成立领导小组，对下属各个分子公司部署工作。

酒店：取消湖北加盟店加盟管理费，早餐直送客房。自 2020 年 1 月 23 日起到疫情结束，针对湖北地区所有的加盟店取消加盟管理费。锦江国际集团旗下酒店品牌维也纳、铂涛也已发布针对湖北地区加盟店取消加盟管理费的通知。截至 1 月 28 日，锦江国际集团旗下酒店对全国的援助酒店达到 65 家，客房 3600 余间，其中以武汉为主；提供给政府统一使用的酒店 65 家，客房 7000 余间；其中上海有 13 家，包括 1 家锦江都城品牌和 12 家锦江之星品牌。目前，锦江国际集团对于旗下所有在营酒店都做了防范措施，包括消毒、测温等，并且为了避免交叉感染，从 1 月 27 日起取消了所有的自助餐，每天的早餐都将套餐直接送到客人房间。

汽车：公司设置隔离点，没口罩坚决不上岗。锦江汽车旗下目前总车辆逾 1 万辆，其中出租车 6000 多辆，大巴 1000 辆。紧急采购口罩、体温计、消毒剂；对车辆进行消毒和登记、给司机每天测体温等。

旅游：劝退所有湖北籍游客，取消逾 1 万人次游客出行。锦江旅游一共取消了国内游客 4600 余人，出境游客 3400 余人，取消大型活动会议涉及的 7500 余人，取消入境游客 3700 余人。上述数字涉及的旅游产品截至 2020 年 2 月 8 日，而接下来，还将逐步取消 2 月 8 日至 29 日的相关旅游产品，预计涉及游客逾 1200 名。

（二）希尔顿集团疫情防控措施

针对疫情，希尔顿集团进一步推出以下退改保障政策：所有从即日起至2020年2月29日入住中国境内希尔顿旗下任何品牌酒店的宾客，无论通过何种渠道的预订，希尔顿提供免费取消预订服务。所有从中国出发前往他国旅行的宾客，从即日起至2020年2月29日入住全球希尔顿旗下任何品牌酒店，无论通过何种渠道的预订，希尔顿提供免费取消预订服务。希尔顿集团就卫生防疫工作做出如下部署：

（1）成立集团总部和酒店应急响应机制，专人负责；密切监控任何潜在风险，包括宾客和工作人员的任何不适感觉，并及时引导就医。

（2）总部危机管理团队密切关注疫情发展，指导酒店防护工作；并给酒店在人员培训、卫生防护、员工安排等方面提供指导和支持，强化主动上报机制。

（3）要求所有酒店和员工住所加强卫生和消毒，使用希尔顿指定的专业产品进行消毒并对流程中涉及的通风、消毒、食品安全等做检查，确保卫生设备到位并正常运转。

（4）要求所有酒店对员工再次进行疾病防控培训，确保酒店处于安全、可靠状态运行。

（三）首旅如家酒店集团疫情防控措施

首旅如家酒店集团联合武汉加盟业主，全力协调酒店资源，为武汉地区医务人员提供免费住宿支持。首旅如家竭力保障酒店设施设备正常，做好日常卫生管理及防疫工作。首旅如家酒店集团不仅针对已预订武汉地区酒店的宾客提供免费退改保障，同时紧急采购口罩、医用消毒湿巾等物资，加强酒店防疫工作。根据武汉市目前医务人员住宿困难的特殊情况，首旅如家酒店集团联合武汉加盟业主，全力协调酒店资源，为武汉地区医务人员的住宿提供全力支持。

（四）香格里拉集团疫情防控措施

香格里拉集团各酒店已采取积极的卫生防控措施，包括对客房设施和公共区域增加定期消毒，对食品采购和加工环节加强管理，为员工和客人提供体温测量和防护工具等举措，以降低病毒传播风险，保障人员安全。

同时，香格里拉集团已启动预订退改保障政策。即日起至 2020 年 2 月 8 日，来自任何地区的客人入住香格里拉集团旗下中国区酒店的预订，提供免费取消预订服务；从中国出发前往其他地区的客人入住香格里拉集团全球任何一家酒店的预订，提供免费取消服务。以上政策适用于所有预订渠道。

（五）住友酒店集团疫情防控措施

住友酒店集团决定，从 2020 年 1 月 24 日起，位于武汉洪山区的布丁酒店（武汉大学广埠屯地铁站店），专门免费提供给参与此次疫情的医务工作者、报道疫情的媒体记者（不接受其他预订），将确保酒店设施设备正常运转并升级保障酒店的卫生、消防安全。接下来也将根据实际需求增加提供客房及相关服务，集团将注重在武汉员工的饮食安全，提高员工自身抵抗能力，提供更为安全的防护物资，进行专业的防护指导，在保证员工安全健康的同时呼吁更多的门店加入到这场“战役”当中。

（六）洲际酒店疫情防控措施

洲际酒店集团决定，自 2020 年 1 月 23 日起至 2020 年 2 月 3 日期间原计划入住洲际酒店集团旗下中国大陆地区、香港特别行政区、澳门特别行政区及中国台湾酒店的客人：

（1）通过洲际酒店集团直订渠道（包括洲际酒店集团的官方网站、移动应用程序、中央预订中心）或旗下酒店进行的直接预订，无论是否支付过担保款项，均可进行变更或取消预订，且不需支付额外费用；

（2）通过旅行中介或是第三方线上预订平台预订客房的客人，可联系您的中介或预订平台。

同时，采取积极的卫生防控措施，包括对客房设施和公共区域增加定期消毒，对食品采购和加工环节加强管理，确保酒店卫生安全。

（七）华住集团疫情防控措施

华住集团决定，自 2020 年 1 月 23 日起，暂缓收取武汉地区加盟店的加盟管理费及中央预订费（华住自有渠道），暂缓期长度及暂缓费用处理方案，将根据疫情发展情况另行确定及通知。同时，华住希望加盟伙伴理解支持疫情期间采取的一些政策调整和防疫措施，多关注一线员工的健康和安全，合理安排员工餐，保证员工饮食均衡，提高员工自身抗病能力。

（八）世茂喜达酒店集团疫情防控措施

世茂喜达酒店集团为应对疫情，将退改保障服务再次升级，即日起至2020年2月29日期间，原计划入住世茂喜达酒店集团旗下酒店的客人：

（1）通过世茂喜达酒店集团官方微信直订渠道或旗下酒店进行的直接预订，无论是否支付过担保款项，均可进行变更或取消，且无须支付额外费用。

（2）通过旅行中介或是第三方线上预订平台预订客房的客人，可联系您的中介或预订平台进行变更或取消，同样无须支付额外费用。

四、景区企业疫情防控措施

景区类企业对疫情的应对主要集中在以下三个方面：一是及时处理预订门票的退改业务；二是暂时关闭景区，保障员工生命安全和身体健康，对设施设备进行维护等；三是开展线上培训，利用服务暂停期提升员工知识储备和服务能力。

（一）景区应对疫情的初期响应措施

面对严峻的疫情形势，旅游景区主要采取了以下应对措施：

（1）响应疫情防控要求，迅速暂停营业，成立疫情防控领导小组、启动应急预案、部署疫情防控总体工作安排。

（2）加大防控措施，密切跟踪员工的健康状况。及时采购口罩、消毒液、手持测温仪等物资，发放至各岗位员工，严格执行消毒及体温检查措施。普及“传播性”防治知识，提高员工、民众自我防护意识，加强“传播性”疫情信息监测登记报告。

（3）通过企业自有媒体以及主流渠道发布暂停营业通知，认真做好售后服务，妥善处理游客咨询及退改等事项；建立与游客、渠道、外部媒体沟通机制，及时传递各类动态信息及指令。

（4）做好项目暂停营业期间的值班值守检查，包括设备的维护、景区安全保障、留守值班人员的卫生消毒及餐饮保障，并且密切关注疫情动态，积极做好疫情过后恢复营业的预备工作。

（5）对有关资金安排做最积极的筹措准备，在维护企业和项目正常运转的同时，合理降低人力和办公费用；在确保运营质量和安全的前提下，预计全面压缩约 50% 的年度资本性支出。

（6）积极与相关部门沟通获取支持，根据国家银保监会、央行、各地政府相继出台的支持疫情防控和企业保经营稳发展的相关政策，积极与重点地区政府部门、主要合作金融机构等展开深入沟通，希望获取更多支持。

（7）资本市场方面，及时发布疫情影响的相关公告，就公司运营管理情况和相关举措与主要投资者进行专项沟通交流，密切跟踪市场反馈和行业相关研究，审时度势主动作为，引导市场对行业和公司的良性判断。

（二）后期工作重点

中国旅游业已经进入较成熟的产业发展阶段，具有较好的内生增长动力，可以部分抵消新冠肺炎疫情的巨大负面影响，这次疫情提醒我们需要更加关注旅游业的薄弱环节、创新领域的走势，真正创新求变，提升旅游品质。

（1）短期内调整工作重心，加强自身建设。既要高度重视此次新冠疫情的影响，更要有足够的信心迎接挑战，以确定性应对不确定性。

（2）做优服务，提升运营。旅游的本质就是要能够打动游客的心，真正以人为中心，做好产品，做优服务，才是立身之本。乐园、景区休整期间，好好进行服务打磨，旅游消费的核心是人的情感和记忆，要做好服务的品质化，结合消费者的需求做精、做深，内外兼修，软硬兼顾。同时进一步完善项目标准化管理及服务 SOP，提升服务效率，优化服务标准。

（3）抓住新生活方式机遇。此次新冠肺炎疫情的暴发，更加唤醒人们对于生态、人与自然如何共处的重视。在文旅新时代，要重视人类与野生动物和谐共处，爱护公共环境，共同守护人类家园。

（4）抓住新消费机遇。以非典型肺炎疫情为例，在非典型肺炎疫情过后的 2004 年，国内游人数增长了 26.6%，旅游总收入增长了 36.9%，充分展现了我国文化旅游产业在疫情后的强大反弹能力。企业抓住机遇浴火重生，在灾后可以得到快速发展。经历新冠肺炎疫情之后，人们在消费心理中会有一些改变，会对生命安全、环境保护更加关注和重视。因此，疫情之后，康养旅游、户外运动旅游等旅游形式会更加受到欢迎。企业在丰富旅游产品的同时，须密切关注市场消费趋势，把握好旅游市场反弹机遇。

（5）建设好智慧景区系统。全面提升景区运营管理、产品设计与研发等环节水平，在交通、票务、入园等环节上做到可预测、可调控，并让游客第一时间查询了解运营信息。同时处理好因疫情产生的退票、延期入园等工作，保障游客权益。

五、文旅集团应对疫情措施

（一）中国旅游集团应对疫情措施

中国旅游集团旗下三亚国际免税城一期、二期迅速响应政府疫情防控工作，暂停营业，并以实际行动保障商户和顾客利益。暂停营业期间，三亚国际免税城一期、二期对商户的租金及物业费实行全免政策，且明确表示，该全免政策将一直持续到正式恢复营业（恢复营业时间将根据政府要求确定），以保障商家克服短期营业困难；针对消费者无法即时享受的优惠政策，三亚国际免税城特意对诸多优惠政策延长时限，利用离岛旅客线上预订的方式为消费者提供免税商品服务，保障消费者的利益。

（二）万达集团应对疫情措施

万达集团心系疫区，捐款1000万元帮助武汉人民抗击疫情；万达集团承担社会责任，与商户共克时艰。万达广场在做好最严格安全防护的同时，确保日用消费货源稳定，确保超市“菜篮子”“米袋子”充足。全国各地的酒店、宝贝王等严阵以待，全力做好消杀、隔绝病毒传播，共同筑牢安全防线。

（三）华侨城集团应对疫情措施

华侨城集团在全国各地的所有旅游景区自1月25日起全部暂停开放。各景区开放时间另行通知，已在网上预订门票的游客，均可以由原路径申请全额退款。途家自营将竭尽所能，志愿为武汉地区参与抗击新冠肺炎疫情的医务工作者与其他专业工作人员提供免费民宿住宿。

（四）北京字节跳动科技有限公司应对疫情措施

北京字节跳动科技有限公司决定向中国红十字基金会捐赠2亿元人民币，成立抗击新型冠状病毒感染的肺炎疫情防控医务人员人道救助专项基金。所有在一线参与防治新型肺炎的医务人员，若不幸受到感染，将获得10万元救助，如果有其他巨大贡献或付出，将获得最高100万元的救助。具体救助规则，将由中国红十字基金会公布和执行。

此外，武汉当地的酒店业人士自发组织“武汉医护酒店支援群”，征集不带中央空调的酒店，自愿为武汉地区各大医院的一线医护人员免费提供住宿。截至2020年1月26日，自愿提供住宿的当地酒店已达85家，并不断有酒店加入，覆盖包括武汉市洪山区、武昌区、汉口区、蔡甸区等在内的11个区域。

（五）中青旅遨游应对疫情措施

针对春节期间（出发日期在2020年2月1日前）因特殊情况不能出行的客人，中青旅遨游提供如下保障：

（1）已确诊为新型冠状病毒感染者及其同行人取消出行，中青旅遨游将退还已收取的全部旅游费用。

（2）出行期间因体温异常被机场隔离或劝返的客人，中青旅遨游将退还已收取的全部旅游费用。

（3）对于来自武汉地区、已报名出行的客人，中青旅遨游将与客人协商取消或改期出行，对于取消出行的客人，中青旅遨游将退还已收取的全部旅游费用，对于改期出行的客人，将依照市场化原则处理。

（4）对于已预订前往武汉旅游的团队客人，中青旅遨游将与客人协商取消出行，并退还已收取的全部旅游费用。

（5）由于客人其他原因提出取消出行的，依据双方签订的旅游合同约定执行。

（6）中青旅遨游对坚守在一线的医务工作者表示敬意。对于支持病毒防控工作，前往疫情一线的医务工作者提出行程取消的，中青旅遨游将退还其全部旅游费用。

（六）长隆集团应对疫情措施

广州长隆度假区和珠海横琴长隆度假区目前正常运营，但为协助希望更改出行计划的游客，将在现阶段临时调整票务及酒店预订政策：已经购买长隆各主题公园门票或大马戏票的游客，可将门票改期至2020年7月31日前的任意日期（大马戏票视库存而定）。2020年7月31日前无法到访的游客，可办理退款。已经预订度假区酒店的游客，可将酒店改期至2020年7月31日前任意日期（视酒店客房库存而定）。2020年7月31日前无法到访的游客，可办理退款。

（七）上航旅游集团应对疫情措施

上航旅游集团成立疫情应对工作领导小组，部署相关分公司和子公司暂停经营团队旅游及“机票＋酒店”旅游产品；密切关注已出行旅游团队的游客身体状况，做好健康防护。根据最新形势要求升级应对措施，部署停止相关旅游产品。各分、子公司按要求统计上报相关信息，全体部门经理、销售、领队、营业部人员分工合作，积极应对此次疫情防控工作。

（八）湖北康辉国际旅行社应对疫情措施

湖北康辉国际旅行社成立防控疫情应急小组，并制订相关应急预案，公司各部门全力提供服务和保障工作。并根据相关政府单位公布的政策，对退团停团，游客安抚，员工安置等各项工作进行布置。对旗下所有门店下发正式停业通知，并告知所有国内出境供应商针对疫情的处理建议，同时协助门市安排善后，尽最大努力让出行游客得到妥善安置。同时，中国康辉旅游集团号召全国子分公司携手支持湖北康辉共渡难关。

六、OTA行业应对疫情措施

2020年突如其来的新冠肺炎疫情，成为影响我国的“黑天鹅”，面对疫情举国应对。在国家文化和旅游部下发禁止旅游活动的通知后，旅游战线令行禁止，引发旅游订单退订狂潮，客服电话短期进线量暴增、业务团队为了协助用户无损退订而加班加点、后续工作厘清，各OTA平台承受了巨大损失。

疫情将本该红红火火的2020年春节黄金周旅游高峰几近清零，面对如此疫情“寒冬”，携程、同程、驴妈妈等OTA纷纷推出新举措，以同应对、共进退的姿态，与全行业同行，共渡难关。

（一）驴妈妈：多端并进，内外兼修

自2020年1月21日起，驴妈妈连续4次升级游客安全保障预案。与此同时，启动1亿元重大灾害保障基金，做好游客的退订和安全保障工作。截至2020年2月5日，退款给游客资金和预付给资源方、供应商款项未消耗占用资金累计达到数亿元。

疫情期间，驴妈妈从游客端、供应商端、公益行动、员工端着手，应对疫情。其中：针对出行日期在2月29日之前的包含国内景区门票、酒店、跟团游、自由行、大交通及出境自由行、跟团游等在内的所有度假订单实行特殊退改保障，尽一切可能把游客端损失降到最低；密切跟供应商沟通退单情况，与供应商一起商讨接下来短期和长期市场应对方案。

与此同时，积极承担社会责任，利用自身资源助力疫情防控。把旅游资源转化成为抗疫前线，在托管的遵义市务川研学旅行基地奋战，为留观隔离人员提供温馨的“旅游”服务；利用移动互联网，各板块各种练内功课程相继开启，多个部门制订在线课程培训计划，通过内外部讲师、丰富多样的课程，让员工隔离在家也能得到学习、提升。

（二）携程：与子同袍，磨砺产品

创立于1999年的携程旅行网，是中国领先的酒店预订服务中心，并在2003年12月于美国纳斯达克上市。2019年10月29日，携程宣布将英文名称正式更名为“Trip.com Group”。2019年12月18日，携程在《人民日报》“中国品牌发展指数”100榜单排名第89。

携程不仅仅通过自身平台提供酒店、机票、旅游度假产品等预订，还直接

或间接投资了去哪儿、同程艺龙、途牛、智联火车票、高铁管家、途家、旅游百事通、龙腾出行等相关企业，真正实现了“携程在手，说走就走”。

2020年伊始，在携程预订了机票和酒店的人，突然走不了了。为了抗击突如其来的新冠肺炎疫情，首先需要采取的措施就是物理隔离，并减少或控制人员流动。有关方面开始大力呼吁，停止不必要的旅行，尤其不要前往武汉以及湖北。携程已经成立超过20年，曾经完整经历过SARS病毒、印度洋海啸、地震洪涝等各种自然灾害，对旅游行业将会受到的业务影响，以及应该采取的应对措施，已经驾轻就熟，立即开启SOS系统，设立重大灾害保障金，应对本次疫情。

在面向消费者市场方面，携程立即启动预案：

1月21日：携程两次推出政策，为涉及武汉地区的机票、酒店、门票实行免费退订。

1月23日：携程上线“安心取消保障”计划，至今全球已有超过40万家酒店加入。

1月24日：携程启动1亿元重大灾害保障金。

1月26日：携程升级重大灾害保障金至2亿元。

1月27日：携程响应国家政策，全面下架“机+酒”、跟团游产品，并为此前已购买的消费者提供退订保障。

1月28日：为避免客户焦急等候，携程宣布先行垫付春节海外酒店退款。

2月2日：延期全球酒店“安心取消”保障至2月底；推出火车票“肺炎疫情自助退改保障”保安心。

2月11日：携程租车推出2000辆“抗疫”公益用车覆盖全国近百个城市。

在面向合作伙伴方面，携程同样启动应对政策，推出“同袍计划”：

1月28日：携程宣布为供应商承担：无法减损的机票、酒店、签证、用车及地接资源，这几乎涵盖了供应商的全部成本。

1月29日：携程推出“门店关怀计划”，为全国近8000家门店免除3个月管理费等，并提供线上课程。

2月5日：携程推出“同袍”计划，10项政策、10亿元合作伙伴支持基金、100亿元小微贷款，支持和帮助合作伙伴渡过疫情难关。

2月8日：携程专车启动首批“战疫津贴”，每单为司机补贴5元。

2月13日：携程发布中小旅游企业支持计划，以10条政策扶持全球“玩乐”商家。

携程是业内第一个推出疫情全面保障政策的企业，并且数日内不断升级，除了联合全球海内外合作伙伴之外，相关保障金额额度从1亿元提升至2亿元。在行业内，保障金额最高，业务量最大，任一业务线都占据了行业内最大交易额。在这样大体量的前提下，应该说，做出这样的决定是最艰难的，但携程又是业内最快速度出台的。

在疫情期间，实际上旅游行业处于业务停摆状态。那么这个时期，携程做什么呢？

1. 强化内功

在疫情发生初期，携程之所以能够如此迅速地做出决策，是与携程一贯重视用户服务密不可分。

携程运营有“六重服务保障体系”，包括重大灾害保障基金、应急处理响应机制、多重保险体系、专业保险理赔协助等，几乎涵盖了出行全过程的各大核心痛点，甚至包括受伤、暴动、自然灾害导致的订单损失。

而内部协同方面，携程内部成立了各个应急工作组，从产品、技术、后勤保障、BU间联动、内部各板块的信息共享，都建立在有序沟通的前提下，高效，配合默契。这种能力植根于平日里的工作流程，并在之前应对地震、海啸等一次次危机中不断锤炼提升，当出现重大危机问题时，携程团队可以迅速做出决定和行动，第一时间制订出方案，决策流程短，执行效率高。

2. 关怀用户

疫情之下，整个旅游业都受到影响，携程也不例外。

时至今日，携程各个业务线都还在承受着很大的压力。特别是1月31日世界卫生组织宣布声明之后，全球多个国家出台对华限制入境政策，涉及数千架航班的取消，许多海外酒店订单取消。所以，在这种情形下，携程除了积极为客人协调跟进，同时也加大了保障范围，将全球酒店“安心取消”保障延期至2月底，从原来的18天，延长至39天。

与“安心取消”保障计划同时进行的携程旅行重大灾害保障计划，率先于1月26日宣布对出行日期在1月27日至2月29日的全球跟团游、半自助、私家团旅行产品免费取消，这部分订单的主动退订工作也已于1月30日完成，接下来消费者将陆续收到全额退款。

此外，随着各地退订量的持续增加，携程旗下携程、去哪儿、旅游百事通三品牌旅游门店承受着极大的压力。

3. 稳定预期

国内疫情防控形势持续向好，但疫情风险还没有完全解除，携程的主要任务，还是积极配合国家政策，尽力降低消费者损失。同时，以各种方式安抚、帮助B端合作伙伴，共渡疫情难关。在这方面，携程的重点工作集中体现在2月5日推出的“同袍”计划。

携程的“同袍”计划包括减免佣金、减免推广费、减免系统使用费等十大措施，投入10亿元合作伙伴支持基金，提供100亿元额度小微贷款等措施，动用资金规模空前。

（三）同程：方舟联盟，未来可期

2020年2月11日，同程艺龙发起成立了城市“方舟联盟”，以适合用户在线浏览的VR及高清视频资料为主要展示形式，向所有加入“方舟联盟”的旅游目的地免费提供旅游推广服务。

通过在线视频及虚拟现实技术让消费者在家也能享受到丰富多彩的文化生活，这是自疫情暴发以来文化和旅游部所倡导的一个方向。同程艺龙副总裁、文旅事业部CEO王凯表示，城市“方舟联盟”旨在帮助旅游目的地在疫情期间通过VR、高清视频及图文资料的形式充分展示自身的旅游形象和资源优势。这样可以丰富疫情期间宅在家中的人们的生活，让他们足不出户就可以领略祖国的大好河山和深厚文化。同时，对于文旅企业来说，也是进行形式塑造和推广宣传的良好渠道和方式，有助于其挖掘潜力游客，开拓潜在消费市场，为疫情后市场的迅速恢复奠定基础。

城市“方舟联盟”相关的推广专题将在同程旅游客户端等平台展示，推介内容包括江苏、安徽、新疆、福州、济源、焦作、泰州、巴城及部分国外热门旅游目的地的优质文旅资源和典型游览线路，网友可以访问这些目的地的视频及图文资料，了解当地的知名景点和经典线路。

（四）途牛应对疫情措施

（1）境内目的地度假产品无损退订保障：自1月24日至2月8日（含）境内目的地跟团游、自由行、定制游、酒店+景区（自驾）、游学、当地玩乐、用车产品，提供无损退订保障，损失由途牛承担。

（2）出境“机票+当地打包行程”无损退订保障：已预订自1月24日至2月8日（含）出境目的地机票+当地打包行程的目的地集结打包产品（持个人旅游签），提供无损退订保障，损失由途牛承担。暂不包括持团队旅游签、境内出发地成团的出境跟团以及出境自由行产品。

（3）全球单订酒店无损退订保障：1月23日前已预订，1月23日至2月8日（含）入住的全球单订酒店订单，途牛提供免费取消预订，损失由途牛承担。

（4）机票、火车票、客运票保障：已预订机票、火车票、汽车票等公共交通的订单，依据航空公司、12306及公路客运部门发布的特殊退改政策执行。

（5）湖北（出发地、目的地）旅游产品退订保障：已预订即日起至2月8日（含）春节期间由湖北出发或前往湖北的旅游产品（含跟团、自由行、当地玩乐、用车、定制游、门票）的客人，提供免费退改，全部损失由途牛承担。同时将持续关注相关部门通知，及时调整和升级服务。

（6）患病游客保障：被确诊为新型冠状病毒性肺炎或因疑似新型冠状病毒性肺炎被机场（港口）隔离劝返的游客，以及密切接触者的同行人，途牛将为其免费取消已预订的出游产品，全部损失由途牛承担。

（7）一线人员保障：向所有奋战在一线的医护人员致敬。因本次事件取消行程的医护工作者、政府工作人员、一线媒体记者等，提供有效证明，在途牛预订的所有产品均可免费取消，全部损失由途牛承担。

（8）邮轮保障：针对近期发生的疫情，为保障全体游客和工作人员的安全健康，各大邮轮公司已提供退改保障规则及方案，途牛将与邮轮公司政策保持一致，协助游客退改，为游客减少损失。为保障其他地区用户的出游安全，途牛在目的地紧急落实游客、工作人员的安全保障。

（9）游客、工作人员安全保障：截至1月23日，途牛全国范围内营业门店、随往地接社已全力采购口罩、体温计、消毒水等物资，发放给节前已经在旅途的导游和游客以及目前在岗员工使用，全力保障游客和工作人员安全。

（10）全国地接保障：目前，途牛自营产品“牛人专线”以及全国“随往”地接社，动员所有导游进行安全卫生教育；排查餐厅、景区、用车、酒店等卫生环境，每天对大巴车等进行全面消毒；要求有条件的餐厅实行分餐制，无条件的餐厅落实公筷公勺制；所有随往地接社当地工作人员24小时待命，处理突发情况。

（五）马蜂窝旅游联合平台应对疫情措施

马蜂窝旅游联合平台酒店供应商提供退改服务，并已逐批上线国内酒店自助退改系统。对于已经推出退改保障的酒店，马蜂窝用户可通过手机客户端国内酒店订单页的自助退改入口或“酒店订单疫情保障”通道进行自助退改。

（六）途家平台应对疫情措施

途家在推出针对武汉疫情的民宿订单退改政策后，再次升级退改保障范围与应急服务，将免费取消范围扩大到全国范围内所有订单。

即日起至2020年2月8日期间入住湖北省内地区的民宿订单及该期间内湖北省内居民出行订单，经客服审核通过后提供免费取消保障；

用户在2020年1月24日前预订的2020年1月24日至2月8日入住的所有中国大陆订单，提供有效机票、铁路或公路客运退订或改期证明（购票日期需要在2020年1月24日前），经途家客服审核通过后将为客人提供免费取消保障；

途家民宿对于被确诊为新冠肺炎或因疑似感染新冠肺炎被机场、港口、车站等公共机构劝返、隔离的房客或预订同行人，提供房源预订的免责取消保障；

途家针对所有参与抗击新冠肺炎疫情的医务工作者和其他专业工作人员，如因疫情防控的工作需要而无法正常出行的，将在核实相关证明材料通过后提供免费取消保障。

第三节　文旅企业在疫情期间履行的社会责任

新冠肺炎疫情暴发后，文旅企业反应迅速，勇于承担社会责任，对国家疫情防控工作做出应有贡献的同时也承受了巨大的经济损失，行业面临严峻的考验。疫情暴发之际，全国文旅人迅速响应号召，投入到防疫抗疫中，第一时间采取果断措施，全国旅行社停止所有团队旅游业务和“机票＋酒店”业务，全国旅游景区和旅游演艺迅速关门停业，以壮士断腕之举，果断阻止疫情在旅游链条中的传播，让春节期间全国数以亿计的游客市场，都停下远行的脚步。壮士断腕的担当，让全国旅行社企业和在线旅游平台退订及毛利损失估计几十亿元，星级饭店平均客房入住率不到 20%，1 万多家景区两个月颗粒无收。文化旅游产业损失惨重，但这是对抗击疫情的坚定支持，虽难犹荣。

为贯彻落实习近平主席“把人民的生命安全和身体健康放在第一位”的重要指示精神，在科学研判疫情与文化旅游关系的基础上，文化和旅游部从春节假期第一天开始就采取果断措施，将工作重心从“保障供给，繁荣市场”转向“停组团、关景区、防疫情”。

从监测数据来看，有组织的旅游活动应声而减，直至全面停止；探亲访友游客也同比减少了 76% 以上，目的地活动半径持续收缩到 2 公里左右，减少了近一半的预期消费。如果没有这些果断措施，节前预计的近 5 亿人次的游客在全国和世界范围流动，尤其是数百万出境和数千万国内的旅游团组，这么大体量的流动消费和集聚活动，完全有可能带来不可预估的疫情传播与扩散后果。

据调研，94.25% 的游客对行程变化，以及政府和业界在特殊时期采取的非常举措表示理解。数据的背后，是旅游企业特别是直接面向游客的旅行社企业、OTA 平台承受了巨大的财务压力，是千千万万的员工不眠不休的付出换来的。从这个意义上说，文化旅游业从一开始就处于抗疫的第一线。

随着疫情的不断升级，面对武汉医疗器械物资紧张、衣食住行成问题的棘手情况，武汉的医护人员几近透支精力和体力。为了支援武汉的一线医护人员，全社会各行各业都在行动，酒店住宿业也在用自己的力量帮助武汉，守护冲锋一线的医护人员。

一、开展“抗疫”援助

（一）东呈酒店集团在行动

早在2020年1月23日，因武汉封城，当地口罩、消毒液等防疫物资已经断货，东呈已紧急动员南宁、济南、南京、青岛等全国各地机构采购，并调集相关物资近百万元，克服春节物流停运等诸多困难，驰援武汉，极大地保证了武汉的防疫工作。为应对可能的突发疫情，东呈酒店集团还在湖北地区成立了武汉应急防控指挥中心。

（二）铂涛集团在行动

2020年1月25日，铂涛集团旗下7天酒店紧急调动武汉市区内23家分店约2000多间客房，全力投入到保障一线防疫人员的就近住宿需求当中。1月26日，铂涛再次调动旗下麗枫、喆啡、非繁城品、希岸、7天等酒店品牌15家门店超1000间客房投入到保障行动当中。参与此次行动的铂涛旗下品牌所有门店严格执行消杀、消毒、配发口罩，测量体温等全面防控措施。

为了与湖北投资伙伴共克时艰，铂涛集团决定，自2020年1月23日起，旗下品牌麗枫、希岸、喆啡、潮漫、ZMAX、非繁城品、欢朋、7天、IU、派将减免湖北省所有加盟管理店（包含管理店和特许店）2个月（2020年1月23日—3月31日）的管理费。另外，为了支援一线医护人员，在投资伙伴的支持下，铂涛调动旗下酒店品牌共49家门店3700间客房，为奋斗在一线的医护人员免费提供住宿休息保障。

与此同时，在全国范围内，铂涛旗下各酒店品牌积极响应各地政府有关部门的征召。截止到2020年1月27日，有10家门店其中含有麗枫（武汉2家，惠州1家）、喆啡（成都1家）、希岸（广州1家）、非繁城品（武汉1家，孝感1家）、7天（武汉2家，汕头1家），将按照政府有关部门的要求进行接待。

（三）雅斯特酒店集团在行动

自疫情出现以来，雅斯特酒店集团高度重视，积极组织，有序应对。在集团创始人兼董事长胡竞选先生的指导和带领下，启动企业最高应急机制，全面贯彻“疫情防控第一、科学防控第一、态度坚决第一”原则，全力协助各大战区、纵队和门店积极做好疫情防控工作，并紧急动员全国各地近500家雅斯特酒店、雅斯特国际酒店积极参与防疫物资的采购，驰援武汉。

雅斯特酒店集团针对疫情的重要通知：从2020年1月23日起至2020年3月1日，针对已经预订武汉地区的酒店订单，雅斯特提供免费取消保障，并全额退款；在疫情期间，雅斯特酒店集团旗下品牌湖北区域所有加盟门店免除管理费；所有酒店进行严格严密的防疫措施；全国内雅斯特酒店集团旗下所有酒店为检测正常的全国消费者（包括湖北籍消费者）提供住宿需求。

二、发布退改保障政策

1月21日，对于近期新型冠状病毒性肺炎的疫情，包括携程、去哪儿网、同程、马蜂窝、驴妈妈、飞猪、美团、穷游等在线旅游平台（OTA）及开元酒店集团等文旅企业相继发布退改保障政策。

（一）携程退改保障政策

（1）凡是携程用户，如果被确诊为新冠肺炎或疑似病例，而被机场或港口劝返（或隔离），携程将为其和同行人员取消全部预订的订单，所有损失由携程负担。

（2）凡是在携程平台预订春节期间武汉地区的酒店、门票、用车等产品，由携程提供免费取消服务。对于无法协调的订单，全部由携程负担损失。

（3）凡是通过携程平台预订的机票、火车票，均可实行退单，携程将积极与有关机构沟通协调，最大程度减少用户的损失。

（4）携程也将密切关注民航、铁路部门的退订政策变化，及时响应国家相关部门的要求，第一时间为用户提供保障服务。

（二）去哪儿网退改保障政策

（1）凡是去哪儿网的用户，如果被确诊为新冠肺炎或疑似病例，而被机场或港口劝返（或隔离），去哪儿网将为其和同行人员取消全部预订的订单，所有损失由去哪儿网负担。

（2）凡是通过去哪儿网平台预订春节期间武汉地区的酒店、门票、用车等产品，由去哪儿网提供免费取消服务。对于无法协调的订单，全部由去哪儿网负担损失。

（3）目前各航空公司陆续推出针对发热旅客的特殊退改政策，去哪儿网将全力按照航空公司政策为用户协调免费退订或减少损失。（截至 1 月 21 日中午已出政策航空公司：南方航空、海南航空、深圳航空、天津航空、昆明航空、贵州多彩航空、西部航空、乌鲁木齐航空、华夏航空、新加坡酷航）

（4）去哪儿网也将密切关注民航、铁路部门以及各个酒店的退订政策变化，及时响应国家相关部门的要求，第一时间为用户提供保障服务。

（三）同程集团退改保障政策

凡此前预订了同程艺龙和同程旅游相关产品的用户，凡是被确诊为新冠肺炎或疑似病例而被机场（港口）隔离或劝返，同程艺龙和同程旅游将提供无损取消其相关产品的预订服务，所有损失由同程艺龙和同程旅游负担，此外，还推出以下退改保障措施：

（1）凡是通过同程艺龙预订平台预订的 1 月 21 日起至 31 日武汉地区酒店的订单，平台将为用户无损取消，所有损失将由同程艺龙承担。

（2）国内和国际机票部门正密切关注机场、航空公司的最新进展，目前南方航空、昆明航空、天津航空、华夏航空、海南航空等航空公司已出具针对发热旅客的特殊退改政策，其他航空公司及机场还在跟进中，我们将严格执行航空公司相关政策，协助用户完成退改。

（3）火车票部门同样全力关注铁路部门针对此次疫情的相关政策，随时响应国家相关部门要求，为用户提供必要协助。

（4）针对此次疫情，同程艺龙和同程旅游客服中心已第一时间调动全员人力，保障用户问题能在第一时间得到答复和解决。

（四）马蜂窝旅游平台退改保障政策

（1）凡是马蜂窝的用户，如果被确诊为新冠肺炎或疑似病例，而被机场或港口劝返（或隔离），马蜂窝将为其和同行人员取消全部预订的订单，所有损失由马蜂窝负担。

（2）对于航空公司、铁路部门及平台供应商有相关退改政策的，马蜂窝将在执行相关政策的基础上，竭力协助用户办理退改业务。其间暂无政策的，马蜂窝将协助有退改需求的用户与产品提供方沟通，尽力为用户协调免费退订或减少损失。

（3）凡是通过马蜂窝平台预订的产品，目的地为武汉的酒店、门票订单（出行日期为2020年1月21日至31日），马蜂窝为出行用户提供无损退改保障，损失由马蜂窝承担。

（4）马蜂窝也将持续关注防疫动态，跟进民航、铁路及其他交通部门、平台供应商的退改政策，及时响应国家相关部门要求，全力为用户提供出行保障和服务。

（五）驴妈妈平台退改保障政策

（1）凡是通过驴妈妈平台预定的武汉旅游产品，包括春节期间武汉地区的景区门票、住宿预订等产品，由驴妈妈免费退订，所有损失由驴妈妈承担。

（2）对于已预订含武汉为目的地的火车票、机票等各类订单，驴妈妈将和游客、航空公司保持密切联系，按照铁路局、民航局、航空公司最新规定和要求，积极协助用户办理退票或改期。

（3）凡是驴妈妈的用户，如果被确诊为新冠肺炎或疑似病例，而被机场或港口劝返（或隔离），马蜂窝将为其和同行人员取消全部预订的订单，所有损失由马蜂窝负担。

（4）退改方式：游客可致电驴妈妈旅游网 24 小时客服热线（1010-6060）完成退改手续。

（六）飞猪平台退改保障政策

（1）即日起至 1 月 31 日出行武汉地区的酒店、门票、用车订单，可免费取消。如平台商家无法免费退订，相关损失由飞猪承担。

（2）机票、铁路、公路订单，依据航空公司及铁路、公路部门发布的特殊退改政策进行。还未发布特殊退改政策的，飞猪将全力与商家沟通，尽力减少用户损失。

（3）被确诊为新冠肺炎或因疑似病例被机场（港口）隔离劝返的用户，以及密切接触者同行人，可免费取消在飞猪平台预订的全部产品。

（4）所有奋战一线的医护人员，因本次事件取消休假的，在飞猪预订的所有产品可免费取消。

（七）美团平台退改保障政策

（1）即日起至 1 月 31 日，通过美团、大众点评预订的武汉市酒店、民宿、景区门票、度假的订单，均可联系客服免费取消，美团为用户提供免费取消保障。

（2）被确诊为新冠肺炎或因疑似病例被机场、港口、车站隔离劝返的用户，以及作为密切接触者的同行人，可免费取消通过美团、大众点评预订的酒店、民宿、景区门票、度假的订单。

（3）美团将密切关注民航、铁路部门的退改签政策变化，及时响应国家相关部门的要求，第一时间为用户提供保障服务。针对已预订但未出行旅客的退票、改签需求，美团将竭尽全力与航空公司等产品提供方沟通，协助用户进行机票退改签服务，火车票也将和铁路部门的退改签政策保持一致。

（八）穷游网平台退改保障政策

（1）被确诊为新冠肺炎或因疑似病例被机场（港口）隔离劝返的用户，以及作为密切接触者的同行人，可免费取消穷游平台预订的度假类产品。

（2）针对本声明发布前已预订入住日期为 1 月 21 日至 31 日的武汉地区酒店订单，穷游将全力协助游客与酒店沟通，保障游客免费退订；对于无法协调的酒店订单，穷游将承担此部分损失。

（3）穷游将持续关注防疫动态，跟进民航、铁路及其他交通部门、平台供应商的退改政策，及时响应国家相关部门要求，全力为用户提供出行保障和服务。

（九）开元酒店集团退改保障政策

（1）如果被确诊为新冠肺炎或疑似病例，而被机场或港口劝返（或隔离）的消费者，其在开元酒店平台预定的产品可以无损取消。

（2）针对即日起至1月31日春节期间武汉地区酒店用房、用餐订单，开元酒店提供免费取消保障；对于无法协调的酒店订单损失，开元酒店集团将为用户承担。

（3）开元酒店也将密切关注政策变化，及时响应国家相关部门的要求，第一时间为用户提供保障服务。

三、代表性文化企业社会责任行为

（一）代表性景区

1. 华侨城集团履行社会责任

（1）华侨城集团在全国各地所有旅游景区1月25日起全面暂停开放。已经在网上预约门票的游客，均可以由原路径申请全额退款。

（2）通过国务院国资委专用账户，向湖北疫情防控一线捐款3000万元。

（3）华侨城旗下全国商业项目实施租金优惠减免政策，以深圳甘坑客家小镇为例，华侨城文创公司减免1月25日至2月9日期间的租金，与小镇商户共克时艰。

（4）加强员工培训，采取线上与线下结合的方式，着重开展优质服务、操作标准等岗位工作技能等培训。

2. 中国旅游集团履行社会责任

（1）中国旅游集团在第一时间暂停旅行社、景区、邮轮业务以及部分酒店、免税店业务，主动将部分景区、酒店作为隔离场所。

（2）通过国资委捐赠现金 2000 万元、通过武汉当地企业舵落口物流公司直接捐赠 400 万元现金，用于支持湖北省等疫情严重地区的疫情防控工作。

（3）中国旅游集团充分利用旅游企业的景区和物业资源特点，助力疫情防控阻击战，所属湖北、广东、广西等 4 处景区配合政府提供 546 间客房及一处码头，作为隔离场所，由公安医护进驻之后，安置隔离人员。柬埔寨吴哥市内免税店由境外购入两万个口罩捐赠予武汉儿童医院和武汉第三医院。

3. 新华联集团履行社会责任

（1）面对突如其来的疫情，新华联集团迅速行动，积极履行企业社会责任，累计捐款 1100 万元用于抗击新冠肺炎疫情。

（2）在防控疫情期间，新华联集团在北京、宁夏等地的 5 家酒店被当地政府部门征用防疫办公和安置外来隔离人员。各酒店员工团结协作、不辞辛劳，以高度的社会责任感和优质的服务与科学的防护，助力政府部门抗击疫情，彰显了新华联人的格局与担当，赢得了政府部门和住店人员的一致好评。

4. 黄山旅游履行社会责任

（1）积极参与疫情防控工作，及时做好黄山风景区、太平湖景区等景区的封闭及后续管理。

（2）设立抗疫专项资金 100 万元，用于疫情物资购买及防控保障。

（3）公司旗下酒店推出平价餐饮便民服务，为区域内定点医院医护人员免费提供中餐和晚餐等。

5. 桂林旅游履行社会责任

（1）暂停公司所有景区（两江四湖、银子岩、丰鱼岩、龙胜温泉、贺州温泉、资江丹霞、丹霞温泉景区）及漓江游船客运业务。

（2）加强员工知识技能培训，与在线培训机构合作，在疫情期间创造线上学习培训机会。

（3）强化内部管理，合理控制成本，争取政府补助支持，根据人力资源和社会保障部、广西人力资源和社会保障厅和桂林人力资源和社会保障局有关疫情期间劳动关系调处问题的政策文件要求，结合公司和下属企业经营实际情况，对受疫情影响导致生产经营困难的企业，一是采取灵活用工模式，降低企业的人工成本，二是指导各下属企业积极申报各类税费和社保费用返还或减免，三是对经营困难的企业，暂时无力缴纳社会保险费的，可以经过审批后实施缓缴。

（4）公司所有景区向全国医务工作者免费开放。

6. 华强方特集团履行社会责任

（1）集团旗下所有方特主题乐园自 1 月 25 日起暂停开放，已经购买方特乐园门票的游客，可通过预订平台进行改期、退款。

（2）向深圳市慈善会捐款 1000 万元支援疫情防控工作，其中 500 万元将捐给武汉市慈善总会，200 万元捐给荆州市慈善总会，另外分别捐给襄阳市、宜昌市、黄冈市三个城市的慈善总会各 100 万元。

（二）旅游行业协会措施

1. 中国旅游协会

2020 年 2 月 3 日，中国旅游协会发布通知免除 212 家会员单位 2020 年的会费。

2. 中国旅行社协会措施

2020 年 1 月 26 日，中国旅行社协会发出致境内外旅游供应商、旅游业者的公开信，倡议旅行社企业供应商尽快出台相关退改优惠措施，把游客的损失降至最低，给予中国旅行社行业支持和配合，共度时艰。

3. 中国旅游协会民宿分会措施

2020 年 1 月 24 日，中国旅游协会民宿分会发出致全国民宿行业及所有民宿企业的公开信，呼吁民宿企业对已预订民宿房间的游客，提供免费退订或延期入住，劝导未出行游客取消行程，减少外出。呼吁民宿业主减免房租，减轻民宿经营者的财务压力，共同渡过疫情经营困境。

4. 中国旅游景区协会措施

2020 年 1 月 23 日，发出关于防控疫情的安全旅游倡议，广大旅游景区根据疫情防控形势需要，做好退订旅行社订单、退订旅客门票的工作。

5. 中国饭店业协会措施

2020 年 1 月 23 日，中国饭店业协会发出关于积极应对新型冠状病毒性肺炎疫情的倡议书，倡议全体会员企业加强疫情防控，积极响应客户的退订要求。

第四章　新冠肺炎疫情对中国文旅产业的影响分析

新冠肺炎疫情的发生给我国文旅产业带来了严重的影响和冲击，而且，这种影响和冲击是多方面、全方位的，有长期影响，有短期影响，有直接影响，有间接影响。本章从文旅产业市场、文旅产业消费、文旅产业风险等方面系统分析了疫情对于文旅产业的影响，为后文提出针对性的政策建议奠定基础。

第一节　疫情对文旅产业市场的影响分析

文化和旅游是我国国民经济两大支柱产业，2018 年 GDP 贡献总额已达 15.52%，就业人数占全国就业人员的 12.94%。二者在发展实践中走向融合统一，历史事件、动漫 IP、歌舞演艺等文化内容成为提升旅游品质的赋能要素，展览场馆、主题乐园、特色小镇等旅游载体成为传播文化的实体空间，文旅产业概念顺势而出。2020 年 1 月下旬以来，为防控新冠肺炎疫情蔓延，避免人口大规模流动和聚集引发潜在风险，我国政府引导群众居家过年，暂停旅游企业经营活动，多地取消新春文化活动、关闭旅游景点、暂停影院和各类娱乐场所营业，对文旅产业市场产生了较大影响。

一、疫情对旅游市场的影响分析

（一）春节旅游市场损失惨重

随着我国人民收入水平的稳步提高，旅游过年成为消费潮流。根据中国旅游研究院测算数据，2019 年春节假期，全国旅游接待总人数 4.15 亿人次，同比增长 7.6%，实现旅游收入 5139 亿元，同比增长 8.2%，出境游人数约 700 万人次。若按照与 2019 年保持同等增速估算，2020 年春节假期全国旅游接待总人数有望达到 4.47 亿人次，旅游收入有望达到 5560 亿元。受疫情影响，预计 2020 年春节假期旅游市场损失超过 5000 亿元。

（二）国内游热度下降，年轻群体或成市场复苏主体

据马蜂窝大数据中心显示，受疫情影响，国内游整体热度下降 83%。目前出行要素中，用户首要考虑的还是疫情因素，如口罩、疫情期间出行信息变更等关键词；用户对西藏、新疆、稻城亚丁等自驾游等未被疫情感染区域的兴趣显著提高，尤其担心出行管制政策：相比于我们认知中的“谈疫情色变”，中国年青一代表现出了担当与乐观，马蜂窝平台发起的“全民口罩自拍大赛”，旅行者纷纷表示疫情终将过去，那些被取消的旅行计划，会在风景更美的时候成行。从另一维度来看，年轻人信息获取渠道多元，对市场变化有更明确和理性的判断，他们的“复原能力”相比其他人群更强，这群消费者将成为旅游市场复苏的先锋用户。尤其值得关注的是现阶段没有赚钱压力的学生群体。

（三）在线云旅游关注度上升

疫情阻挡了人们出游的脚步，各行各业的在线需求达到空前高度，数据增长体现在包括办公、游戏、外卖、短视频、全行业攻略（马蜂窝、好好住、下厨房）等各领域线上资产 App。其中文化旅游板块，众多用户通过写游记、看攻略等开展“云旅行”。马蜂窝近期上线的“大家一起云旅行”等话题，内容量平均日均增长 164%，“宅家的 100 种玩法”的话题热度也上涨 57%。大量旅行爱好者搜索阅读高质量游记，“星级游记”“宝藏游记”的关键词搜索热度分别上涨 73% 和 71%。高质量游记往往有更丰富的文字、更精彩的图片和视频，说明人们依然对旅行内容和新的玩法保持着高度关注，对疫情过后的旅行充满向往。

（四）旅游业复苏需加强准备

回顾 2003 年非典型肺炎疫情，当年的 4~6 月为暴发期，同时也是旅游

停滞期，到了6月疫情“双解除”后，旅游业于7~9月开始了快速复苏，第四季度旅游业开始进入了正常发展的阶段。2003年非典型肺炎疫情时间节点：2002年12月至2003年3月为非典型肺炎疫情扩散期，2003年4月至6月为非典型肺炎疫情暴发期，2003年6月至8月为非典型肺炎疫情控制及治疗收尾期。

此次新冠肺炎疫情发生于2019年年底，疫情对于文旅产业的影响程度取决于疫情的持续时间。基于文旅产业的特殊性，只有待疫情得到基本控制后，文旅产业才能够逐步实现复苏。文旅产业的恢复，除了考虑疫情的控制情况，还要考虑旅游者对公共卫生安全的心理顾虑作用。据马蜂窝平台数据显示，用户在疫情期间点赞较多的内容是7、8月份适宜旅游的目的地，年轻用户已经在为7、8月出行做筹备。文旅主管机构应该及时通过数据掌握市场实时变化，以实际拐点为时间节点进行工作排期，为提前应对做好充分准备。

（五）自驾游或成旅游业复苏的首个爆点

由于受新冠肺炎疫情影响，很多旅游目的地国家对中国公民实施限制令，欧洲游、北美游等行程不确定性增加。新冠肺炎疫情之后，消费者的国内游需求和东南亚部分国家的旅行需求或会率先得到释放。各大企业延期复工和大中小等学校的延期开学，可能会挤占五一黄金周以及暑期的假期时间，这会导致人们的休闲时间缩短。另根据SARS疫情过后旅游行业的复苏经验，结合目前疫情过后的假期情况，在恢复初期以自驾游为主的周末游/周边游等旅行方式将成为回暖后的首先被激活的旅游形式，干净卫生的环境和深度体验感都会成为旅游者重点追求的目标。

（六）朋友、情侣和亲子游或成主要人群

疫情过后的消费特征，尤其是年轻消费者对个性化、多元化旅游内容和产品的青睐仍不会变。但有一个改变是，在共同经历了终生难忘的困境之后，年轻情侣和亲子的出行意愿更强烈，他们更倾向具有新奇体验的玩乐项目。同时，受疫情后的心理影响，更加倾向于亲人之间一块进行小规模的组团旅游，对于陌生人的组团旅游心存芥蒂。因此，在疫情过后，朋友、情侣和亲子游或

成主要人群，文旅企业可以根据消费人群的特征，准备相应的文旅产品，以迎合疫情过后消费者心理变化的特征。

（七）健康旅行或成旅游主旋律

对疫情的恐慌，实际上是对健康的恐慌。近年来随着经济的发展和生活水平的提高，国民对健康的认知越来越重视，健康理念越来越成熟。2016 年出台的《“健康中国 2030”规划纲要》实际上已经为健康产业的发展创造了良好的氛围，所以我们看到康养旅游在近几年都是热门细分领域。经过此次疫情，人们对健康和安全的认知将会提到前所未有的高度，旅游者对于出行的选择也会愈加谨慎，而以健康旅游为主题的方向则更符合旅游者的期待。需要说明的是，健康旅游不仅仅是指健康养老，对于旅游业而言，我们更加需要的健康养生产品，需要的是为健康的人群提供更健康的生活方式。显而易见，健康旅游的市场需求是巨大的，如果旅游景区能够在这次疫情之后升级健康旅游产品，也将是一次很好的发展机会。因此，预计健康旅游这一主题将贯穿 2020 年，并将持续下去。

经历过新冠肺炎疫情之后，人们对于生命、生活都有了新的认识，会更加重视健康，更加珍视生命。因此，疫情过后，旅游者对于健康旅游产品会情有独钟，需求增加，这或许会成为 2020 年文旅产业的主导产品类型。

二、疫情对酒店市场的影响

（一）入住率直线下降，营收回落

“春节”历来被誉为酒店人的“黄金周”，对于出游的家庭而言，在春节期间通常都是“一房难求”。然而，2020 年在疫情的突袭之下，三亚、丽江等热门旅游城市上演了一幕幕“空城”之景，酒店的入住率则直线下降至“冰点”，营收回落近 80%。据 STR 数据显示，2020 年 1 月初中国大陆地区的酒店入住率达到了 70% 的高点，而这一数据在疫情暴发后开始大幅下跌，到 1 月 26 日跌至 17% 的“冰点”。

中国饭店协会做了一项全国饭店在 2020 年春节期间经营状况的调研，本次调研范围涉及了 28 个省的 5109 家酒店，所以具有一定的代表性。为了调研和衡量酒店在春节期间的经营损失状况，将 2020 年春节经营状况与 2019 年春节经营状况做了对比。每间可供租出客房产生的平均实际营业收入（RevPAR）2019 春节为 413.04 元，2020 年春节为 113.29 元，下降了 299.75 元。调研结果显示，相比 2019 年春节，疫情使酒店 2020 年春节营业收入的平均损失达到了 67.81%，被调研的 5109 家酒店损失了 12.3 亿元的营业收入。

在疫情期间，绝大多数的人们宅在家中，对于酒店行业的需要降至冰点，所以，绝大多数的酒店企业暂停营业，但也有个别酒店坚持营业。以武汉为例，全国各地的四万多名医护人员驰援武汉，帮助其疫情防控，这么多的医护人员的住宿也是不小的市场。所以，武汉部分酒店专门接待医护人员，为其提高住宿、餐饮服务。另外，在全国各地实行交通限行之后，很多人滞留他乡，无法返程，特别是湖北的居民更是不能及时返回。所以，全国各地都指定了定点酒店为这些人员进行接待服务。

（二）采用自助入住机等无接触服务，以提升入住和离店效率

中国饭店协会调查发现，不同类型的酒店抵抗风险能力差别较大。对于国际品牌酒店和国内连锁品牌酒店来说，他们有雄厚的资本，成熟的管理经营，比较完善的风险应对机制，在人力、技术、物资等方面具有优势，相对来说，这些类型的酒店对于风险的耐受力较大。受疫情影响，使消费者的心理受到影响，对于面对面的服务心存芥蒂，而对自助入住、自助离店等服务方式的需求量增加。一方面，消除了这个过程中的安全隐患，满足了消费者的安全需求；另一方面，提升了入住和离店效率，降低了酒店的成本。

（三）酒店业上下游产业链受到影响

对 OTA 等渠道端的影响主要表现为：渠道端企业是目的地产品和旅游者之间的连接器，以传统旅行社、OTA 以及各种票务为代表的企业。据中国文化和旅游部相关数据显示，渠道端对酒店的客流输出占比达 71.3%，渠道端遇到“旅游停摆”后，旅游人群输出减少，旅游行业上下游供应链应收账款期限加长，这必然会导致酒店现金流吃紧和运营困难。由此可见，OTA 等渠道端

是酒店行业客流量和现金流保障的重要支撑。

对目的地资源端的影响主要表现为：目的地资源端企业是旅游产业的服务供给方，包括各类景区、酒店、餐厅等。受疫情影响，各经营景区和项目全线停业，但关停期间的设备维护费用、资产折旧摊销、人员工资、财务费用、税费等仍持续发生。根据 STR 初步数据，今年春节的酒店入住率相比去年同期下降了 71%。据海南三亚湾红树林度假酒店投资运营方今典集团董事局主席张宝全介绍，“2020 年第一季度将损失 1.8 亿元，未来半年每个月面临 4250 万元经营费用支出”。传统酒店重资产投入的格局必然会变革。

（四）酒店人才流失加剧

对于人才流失的影响主要表现为：传统酒店持续经营的重要因素就是保持专业人才队伍的稳定，酒店员工一般具有较高的学历，拥有较为广博的知识面，具有较高的择业主动性和流动性，也具有一定的创业意识。受疫情影响，酒店较长时间没有业务或业务不稳定，会影响其收入和职业的发展前景，一定程度上会造成人才流失，而流失的人才往往可能是酒店的骨干力量，这些人才是酒店发展的核心竞争力，这对酒店企业来说必将造成较大影响。相对来说，酒店行业本来就属于人才流动比较大的行业，而这次疫情的发生，更加凸显了酒店行业经营的不确定性，这将使酒店行业的人才流失更加严重。

（五）中端酒店市场需求将有所增加

疫情导致经济受损，酒店市场的消费能力将受到一定的影响，企业差旅和游客出行的预算都有所降低，由此，高端奢侈性酒店的入住率会下降，而传统经济型酒店在产品服务和品质上难以满足目前的主力市场消费需求。因此，中端酒店市场需求会进一步提升，所占份额有进一步扩大的趋势。而且对于我国一般旅游者来说，高档酒店的价格偏高，经济预算不允许，而低端酒店的服务又满足不了需求，所以中端酒店将会更受欢迎。

（六）科技在酒店业发展中的比重或将增加

在疫情的特殊时间，首旅如家、华住、东呈等酒店集团也纷纷对旗下酒店进行智能化改造。2020 年，是酒店行业“无接触服务”成为核心卖点的元年，也是 5G 技术广泛应用于商业实践的一年。大数据、人工智能、物联网等技术在酒店行业的赋能，除无接触服务保障客户安全外，能大大降低人工成本。这将是酒店业的重要发展趋势。受疫情的影响，人们更加倾向于无接触服务，对于排队办理入住和离店手续比较排斥，这为酒店的智能化服务发展提供了契机。

三、疫情对影视市场的影响

（一）电影票房减收

疫情暴发前，多家券商对于今年电影春节档大多给予 70 亿元左右的票房预期。疫情出现后，全年最重要档期“春节档”出现集体撤档无疑是利空，这就意味着 2020 年全年的票房收入也将出现大幅度的折损。春节档向来都是影视公司争抢的重要档期，在 2020 年春节档热门影片中，不乏万达电影、光线传媒、猫眼娱乐、横店影视、中国电影、欢喜传媒的身影，电影春节贺岁片纷纷撤档，这 6 家上市公司也不可避免地受到一定程度的波及。而春节档积压的电影上映更是遥遥无期，这些作品在春节档之外上映存在不确定性，也很难达到预期收益，一定程度上也会挤压原本档期的作品。猫眼专业版数据显示，2020 年大年初一全国电影票房为 181 万元，原定于 2020 年春节期间上映的七部贺岁电影撤档，影院排片以 2019 年年底上映的三部影片为主，票房收入约为 2019 年大年初一 14.58 亿元的 1‰。2019 年春节档全国电影票房达 584 亿元，同比增长 1.2%。若按照与 2019 年保持同等增速测算，2020 年春节档全国电影票房有望达到 60 亿元。受疫情影响，预计 2020 年春节档电影票房损失接近 60 亿元。

（二）影视项目减产

随着疫情影响蔓延，多地影视基地也暂停了全部剧组的拍摄活动，《有翡》《大江大河 2》等热门剧集也已停拍，这意味疫情影响已经蔓延至上游制作端：为了全力做好新型冠状病毒感染的肺炎疫情防控工作，横店影视城各景区决定于 1 月 25 日起暂停对外开放，具体恢复开放时间另行通知，1 月 27 日开始，横店暂停全部剧组的拍摄活动，即刻关闭辖区内拍摄场景，包括有拍摄基地、外景拍摄基地和摄影棚等；为避免人员聚集引发交叉感染，无锡影视基地决定，自2020年1月24日（除夕）起闭园，恢复开放时间另行通知；为切实保障广大游客朋友的生命健康安全，象山影视城决定自1月25日（正月初一）起暂停对外开放，恢复开放时间另行通知。而据横店官方认证账号给出的数据，目前在横店摄制的有31个剧组，包括《有翡》《传家》《虫图腾》《小女霓裳》《燃烧大地》《迷局破之深潜》《青青子衿》已宣布暂停拍摄。除此之外，《大江大河2》《谢谢你医生》也已经宣布暂停拍摄工作。可以看出，疫情将会导致影视行业项目出现减产，对于尚未开机、正在策划阶段的项目影响相对不大，对于已经开机的项目则影响巨大。剧组延迟的时间越长，其产生的艺人成本、时间成本、投资成本和拍摄成本就越大。此前针对疫情，湖南卫视、浙江卫视等平台相继取消了《快乐大本营》《王牌对王牌》《新声请指教》《漫游记》等原定春节期间播出的综艺节目。疫情也将导致综艺项目的减产，这其中以户外真人秀综艺最具代表性。

（三）影视行业上下游产业均受到影响

随着疫情的影响，影视拍摄基地关闭、剧组停拍等诱发的连锁反应，或将对影视行业上下游均产生不同程度的影响。平台库存供给：疫情导致影视项目减产，也将一定程度上影响到播出平台新项目的库存供给状况，这意味着一些积压剧集将会成为新宠。影视相关活动典礼取消：每年的春季，类似春交会等大批影视活动典礼纷至沓来，受疫情的影响，相关的影视活动盛典无疑将会取消或延后。宣传公司无项目：行业整体稳定性和持续性欠佳的宣发公司风险增大，由于没有新项目，一些宣发公司不得不面临停工的状态，甚至裁员。线下娱乐团灭：大型演出取消只是一个侧面。目前全国31个省（自治区、直辖市）都以启动重大突发公共卫生事件一级响应，要求关闭影院、KTV、网吧等相对密闭公共场所。艺人生存更加艰难：近年来，“中年演员危机”成为热词。演员生存现状、行业危机等接二连三成为热议话题，甚至成为大部分人的共鸣。拍戏延迟将会影响剧组的进度，这意味着艺人的生存空间遭遇严重挤压。

四、疫情对餐饮市场的影响

（一）餐饮市场损失惨重

在防控疫情特殊时期，全国范围内餐饮企业暂停营业，惨状和困境是可以想象的。根据中国烹饪协会发布的《2020 年新冠肺炎疫情对中国餐饮业影响报告》，相比 2019 年春节，疫情期间 78% 的餐饮企业营收损失达 100%。2020 年 2 月份中国 70% 左右的酒店都停止营业，预计 3 月份会逐步有所好转。2019 年一季度住宿和餐饮业的产值为 4234 亿元，2020 年一季度受疫情影响，住宿餐饮业受到较大冲击，预计将带来 2100 亿元左右的损失，2020 年一季度增加值约为 2300 亿元，同比增速为 –45.7%。随着疫情逐步被控制，二季度行业情况会逐步有所好转，但依旧难以恢复到正常状态，预计二季度增加值为 3496 亿元，增速约为 –15%。考虑到三季度及以后行业全面恢复但上半年损失的产值无法回补，预计三季度和四季度增加值分别为 4887 亿元、5375 亿元，增速均为 6%。预计 2020 年全年住宿餐饮行业增加值为 16058 亿元，全年同比增速约为 –11%。

（二）餐饮经营负担过重

由于新冠肺炎疫情的持续时间较长，贯穿了 2020 年我国农历春节，按照中国人的消费习惯，春节是我国餐饮消费的旺季，也是餐饮企业营收的黄金时间。在春节期间，家庭的年夜饭、同学聚会、企业年会、亲朋好友的聚会、同事聚餐等各种餐饮消费应接不暇。但受新冠肺炎疫情的影响，这些都归零。同时，为了加强疫情防控，城镇居民都宅在家中，也就无法到店进行餐饮消费。同时，为了积极响应政府的疫情防控措施，绝大多数餐饮企业暂停营业，杜绝通过餐饮行业这个渠道进行疫情传播。因此，在疫情期间，餐饮企业承受了巨大的负担。一是物资储备损失。餐饮企业为了应对春节餐饮消费旺季，一般都会储备充足的物资材料，包括蔬菜、水产、肉禽蛋奶等。这些物资都有保质期，受疫情影响，无法及时转化为餐饮产品出售，给餐饮企业造成了损失。一些餐饮企业不得不通过出售蔬菜的方式进行止损。二是餐饮企业的固定成本支出，虽然餐饮企业在疫情期间暂停营业，但有些固定成本却依然需要支付，包括员工工资、社会保险费、房租、固定资产折旧等费用。三是疫情防治物资采购成本，自疫情暴发以来，很多餐饮企业积极调动资源采购大量防护物资，努力满足企业自身的口罩、测温设备、消毒用品等疫情防治物资的供应，既是为保护企业员工，也是保障仍在营业的门店能够为消费者提供安心的餐饮服务。此外，有条件有能力的餐饮企业还为武汉支援物资，有的还在各大城市免费赠送，甚至启动国际采购途径。

（三）外卖业务难以为继

在疫情发生期间，餐饮服务堂食服务基本禁止，有的餐饮企业积极转向外卖业务，以增加收入，确保企业渡过疫情难关，但效益并不乐观。原因有多方面：第一，在疫情期间，人们都宅在家中，有充足的时间自己做饭，甚至许多人跟网络视频学习做美食，激发出了许多美食达人的潜能，所以餐饮外卖市场需求有限。第二，受疫情影响，人们的心理对于安全更加关注，对于外卖的安全性没有足够的信心。第三，在疫情期间，各地都采取了严格的疫情防控措施，住宅小区封闭管理，这给餐饮外卖服务造成了障碍。

（四）餐饮企业现金流紧张

在我国餐饮企业中，大多数为中小企业，他们的资源有限，现金流量小，受疫情影响，绝大多数餐饮企业暂停营业，没有营业收入的同时，还需要继续支付员工工资、员工社会保险费、房租、设备折旧费等，这让许多餐饮企业陷入资金断流的困境。因疫情发生于 2019 年年底，许多餐饮企业将资金用于员工工资和年终奖金的发放，春节储备物资的购买，所剩的现金流量有限，本来想趁着春节黄金市场大赚一笔，结果疫情的发生使一切都成空。如果疫情持续时间过长，将会使大批餐饮企业现金断裂，陷入破产倒闭的境地。

（五）餐饮企业融资贷款较难

为了缓解现金流紧张的危机，餐饮企业首先想到的就是向各金融机构申请贷款。但是，对传统金融机构而言，餐饮企业，尤其是中小餐饮企业并不属于优质稳定的客户，而且没有多少可以进行银行抵押的固定资产，因此餐饮企业从金融机构获得贷款具有一定的困难。而在当前危机下，餐饮业能借到钱的其他渠道并不多。

五、疫情对旅行社市场的影响

（一）旅行社业务损失惨重

我国现有 3.9 万多家旅行社，市场竞争激烈，现在自驾游、自助游成为人们出游的主要形式，旅行社的市场空间越来越狭窄。同时，受经济下行等因素的影响，近年来旅行社企业经营遇到了前所未有的困难。疫情发生后，按照国家文化和旅游部的通知要求，全国旅行社及在线旅游企业立即暂停了经营团队旅游及“机票 + 酒店”旅游产品，全国的文旅市场按下了“暂停键”，同时也标志着我国的旅行社企业进入了疫情的“冰封期”。由于我国的旅行社企业绝大多数为中小微企业，这些企业资源有限，现金流量不足，容易受到疫情等危机事件的影响和冲击。

据国家文化和旅游部公布的数据显示，我国有 3.9 万多家旅行社企业，截至 2020 年 2 月 25 日，已经有 35200 万家旅行社企业申请暂退旅游服务质量保证金，由此可见，我国旅行社企业遭受疫情影响的范围有多大。

（二）合同纠纷出现问题

文化和旅游部办公厅下发的《关于全力做好新型冠状病毒感染的肺炎疫情防控工作暂停旅游企业经营活动的紧急通知》要求，妥善处理好游客行程调整和退团退费等合理诉求。中国旅行社协会官网发布了《关于贯彻文化和旅游部 2020 年 29 号文的法律指引》及《旅行社处理与供应商合同篇》，根据我国《民法总则》第 180 条的规定，不可抗力是指不能预见、不能避免且不能克服的客观情况。因“文旅部通知”导致旅游合同无法履行的，可构成不可抗力。由于旅游产品涉及众多行业，包括交通运输、住宿、餐饮、景区、娱乐、购物等，如何处理好整个链条企业之间的关系，以应对疫情的影响可以说是困难重重。同时，对于国际旅游来说，跨国的旅游产品预订，还牵涉到不同国家法律法规之间的不一致，这给旅行社企业造成了更大的协调压力。

（三）提前准备或成旅行社恢复的关键

受新冠肺炎疫情的影响，人们的文化旅游消费需求暂时被抑制，但并没有长期消除。一定疫情得到有效控制，人们的文化旅游需求会得以释放。所以，这就要求旅行社企业做好准备，以迎接疫情后文旅产业的复苏和振兴。但受疫情影响，旅行社一定要认真分析消费者的需求变化，积极应对，准备合适的文化旅游产品以满足人们的需求。这次新冠肺炎疫情是中华人民共和国成立以来，传播速度最快、感染范围最广、防控难度最大的重大突发公共卫生事件。考虑到此次疫情的严重性，文化旅游消费的复苏应该是一个渐进的过程，最先解禁和复苏的应该是周边游，然后是中途游和远途游，最后是国际游。而且，旅游产品也会有所变化，受疫情影响，人们会更加关注健康和安全，所以疫情以后，人们对于康养旅游、户外运动旅游会更加青睐，所以旅行社企业要积极宣传推介该类产品，以适应消费者的需求的变化。

此外，今年五一劳动节放假五天、国庆节放假八天，相比去年的假期各增加了一天，这对拉动经济增长、促进消费将会起到积极作用，尤其是出游人数或将出现大幅度增长。

六、疫情对景区的影响

（一）疫情对全国各地景区均造成影响

为了解和调研我国景区行业遭受疫情的影响，中国旅游景区协会对全国各地景区进行了调研，从调研结果可以看出：在华南地区，以广东省为例，全省被调研的 423 家 A 级景区中 385 家全部关停，23 家部分关停，15 家不收费景区正常开放。根据调研，广东省景区企业在春节期间累计净投入超过 2.3 亿元，去除公益性景区，平均每家景区净投入 72 万元。仅春节假期前后，广东省景区行业累计损失即达到 5.86 亿元（不含人工、税费等），去除公益性景区，平均每家景区损失 176 万元。在西北地区，以新疆维吾尔自治区为例，根据对全区 83 家不同类型和不同规模的景区调研，受疫情影响，52% 的景区在一季度的收入损失达到100%，71%的景区收入损失达到60%以上。从全年的营收情况来看，42%的景区预测收入损失会达到50%以上，67%的景区预测收入损失会达到30%以上。在每月的固定成本支出方面，31%的景区在30万元以上，53%的景区每月至少要支出10万元。在西南地区，以云南省为例，根据对全省165家不同类型和不同规模的景区的调研，目前99%的景区无经营业务，无收入来源。云南省景区在春节期间的平均接待量在2019年的时候为5.48万人次，受疫情影响，2020年春节期间下降到0.37万人次，下降幅度达到93%，春节期间的收入损失同比下降71%~100%。预计一季度景区收入将大幅下降，全年景区收入也将大幅下降。同时，景区还面临固定成本支出大、财务费用支出大等问题。在华中地区，以湖南省为例，根据对全省100家具备一定规模的景区企业的调研，因受疫情影响，平均每家景区因游客取消订单而造成的收入损失为368万元。一季度，预计平均每家景区企业收入同比下降574万元。在华东地区，以上海市为例，根据初步统计分析，上海148家景区春节期间的平均收入损失约为216万元。在华北地区，以河北省为例，根据对重点景区的定向调研，野三坡景区预计疫情影响会持续到上半年，景区门票收入预计会减少5000万元；白石山景区预计1~3月收入损失会达到1700万元，其中春节前期的工程和营销投入共计80万元，人力成本450万元，这些都将成为沉没成本；东太行山预计1~5月收入损失会达到3100万元，其中人力成本340万元，银行贷款利息546万元。根据对全国各地不同类型不同规模的景区的调研，景区企业受疫情影响和冲击的程度巨大。新冠肺炎疫情是中华人民共和国成立以来，传播速度最快、感染范围最广、防控难度最大的重大突发公共卫生事件。根据调研结果显示，景区企业经营受到严重影响，收入损失额度达到去年同期水平的90%以上。景区行业整体收入损失程度将会显著高于旅游行业整体平均水平。这其中，因景区接待的季节性特征和受疫情影响的程度不同，湖北及周边省份、华南、西南地区景区受影响程度更大，西北、华北、东北地区景区受影响程度相对较小；接待规模越大、景区门票票价越高的景区，直接的收入损失越大，如以黄山、华侨城欢乐谷、海昌海洋公园、长隆欢乐世界为代表的景区；室内型景区因受疫情防控要求更严，相比室外自然型景区受影响时间更长，收入损失也将更大。

（二）景区将向优质化方向发展

大多数的旅游景区，传统的思路就是追求游客量的最大化，游客多了，门票收入及二次消费等综合收入才能上得来。然而，游客量与游客的体验感往往成反比，体验感一般又与景区的品质成正比。疫情之后，游客的健康出行理念会进一步强化，对景区品质的要求也会相应提高。因此，在游客需求发生变化的时候，我们的景区也要与时俱进，努力做好品质，在保证景区软、硬件产品品质的前提下去追求游客量的最大化。同时，个性化旅游体验也是旅游者出行的重要动力，以量取胜的大众景区往往难以提供个性化的旅游产品，这些因素也会促使大众景区向优质景区的加速转变。

疫情过后，景区的发展会更加向优质化、品质化方向发展。我国已经有 3 万多家景区景点，结构性供过于求的现象逐渐显现，只有那些有创新、有内涵、有品质的旅游景区才能经受住市场的考验，在激烈的市场竞争中立于不败之地。丰富的内涵、优质的服务、独特的 IP 将成为旅游景区未来竞争的核心竞争力。

（三）可能出现大规模的关停和并购

不管是大型景区还是中小型景区，如果在前些年没有足够的过冬“粮食”，面对疫情下的旅游“倒春寒”，银行户头只出不进，经营压力巨大。央企、国企、上市企业等头部旅游企业的资本实力和融资能力更强，会更容易渡过难关。而过于倚重现金流的旅游企业，这个时候被关了水龙头，半年没有收入，全年收入大打折扣，其日常经营难度可想而知。降薪裁员、收缩战线，乃至关张大吉，可能会是很多旅游企业的无奈之举。另外，对满仓储粮的旅游投资企业、旅游投资基金，则或许是“抄底”旅游景区、控制旅游核心资产的好机会。

在我国旅游景区的投资规模较大，成本回收期比较长，一般都有银行贷款，在平时正常营业时，可以用营业收入维持企业的运转。但是现在受到疫情影响，景区关停，经营暂停，没有营业流水收入，对于那些固定支出比较多而且没有雄厚资本积累的景区企业无疑是灭顶之灾。疫情过后，文旅产业将会迎来新的一轮洗牌，部分文旅企业会退出，对于有序文旅企业来说，正是“抄底”兼并的好时机。优秀文旅企业进行兼并重组，有利于我国文旅产业结构的调整。

七、疫情对线上文旅市场的影响

（一）游戏热度提升

2020年“宅经济”使游戏行业直接受益。百度发布的《好运中国年：百度App鼠年春节大数据报告》显示，2016年至2020年春节期间，看视频、玩游戏、看漫画、抢红包成为春节期间热搜热议的线上消遣方式。2020年春节期间，手游《王者荣耀》《和平精英》就因登录玩家过多出现卡顿现象而紧急进行了服务器扩容。游戏类企业也受到资本市场热捧，据中国证券网报道，电魂网络、昆仑万维、完美世界、三七互娱、吉比特五家游戏公司股价在2020年2月3日股市开市后均有上涨。棋牌类游戏表现较平时更好，《玩吧》《剧本杀》等桌游类App凭借互动社交属性成为黑马，上升趋势较为明显。棋牌类游戏也及时调整玩法，以迎合疫情期间人们久居家中的新需求。对此，伽马数据首席分析师王旭表示，休闲游戏，尤其是棋牌类游戏取代了线下聚会功能，增长迅速，贡献不可忽视。值得注意的是，在中国App Store付费游戏排行榜上，一款传染病题材的策略类游戏《瘟疫公司》霸榜10余天。这款由玩家培养病毒、感染并消灭人类的游戏，因击中当下受疫情影响的国人心理，下载量攀升。这款游戏也让一部分人重新审视游戏的价值：游戏不仅可供娱乐，也可以帮助人们思考、认识世界。

（二）网络试听火爆

在疫情期间，为了加强疫情防控，大部分人只能宅在家中，闲来无事，网络视频成为人们居家娱乐的主要方式。2020年央视春晚海内外观众总规模达12.32亿人，其中新媒体端直播用户规模为6.06亿人，占观众总数的49%，其独家互动伙伴赞助商快手短视频将春节后三个月DAU平均值达到3亿定为目标。此外，字节跳动公司付出不少于6.3亿元获得春节档电影《囧妈》独家网络播放权，在旗下抖音、西瓜视频、今日头条、抖音火山版四大平台及智能电视鲜时光免费播出，前三日总播放量超过6亿，总观看人数1.8亿人次。

第二节　疫情对文旅产业消费的影响分析

来势汹汹的新冠肺炎疫情席卷了中华大地，给我国文旅产业带来不小的冲击和影响。文旅产业中所有类型的企业都会遭受不同程度的直接冲击，而在疫情结束后，因GDP增速及居民收入增速下降、居民必要支出增加等因素，文旅产业会面临更加持久的间接冲击。除此之外，疫情也将为文化产业带来更深远的影响，这是发展机遇也是转型升级的挑战。对文旅产业而言，既要立足当前，应对当前经营困境，也要着眼长远，向高质量发展转变。

2019年年底，新冠肺炎疫情首先在武汉被发现，并迅速向全国蔓延。在这次疫情中，旅游业是官宣停摆最早、冲击最直接、复工最晚、影响时间最长的行业。据中泰宏观的数据，在强相关的旅游、餐饮零售、交通运输、电影等消费种类里，旅游受损最严重，第一季度收入下降或为1.2万亿元，占全年旅游收入的近2成。整个行业受到的冲击如此之重，使这次停摆成为一个标志性事件，旅游业势必将迎来“后疫情时代”的挑战。初步预计，在此次疫情防控期间（保守估计疫情控制到4月份进入基本平稳期，到6月份进入完全控制期）文化产业直接损失可达12592亿~19322亿元。新冠肺炎疫情对2020年全年文旅产业造成的直接损失大约8959亿元，潜在损失约2890亿元。

除短期冲击外，疫情也将为文化产业带来较为深远的影响。因此，我们建议中央各部委、各级地方政府要出台切实有效、整体协同的扶持政策，积极应对文化产业因疫情遭受的惨烈冲击，推动文化产业内的融合发展及市场化、法治化的并购重组，进一步发挥文化金融的扶持作用，刺激文化消费，推进文旅产业结构性改革和高质量发展。

一、新冠肺炎疫情对文旅产业消费的直接影响

疫情防控时期，人口流动和集聚急剧萎缩，严重依赖于人员流动与集聚的部分文旅产业营业收入遭遇断崖式下滑，甚至有的出现一定时期的零业绩。此

次新冠肺炎疫情与2003年SARS病毒引发的疫情有一定相似之处。SARS疫情于2002年11月首先出现于广东省，随后蔓延至全国多个省市和港澳台地区。2003年4月中下旬经我国政府强力管控后，于5月缓解直至6月疫情结束。从当时的客运情况可以大致观察疫情对人口流动的影响，并据此得出疫情冲击的持续时间：在关键的2003年4月、5月和6月，我国客运量同比增速分别为–6.90%、–41.20%、–22.25%；疫情结束后，客运总量同比迅速反弹，但在7月、8月仍是–7.10%、–2.10%的增长，直至当年9月才恢复常态。由此可见，SARS疫情的冲击长达5个月之久，其中最严重的冲击有两个半月。以当时的旅游业上市公司黄山旅游的经营业绩为例，可大致观察疫情对人员集聚型文化消费业态的影响：2003年上半年，黄山旅游游客接待总量为24.34万人次，较2002年同期的59.77万人次下降近60%。第一季度疫情尚未引起全国关注，但是在第二季度的疫情管控和人心恐慌造成黄山旅游近乎100%的业绩下滑。但实际上这次疫情和2003年相比有很大差别，最根本的不同点是两次的宏观环境完全相反。长江学者保继刚教授指出，这次疫情造成全国甚至全球的旅游业的停顿，特别是亚洲的国家，其影响的广度和深度是没有先例的，指出在春节期间疫情对旅游业的影响已经超过2003年非典型肺炎疫情的影响。目前多家浙江旅游企业以游客反馈为依据，普遍做出了今明两年同比SARS期间更为悲观的预期。援引经济学家李迅雷的观点，深层原因是在2003年非典型肺炎疫情暴发的时候，中国宏观经济刚刚从1998年到2002年连续通缩中走出来，开始强劲复苏，所以当时经济是处于上升通道的；并且处于加入世界贸易组织的政策红利期。而当前宏观经济仍处于下行通道，需求本身就偏弱，疫情的到来可以说是雪上加霜。疫情消耗的仅仅是时间和现金流，寄希望于疫情结束后旅游市场将出现的报复性出行消费，是一种基于本位、过于乐观的预测。在2020年灰犀牛和黑天鹅事件叠加的环境背景下，"后疫情时代"的颠覆性挑战是社会整体消费观念的深层改变。

此次新冠肺炎疫情暴发后，党中央和国务院反应迅速，中央政府已在2020年1月末部署全国范围的超强防控工作，各省市也纷纷启动一级响应机制。由于此次新型冠状病毒的传染性更强，目前累计确诊的新型冠状肺炎感染病例、死亡病例远超SARS时期的数量。3月仍将是疫情防疫阻击战的关键时期。如果防控措施得当，预计4月份后疫情基本平稳，但整个疫情的直接冲击可能持续至5、6月份。

2020年，在新冠肺炎疫情的冲击下，文化旅游业、演艺业、电影业等行业亦将遭遇类似冲击。在纳斯达克上市的在线旅游服务公司携程网累计取消订单数百万计，导致其股价一度下跌近25%。2020年2月3日是春节假期结束后A股的首个交易日，文化休闲类板块的市值出现超过9%的下跌。其中，文化产业市值最大的A股上市公司——中国国旅遭遇“一字跌停”，黄山旅游、张家界、桂林旅游文化旅游上市公司以及华谊兄弟、华策影视、光线传媒等影视类上市公司也遭遇了同样的处境。依托于景区旅游的演艺类上市公司，宋城演艺发出公告，2020年1月24日起公司旗下的旅游演艺项目全部关闭，这对其一季度财务业绩的影响在所难免，2月3日直接导致其股价下跌4.60%。2月4日至7日，随着大盘的反弹，上述行业的上市公司股价虽也有所反弹，但不同于其他板块的下跌大多是一种恐慌心理下的抛售，文化休闲类上市公司将真切遭受营收下降的业绩冲击，预计他们的股价仍会下跌。因此，上述行业的绝大部分企业将遭受严重冲击。不同于其他行业主要是中小企业受到较大冲击，文化产业中所有类型的企业都会遭受较大的不利影响，大中型企业受新冠肺炎疫情影响尤其严重。因营业收入“腰斩”，而文化企业仍需支出相对固定的房屋租金、人员工资等，企业利润将会出现大幅度下降。

当然，文化旅游类上市公司大多属于资源垄断型企业，其固定支出较小，资产负债率较低，一旦此次疫情过去，仍会拥有长期稳定的现金流，因此就长期而言，疫情无论是对经营业绩还是股价的影响都可忽略不计。但是，对于部分债务率较高的文化企业，骤然遭遇近一个季度的零营业收入，其现金流极有可能断裂，若不采取必要及时的救助措施，将面临破产倒闭的危机。部分高杠杆的文化休闲类上市公司，若流动性出现危机，还会同时出现股票质押爆仓及债务违约问题，很可能引发市场的传染效应，必须引起有关部门的高度重视。

此外，由于国家采取的新冠肺炎疫情防控措施的周期长、手段严，导致人员返工延迟、物流速度放缓、企业工作效率下降等现象，这给那些严重依赖人员集聚的文旅行业也带来了不可避免的影响。2019年国家统计局发布的规模以上文旅及相关产业企业营业收入约9万亿元，排除上文已经考虑的文化服务业占比 60%，则剩余的文化及相关产业营业收入约 3.6 万亿元。假设剩余增加值在全年 251 个工作日呈均匀分布，考虑节后复工延迟约 10 天，则剩余的文化及相关产业直接损失约 1434 亿元。再考虑复工后效率下降等因素，则直接损失可能达到约 1500 亿元。由此，疫情在短期内对文旅产业整体造成的直接冲击约 12592 亿元至 19322 亿元。

二、新冠肺炎疫情对文旅产业消费的间接影响

新冠肺炎疫情除了在防控期会对文旅产业造成直接冲击，还会在疫情结束后因 GDP 增速及居民收入增速的下降、居民必要支出的增加等因素，对文旅产业产生间接的不利影响。相比直接冲击，这一影响持续的时间可能更长。

首先，由于民众闲暇时间的稀缺性，文旅产业在新冠肺炎疫情防控期的直接损失难以完全弥补。随着疫情结束，文化旅游业、演艺业、电影业的收入都会恢复正轨，部分弥补疫情防控期间的直接损失。文旅产业消费情况直接受到人们闲暇时间的影响，在疫情过后，由于人们的个人时间，特别是闲暇时间的有限性，决定了文化产业前期的损失不可能完全弥补。比如，2003 年桂林旅游、黄山旅游、峨眉山的营业收入分别减少 34.74%、33.15%、7.13%，仅张家界增加 7.65%。平均而言，这四家上市公司营业收入的减少幅度为 16.84%。假设 2020 年我国文化旅游业、演艺业、电影票房收入、体育休闲业收入均减少 16.84%，则上述行业合计净损失约 8959 亿元。

旅游业是一个头部产业，有庞大的下游产业集群和平行关联消费。只考虑旅游消费对本行业的影响，那么消费下降将使得第一季度 GDP 减少约 1.2 万亿元，但如果将对其他行业的间接影响也考虑在内，消费下降将使得第一季度 GDP 减少约 1.8 万亿元。就个人而言，GDP 数字相关联到就业危机和消费低迷。预期可支配收入和体感景气指数的下降，造成了消费预期的改变。今年第一季度的收入损失已经无法挽回，而寒暑假的缩短、还在持续的疫情，很大可能将影响五一假期甚至更长期的旅游消费；基础物价上升、健康支出上升，以及中国居民对存款储蓄的重新理解，最终都将转化成全社会趋向保守消费观念的加速力。

在收入降低和保守消费观念的影响下，家庭将更倾向降低杠杆率而增加存

款，但饮食、贷款、教育、医疗等硬性支出无法减少，旅游这个支出类目在家庭决策中同样处于被优先缩减的位置。2003 年 SARS 疫情后的主要提振措施，如降低门票、增发广告、推出活动等传统的短期刺激手段，不再适用于解决 2020 年之后的中长期问题。即使没有新冠肺炎疫情这一突发事件，各地日益加快的旅游建设，大量开工的景区乐园——城市之间的进与退、景区之间的成与败，其中巨大的差距也将在近年逐渐显现。然而，疫情用瞬间停摆的寂静，打响了困境加速的发令枪。

其次，新冠肺炎疫情会造成我国 GDP 增速的下降，从而给文旅产业带来一定程度的潜在损失。当年受 SARS 疫情影响，我国 2003 年第二季度 GDP 同比增速从第一季度的 11.10% 下降至 9.10%，下降 2 个百分点。但 2003 年我国经济正处于加入世界贸易组织后的新一轮上升周期，SARS 疫情结束后便开始强力反弹并持续高歌猛进，因此 SARS 疫情对 2003 年全年经济影响非常有限。但是我国目前的经济总体上仍然处于增长速度换挡期、结构调整阵痛期和前期刺激政策消化期的“三期叠加”阶段，此次疫情将会进一步加大经济下行压力。与此同时，我国总需求结构中消费及对 GDP 的贡献率、产业结构中第三产业占比均已超过 50%，而此次疫情对第三产业、对消费拉动的不利影响明显要强于对第二产业、固定资产投资的影响。而且，与 SARS 疫情相比，此次疫情传染性更强，受影响的地域范围更广，影响的深度会更大，也会加大经济的不确定性冲击。

由于疫情结束后，第一季度被压抑的投资会加快释放，被迫推迟的部分消费需求也会重新提上日程，进出口活动恢复正常，则全年实际 GDP 受到的影响会有所减小，预计下降幅度为 2~4 个百分点。同时，由于疫情原因，政府会加大逆周期调控力度，则 2020 全年经济受冲击程度会进一步减小；加之中美已达成第一阶段经贸协议，且 2019 年经济已有短期触底回升迹象，预计 2020 全年实际 GDP 增速较去年下降约 2~3 个百分点。

最后，由于城镇居民用于耐用消费品的必要生活品支出的增加，文旅产业的潜在损失可能进一步增加。根据马斯洛需求层次理论，生理和安全需求始终是人首要的、最基本的需求，文化消费需求只能在保证基本的生理和安全需求后，才有条件实现。

同时，疫情期间，新兴数字文化产业加速增长，部分传统文化产业也积极开拓线上业务，因此引发的替代效应会部分弥补文旅产业的损失。但我国文旅产业仍以传统的线下业务为主，故此处的预测暂不考虑疫情期间文旅产业线上业务的异常波动。

三、新冠肺炎疫情对文旅产业消费的深远影响

此次新冠肺炎疫情在对我国文旅产业造成短期冲击的同时，也可能产生一些深远的影响，这需要引起我们的特别关注。

（一）加快新兴数字文化产业的迅猛发展

近年来，互联网、人工智能和5G等新兴技术的快速发展给文化产业带来一些革命性的变化。杰米里·里夫金在《零边际成本社会》一书中曾描述了新技术给教育带来的革命性变化，这些革命性的变化同样发生在文化产业领域，催生了动漫游戏、网络视频、数字音乐、数字阅读、网络直播、在线教育等新兴的文化业态与模式。

在新技术浪潮下，我国的数字文旅产业一直呈现蓬勃发展的态势。2016年与2017年，我国以“互联网+”为主要形式的文化信息传输服务业收入分别为5752亿元、7990亿元，同比分别增长30.3%、34.6%，增速远远高于文化产业的总体增速。我国也已成长起阅文集团、腾讯音乐娱乐集团、虎牙直播等潜在的数字文化“独角兽”企业。

此次疫情期间，传统的线下文旅类相关企业遭受重大冲击，而新兴的数字文旅产业却由于在线消费的特点而优势凸显，在亿万民众居家隔离、远程办公期间获得了更大的市场份额。数字文化类上市公司股票也在近日受到了资本市场的追捧，如在线教育类上市公司全通教育在2月3日逆势大涨6.58%，并在接下来的四个交易日收获四个“涨停”；在港交所上市的数字阅读领域龙头阅文集团股价也有所上涨。可以预见，随着技术的进步及其与文化产业的进一步融合，数字文化产业的“创造性破坏”效应将会更加凸显。

2020年3月4日，在中共中央政治局常务委员会召开的会议上，强调要加快推进国家规划已明确的重大工程和基础设施建设，其中要加快5G网络、

数据中心等新型基础设施建设进度。“新基建”主要是指 5G 基建、特高压、城际高速铁路和城际轨道交通、新能源汽车充电桩、大数据中心、人工智能、工业互联网等领域，这将进一步助推新兴数字文化产业的发展。

（二）加速传统文旅产业经营的互联网化升级

新兴技术在创造新的文旅产业业态与模式的同时，也不可避免对传统文旅产业的经营方式产生重大影响，促使传统文旅产业的经营方式趋于多样化。事实上，国内市值最高的演艺类上市公司宋城演艺在 2018 年半年度报告中指出，随着影视传媒、综艺节目和互联网娱乐为代表的娱乐形态异军突起，人们的文化娱乐消费面临更多选择。因此，宋城演艺在提升文化旅游产品文化内涵的基础上，积极融合科技元素，实现线上线下融合发展。

此次疫情防控期间所造成的长时期物理隔离，使得传统文旅产业相关企业加速了与互联网技术的结合，如春节档电影《囧妈》实现的在线首播，部分博物馆与旅游景点推出的在线游览，教育培训类机构加快布局的网络授课等。提前布局线上娱乐业务的宋城演艺股价在 2 月 3 日的交易日仅下跌 4.60%。经过此次疫情后，网上首映、VR 旅游等方式会更加普及，文旅产业“互联网 +”时代会加速到来。

（三）加剧文旅产业结构的优化调整

国际文化航母迪士尼的业务包括影视娱乐、电视媒体、新媒体传播以及迪士尼乐园与消费品等全产业链，2018 年营业收入达 594 亿美元，净利润 126 亿美元。我国文旅产业缺乏大型文旅产业集团，文旅企业规模普遍相对偏小，业务模式单一，利润率较低。如 A 股文旅产业市值最大的上市公司中国国旅主要从事旅行社经纪业务，2018 年营业收入 480 亿元，净利润约 40 亿元；携程网主要从事在线旅行服务，2018 年营业收入 310 亿元，净利润 11 亿元；宋城演艺 2018 年营业收入 16 亿元，净利润约 13 亿元。这些上市公司的经营表现均与迪士尼相去甚远。

但是，随着我国人均 GDP 超过 1 万美元（2019 年数据），居民对高质量文化休闲服务的需求也日益增加，我国文旅产业在迎来更加广阔的市场前景的同时，也不可避免地发生产业结构的调整。国内文旅产业的供给结构和产品已经不能满足逐渐挑剔的国内游客的需求，供给结构性矛盾逐渐凸显，这也是我国近些年出境旅游市场持续火爆的原因之一。此次新冠肺炎疫情之后，文旅企业的兼并重组将会增多，个别文旅产业龙头企业与集团公司将会脱颖而出，这将有利于我国文旅产业的结构调整，优化市场供给，促进我国文旅产业的高质量发展。

截至 2018 年年底，我国共有景区景点 3 万多个，其中 A 级景区总数约 10300 个，已经表现出结构性供过于求的局面。许多景区的产品粗制滥造，没有文化内涵和底蕴，在市场中没有任何竞争力，在正常时期，仅靠我国的人口红利勉强度日；但遇到了疫情这样的特殊时期，市场矛盾被放大，这些企业到了生死边缘。我们要尊重市场经济规律，该退出市场的要坚决退出，这样才会给优质的文化旅游企业留出更多的市场空间，有利于文化旅游产业的结构调整和优化。从近几年我国入境游客和入境旅游收入放缓的趋势上可以看出，我国文化旅游市场供给的质量、核心吸引力不尽如人意，亟须进行提档升级和优化。此次新冠肺炎疫情的暴发，虽然整体来说，是一个负面冲击和影响因素，但这次疫情也为我们提供了文化旅游产业进行深化改革、产业调整与优化，进行产业提档升级的契机。

第三节　疫情对文旅产业风险的影响分析

一、企业经营风险

（一）渠道端企业首当其冲，受损严重

渠道端企业是目的地产品和旅游者之间的连接器，以传统旅行社、OTA 以及各种票务和产品代理商为代表。新冠肺炎疫情暴发后，国家文化和旅游部及时发布监管政策，要求自 1 月 24 日起，旅游出行活动全面暂停，渠道端企业首先受到冲击。据不完全统计，受疫情影响，2020 年春节全国有将近 50 万

个旅游团取消，给旅行社企业、OTA 平台造成巨大损失。

疫情对旅行社和 OTA 企业的经营影响主要集中在三个方面：一是团队游订单取消造成的直接损失，包括一些产品的预付金，特别是对于经营出境游的旅行社。二是上下游企业间的应收账款问题，由于供应商与一些较大的零售代理平台以及供应商之间存在账期，遇到“旅游停摆”事件后，存在因为减损金额“不满意”或其他纠纷，导致企业资金链风险，甚至通过连锁反应波及整个产业链条。三是未来一段时间内无法营业而带来的成本支出和现金流压力，部分中小商家会面临歇业关门甚至倒闭的困境。

从企业经营的角度来看，2020 年春节黄金周的旺季收入基本清零，可以预计一季度经营收入也将基本丧失，后续的持续影响还需要根据疫情的控制情况来评估。如果文化旅游消费在二季度“五一”旅游消费旺季开始前恢复，对于相对成熟的企业，损失在 1~4 月，占全年营收的比例在 20%~30%，后续会逐渐恢复；但对于部分小微企业，疫情影响相对大中型企业会更大，如果缺乏现金流支持，经营会陷入停顿。

（二）目的地资源端企业承压，重资产投入企业日子难过

目的地资源端企业是文化旅游产品和服务的供给方，包括各类景区、主题公园、酒店、文化场馆、演艺项目、各类餐厅等，受疫情影响，各经营景区和项目全线停业，各企业年前开展的春节营销支出基本打水漂，成了沉没成本，但项目关停期间的设备维护费用、人员工资、财务费用、税费等仍持续发生，企业资金压力陡升。

1. 民营重资产投资企业不堪重负

民营企业资金来源相对有限，且资金成本更高，在 2018—2019 年资本“寒冬”的背景之下，广大民营企业已经倍感压力，本次新冠肺炎疫情的暴发对其而言，更可谓“雪上加霜”，也许就成为压死骆驼的最后“一根稻草”。

在接受新旅界采访时，红树林度假酒店品牌的投资运营方今典集团董事局主席张宝全表示，“如果政府和金融机构不支持，红树林可能会扛不住”，仅以三亚湾红树林度假酒店为例，“2020 年第一季度将损失 1.8 亿元，未来半年每个月面临 4250 万元经营费用支出”，而且，1~3 月是三亚旅游的旺季，过后

就是漫长的淡季，即使疫情能在上半年得到控制，最佳的营业创收时期已经过去，这会导致全年损失惨重。

红树林度假酒店是民营重资产投资项目的一个缩影，所有投资景区、主题公园、酒店和演艺项目的民营企业，都会因新冠肺炎疫情而遭受巨大经济损失。对于资金雄厚的投资商，尚有等待市场恢复的实力，而对于广大的中小投资商，包括众多的民宿投资方，遭遇的困难会更大，部分项目或将亏损转让。

2. 华南地区文旅企业损失更大

因气候原因，我国大部分地区在1~3月是旅游淡季，尤其是北方地区不少景区和项目在一季度处于关闭状态，其所受的影响不会很大（冰雪项目除外）。但在广东、海南等地区，春节前后是旺季，尤其是海南，春节是一年中旅游最旺的时节，旅游产业所占经济比重又非常大，所受损失更大。

根据广东省旅游景区协会对其辖区内景区企业所做的问卷调查，截至2月10日，379家填报问卷景区，参照去年同期收入水平，共计损失5.86亿元（不含人工、税费等支出）。剔除46家公益性博物馆、展览馆等未收门票、无住宿餐饮等收入的景区，其余333家景区平均每家景区损失176万元。而且，疫情结束时期未定，景区继续关停，何时能够正常营业存在不确定性，损失还会进一步增大。

3. 主题公园、酒店类项目损失较大

主题公园、酒店类项目投资大，人力成本高，资产折旧摊销大，在没有收入的情况，仍需要对设备和资产进行维护，发放员工工资，偿还银行贷款。对于海昌、圣亚、长隆等动物主题乐园而言，还有动物繁育和养护的支出，这进一步加剧了企业的财务压力。因此，对于主题公园、酒店类的文化旅游项目来说，遭遇此次疫情，损失惨重。迪士尼表示，预计如果新冠肺炎疫情导致其在上海和香港的主题乐园关闭两个月，损失将达1.75亿美元。

根据STR初步数据，今年春节的酒店入住率相比去年同期下降了71%。酒店入住率比2003年非典型肺炎疫情期间30%~40%的入住率还低。不仅连锁酒店集团受到冲击，“散、小、弱”的单体酒店更是面临生存危机。

产业服务类企业压力相对较小，人才流失是隐忧。文旅产业服务类企业以规划设计、商业咨询、品牌营销、运营托管、会议会展等为主，大部分为轻资产服务模式，固定资产投入少，企业运营人力成本占比大，相对而言，受疫情影响幅度较小。产业服务类企业持续经营的重要问题是保持专业人才队伍的稳定，这类企业的员工一般具有较高的学历，拥有较为广博的知识面，具有较高的择业主动性和流动性，也具有一定的创业意识，如果企业较长时间没有业务或业务不稳定，会影响到其收入和职业的发展，可能会造成人才流失，而流失的人才往往可能是企业的骨干力量，将对企业的业务承接和交付能力甚至是客户资源都会造成较大影响。

二、产业投资和项目建设风险

（一）产业投资风险

新旅界研究院调研了部分产业投资和 VC/PE 机构，调研结果显示，疫情对文旅产业中长期的战略和投资格局不会改变，但短期内的投资策略和节奏会有所改变。

1. 中长期投资战略和逻辑不变

受访机构均认为文旅产业的基本面和发展格局不会受疫情影响，参考 2003 非典型肺炎疫情的发展轨迹，疫情结束后文旅产业将很快迎来恢复，甚至可能发生爆发性反弹。当前，文旅消费已成为居民消费的重要组成部分，且与文化、商业、体育、农业等产业深度融合，依然看好文旅产业的发展潜力和投资机会，会根据机构战略和疫情发展，择机布局。

2. 上半年投资会放缓或暂停，将选择优质赛道和价值洼地布局

多家机构表示，疫情对机构的投资肯定是有影响的，对于已投项目，纯文旅项目均直接受到影响，文旅相关项目受影响也较大，部分已投项目和企业或将遭遇关停。

对于新增投资，至少在上半年，机构的投资会更谨慎，原有的投资计划可能会后延或搁置。在投资策略上，受疫情影响，康养旅游、体育旅游、在线服务、大文娱、智慧旅游等受疫情后消费者比较青睐的领域会更受关注。

3. 疫情过后或将迎来一个并购潮

非典型肺炎疫情暴发后，旅行社行业曾有一批中小企业被并购。当前，行业各个细分领域均有不少企业在同质化竞争，也有不少创业企业涌现出来，在2018—2019年资本寒冬下，已有一批企业被并购或关停，此次疫情过后，也或将有一批中小企业被并购，文化旅游市场将迎来新一轮的洗牌和重构。此次疫情对文旅行业的巨大冲击和影响，会引发文旅企业的一次"洗牌"，强者更强，弱者更弱，甚至被清除。对于具有雄厚资金的优秀文旅企业来说，正是"抄底"兼并之机。优秀文旅企业进行兼并重组，有利于我国文旅产业结构的调整。

（二）对在建和拟建项目风险

多家接受调研的企业表示，在建和拟建项目会在施工节奏和开业日期上受到一定程度的影响，上半年计划开业的项目预计都会往后延。如果疫情影响波及下半年，则可能延期更久。而计划开工的项目，则会根据疫情情况以及企业受影响程度再次进行评估。但各企业均表示，在建和拟建的项目都会继续推进。

三、酒店入住率直线下降至"冰点"，营收回落近80%

"春节"历来被誉为酒店人的"黄金周"，对于出游的家庭而言，在春节期间通常都是"一房难求"，特别是中、高端酒店更是受到欢迎。然而，今年在疫情的突袭之下，三亚、丽江等热门旅游城市上演了一幕幕"空城"之景，酒店的入住率则直线下降至"冰点"，营收回落近80%。

据STR数据显示，2020年1月初，中国大陆地区的酒店入住率达到了70%的高点，而这一数据在疫情暴发后开始大幅下跌，到1月26日跌至17%的"冰点"。

根据往年数据显示，春节期间主要城市酒店的平均预订出租率能够达到80%，在主要旅游城市和四五线城市春节假期出租率传统都能达到90%左右。东呈国际集团创始人、董事长兼CEO程新华分析："今年受到疫情影响，从2020年1月22日开始，原来春节期间的预订取消就已经达到10%~20%，随着1月23日武汉封城这一市场信号的影响，随之整体取消订单的情况严重，全国门店春节期间平均订单间/夜取消率超过40%。仅春节期间，出租率同比去年春节下滑近 50%，收入同比下滑 80%。新冠肺炎疫情对东呈国际集团整体经营产生了极大影响，预计疫情期间，东呈国际集团较之去年同期经营计划完成率仅有三成左右。”

广州地区酒店行业协会秘书长郑穗宁反映：“广州及周边地区的星级酒店这段时间开房率处于个位数字，每家酒店平均只有 10~20 间房有客人入住（湖北籍定点酒店除外）。因受疫情影响，游客、食客都很有限，且部分物资非常紧缺（如口罩、消毒酒精等），且洗涤行业大部分工厂都处于停工状态，客房布草、餐厅布草的周转也有压力，为了更有效节约人力、物力，广州有一部分中小型酒店暂停营业，有些酒店部分餐厅也暂停经营。”

广州日航酒店执行董事冼培炜介绍道：“往年春节期间，广州日航酒店平均预订出租率达到 80%。2020 年受到疫情影响，从 1 月 22 日开始，原来春节期间的预订取消就已经达到 90%。仅春节期间，酒店出租率平均每天只有 5% 左右。此外，餐饮方面，为了配合防控防疫工作，所有餐厅均不对外开放，只经营外卖，同比去年，餐饮收入下滑 90%。”

然而东呈国际集团和广东日航酒店的情况只是整个文化旅游产业状况的一个缩影，整个酒店业正在经历一场严酷的战役。据悉，疫情导致春节期间，全国酒店出租率较上年下滑八成以上，疫情严重地区的酒店大多主动或被动关店，其他省份的酒店也受到不同程度的冲击，客房出租率都不会超过 20%。而这种空房状况如果持续三个月以上，将会对本就经营压力较大的酒店业带来致命打击，可能会造成一大批酒店，尤其是单体店的倒闭。酒店及旅游业作为服务业的重要一环，解决了成百上千万员工的就业问题，如果没有针对性的支持措施，可能会加重社会就业压力，同时也会影响整个文化旅游产业的发展。

全国政协委员、明宇集团董事长张建明分析：“深刻理解酒店、餐饮行业的人都知道，它其实是一个比较脆弱的行业。尤其是酒店，既是资本密集型，又是劳动密集型。从投资回报看，投资巨大，但盈利能力很弱，一个酒店的客房出租率要达到 60%，才能做到现金流的自平衡，即使在无灾无难的常态下，行业平均利润率也才 2% 左右，普遍远低于资金成本。而酒店，又是劳动密集型、能源高耗型企业，贡献了大量的就业岗位，行业平均支付的人工成本占到营收的 30% 左右，支付的能耗成本达 8%~12%。酒店资产规模大，投资回报低，在岗员工众，固定支出多，本身的市场抗风险能力就不强，在疫情的冲击下，在停摆或基本停摆的局面下，收入巨幅减少甚至归零，脆弱的酒店业将不堪一击，弄不好，疫情就会成为压垮骆驼的稻草。一方面要应付资产方面的财务压力（自行投资，大多有融资负债，有还本付息的压力；租赁，有租金缴付压力），另一方面要应对不能不发生的员工工资等固定支出，双面夹击，极易导致资金链的断裂，衍生不良资产、员工失业、行业萧条、影响社会稳定等连锁反应。”

四、入境游基本“停顿”，国内游彻底“瘫痪”

2020 年 1 月 30 日晚间，世界卫生组织总干事谭德赛宣布，正在发生的新型冠状病毒性肺炎疫情已经构成了“PHEIC”（国际关注的突发公共卫生事件）。随后，世界多个国家暂停了与中国的往返航班，对中国人采取限制入境措施，团队形式的出入境旅游几乎“停摆”，散客形式的入境旅游被打入一记“重拳”。随着疫情像一座“活火山”似的不断喷射出越来越高的“致命岩浆”，国内各个大小城市开始封路、封城、封小区（封村），国内游彻底陷入“瘫痪”状态。

机票退订、火车票退订、住宿退单、餐饮退单、旅行套餐退订，各种预定退单纷至沓来。各大航空公司、各大旅行社、各大景区等纷纷出台免费全额退款的措施，并免除相关损失及手续费。据统计，截至 2 月 1 日，已有 4.5 亿人取消或延期春节出行。

这场“退改大潮”最先袭击航空公司、OTA、旅行社。受疫情影响，全球范围超过 24 家航空公司已暂停了对中国的航班服务，导致前往、途经或从中国出发的超过 2.5 万个航班取消，作为全球第二大航空市场，中国航空业正在经历前所未有的剧变。与此同时，携程、途牛等 OTA 平台退订垫资超过数亿元，导致绝大多数旅行社企业举步维艰。

根据国家旅游局统计数据显示：2018 年春节假期，全国共接待游客 3.86 亿人次，同比增长 12.1%；实现旅游收入 4750 亿元，同比增长 12.6%。2019 年春节假期，全国旅游接待总人数 4.15 亿人次，同比增长 7.6%；实现旅游收入 5139 亿元，同比增长 8.2%。而 2020 年春节期间，之前携程预计超过 4.5

亿人次带来的旅游收入已“付诸东流”，并夹带其他相关成本的损失。然而，在这组数据背后，则是一家家地产、酒店及旅游企业正在面临的严峻的“生死考验”，是数千万的从业者的工作岗位正在承受的沉重的“千斤重压”。

五、行业发展的整体风险

（一）国内文旅产业影响范围和幅度

从国家卫健委公布的疫情防疫情况来看，虽然目前国内疫情防控出现好转趋势，但国际疫情防控并不乐观，疫情防控的后续情况还不明朗。我们结合非典型肺炎疫情的影响轨迹和行业季度性经营特点来进行初步的分析。文旅产业是消费性产业，文旅消费产品具有不可储存性的特点，由于疫情影响，文化旅游消费受到全面抑制，整个产业链企业都会受到影响，资源端、渠道端和产业服务端均无一幸免。下面我们分别按照疫情发展的乐观、中观和悲观三种可能来进行预估。

1. 乐观估计：新冠肺炎疫情主要影响第一季度

目前，新冠肺炎疫情防控已经受到举国上下的重视，全国范围内都在采取最严厉的防控措施，在疫情中心的湖北省武汉市，采取了挨家挨户的体温监测措施，进行全面排查。乐观估计，新冠肺炎疫情将在2020年2月中下旬迎来拐点，3月份受到全面控制，4月份全面解禁，文旅产业将在五一假日迎来复苏，并在暑期全面恢复到正常水平。也就是说，后三季度经营基本不受影响，全年受损控制在第一季度。

根据文旅部数据中心统计，2019年春节假期全国旅游总收入达到5000亿元，按春节假期收入占一季度收入50%~60%的比例估算，预计一季度总收入8500亿~10000亿元。据初步统计，2019年全年文旅行业总收入约6.5万亿元。由此估算，2020年文旅产业收入损失额度约1万亿元，会导致全年总收入同比下降15%。如果乐观估计后三季度文旅消费迎来高速增长，全年负增长预计可以收窄到10%以内，如果后续有更大的利好，呈现出报复性反弹，负增长会进一步收窄。

2. 中观估计：新冠肺炎疫情影响波及第二季度

根据对非典型肺炎疫情的发展轨迹的分析，其影响时间跨度达到半年。如果新冠肺炎疫情在2020年3月份迎来拐点，全面解除影响需要到5月份，叠加6月份出游淡季，文旅市场需要到暑假旺季开始复苏，则前半年的营收都将受到严重影响。根据文旅部数据中心统计，2019年上半年旅游总收入为2.78万亿元，按上半年收入损失2万亿元估算，上半年将导致旅游总收入同比降低约30%，如果下半年高速反弹，全年营收负增长可以收窄到25%；如果下半年迎来重大利好，出现报复式反弹，预计负增长可以控制到20%左右。

3. 悲观估计：新冠肺炎疫情影响波及第三季度

如果新冠肺炎疫情防治持续时间超过半年，阶段性控制后又因为旅游等群体性活动出现扩散，疫情全面解除延期到三季度，并对2020年7~8月出游旺季造成影响，则预计全年文旅产业收入会受到巨大影响，预计前三季度收入损失会达到3万亿元以上，全年文旅消费收入同比负增长约50%，即便第四季度迎来报复式反弹，但增长余地也不大，预计全年旅游总收入整体负增长可能达到45%。

本次新冠肺炎疫情相对于非典型肺炎疫情而言，影响的范围更大，由于目前全国各地均采取了极为严格的防控措施，预计持续时间要短于非典疫情，但由于我国目前的经济体量，尤其是文旅消费体量更为巨大，所受的经济损失量会更大。根据相关统计数据，非典型肺炎疫情造成2003年旅游行业总收入同比下降约13%。根据目前的新冠肺炎疫情防控措施和进展情况，我们采取偏乐观估计，预计2020年全年文旅产业收入损失1万亿~1.5万亿元，同比负增长15%~20%。

（二）全球文旅产业风险

新冠肺炎疫情的蔓延不仅对我国文旅产业造成巨大影响，全球旅游业因为中国游客的减少也“陷入窘境”，严重依赖中国旅游业的亚太地区正经历中国游客缺失带来的损失，而欧洲和美洲部分地区旅游产业也受到波及。根据国家统计局公布的数据显示，2019年我国居民出境旅游人数达到16921万人次，增长4.5%。仅2019年春节期间出境游客就达到631.1万人次，这是国际旅游市场的重要客源。受疫情影响，缺少中国游客客源的国际旅游市场损失不小，特别是以中国游客作为主要客源国的国际旅游目的地。

日本旅游业协会测算，因受疫情影响，预计取消赴日旅游的中国团体游客数量直接遭“腰斩”。韩国《中央日报》报道称，因受疫情影响，韩国至中国的航线已缩减约40%。泰国国家旅游局预计，2020年来自中国的游客将减少至少200万人次，疫情将给泰国旅游业造成30亿美元的损失。本来在春节期间应该是热闹非凡的泰国著名景点，现在都显得冷冷清清。

由于新冠肺炎疫情的强传染性，目前全球绝大部分国家对中国公民出入境进行了管控，根据非典型肺炎疫情的影响轨迹分析，预计出境游和入境游将比国内游遭受更严重的损失，而且影响时间会更久，对于严重依赖中国游客的境外旅游目的地，预计持续影响将延续到三季度乃至全年。

在我国疫情防控基本稳定的情况下，国际疫情防控形势依然严峻，已经蔓延到100多个国家和地区，国外疫情确诊病例、死亡病例已经超过了国内。据世界卫生组织宣称，新冠肺炎疫情即将成为大流行，这给全球的文旅产业的发展增加了不确定性。

第四节　疫情对交通运输的影响分析

交通运输业是国民经济的血管，只有交通运输运行顺畅，整个国家的经济才能良好运行。文化旅游的消费具有异地性的特征，这就要求只有顺畅的交通运输，才能保证文旅产业的正常运转。但是受到新冠肺炎疫情影响，交通运输业受到严重影响和冲击。为了加强疫情防控，各地先后实施了严格的防控措施，封城、封路、封社区，使原本车水马龙的道路顿时显得空荡荡，这给我国的交通运输业造成了严重影响，制约了文旅产业的发展。

一、疫情对我国交运物流行业的影响

交运物流行业大板块项下涉及细分行业众多，不同行业从其服务类型（客运、货运、C端、B端）、资产结构（重资产、轻资产）、竞争程度（市场化、

相对垄断）及业务范围（国内为主、国际为主）等差异来看，拥有截然不同的特征，因此，本次疫情对交运物流板块的影响不能一概而论，其对不同行业主体所带来的影响程度、层面及周期将有所不同。

（一）疫情对客运行业的影响

新冠肺炎疫情对客运行业影响巨大，主要体现在对业务的短中期冲击及对持续运营安全的管理压力上。

1. 业务层面的影响

疫情短期内抑制消费者出行需求，对既有客流量及企业利润将产生巨大冲击：伴随疫情发展及政府对全国交通管制的强化，居民出行意愿下滑，超500班次列车停运或变更，各大航空公司运力投放缩减近70%。整体来看，春节假期期间全国民航及铁路客运量与去年同期相比大幅下降，降幅超过70%；而伴随着国际社会对疫情的越发关注，截至2020年2月4日，全球超80个国家针对中国游客出台入境管制政策，国际市场客流滑坡尤甚。参考2003年受SARS疫情的影响，国际及港澳台线路的全年航空客运量降幅超15%，相较国内线路跌幅更加显著。

另外，航空及铁路运输业固定开支占比高，且疫情期间仍需负担固定资产折旧/租赁、人力成本等各项开支。同时，除客流急剧下降带来的冲击外，餐饮消费等辅收规模亦进一步缩水，导致航空公司、机场及铁路运输部门整体盈利下行。

长期来看，业务发展取决于经济增长等市场基本面，疫情影响将逐步解除：随着此次疫情影响的逐步减弱，旅客出行的需求将延后释放，全国铁路及航空客运量有望再次回升，长期伴随宏观经济基本面增长。对标SARS疫情，在2003年6月疫情结束后，全国铁路及航空客运量迅速恢复增长。

2. 运营层面的影响

客运行业公共服务属性强且人流密集，疫情释放出更大的安全管理压力：旅客运输过程中涉及大量人员集聚，在疫情期间存在较高的病毒传播风险。此外，民航和铁路作为公共基础设施，公共服务是其最核心的责任。因而，在新冠肺炎疫情期间，民航局和铁路局分别下发了《关于做好春节返程期间新冠肺炎疫情防控工作的通知》《国家铁路局综合司关于做好新冠肺炎疫情防控工作的通知》，启动应急响应机制，要求企业积极采取有效措施，最大程度保障客运安全。在这一背景下，为应对疫情，全社会对客运企业的安全运营提出了更高的要求。

旅客客票退改产生较大的服务端压力，但运营端在业务骤降背景下人员富足，压力较小：受疫情影响，客运单位均面临大量的线路取消变更及旅客票务退改，对票务平台和客服部门带来极大的压力，而对于航站楼管理、飞机执勤、火车执勤等一线运营部门而言，随着运力骤降，人员较为富足，运营压力较小。

3. 财务层面的影响

客运行业的企业主要以央国企等公共事业单位、大型上市公司及大型集团为主，企业规模相对较大，财务抗风险能力相对较强，短期财务现金流层面影响有限。

4. 市值层面的影响

受疫情冲击，短期内市场对机场 / 航空公司 / 铁路等资产持有恐慌性下跌风险，在疫情暴发后的第一个交易日相关股票均迎来股价下跌。以刚上市不久的京沪高铁为例，在春节假期结束后开盘首日，股价大幅跳水，一度下跌约 9.9%。但长期来看，该类基础设施资产股价将更多受经济增速、人口增长的基本面因素影响，因而受疫情影响的周期相对较短。

（二）疫情对国际货运的影响

疫情对国际货运的影响以业务影响为主，短期影响尚未明显识别，但中期可能受复工及国际市场对疫情的判断有所影响。

1. 业务层面的影响

短期而言，因工业生产和贸易活动处于春节淡季，国际货运受疫情影响有限：新冠肺炎疫情与春节假期周期重合度高，国际货运需求本处于低谷，因而疫情难以在短期内产生剧烈影响。

从中期来看，受停产事件延长与 PHEIC 限制影响，引发货物出口需求下降和成本时效受损的不利因素：疫情导致大部分出口企业春节后停产时间延长，进出口贸易将因此大幅下降，包括上海、浙江、江苏、广东等中国进出口贸易最活跃的地区均已将假期再延长 10 天；同时，WHO 宣布新型冠状病毒肺炎事件为 PHEIC 后，多国对我国人员及货物采取措施，如美国及新加坡禁止 14 天内到达过中国的船只及船员入境，造成货物出口的物流成本和时效性受到影响，将最终对国际货物运输需求产生一定冲击。

长期而言，航运市场将随疫情结束而恢复：虽然新型冠状病毒性肺炎事件被定义为 PHEIC，但 WHO 不建议对中国进行旅行和贸易限制，并希望所有国家能秉承这个原则。参照以往的经验，PHEIC 状态对国际贸易的影响并不明显。自 2009 年以来，共计有 5 次 PHEIC 事件，我们对其中已结束 PHEIC 定义且期间未被 WHO 限制国际贸易的美国、墨西哥、巴西为案例进行研究，发现其受 PHEIC 影响均较小，贸易出口均表现为回升或波动走势。

2. 运营层面的影响

以海运为代表的国际货运具有运距长、时效慢、计划性强（舱位预定周期长）的特征，同时端到端的长距离运输环节也更少，因此疫情来临之后，相比即时性的快递等其他物流行业，船公司有更充分的时间帮助客户进行船期调整，因而对运营产生的影响较小。

3. 财务层面的影响

港口和航运企业基本为大型央企、国企，企业规模相对较大，财务抗风险能力相对较强，短期财务现金流层面影响有限。

4. 市值层面的影响

受疫情影响，新春开盘后当日，航运及港口板块公司股价呈现大幅下跌，当日跌停后第二日继续保持跌幅。但通过回顾 SARS 期间的港口 / 船公司股价，我们发现，疫情后期，股价随疫情减缓整体呈现平稳，因而疫情对股价的影响仅仅体现在短期，长期影响不显著。

（三）疫情对公路货运的影响

疫情对公路货运的影响整体来说一般，对即时平台及标准网络型企业而言，以运营层面影响为主，中长期受线下消费抑制影响，可能带来业务需求提升；对合同物流及车队运力而言，以运营及财务影响为主，部分特定垂直行业可能为其带来中期业务层面的负面影响。

1. 业务层面的影响

对即时平台及标准快递而言：短期来看，疫情极大抑制了消费者线下的零售消费活动，线上对线下的存量替代在短期内将带动业务增长。根据国家邮政局统计，1月24日至29日，全国邮政业揽收包裹8125万件，同比增长近80%，投递包裹7817万件，同比增长超110%。从结构的角度看，家庭配送、日用生鲜品类短期内的业务占比提升较快。数据显示，除夕至初六期间，在线生鲜果蔬蛋奶或速冻食品等品类的配送数量为同期的4~9倍。由此可知，业务结构的变化本质上映射消费者消费行为的改变，疫情推动的线上消费习惯的转变在中长期内可能对即时和标准快递、快运带来了一定的业务增量。

对合同物流及车队运力而言：短期内，因部分国内企业复工延迟以及不同区域、产业链上下游不同企业的复工节奏不同，到厂业务或受到影响。但从中长期来看，随着企业生产的逐步复位和疫情的受控，生产活动逐步恢复，生产订单驱动到厂2B业务需求也将逐步回归常态。我们认为，本次疫情可能对零售、餐饮行业相关的到店配送业务产生较大冲击。短期冲击自不待言，而中长期来看，即使本次疫情在较短时间内被有效控制，消费者线下场景的消费信心仍然需要恢复时间。

2. 运营层面的影响

（1）劳动力及运力层面：受春节返乡及疫情延迟复工影响，将一定程度导致劳动力及运力寻源上的短缺。同时，疫情对部分区域间的公路交通可能造成小范围的阻隔，对交付时效可能造成影响。另外，不同地方政府对于当地复工政策及时间存在差异，可能造成部分物流车辆双向货源匹配上的困难，尤其加剧返程货装载困难，增加车队运力类企业的经营难度。

仓网结构和线路规划层面：湖北武汉地理位置九省通衢，是企业在华中地区的区域仓和快递企业重要的高能级分拨中心所在地。武汉目前的状态或对物流企业原有的仓网结构及线路规划带来挑战，进而一定程度在区域范围内对物流交付时效及成本产生影响。

（2）运营安全管理层面：对内而言，针对大型总分仓、分拨中心、配送站等劳动力密集度相对较高的物流工作场所，要求企业进一步充分考虑内部人员防疫安全标准，尤其针对加盟制快递企业，总部如何快速形成内部防疫运营操作标准并有效传达至各加盟商并形成有效监督，将考验各企业微运营管理能力。同样，对外而言，末端派送人员在进行即时派送和快递派送过程中存在交互风险，要求企业进一步思考、调整派送接触标准，并快速落实。

3. 财务层面的影响

事实上，中国合同物流行业整体分散，除去汽车、家电等部分垂直行业的大型合同物流企业外，大量合同物流企业的规模较小，行业集中度分散，且物流行业普遍拥有月余账期。因此，在本次疫情的影响下，中小企业因复工、订单产生的压力可能传导至其下游物流服务供应商上，进而可能对相关企业在财务层面形成现金流压力。就个体运力而言，虽然普遍与物流企业采取现金结算的方式，但受潜在货源减少的影响，短期内的生存压力或有所增加。

4. 市值层面的影响

自 2019 年年底疫情发酵至今，对比整体交运物流行业股价表现及其中诸如快递公司的即时和标准网络企业市值表现，我们发现，即时和标准网络企业的股价表现较行业整体更为稳定、波动相对更小。其背后主要的原因在于，本次疫情对此类企业的业务冲击与交通客运相比相对有限。同时，考虑到短中期线上消费在一定程度上对线下具有替代作用；我们预计，未来伴随疫情的逐步稳定，整体市值将回归。

二、交运物流不同行业对于风险关注应有所侧重

疫情的本质是指概率低、但潜在影响大的“黑天鹅”事件。事实上，企业在经营过程中面对着更广范围的“黑天鹅”，既包括疫情灾害、政策变动、新商业模式降维冲击等外部因素驱动的事件，也包括核心员工流失、财务断链等内部驱动事件。总体而言，企业面临的风险主要包括如下四大类：

市场风险：企业所在行业的政策变化、产业链上下游变化、市场竞争、非传统竞争者的进入或新商业模式的产生、消费者诉求的变化等因素都会加大企业所面临的市场风险敞口。

运营风险：由于企业自身运营能力限制或不足，在应对外部环境变化过程中所导致的运营结果不达预期，通常包括产品、供应链、安全等运营风险。

财务风险：企业在融资、投资、现金流管理等财务方面所面临的风险。企业自身的财务管理水平，如对现金流、负债率、账期等的控制，以及外部市场利率、汇率等的波动程度等因素都可能增加企业的财务风险。

社会风险：企业在舆论、法律、社会责任等方面可能面临的风险，或对企业的品牌、形象造成潜在影响。企业所处行业本身是否具有公共服务属性、企业信用及违约成本等因素都会影响到潜在的社会风险。

在 VUCA 时代下，企业风险管理应该成为所有企业需要补足的必修课。事实上，交运物流板块下行业众多，不同行业基于自身的特征差异，在进行风险管理的过程中，亦应有所侧重。

（一）客运板块风险分析

客运板块具有极强公共服务属性且有相当比例的固定资产投入，主要面临社会、市场和一定的财务风险。

客运板块承担公共服务角色，风险发生的影响力广泛：客运基础设施具有公共服务属性特征，因而风险一旦发生，其社会影响力较为广泛。回顾历史，“9·11”恐怖袭击事件、孟买火车爆炸案、伊朗空难等“黑天鹅”事件均发展成为全球性焦点，航空和铁路业界也承担了巨大的声誉和经营风险。

业务聚焦且依靠单一市场，市场风险抵御能力差：相比全球化和多元化的集团，客运基础设施行业存在业务群体聚焦和业务区域聚焦的问题，导致其面对局部性危机事件时的短期市场风险抵御能力较差。以航空公司为例，中国航空公司收入主要来自中国内部以及海外地区往返中国的航班客票，创新业务以及海外市场业务的比例有限。因而若发生“黑天鹅”事件，短期内将为中国航空公司带来明显的冲击。从机场和铁路角度来看，因运营固定地点的不动资产，市场风险承受度较航空公司相对更低，因而“黑天鹅”事件将造成极大的市场需求风险。

重资产投入，导致负债率高且资金流动性差：铁路及航空客运需要大量前置性投入，用于基础设施建设与运输设备购买，导致企业背负较高的偿债压力。其中，铁路建设运营、航空运输经营企业偿债压力尤其高。一方面，铁路集团与航空公司受制于前期铁路建设、飞机购买带来的高额资产投入；另一方面，国家对于运价的管制也限制了业务变现能力。相对而言，机场扩建周期长且受到中央及地方政府财政支持，资产负债率相对较低。因此，在突发事件影响下，铁路及航空客流量受到极大冲击，经营性现金流入将更为有限。在还债压力整体较高的背景下，铁路集团与航空公司将面临更高的财务风险。

（二）国际货运风险分析

国际货运易受外部市场，尤其是经济环境、贸易环境及油价波动等要素影响，主要面临市场风险及财务风险。

依赖国际贸易，受政经环境影响大：国际货运产业主要服务国际商品贸易场景，国际贸易形势变化将会引起国际货运需求的强烈变动。以中美贸易摩擦为例，2019 年中美互加关税影响加深，直接导致海运贸易额呈现显著下降，预计 2019 年中国对美进口额同比将下降 28%，出口额将同比下降 8%。因此，“黑天鹅”事件的发生将极大影响国际货物运输各路向的需求，对于计划性强、路向固定性高的国际货运企业而言将造成市场风险。

典型重资产行业，负债率较高：港口企业为满足吞吐量不断增长需持续对基础设施进行投资扩建，海运公司亦需通过购置新船，或升级换代小船扩大运力，资产配置重、投资金额大且回本周期长。一旦发生“黑天鹅”事件，将导致企业现金流受到冲击，偿债能力将面临严峻挑战，形成债务风险。

全球化经营且燃油成本占比高，易受汇率油价波动影响：航运公司业务经营的国际化程度较高，收入 / 成本均易受汇率波动影响，同时航运公司还面临高昂的燃油成本。一旦发生“黑天鹅”事件，将导致油价或汇率波动，将极大程度影响航运公司的成本结构，造成盈利风险。

（三）即时平台与标准网络风险分析

即时平台与标准网络市场份额竞争激烈、消费者需求变化迅速，且成本、时效及服务的结果决定企业市场地位，因此应侧重市场风险和运营风险管理。

场景高度细分、行业高度竞争、市场环境及消费者诉求迅速变化：中国 C 端侧重的网络型物流行业的场景已经高度细分，包括即时配送、仓配一体模式、3 公斤以下以电商件及商务件为主的标准快递网络以及更高重量段的标准快运网络等。不同场景下、不同细分行业的竞争相对白热，且均面临快速变化的市场及消费者变化需求。同时，值得注意的是，不同场景的主流物流模式亦以不同方式相互渗透。任何“黑天鹅”事件的发生可能迅速改变企业的原有行业地位，或将带来市场格局的重新洗牌。因此使得企业应重点关注相关市场风险。

运营表现决定企业市场表现：事实上，即时平台及标准网络型企业的运营表现，包括成本、时效及服务，直接决定企业在市场中的地位。多数相关企业的劳动力及运力来源为社会资源，且劳动力数量相对密集。“黑天鹅”事件的触发或直接影响企业原有的运营能力，进而导致运营结果下滑。因此，企业需要高度警惕相关运营风险的发生。

（四）合同物流与车队运力风险分析

合同物流与车队运力市场同质化竞争明显、企业规模小而分散，因此应关注市场、运营及财务风险，同时大量车队运力以个体司机为主，具较强社会属性。

同质化竞争激烈，运力供大于求：中国公路运输总体供大于求，货运平均装载率仅 60%，且运输服务同质化严重，加剧市场竞争。因此，“黑天鹅”事件若进一步影响到货量规模，将使得合同物流与车队运力型企业面临较大的市场风险。

个体司机为主，现金流压力大：物流企业普遍存在一定收款账期，其规模普遍较小，财务层面的承受能力相对较弱。同时，中国卡车运力极其分散，以个体司机为主，其在财务层面的耐受力尤甚。基于以上因素，一旦发生“黑天鹅”事件，将导致车队运力收入受影响，将会直接造成广大的微小车队或个体户的生存难以维系，亦可能引发潜在的社会风险。

三、强化我国交运物流企业的风险应对能力

事实上，绝大多数企业已经开始将企业风险管理作为战略性工具来更有效地管理各种各样的风险。市场上相关的风险管理体系模型也较为丰富。但我们需要明确的是，任何的风险管理体系无外乎包括识别评估、风险控制、风险应

对及事后监测这四大内容。

针对风险管理体系本身，在此不再赘述。需要强调的是，风险管理体系的成功运作，除了机制本身的搭建之外，针对交运物流行业，仍然需要完善以下四大支撑，以进一步强化风险管理体系的顺畅运作。具体而言，一是敏捷组织能力的支撑，以强化风险应对过程中决策与行动的快速响应；二是资源配置能力的支撑，以提升交运物流行业风险发生的容错率及应对能力；三是财务管控能力的支撑，以进一步在风险未发生时提供重要的早期预警；四是数据底盘能力的支撑，以通过驾驶舱的方式为风险管理的所有决策及行动提供准确、及时的信息保障。

组织能力支撑：敏捷组织有助于加快企业在风险应对过程中的决策及执行的反应速度。

物流交运带有社会公共服务与经济稳步运行保障的行业属性，一旦风险发生，需要快速、有效地应对寻找有效解决方案并组织执行。因此需要建设相应的敏捷组织，以强化应对风险时的决策与行动速度。敏捷组织的建设，一方面包括前线“小团队决策”，通过授权决策从总部直辖向区域自治的转变，让了解第一动态的前线作战单元拥有决策权，充分调动前线的主观能动性，以快速且有效地应对风险发生时的各类突发情况。另一方面亦需要总部的“大中台指引”。罗兰贝格曾提出，中台具备资源整合、工具沉淀、标准定义、基础研究的四大功能定位。在应对风险时，中台可通过以往应对实践的工具沉淀、最佳应对方案的标准定义等功能，给予前线团队充足、清晰的应对原则指导以及应对方法的支持。

我国快递企业均存在各地区价格变动快、竞争压力大等所导致的市场风险。为有效应对属地性强、变化快的市场风险，我国某领先快递企业充分授权各区域分公司，使当地业务团队具有充分权利通过调价、营销策略变化等手段来应对。而同时总部层面设立风险管理组织，建立了标准应对准则与基于不同情景的多种应对方案，作为当地团队的有效输入与决策基础。

资源配置支撑：灵活 / 共享的资源配置是交运物流企业在风险控制及应对上的关键之一。

物流交运企业大多具有重资产投入和劳动密集型的特征，因而固定资产和人力资源投入较大，在风险事件下容易出现资源冗余或者紧缺的状况。为控制此类风险发生概率、降低风险产生的影响，应采取更灵活的资源管理模式。一方面，可推行更弹性化的资源获取模式，如推行大型固定资产的经营性租赁、非核心业务环节的部分外包等，从而将固定成本转化为可变成本，在危机出现时最大程度降低对企业财务和经营的冲击；另一方面，建议探索通过共享方式获取外部资源，如人力共享、设备共享，从而基于市场和客户的需求波动快速调动资源。

欧洲领先廉价航空公司向来重视资源的高效和灵活利用，为此其分别采取了飞机灵活租赁、兼职员工招募、非核心业务外包三大举措：在飞机灵活租赁上，在自有机队之外保有 40 余架经营性租赁飞机，在淡季将部分飞机场封存，旺季通过短租补充运力，以此控制飞机的巨额支出；而在机组人员招募上，与专业人力资源机构合作，超过 60% 的机组人员来自于非全职的合同制员工，并按飞行小时进行付费；最后，其针对飞机维修、地服、餐食等非核心业务采取外包制，严格控制固定支出并与伙伴共同承担风险。

在新冠肺炎疫情冲击下，O2O 生鲜电商业务量激增，导致资源不足、配送员供不应求；而餐饮行业则因门店关闭，客流量稀少，出现大量剩余员工。在此背景下，某领先新零售企业和多家连锁餐饮企业开展了员工合作，从而缓解餐饮业成本压力和 O2O 派送人力不足的挑战。

财务管控支撑：稳健的财务管控有利于企业风险的早期识别、评估及预警。

因固定资产投入大、利润水平较低，物流交运企业普遍面临高负债水平和慢资金流动的双重压力，一旦风险产生，极易触发因现金枯竭而导致的债务偿还问题。基于以上现实环境，物流交运企业应推行更稳健的财务管理模式，一方面应建立完善的财务风险识别评估体系，包括标准的安全财务指标定义、准确的财务数据收集、实时的指标预警系统，以尽早识别潜在的财务风险。另一方面，结合物流交运企业重资产的行业特征，应优先控制负债率和保障现金流，控制债务危机发生的可能性，将风险扼杀在摇篮中。

某国家铁路公司为控制负债率，往往采取上市优质资产、吸引社会资本直接投资等措施。以某国家国铁为例，其重组并上市旗下优质货运公司资产，通过出售货运公司 67% 的股权募集到 6.2 亿美元，大幅减少自身债务规模，而另一国家铁路公司积极与一些私营企业开展战略合作，将 PPP 模式用于高铁建设，进而吸引社会资本参与投资，有效控制债务规模。

某国际物流巨头企业目前在全美快递业实现了最好的资金流动性，这主要归功于其精准型投资策略及指向型成本管理。在其业务和资产扩张过程中，其资本支出预算充分考虑当期收入预测以及投资项目的变现前景，从而精准地控制资本支出在整体收入中的比例；同时，针对占比大的成本项进行持续改善，如通过引入自动仓降低人工成本，最终实现了资本支出加运营成本的双头控制。

数据底盘支撑：数据底盘将为体系内的风险决策及风险应对方案提供准确且及时的输入。

考虑到物流行业普遍具有的运营分散化、资产投入高的特征，建立“数据”抓手，可应对企业管理分散的业务元素和控制潜在的高投入成本，为风险决策和应对方案的管理提供输入。对风险管理全流程而言，数据是辅助企业识别和量化风险敞口、决定风险应对措施、评估管理风控及应对措施的效果并进行持续性风险监测管理的重要辅助工具。因此，企业需建立准确、实时、智能的整体数据底盘以辅助风险管理机制的落地。

我国某危化运输企业通过物联网技术，使得“车辆、网点、加油站、挂车、叉车”等分散的业务要素在订单交付的全程实现实时可视化，从而便于业务管理者第一时间预警风险、识别风险、控制风险、解决风险。针对每一辆运营车辆，能实现对车辆状态（位置、车速、车距预警、压线、急刹）和司机状态（连续驾驶时长、打电话、打哈欠等疲劳驾驶表现）的识别，并将相关数据进行有效的汇总和量化，形成“千公里高风险次数”等指标，实现对潜在风险的预警和管理，帮助企业有效降低了企业运营风险。以保险赔付率为例，从 85% 显著地降低到了 40%。

这次疫情的影响是全国性的，但相对而言，文旅行业是重灾区。文旅行业是一个相对比较脆弱的行业，受到外界的影响比其他行业更多，也因此更为敏感，如前几年的日本地震、巴厘岛海啸、泰国热带风暴等事件都会对旅游行业造成冲击，至于 2003 年的 SARS 更是对国内的旅游行业造成重创。而这次的新型冠状病毒对国内旅游行业的影响则是空前的，尤其是主题乐园，属于重资产，投入大、回报周期长。疫情除了直接导致主题乐园、旅游景区营业收入减少外，还有这几个方面的重要影响：

错过了全年的黄金经营期。春节是文旅企业全年生死攸关的黄金经营期，很多企业在前期不惜成本为春节期间组织文化旅游活动，并围绕这些活动投入了大量的人力和物力，以期依靠春节的经营提升全年的效益。疫情的暴发，导致旅游活动全面停摆，像冰雪乐园、滑雪场、庙会等经营时节性明显的企业将血本无归，这些损失无法通过时间来弥补。其他不同类型的企业损失也同样巨大，据抽样统计，近半数的企业认为春节经营期的损失将导致企业全年的营业额减少 31%~60%。

文旅行业产业链长，受多因素影响叠加。在此次疫情中，不仅交通、酒店、餐饮等资源要素受到直接影响，OTA、营销平台等渠道也都几乎全面停摆。文旅资源整合复杂，各影响因素叠加，恢复期相对漫长。

恢复生产经营困难。恢复经营首先是跟疫情结束的时间和项目所在的区位有很大关系，情况充满不定性；其次是产品项目本身沉淀下来的 IP 优势、市场地位、产品契合度是否能够适应疫情结束后市场新的需求；最后，在这种困难的情况下，企业自身恢复能力够不够，包括系统谋划、提前准备、资源整合、运营创新的能力等，都将面临新的严峻考验。

现金流断裂。企业营业收入基本归零，同时还承担着高昂的税收、设备维护、人力资源管理、银行还贷等费用，尤其是海洋公园、动物园等企业每日除有上述费用外，还承担着高昂的动物养护成本。根据调研数据，现金流能维持一年以上的企业仅占 6.3%，不少企业本身是高杠杆和重仓状态，如果 3、4 月份企业不能复工，或五一不能全面进入经营正常轨道，这部分企业就会面临生存危机。

投资信心的压力。过去几年，我国文旅行业获得了空前的蓬勃发展。在这一大波的投资热潮中，相当多的投资者是盲目跟风，不仅对文旅行业的底层逻辑缺乏认识，也对所面临的风险和挑战缺乏了解。经过这次疫情的全面冲击，资本市场投资文旅的信心会受到重挫。

行业结构调整催生了新的市场需求与商业模式。在长时间的市场机遇期中，很多文化旅游企业依然弱小，部分旅游企业习惯于跟随行业发展大势吃饭，没有自主创新和独立创造市场的能力。近两年，整个旅游行业平均收益水平在下降，盈利能力在减弱，行业同质化竞争又加剧，在这次疫情影响下，可能催生整个行业的结构性调整，大批小微、民营企业面临直接的生存问题。另一方面，疫情也会催生一些新的市场需求和新的产品服务和商业模式。

人才的流失。疫情的影响是全国性的，但仍有如在线教育、医疗等部分行业是逆市上升的，这会导致作为本次疫情重灾区的文旅行业人才加速外流，无论是高端人才还是中低端人才，于目前的中国文旅行业都是相对匮乏的。这次疫情导致的人才流失对人才紧缺的文旅行业来说无疑是雪上加霜。

行业知识产权保护工作迫在眉睫。产品内容和项目模式同质化严重是行业面临的一个显著问题。目前，行业内部分企业对知识产权保护法律的意识淡薄，好的项目创新通常得不到有效的保护，看似违法企业成本低、收效快，实际创新者和复制者都会很快被市场遗弃，从而严重挫伤企业创新的积极性，恶性循环，导致全行业创新能力低下，造成严重的发展隐患。

第五章　疫情后中国文旅产业发展环境预测分析

第一节　疫情后中国宏观经济预测

21世纪以来，全球范围内重大公共卫生事件频发，不仅严重影响到人类的身体健康和生命安全，也对地区和全球经济产生了重大冲击。重大疫情的高传染性，传播路径和传播机理的不确定性给社会公众造成了心理恐慌，严重影响了人们的消费心理和消费行为，这也是重大疫情影响经济发展的重要原因之一。为了应对疫情影响，全国各地都采取了包括交通管制、限制人员流动等积极的应对措施，这严重制约了产业要素之间的自由流通，限制了经济的发展。由于不同产业具有不同特点，疫情和应对疫情措施对不同产业的冲击程度也是存在差异的。

文旅产业具有对环境依赖性强、对环境敏感的特点，这一产业特点在疫情期间得到了充分显现。新冠肺炎疫情的暴发，给中国宏观经济造成了巨大的影响，由于现在疫情还没有完全消除，无法精确测算疫情对宏观经济的影响程度。这次疫情的暴发，也让我们不禁想起2003年非典型肺炎疫情的发生，通过对比分析，可以让我们比较客观地认识和理解重大疫情对宏观经济的影响。宏观经济是文旅产业发展的基础环境，预测分析疫情后我国宏观经济的发展形势，有利于制定更有针对性的文旅产业政策，有利于文旅产业早日实现恢复和振兴发展。

一、新冠肺炎疫情与非典型肺炎疫情差异分析

17年前的非典型肺炎疫情从2002年11月中旬开始发现，此后逐步向

全国蔓延；直到 2003 年 6 月中旬左右才得以控制，前后历经 7 个月。其中，2003 年的 4、5 月为疫情高峰期。从本次暴发的新冠肺炎疫情本身来看，无论是从这次疫情的本身来看，还是从这次疫情下整个社会的经济发展情况来看，都有着很大的不同。首先，从此次新型冠状病毒本身的特征来看，还是与 SARS 存在着很大的不同。本次新型冠状病毒自 2019 年 12 月从武汉暴发以来，在短时间内便以极快的速度大面积地传播开来，说明本次新型冠状病毒的传染性极强，每天的确诊人数都在不断地增加，但是致病力和致死率与 2003 年的 SARS 相比，整体数据上来看都更低。尽管本次新型冠状病毒具有极高的传染性，但从本次新冠肺炎疫情暴发以来的致死率来看，是低于 2003 年的非典型肺炎疫情时期的数据的，这也就意味着对于患病者来说，能够有更大的生存可能性，这给我们的医护人员进行有效救治提供了条件。其次，从本次疫情的管控情况来看，与 2003 年非典型肺炎疫情时期相比，发现时间要早很多，并且不同于当时的“非典”事件，本次新型冠状病毒性肺炎在管控力度上要强势很多，封城这样的措施在以前是没有采取过的。并在此次疫情过程中，信息更加透明，通过媒体告知群众，并且每天更新本次新型冠状病毒性肺炎的病况，确保让群众都了解疫情的发展情况，这样能够最大限度地减少群众的恐慌。除此之外，政府在这次新型冠状病毒性肺炎疫情工作的防控上采取了强硬的措施，对于疫情严重的地区采取的是严密的隔离措施，这样对于整个疫情的发展来说，是有利于控制整个进程的，但是大面积的隔离和交通限制措施给整个中国的经济提出了新的挑战。

从当前新型冠状病毒性肺炎疫情对整个中国的生产、生活所产生的影响的表现来看，与 2003 年非典型肺炎疫情对经济的影响有相似之处。但现在的经济形势和国际形势跟 2003 年大不相同，与 2003 年相比，中国现在的发展境况都有了很大的区别：首先，中国现在所处的经济发展阶段不同。2003 年，中国人均 GDP 不到 1300 美元，刚刚从低收入国家升级到中等偏下收入国家。而现在，中国人均 GDP 已经达到 1 万美元，已经是中等偏上收入国家，现在中国经济体量是 2003 年的 7 至 8 倍，对冲击的吸收和缓冲能力大大提高。并且 2003 年中国的基础设施、通信网络、科学技术、医疗条件同今天相比完全不可同日而语。此次疫情主要发生在春节长假期间，相对于非典型肺炎疫情，当前疫情传播速度快，导致全国大部分城市均处于隔离状态，这也制约了第一季度的经济运行和发展。但是在一年的四个季度中，第一季度产值占比最低。因此，如果疫情可以在近期内得到控制，将不会改变中国经济的整体发展趋势。但是从一个角度来看的话，也正是因为中国在2003年的时候，由于整体上的中国经济相对比较落后，所以经济百废待兴，那么经济中所面临的投资机会也就很多。但是现在整个中国的经济发展都已经从高速增长逐步趋向于高质量发展的阶段，整个行业中所面临的投资越来越谨慎。其次，2020年中国经济与2003年相比，中国所面临的产业结构也有着很大的调整。中国在2003年的时候，整个社会经济中占据主要地位的是第二产业，相比之下，第三产业整体上处于相对较弱的地位。2003年GDP四个季度增速分别为11.1%、9.1%、10%、10%，疫情的冲击使第二季度GDP增速回落2%，首当其冲的是对第三产业（服务业和消费）的影响。2003年非典型肺炎疫情期间，社会消费品零售总额增速从年初高点9%~10%回落至5月份的最低点4.3%，而当6月疫情得到有效控制后，社会消费品零售总额同比在7月才反弹至10%左右的增长。而当前中国的经济结构更依赖于第三产业，相比于2003年，第三产业增加值的占比从32%提升至54%，对经济增长的贡献率也从40%提升到60%。对于固定资产投资而言，投资增速短期一个季度会有压力，但不会失速下滑。对于出口而言，只要疫情能够稳定可控，影响预计较小。在非典型肺炎疫情暴发期间，“非典”事件对短期消费造成了一定的冲击，社会消费品零售总额同比增速由2003年1月的9.94%下降至2003年5月的4.3%，在“非典”病情得到控制后迎来快速反弹。相反，固定资产投资增速在疫情暴发期间并未受到明显冲击。以服务业为主的第三产业、交通运输业、餐饮业受事件的影响增速有所回落，但同样，在“非典”疫情好转后迎来快速反弹。不仅如此，财政政策对受非典型肺炎疫情影响比较严重的行业进行了税费的减免，如2003年5月1日起，对民航旅客运输业务、旅游业和铁路旅客运输收入免征营业税、城市维护建设税和教育费附加；对餐饮、旅店、旅游、娱乐、民航、公路客运、水路客运、出租汽车等行业减免部分政府性基金。但是现在中国经济中第三产业占比较大。最后，中国在今天与2003年相比，所面临的整个国际环境都是有所不同的。在2003年，中国是美国乃至世界的加工厂，由中国所生产的工业产品销往世界各地，即便加大投资，产量增加后的产品国内消费不了，国际买家也是乐得消费的。但当前，中国与主要的发达国家形成的关系既有互补也有竞争，但经济全球化是大势所趋，我国一直在致力于人类命运共同体的构建和推进，但部分国家存在认识误区，出现了逆全球化的趋势，这给世界经济的发展带来了不确定性。

二、新冠肺炎疫情对中国宏观经济的影响分析

在 2003 年的非典型肺炎疫情对中国经济造成的影响中我们可以发现，毫无疑问，疫情的大面积暴发对于中国经济的发展产生了巨大的打击，无论是第一，第二还是第三产业，都受到了很大的影响，从后来的数据处理中我们可以看到，疫情对于第三产业的冲击是最大的，所以对于第三产业来说，也会面临着一段更长时间的恢复期，整个过程也会更为艰难。

疫情发生之后，从一方面来说，广大居民的消费水平较低，购买力减弱，并且考虑到整个安全问题，我国的旅游行业，餐饮行业以及各个娱乐产业都面临着严峻的考验，根据往年的情况来看，整个春节期间对于电影业，餐饮业，旅游业等都是经营的黄金期，2019 年春节档票房 58.59 亿元，占全年票房的 9%，2020 年由于受疫情的影响，整个春节档期间电影行业收入呈现极度低迷的状况，原本饱受期待的《唐人街探案 3》《紧急救援》《夺冠》《姜子牙》等多部贺岁电影均没有在院线上映，其中《囧妈》还在春节期间通过网络免费与观众见面，春节档电影票房由预估的 70 亿元跌至大年初一仅仅有 181 万元的成绩，而 2019 年同期票房高达 14.58 亿元，并且后期政府发文，因疫情防控考虑，电影院线等其他娱乐场所均关闭，这也预示着整个行业的寒冬期的到来。

对于旅游行业来说，春节假期是除了“十一”和“五一”之外的重要旅游黄金周，但是在疫情影响之下，广大居民均将原先的出行计划取消，并且各个景区都被要求关闭，这也就意味着整个旅游行业的企业都面临着巨大的亏损，并且旅游行业作为综合性极强的行业，牵一发而动全身，这也就意味着对于其他很多行业来说也产生了十分严重的影响，2020 年的春节假期对于整个旅游行业来说都是极度低迷的。

本次疫情自武汉集中暴发以来，因为疫情的严重性所以政府很快采取了封城的严厉防控措施，全国的交通都进行了严格的管制。根据中国国家铁路集团有限公司发布的数据显示，2020 年 1 月 29 日（农历正月初五），全国铁路发送旅客 293.7 万人次，同比减少 826.7 万人次，下降 73.8%；1 月 30 日（正月初六），全国铁路发送旅客 320 万人次，同比减少 74.7%。除此之外，随着消费力的减弱，人们把更多的财富握在自己手上，所以对于房地产行业，投资行业也会产生很大的影响。中国房地产业协会 2020 年 1 月 26 日向会员单位及全行业发出号召，为响应疫情防控，暂时停止售楼处销售活动。

从本次新冠肺炎疫情的暴发时间来看，发生于 2019 年 12 月份。但是与 2003 年的非典型肺炎疫情相比，整体上引起了政府更加高的重视并且采取措施的时间都远远早于 2003 年，也正是因为本次采取措施的时间早于 2003 年非典型肺炎疫情时期，再加上本次疫情发生的时间与春节假期相重合，所以首先面临的问题就是各个企业无法按时复工，大量春节返乡人群面临着滞留的问题，这对于实体经济来说，无疑是巨大的冲击，对于一些中小型实体企业来说，如果本次疫情持续时间过长，维持整个企业的运营将是一个严峻的挑战。

本次疫情暴发之后，政府采取了严格的疫情管控措施，虽然严格的管控措施是针对现在的疫情最好的治理办法，但是毫无疑问的是这一措施会对人们的消费活动以及企业的生产活动产生巨大的影响。按照往年的规律来看，春节期间本应该是消费增长的黄金时间，但是 2020 年春节期间整个服务业的业绩低迷已经是既定的事实，对于整个第三产业来说，诸如文化旅游、酒店餐饮、影视娱乐和交通运输等所造成的损失是巨大的。从这次疫情暴发之后各个第三产业的企业所采取的应对措施来看，免费取消顾客的出行订单，面临着财务、服务等多方面的压力。延长假期的防控措施影响建筑业、制造业等行业的开工日期，影响企业生产活动，同时医药生产行业的提前开工将在一定程度上形成对冲效应，但不足以弥补损失。由于 2020 年春节的时间较早，所以本来应该是整个 2 月的经济会出现一个较好的数字，但是受到疫情影响，整个 2 月的数据都会呈现一个低谷的状态，这也就影响到整个第一季度的经济数据，旅游、餐饮、娱乐等行业损失较大，第二产业虽然也会受到疫情冲击，但在后续季度可以通过加快进度来弥补。第一产业也会受到疫情负面冲击，但由于第一产业在整个国民经济中占比较小，所以总体影响应该不会太大，在后续的疫情发展中，如果整个走势较好，疫情在第二季度能够得到很好的控制，那么数据就会出现一个较大的反弹。

2020 年的经济基本处于短周期的回升趋势里，经济总体走势与疫情的冲击程度、政府的稳增长支持政策力度有关，但如果稳增长政策的力度不足，PPI 的回升势头可能将暂时中止，由通缩转通胀的概率和空间存疑，一季度名义 GDP 会出现负增长。出口根本上仍取决于外需即全球经济基本面，如果疫情短期未大范围扩散至主要出口地区（浙江、广东、江苏等），则预计短期对出口的影响不大。2003 年，非典型肺炎疫情暴发的第二季度实际 GDP 增速从第一季度的 11.1% 回落至 9.1%，与 2002 年四季度增速相同，回落幅度较大。如果疫情短期无法有效控制，在疫情对消费和生产的潜在冲击下，经济企稳的内生性动力可能受阶段性影响，第一季度实际 GDP 增速可能为 –7% 左右。短期货币政策与疫情关系不大，但如果疫情持续影响经济，2020 年年初以来货币政策超越基本面的宽松窗口期可能延长。因此，总体来说，2020 年将出现比较严重的"滞胀"现象。

由于此次疫情影响了整个春节假期的时间，并且在这期间内政府延迟了全国企业的复工时间，同时对于各个地区的人员流动也进行了严格的限制，这也就意味着整个国内的大部分工厂企业都处于待工的状态，工人不能按时返岗，企业停止生产对于整个社会来说所产生的影响是巨大的。首先不能按期复工对于经营者来说面临着巨大的经营压力，房租、工资等各方面的财务压力都是不可避免的。除此之外，工厂不能开工生产，没有货物生产出来，整个社会的物资链都面临着断裂的风险，这不仅仅使一部分企业陷入经营危机风险之中，其他相关的企业也都将受牵连。其次，虽然政府机关已经陆续出台了针对企业的相关优惠政策，从而缓解企业现在所面临的疫情经营困境，但是与企业正常的经营盈利来比还是力度偏小。最后，随着中国经济的结构性变化，第三产业占经济总量的比重越来越高，加之第三产业受此次疫情的影响最大，对一季度经济增速的影响将会更为明显。本次疫情主要对第二、三产业影响显著，第一产业受影响较弱。根据 2003 年非典型肺炎疫情时期的数据来看，2003 年第二季度第三产业同比增长速度环比降低 1.8%，但是本次与 2003 年非典型肺炎疫情情况有着很大的不同，本次新型冠状病毒性肺炎疫情整体上要更为严重，并且整体上的防控措施也更加严格。根据这一情况估计，2020 年第一季度 GDP 的同比增速会下降到 –7% 左右，二季度之后 GDP 的增速会由负转正。

综上所述，预测一季度 GDP 同比增速为 –7% 左右。随着疫情预计在第二季度得到控制，国家将再次加大逆周期调节，宏观政策将更倾向于宽松的财政政策和货币政策用以推动经济，如减税降费、降息、降准等，进而弥补在一季度的经济损失，所以从第二季度开始经济增速逐渐提升，最终预计 2020 年的宏观经济增速为 3.9% 左右。

除了第三产业受到巨大的影响之外，本次疫情对于整个零售行业的消费也会造成巨大的冲击。从宏观上来看的话，整个社会的需求和生产量都骤减，并且整个社会的失业率和物价都面临着快速的增长，这对于整个社会都会产生巨大的影响。一方面，整个社会失业率的增加会引起人们的收入减少，同时引起群众心理上的恐慌；另一方面，物价增加的同时群众消费水平的减弱，必然会造成整个平衡状态被打破。

疫情的发生对中国宏观经济的打击主要可以分为需求和供给两个不同的方面。从需求端来看，此次疫情对于零售消费造成较大冲击，消费、投资和出口都将受到影响，其中对消费和投资所产生的影响是比较大的。对于疫情的防控来说，很重要的措施是不能出现大面积的人员流动和人员聚集，因为疫情的高传染性所以需要进行隔离处理。我们从 2003 年的第一季度和第二季度 GDP 的增速数据可以发现，由于非典型肺炎疫情的暴发，所以第二季度的增速降低了 2%。而且 2003 年非典时期整个疫情是全国大面积暴发，以北京和广州最为严重，北京和广州在第二季度的 GDP 增速和第一季度相比也都产生了下滑，分别下滑了 3.1% 和 0.5%。非典型肺炎疫情暴发之后，政府同样采取了严格的隔离措施，整个第二季度居民外出量减少，这对旅游业，餐饮业、娱乐产业、社会消费品零售都产生了极大的负面影响，到了 2003 年 6 月份的时候，非典型肺炎疫情得到了有效的控制，社会消费品零售总额同比增长至 9.8%，这是因为前期居民消费得到抑制之后呈现出报复性增长。

三、新冠肺炎疫情发生后保经济的应对措施

此次新冠肺炎疫情暴发以后，对于各行各业都造成了巨大的影响。从现有的情况来看，除了对医药（疫情激发了市场对于防护用品的需求，医药等行业甚至有明显的增长）等少数行业没有造成影响之外，其余的行业均受到了严重影响。在疫情暴发之后，国家及时采取了应对措施，并且各个地区也对疫情防控措施及时进行了执行，这次疫情对于我国的治理能力和治理水平都提出了更高的要求，在应对此次疫情之下，也会进一步地提高各方面的治理能力。

国际经验表明，重大疫情等危机事件对于国家经济的正常运行构成了威胁，要重点防范危机事件促使经济运行脱离正常的运行轨道，这样会给整个国家的经济、社会带来深远的影响。为了最大限度降低危机事件的风险，我们要在做好疫情防控的同时，重点做好保民生、保企业、保就业。

保民生。要坚持以民为本，以人为本。我们的经济发展是为了人民，做好疫情防控同样是为了人民。所以，习近平总书记多次强调，在疫情防控过程中，要把人民群众的生命安全和身体健康放在第一位。打疫情防控阻击战，实际上也是打后勤保障战。民生稳，人心就稳，社会就稳。强化“米袋子”“菜篮子”工程，保障人民在疫情期间的基本生活，保证蔬菜、农产品等物资的运输畅通，稳定人民的基本生活。对于生活贫困的人群，要重点关注，提供必要的帮助，确保其生活质量不下降。

保企业。企业是市场经济的主体，是国家经济的细胞，是稳定就业的基础。受疫情影响，大部分企业承受多重压力。特别是中小企业，资源有限，现金流量小，对重大疫情等危机事件的抵抗能力较差。一方面，受疫情影响，企业经营无法正常进行，没有收入来源。另一方面，企业有固定支出必须支付，包括员工工资、员工社会保险费、房租、设备折旧等。因此，受疫情影响，很多企业面临经营困境，甚至面临倒闭风险。所以，政府有必要出台相关支持政策，帮助企业渡过疫情难关，确保经济基本面不变。

保就业。就业是民生的重要内容，同时也是经济发展情况的重要指标。稳定就业可以保证居民的收入，有利于整个社会的稳定。同时，保证充分的就业可以提高居民的可支配收入，保障社会的整体消费能力，有利于整个社会经济

的正常运转。

尽管目前疫情防控还没有取得最终的胜利，但我们要相信，在党中央的坚强领导下，我们肯定会战胜疫情，因此要做好由抗疫状态转向正常状态的过渡准备。要根据疫情防控的进展情况，进行分地区、分等级实施不同的复工措施，确保在做好疫情防控的基础上，尽快复工生产，完成 2020 年的整体工作目标。

此次新冠肺炎疫情的暴发是对我们社会治理能力的一次大考，充分暴露了我们在公共卫生治理、社会综合治理方面存在的不足之处。疫情对于我国经济所造成的冲击是短期的，只要及时地采取应对措施，相信我国经济会很快恢复至更高的发展水平之上。首先在此次疫情影响之下，我们最先关注到的就是中小型企业的生存现状，并且应该为这些中小型企业的生存发展制定一系列与之相关的扶持政策。即使我国宏观经济韧性较强，可以抵御病毒的冲击，但对于中小企业来说，有可能是生死攸关的关键节点，本来此前利润微薄，而此次延期开工，都依然承担着工资、社保、房租等刚性支出，市场恢复需要一定的时间，银行贷款依然要承担利息等，损失惨重。因而，我们需要对中小企业给予足够的关怀和帮助。对中小企业来说，2020 年的第一季度，在假期延长、返城人员需要隔离期等情况下，相当多中小企业会面临现金流不足的困境。这些企业如果渡不过短期难关，不利于疫情过去之后经济的恢复。但是，在这种情况下，完全由任何一方承担损失都不合理，也承担不起，应该由企业、劳动者、房东、银行、投资者、政府等各方共同分担，共渡难关，共克时艰。建议对这些企业的贷款延期，同时缓付甚至减付利息。政府对中小企业进一步减税，并缓缴、减缴社保费用。即恢复生产后前三个月不缴纳社保费用，此后每个月补缴一个月的社保费用，直到补缴完为止。建议由政府出面，协商劳资关系，未开工期间工人工资减少一定比例发放。建议由政府出面，发布房租减免的建议，建议未开工期间房租减半支付，鼓励房东免除这一时期的房租。建议企业出资人尽量补充流动性资金，保证企业现金流。在进行上述减免、缓缴的情况下，由企业承担剩余的损失。

对于我国现在的宏观经济情况来说，在本次疫情中，虽然第一、第二、第三相关产业都已经受到了影响，但是其中对于第三产业的冲击是最大的，一、二产业稍次。疫情过去后，第一、二产业应该能够快速恢复，并加快进度，尽量弥补在疫情期间的损失，应该能够对此前经济增速的下降有所弥补。第三产业也会恢复，但是因为第三产业的行业性质所在（产品不具有储存性的特点），即使是在疫情结束之后，短时间内大家对于疫情的恐惧也不会就此消失，所以对于一些娱乐聚集性服务消费仍将恢复缓慢，并且从这个疫情的控制与发展来看的话，为了确保疫情不至反复，也应该继续控制这类活动，因此，第三产业的恢复应该会比较慢，也必须比较慢。

所以，疫情过去后经济恢复要确保第一、二产业尽早恢复，将其遭受疫情的损失降到最低。今年的经济增长应该主要靠这两个产业，第三产业以稳为主、以确保疫情不反复为主。为了加快经济恢复，尤其是加快第一、二产业的恢复，并且保障宏观经济的稳定增长，政府应该及时调整财政政策，并且采取有效的货币政策，建议政府采取更为扩张性的货币政策和财政政策。在货币政策方面，可实行宽松的货币政策，降低准备金率，激发市场活力。在春节假期过后，考虑适当降息，为企业降低资金成本；针对疫情影响严重的产业（如文旅产业）提供一定的税收减免；对一些新兴制造业给予适当的补贴，帮助企业渡过难关等。在财政政策方面，首先是减税；其次是降低社保费率，当然这个应该是长期性措施，不是仅仅针对本次疫情的，而是要永久性降低，因为这不是一个临时性问题，是中国企业面临的长期性问题，只是在目前的情况下正好被解决了；加大财政扩张的力度，在基本建设、教育、研究开发、文化方面，要加大投入，建议一些补短板、促民生等重大基建项目提前上马。基建除了传统的“铁公机”（铁路、公路、机场）之外，我国新基础设施（5G、人工智能等）投资的空间还非常大。此次完全可以把通信设施等新基建作为突破口。国内铁路、公路建设已近饱和，投资边际效用递减，而以 5G 为主的通信设施则存在巨大的需求缺口，我们恰可以抓住这个时间窗口，大力发展新型通信基础设施建设，既可以带动有关制造业行业发展，走出病毒阴霾，还可以加快我国通信技术迭代步伐，推动科技创新，新基建对我国未来生产率提升意义重大。

在市场环境管理方面，要进一步放松管制，激活市场活力，调动一切积极性发展经济。首先，探索计划生育政策改革，逐步放开生育。现在养孩子的成本很高，这本身就是消费需求，而且是优质消费需求，因此，鼓励生育就是扩大消费。同时，放开生育也是应对我国人口老龄化的重要举措，随着人们认识的提高，对于生育也逐步趋于理性，这从我国放开二孩政策后并没有出现生育高潮可以看出。其次，进一步深化改革，逐步放开、放宽市场准入制度，引导民营企业和资本进入更加广泛的投资领域，扩大市场竞争，激发市场活力。最后，扩大国际合作。以“一带一路”为平台，引导企业走出去，参与国际竞争，引入国际优秀企业，参与国内投资，充分利用好国际和国内两个市场。

第二节　疫情后文旅产业需求的预测分析

新冠肺炎疫情自暴发以来，旅游行业无疑成了重灾区，这已经成了既定的事实。中国旅游业的发展并不是一帆风顺的，历史上经历了多次危机事件的冲击。2020 年伊始，又经历了公共卫生事件的巨大冲击。在所有事件造成的冲击之中，传染性疾病的暴发对文旅产业需求造成的影响是最大的，我们从 2003 年的 SARS 疫情的暴发对旅游业造成的冲击中可以发现，一旦传染性疾病暴发之后，各类文旅活动都会暂停，人流量的骤减，经济下滑，居民消费能力减弱，对于整个旅游行业来说所遭受到的打击是巨大的，对于许多文旅企业来说是毁灭性的。此次暴发的新冠肺炎疫情与 2003 年的 SARS 疫情相比，病症潜伏期长，传播方式更为多样，并且整个传播的密度更大，这也导致了整个防控难度更大，疫情持续的时间随之也就会更长。与 2003 年相比，现在的医学技术已经更为进步，国家的公共治理体系更加完善，治理能力显著提升，在疫情防控上国家也及时制定了很多措施，并且严格地执行和落实，我们有信心此次疫情在一定时间内肯定会得到解决，文化旅游消费作为一种生活方式，已经成为人们的“刚需”，成为人们追求美好生活的重要组成部分，在市场基础面的支撑下，只要有市场需求，就不会一直低迷，会在疫情之后逐步释放，但是不一定会形成井喷性增长。

一、新冠肺炎疫情对文旅产业需求影响

本次新冠肺炎疫情对于中国文旅产业的需求端来说会产生极大的影响，从大的经济环境来看，旅游活动发生的前提是时间和金钱这两个条件都是需要同

时具备的，也就是说既需要中国的广大游客有一定的经济收入，同时也需要有足够的闲暇时间来完成旅游活动。根据正常的情况来看，一年 12 个月，除了工作时间之外，其余的时间能够作为自由支配的时间，同时工作时间也能够保证足够的经济收入。但是在受到此次疫情的影响之后，人们的工作时间大幅度地减少，各地不能按时复工，这也就意味着在疫情结束之后需要面临着休闲时间的减少，同时更为重要的是，无法复工也就意味着收入的减少，经济层面所带来的压力会进一步地加重人民群众的焦虑，引起人们对于经济的消极预期，整个需求端的总量也会大幅度减少。

对于文化旅游行业来说，当整个疫情暴发之后，广大民众的收入存在风险，休闲时间减少之后，由于文化旅游的特殊性质，其会成为广大群众在消费上最先考虑削减的部分，这对于整个行业的需求来说都是不得不面对的现实，并且这种需求端上的变化并不会简单因为旅游产品形式或者营销方式上的改变而发生变化。从居民在完成出游活动的这一需求来看，旅游行业是一个需求弹性极高的行业，在经济环境良好的时候，整个社会的出游需求会极大地增加，但是当社会环境出现变动的时候，出现某种突发事件的时候，这一出游需求也就会面临骤减的风险。文化旅游行业有着其特殊的行业性质，一直以来都是一个极其敏感的行业，会受到外部环境，内部环境等多方面的影响。国家政策、经济发展、老百姓收入、自然灾害、局部战争、金融危机和重大疫情等，都会对一个地区的文旅产业造成直接影响，而重大疫情对旅游行业的打击更加彻底和严重。

本次新冠肺炎疫情的暴发与 2003 年的非典型肺炎疫情暴发时期相比，整个社会的发展已经向前迈进了一大步，互联网时代的到来让整个社会的信息传播更为便捷，广大居民即使不出门也能及时地了解到疫情的最新进展，这也就意味着各类疫情信息会对居民出游的动机造成严重性的打击。根据 2003 年的非典型肺炎疫情下对于居民出游需求的影响分析来看，2003 年的 SARS 疫情给中国旅游业造成了严重损失，“国内游”客流同比增速从 13% 减少至 –0.9%，“出境游”出境意愿下降，非典型肺炎疫情导致的赴美客流减少了 38.9%。从 2003 年的非典型肺炎疫情的数据来看，此次新冠肺炎疫情相对来说持续时间更长，疫情更为严重，所以对整个文化旅游需求来说所造成的影响无疑也是更大的。

随着疫情的发展，人们对于疫情的认知也会逐渐加强，这种认知的过程会在旅游需求上有所体现，可以将人们对于疫情的认知划分为三个阶段。首先在第一阶段时对于整个疫情的认知还处于一个模糊的状态，大家对于整个文化旅游市场的反应也还是模糊的，在这一阶段，大家的出游需求会受到一定的影响，但是此时的影响还没有达到峰值；在第二阶段的时候，大家对于疫情的认知会更为深刻，整个社会都会处于一种极度恐慌的环境之中，在这样的环境下，文化旅游市场会进入低谷，整个市场上的需求降至负值；在第三阶段也就是疫情逐渐走向好转的阶段，市场会出现回暖，随着各个行业逐渐恢复正常的运转，大家的出游需求也会进一步增加，但是要恢复到最开始的水平，整个市场还需要经过漫长的恢复期。因为此次新冠肺炎疫情暴发的时间叠加在春节假期，很大程度上影响了春节假期本有的黄金需求期，同时对于广大群众的恐慌也会进一步地加剧。疫情结束后，我国文旅产业总体需求量会呈现出一个增长的趋势，这是因为本次疫情持续时间很长，文旅产业中各项服务是满足居民生活中的精神需求，在此次疫情持续的时间内，整个疫情期的有效需求没有得到释放和满足，但是大家的消费能力和需求可以继续储存，须假以时日蓄势再发，文旅消费者的效用水平总体不会影响太大，只是在消费周期中做一个理性调整而已，总的消费函数变化不会太大，当然，春节长假这一决定有效需求的重要闲暇被“搁置”了，在未来还会呈现出一波新的需求增长。

疫情期间的强制控制措施对于文旅产业来说，会让大量需求在疫情结束之后呈现出释放的趋势，原本的春节黄金旅游期没有满足人们的出游需求，在本次疫情结束之后，会有一个需求明显释放的趋势。从疫情后的旅游需求类型来看的话，疫情后的旅游需求释放是逐级的，从国家疫情管控来看，文旅市场的放开也是逐步的，从居民所在地的周边地区，到国内各旅游地，再到入境游和出境游（从国家疫情管控来看，最先开放的文旅市场应该是省内游，跨区域文旅市场会在随后开放，国际游市场应该是最后开放的），整个旅游需求的释放如滚雪球般逐级释放，带来三到四波的市场行情，区域热点可能是轮动的，传统旅游热点区域会理所当然成为直觉选择，但善于利用新的传播手段造势的新区域也能抓住机会重塑形象，形成新热点。

受疫情的后续心理影响，家庭型和自然型文旅产品需求会走强。疫情会令国内居民更注重家庭出行，更向往与大自然的对话，更喜欢开阔疏朗的空间，更拥抱无拘无束的运动，这些方面，中国的传统旅游供给存在很多短板，需要在疫情尾声即开始着手升级工作。文旅产业已经不再是过去传统的单一模式，2018 年文化和旅游部的成立也意味着我国广大居民的需求更为多元化。现在的文旅行业包括旅游、电影、娱乐等各个方面，在疫情后各个领域会出现跨界融合发展，软硬结合开发的趋势。中等收入群体的消费需求，在文化认知、消费偏好、消费门槛上有明显变化，这里既是多元的需求，也是多元的消费，故此，对应的产品和服务也应当是多元化、专业化的。但是目前我国现有的旅游产品都是满足大众的消费或综合中等收入群体的消费，没有进行产品和产业细分。例如，基于自然博物教育与亲子休闲度假、虚拟现实与户外体育休闲、线上教育与线下亲子活动、传统文化融合研学度假、休闲主题综合体度假区等方向，都是满足中等收入群体的细分赛道、细分项目的类型。文旅产业从业者要进行充分的市场需求调研，了解消费者在疫情之后对于文旅产品需求的变化，进行产品升级提示，满足市场需求。

旅游行业具有较强的关联性，因此旅游业往往会带动许多其他相关产业的发展。新兴的休闲旅游产品不仅将满足消费需求，还将带动新型的周边投资、建设、服务等软硬件产业。此次疫情结束之后会重塑广大民众的旅游认知，全国旅游需求被疫情所抑制，陷入了低谷，在疫情结束之后，文旅产业消费也会大幅度增加。整个文旅行业因为这场疫情按下的暂停会带来消费者心理的重塑，旅游观、行为观等都会发生变化，善假势者要尽可能把握这种变化，做出相应的响应，满足疫情过后市场的新需求。

在疫情逐步被控制之后，文旅产业也会逐渐恢复到原来的正常运营之中，保证整个文旅产业恢复正常的基本条件有三个主要的部分：首先，应该保证居民重新建立起对出游的信心和意愿；其次，应该是确保全国各地的交通出游畅通无阻；最后，需要保证与旅游六要素的“食、住、行、游、购、娱”相关的企业都恢复正常，保障整个旅游链条正常运转。虽然本次疫情对文旅产业带来了沉重的打击，但是疫情带来挑战的同时也带来了机遇，只要及时抓住时机，深刻理解疫情之后人们对于文旅产品需要的变化，深耕细作，进行文旅产品的提档升级，文旅业将会逐步恢复到疫情前的发展态势，甚至会迎来更好的发展空间。

二、影响疫情后的文旅产业需求

新冠肺炎疫情正在考验着中国，也在考验着各个产业。文旅产业被认为是受疫情影响最大的产业之一，政府部门正积极制定相关政策来推动文旅企业应对疫情的冲击，包括降低贷款利率、不抽贷、不断贷、不压贷、贷款展期等金融手段。下面从五个方面分析疫情之下金融如何支持文旅产业发展的问题，政府和金融机构要抓住文旅企业的特点，做好打持久战、拉锯战、攻坚战的准备。

2016 年以来，文化产业和旅游产业金融发展进入规范与创新平衡发展时期。受大环境影响，文旅产业资本市场一度处于低谷，实际上这一领域尚未走出“凛冬”季节。当下，新冠肺炎疫情对我国经济正在形成巨大冲击，文旅产业又首当其冲，可谓凛冬未尽，雪上加霜。

近日，中国人民银行等部门发布了《关于进一步强化金融支持防控新冠肺炎疫情的通知》，在保持整体流动性、稳定市场预期的同时，对文旅产业等受影响较大的行业也有特别的关注。目前，已经有浙江、江西、北京等多地出台应对疫情和支持企业健康发展的政策，其中有三十多个省市及地市各级政府部门专门出台政策减缓疫情对中小微企业的冲击，这是比较罕见的。当前推出的政策措施不可谓不全面，其中财政税收手段、金融手段是最重要的内容。很多措施都包含了减税、减费的措施，要求金融机构的主要内容是降低企业的资金使用成本，包括降低贷款利率，不抽贷、断贷、压贷，贷款展期，给予一定额度的其他续贷，无还本续贷，降低融资担保成本、免除相关手续费等。另外，政府对企业的运营及管理成本也给予了关注，要求降低、减免房租，降低用电成本等。应该说，很多措施是非常接地气的，是关照了微观主体的基本诉求的。

关于如何认识金融支持文旅产业，积极应对疫情，进一步促进产业持续而健康发展，有如下几点思考。

第一，文旅产业影响程度仍未明朗，应有打硬仗的准备。文化产业和旅游产业在我国国民经济体系中的重要性不言而喻。2018 年全国文化及相关产业增加值为 41171 亿元，旅游及相关产业增加值为 41478 亿元，两者合计占 GDP 的比重达 8.99%。全国有文化及相关产业法人单位 210.3 万个，从业人员有 2055.8 万人，企业众多，从业人员规模巨大。同时，这两个产业的中小微企业比例较大，也是需要特别关注的领域。显然，中小微企业抗冲击能力差，而一旦这个群体受到致命的打击，我国的就业、民生都会受到巨大影响。应该说，文化和旅游产业遭受疫情影响的程度，与疫情持续时间直接相关。目前虽然国内疫情持续向好，但国际疫情防控压力较大，对于防控国际疫情入境也不能掉以轻心。目前在疫情基本稳定的地方，文旅市场已经在逐步放开，但全国何时能够全部放开文旅市场，现在还是未知数。如果文旅产业关停期过长，很多文旅企业无法正常经营，将会对整个文旅产业形成一些不可逆的产业伤害。支持文旅产业就是支持实体经济发展，如何走出困境，政府和金融机构需要有打持久战、拉锯战、攻坚战的准备。

第二，抓住文化企业和旅游企业的特点，对症下药。文化旅游行业内部分业态差异较大，经营管理上有较大差别。金融机构在服务时应重点考虑企业的经营模式、财务特点、资产特点、人力资源结构等因素，分门别类，有针对性地提供金融解决方案。如文化内容型的企业多为以项目制为中心的中小微企业，包括电影电视制作、戏剧创作及演出、实景演出等，这些企业可能项目刚刚上马，成本已经开始产生，如贷款，但因为疫情停工后将无限期等待，甚至项目下马。类似的还有会展服务企业，以项目聚集人力资源。对于这类企业，应结合已经立项的具体项目进行评估，予以专门的关注。电影院线、景区依靠门票收入形成现金流，已经实施的与现金流相关的抵押、证券化等金融方案需要重新评估并予以补救。

第三，成本分担，责任共担，共渡难关。由于疫情的影响，很多中小文化企业和旅游企业最现实的问题就是活下来，通过降成本，包括资金使用成本和运营管理成本，是可以取得成效的。应该说，目前政府机构出台的很多措施是接地气的，是关照了微观主体的基本诉求的。这次疫情对文旅产业的影响较大，形成的经济压力也很大，不是某个政府部门、经济部门或市场主体能够独立承担的。所以，出台金融支持应对疫情的相关政策，应建立在政府、金融机构、文旅企业、员工多方主体共同承担的原则上。企业应能够制定较好的自救方案，能够挖掘企业自身潜力，员工也应具有承担部分收入损失的基本担当，这是金融支持文旅企业走出困境的重要前提之一。

第四，尊重市场规则，尊重市场主体权利。疫情影响巨大，正在检验市场的能力、企业的能力和产业的能力。在一定的外力扶助下，市场主体应能够激发生存欲望，应相信市场有自我修复能力。政府应仍将重点放在制度环境的构建上，金融机构把重点放在清理积案、提高效率、应办快办上，企业具体怎么干、怎么自救，政府和金融机构都不应越俎代庖。金融机构不应过度使用金融工具。信贷机构对文化和旅游企业的支持，首先要做到的是“不雪上加霜”，如不抽贷、不断贷、不压贷。在商业领域不应过度降低风险管理要求，防止担保等方面产生衍生风险。在公共危机事件中，市场主体既有义务，也有权利。不应过度干预商业金融机构的市场行为，强制商业金融机构承担过重的公共救济责任。可以在规则之后进行免责或救济，但不应破坏市场规则，不能要求市场主体以支持企业的名义先行放弃市场规则。

第五，着眼中长期目标，释放活力，调整结构，促进改革。疫情冲击之下，活下来是最现实的需要。但对金融来说，还需要着眼未来，需要结合激发市场活力、调整产业结构等目标开辟第二战线，为疫情之后的产业金融服务做准备。一是以恢复市场创新活力为目标，制定文化产业金融及旅游产业金融服务创新方案，对已经基本消除风险隐患的新金融模式松绑，给新金融活动更多空间。二是应结合区域特点，将金融解决方案的重点放在产业调整结构方面。关于未来文化产业和旅游产业的产业结构问题，重要方向是要促进数字化转型，提升数字化生产和数字化生存能力。三是应结合金融市场改革，提升直接融资比例目标，加快资本市场改革。结合注册制改革，加快符合条件的企业上市和在新三板挂牌。四是结合防风险目标，加速推动金融科技应用，建立新的金融基础设施。如要提高文化产业和旅游产业的信用贷款比例，就应着手以金融科技推动建立具有长期效应的行业信用管理体系。在五六个月的时间内，这些问题应与渡过难关的短期目标一并考虑，否则疫情过后可能重新回到原点。

为了应对此次新型冠状病毒的影响，除了政府和金融机构的努力，中国文旅产业也需要制定有效应对疫情的策略。动物界有冬眠现象，就是冬天来了，很多野生动物进入“蛰伏”状态，也就是“冬眠”状态，这是为了保存体能，以便冬天过去后再出来活动。文旅产业面对新冠肺炎疫情，已经被迫从整体上处于应急性歇业和停业状态，事实上处于“冬眠”状态。因此，文旅产业应该本着“既来之则安之”的心态，既然不得不躲起来，索性以积极的心态采取冬眠策略，就是要主动保护产业能量，避免无谓消耗，待疫情过去后再行产业常态化运作。同时要持续关注和保障员工的生命安全和身体健康，维持企业团队稳定。在疫情防控时期，还有不少文旅企业员工奋战在一线，疫情缓和后，企业员工也要在一线接受潜在的疫情风险检验。员工既是企业创造价值、获得营收的“资产”，是保证企业持续经营的“定海神针”，也是树立企业形象，创造企业品牌的“宣传员”。在特殊时期，企业需要关照员工，尤其是一线员工，保障其应有的权益。对于陷入困境的企业，也需要维持好与员工的良好沟通，尽力不裁员或少裁员，维持企业人员的稳定。文旅产业进入冬眠状态，并不意味着产业的所有活动都中止了，庞大的文旅市场仍然存在，只是暂时性的供需对接的停顿，在这个特殊时期，文旅产业仍然要积极实施护市策略，给文旅市场注入持续的信心。护市策略包括两个方面：一是政策护市，政府方面须对文旅行业大幅度推出减免税费、减息、退还保证金、贴息贷款、补贴等政策，稳定文旅行业的底气和信心；二是产业护市，这是由文旅行业实施的行动，包括诚意退费、合理减租、向游客和文旅市场展示行业的应对策略和信心等。

突发疫情之下，很多文旅企业的压力是巨大的，很多企业不得不考虑实施瘦身策略，以合理减轻压力，包括裁员、减薪、关闭部分经营点、有效控制各项运营成本等。瘦身策略就是做减法。疫情影响已经不可避免，在营收大幅减少的情况下，能够活下去才是王道。在不大幅影响产品服务水平的前提下，控制成本成为关键。要严格管理现金收付，利用好金融杠杆，积极开拓融资渠道，争取税收政策。在情况允许时，尽可能向上游延长账期，向下游缩短账期，保持稳定现金流，为抢占疫情过后的旅游市场做足准备。疫情总会过去的，景区可以把下半年的产品抵押给旅行社、OTA 平台或者投资机构，也可以推出现在预订下半年门票、年卡、酒店房间、餐饮等产品，可以享受更大的优惠和折扣等促销政策。快速变现，解决资金压力，才是王道。对于一些还未进行或进行中的周期长、现金需求大的增量项目，如新建景区、酒店等，建议结合自身实际情况调整战略，收缩投资战线。疫情期间，文旅产业和企业通过线上交流、互动，进行行业培训、业务学习，优化公司内部管理等活动，可以弥补停业期间的损失，为疫情过后的积极性复业奠定良好的基础。充电策略就是做加法。充分利用市场空档期加强技能训练和业务培训，提高员工素质。在产品服务方面，结合市场动态需求，不断创新模式和内容。利用更多科技手段，提高产品和服务的创新性和管理效益。在营销方面，挖掘线上营销、自媒体营销等多元路径。

此次疫情必然会导致文旅行业出现不少企业倒闭、出让等情况，有实力的文旅企业可以借机“捡漏”，寻求收购、重组、整合，通过资本运作壮大企业。与捡漏策略相对应，部分文旅企业可能难以应对疫情期间出现的巨大困难，难以支撑到疫情结束，不妨主动出击，寻求行业兼并收购，通过退市以求止损。

第三节　疫情后文旅产业供给的预测分析

文旅产业一直以来都是一个综合性和敏感性极强的行业，许多产业与文旅产业都有着千丝万缕的联系，也正是因为如此，一旦整个市场环境发生了一丝一毫的变化，就形成蝴蝶效应，对于文旅产业的发展来说有可能都会形成巨大的冲击。新型肺炎疫情自暴发以来，国家文化和旅游部就发出通知，要求各地严控文化互动数量和规模。北京宣布自 2020 年 1 月 23 日起取消包括庙会在内的大型活动。各地方旅游管理部门亦就应对疫情做出安排。武汉市文化和旅游局要求，全市所有旅游团队一律取消。与此同时，携程、马蜂窝、飞猪、同程、美团等多家中国线上旅游平台先后发布旅客预订产品退改保障计划，几乎都对春节期间被确诊为新冠肺炎或因疑似新冠肺炎被机场（港口）隔离劝返的用户，以及目的地为武汉的酒店、门票订单等提供免费无损的退改政策。除此之外，各地娱乐活动也都在疫情的影响之下被禁止，《唐人街探案 3》《夺冠》《姜子牙》《紧急救援》《急先锋》等多部春节档影片在 2020 年 1 月 23 日一天内全部宣布撤档。与此同时，国内两大电影票务平台淘票票和猫眼均宣布，春节期间武汉地区电影票支持无条件退票。一些颇受欢迎的文化旅游场所亦采取措施来积极应对疫情。2020 年 1 月 23 日，位于北京的故宫博物院、恭王府博物馆等博物馆均发布参观提示称，鉴于新冠肺炎疫情，请观众做好个人防护。若有发烧等症状，就近联系工作人员采取措施，等待医护人员到场。上海博物馆亦从 2020 年 1 月 23 日起采取限流、入馆体温检测、查验有效证件等紧急防控措施；并缩短开放时间，取消已预约的团队参观，不再接受新的团队预约。西安秦始皇帝陵博物院则表示，根据疫情发展情况，该院将采取相应防护措施，加强疫情管控。这样的停滞对于中国文旅产业来说造成的冲击无疑是巨大的。根据国家统计局公布的数据来看，2019 年中国旅游业总收入达到 6.5 万亿元，除五一和黄金周外，春节假期是每年的旅游黄金期，在这样的情况之下，每一天的停滞对于旅游业造成的损失都是巨大的，对于旅游业中的各个企业来说所面对的挑战也是极其严峻的。疫情暴发，游客不敢出行，对于各旅游企业来说，不仅需要面对大量的顾客退单，同时对于供应商来说，如何让他们的损失最小化，让他们在这次灾难中走下去也是很重要的问题。国内各大旅行社、旅游平台、代理平台等旅游平台中介垫资巨大，债务增幅明显，星级酒店及住宿业整体下滑明显，部分企业面临被洗牌淘汰，并且在此次疫情中，诸多酒店都免费为疫情中的医护人员提供住宿服务，这对于他们来说，让其所处的处境更为艰难。由于此次疫情的严重性已经不局限于整个国内的旅游市场，对于出入境旅游来说，也进入了最为低谷的时期，根据 2003 年 SARS 疫情的数据来看，SARS 疫情对业绩的影响在疫情平息后仍然持续了 2~3 个季度，直到 2004 年第二季度极低基数下迎来明显反弹。即使疫情得到有效控制，但出游意愿的恢复传递至上市公司收入业绩端仍会有一定的延迟，所以本次新冠肺炎疫情对于出入境旅游所形成的影响还未可知。

一、新型冠状病毒性肺炎对文旅产业供给影响

自新型冠状病毒性肺炎疫情暴发以来，对我国文旅产业的供给端即文旅产业供应商产生了严重的冲击，整个需求端的断裂使得供给端的处境更为艰难，在如此艰难的局面下，各大供应商在此次疫情面前还纷纷为国家的疫情防控贡献出了自己的一份力，积极履行社会责任，充分体现了文旅企业的责任担当。

首先在资金支持上来说，爱彼迎中国宣布，公司计划成立专项基金，在未来几年内投入超过1000万美元（约合7000万元人民币）。在这一专项基金的支持下，爱彼迎中国宣布的首批“十项承诺”包括：返还湖北房东服务费；资源扶持及经济补偿；加强各类房东培训；延长免责取消时间等。美团宣布启动七项商户帮扶措施，包括针对武汉地区商家推出免除佣金、延长年费、给予特殊保障金措施等。这些企业的上述措施，目的都很明确，产业链伙伴遇到了现金流难题，为这些伙伴提供现金流和减免费用支持，都是帮助其“活命”之举，在一定时间期限内，将自己的产业链业务盘还保持在一定体量内，以在未来疫情后恢复发展保证一定的业务基础和市场份额，“共克时艰”是为此义。当然了，我们目前看到的也多是巨头企业才有上述类似动作，或者说才能有类似动作，疫情危机下，很多企业家里难有余粮，或者余粮也不是很充裕。延伸来说，或也即意味着，很多不在巨头业务链条“庇护”下的中小微企业，如何在业务停摆、现金流渐近枯竭的情况下，熬过疫情困境期，将更为艰难。

2020年对于整个文旅行业来说是特殊的一年，从2018年文旅部的成立到今年，其实整个产业都铆足了劲儿，希望今年在文旅融合上可以有一个大的突破，今年可能是文旅融合的关键的破局之年。但是新冠肺炎疫情的突然暴发让整个产业目前处于停摆的状态，很多企业被疫情打得措手不及。而且疫情的暴发还是在一个非常关键的时间点，就是在中国农历的春节期间。现在的文旅消费已经和以往的文旅消费不太一样，以前我们说到旅游，大部分人的印象中还是跟团、组团、传统的观光游、商务旅行。而现在的文旅消费已经是文旅大消费的全领域，不仅覆盖了传统旅游的线路和景点，还会有大量跨界的业态。“旅游+”的概念已经不是第一次出现在大众的视野中，对于很多群众来说也不再是一个陌生的话题，旅游+教育、旅游+体育、旅游+康养、旅游+文娱等让整个文旅产业几乎在每个人的生活中都占据了一席之地。这次疫情对传统的旅游来说可能会是一次彻底的洗牌，也集中暴露出了传统旅游业态中很多结构性的问题。比如节假日的不合理，比如传统景点、旅游目的地对几个大的节假日的严重依赖性等，这样集中的规模经济极易受到突发危机事件的影响和冲击，错峰淡旺季线上线下结合的运营结构还是亟待改革和创新。这也是这次疫情带来的冲击，我们发现传统旅游里的一些结构性问题也会暴露得更加明显。从另一维度来看，此次疫情危机中，OTA与供应商、民宿与平台等都出现了损失承担的利益博弈，甚至纠纷。平台与供应商的关系在某些平台矛盾积怨已久，疫情冲击下可能会激化矛盾，产业需要更加良性和健康的生态关系。产业的呼声越来越强，需要有实力的平台型企业牵头出台更加良性持久的供应链关系，包括增加疫情、灾难、热点地区事件冲击时的扶持政策。这些政策能否变为长效机制，乃至优化平台与供应链企业间的利益机制等，仍需要更多的观察。

文旅产业与一般产业相比有着不同的产业性质。

第一，文旅产业诸业态一般有着较大的固定成本含量，变动成本较小，包括利息、租金和人员工资等成本巨大，即使没有一个游客、没有收入来源，这些成本都要继续支出。即使在重大疫情面前，这个成本也必须支出，根本无法补偿。

第二，文旅产业作为终端消费，背后有比其他产业更复杂的产业体系，在重大疫情面前，收益减损的波及面更广。一是旅行社行业，损失最严重，尤其是中小旅行社，其中一方面是要面向游客退团退款，另一方面，已经付给供应商的预付款可能无法追索。因此，许多中小旅行社承受着巨大的财务压力，甚至会面临破产的边缘。二是酒店行业，资产规模大，在岗员工多，财务负担重，还有一批酒店冲在抗疫情的第一线，成为政府指定接待隔离者或医务工作者的饭店。三是旅游景区，在疫情期间，旅游景区全面关停，没有营业收入，但还需要面对巨大的维护成本，只能艰难维持。四是文化项目，一部分是事业单位，靠财政拨款，虽然困难，但还没有危机。而对于市场化的民营文旅项目而言，则面临着租金、人员、贷款利息等各类费用压力。五是民宿企业，都是小微企业，以前是玩情怀，现在只剩下自己和自己玩了。许多民宿是由外来人员经营的，他们还承受着房租等财务压力。六是大活动，适逢春节前夕，各地都准备了很多的庙会、灯会等活动，费用也基本上是政府、企业、零售商共同承担，现在都打了水漂。七是线上旅行服务企业，巨无霸式的OTA姿态颇高，出台措施实行消费者的定点无损退单，对于合作伙伴进行资金援助；中小线上专业服务商咬牙坚持。餐饮企业也是损失惨重，可以说是全面崩溃，部分餐馆开始通过卖菜止损了。

第三，疫情会使文旅三大市场的不均衡加剧，出境游，尤其是入境游几乎可能全线崩溃，恢复信心和消费规模的周期可能会更长。疫情的暴发严重影响了我国的旅游形象，影响在国际旅游市场的竞争力。特别是现在国际疫情严重爆发，这给个全球旅游市场带来了更多的不确定性。

第四，文旅产业具有不可否认的公共产品性质。在我国，文旅产业既是“国民经济的战略性支柱产业”，更必须是“人民群众更加满意的现代服务业”，体现着更重要的社会收益，这个损失可能会更大。面对市场经济无法较高效率、较短时间调节其供求均衡、但对国民经济和国民福祉影响巨大的文旅产业，必须根据其产业性质和定位，适时予以“介入”和“扶持”，助其度过危机，使之尽快摆脱疫情影响困境，不仅关乎产业的正常运行和发展，也关乎国民经济整体发展和广大人民群众的切身利益。由于疫情影响对于各类文旅企业不同，应对之策也有不同，不能笼统论述。

在此次疫情结束之后，第一，对文旅产业的供给端产生的影响是现金流会成为整个行业的生死线。整个行业会迅速反弹和复苏，但现金流压力会造成大的并购、重组，一批中小企业可能支撑不到行业的整体恢复，整个行业会面临相对痛苦的恢复阶段。第二，疫情过后可能是文旅产业谨慎投资时代的来临。疫情后资金成本会上升，投资人也会更为谨慎，一些正在进行中的投资可能因为资金流中断而停止，行业会寻找好的风险对冲工具来平抑冲击，但更良性的投资格局可能正来自于这种谨慎。第三，文化旅游新格局历劫重生。疫情带来的洗牌效应，可能是大者更大、强者更强，大的 OTA 和旅游集团在疫情中积累下了信誉，更易为消费者的信赖和选择，新的中小企业会面临更多的业务线抉择，但创新是抵制不住的，新的创新会在这些中小企业中不断产生，产生未来一连串新的变化。第四，一批新网红目的地和企业出现。疫情会重塑消费者心理和消费者认知，随着新媒体、自媒体的流行，一定会有一批网红级的目的地和企业出现，引领新的需求产生。第五，此次疫情结束之后，对于文旅行业供给端的各大供应商来说，需要重新思考与适应在全新的市场环境中如何创新出新的文旅形式，在此次疫情中，许多地区采取了在线博物馆的方式，将新型技术与传统旅游景点相结合，达到了良好的效果。过去的传统文旅过于依赖于人的流动，但是如果人的流动一旦中断就会面临着整个行业的大中断，这样并不具备足够的抗风险能力，一旦社会环境发生了诸如此次疫情一样的危机事件变动，就会对整个行业产生致命的打击。在这样的背景下，采取在线的模式对于文旅产业来说会成为重要的补充。目前的技术，可以在人流中断的情况下让信息不断、交流不断，也能在一定程度上实现服务不断、体验不断，这应该是智慧文旅下一步的探索和发展方向。虚拟和现实会有更进一步的融合，这可能会在未来改变文化旅游消费的基本方式。

二、疫情对文旅产业供给影响的分析与思考

新冠肺炎疫情自暴发以来，对整个文旅产业来说，是加速整个产业洗牌的加速器，在这次疫情之后，很多企业在此次疫情中尽力挣扎，对于一些抗风险能力较弱的中小型企业来说，不仅面临着营业额为负的风险，同时还有可能面临着倒闭的困境，随着疫情的结束整个企业也可能倒下。从这次疫情中我们可以看出传统文旅产业在供给端的供应商存在的一些问题和长期性弊端，如人力成本高，运营管理难度高，对实体资源依赖强。前期对线上运作布局投入的匮乏和相应运营基础保障能力的缺乏，让文旅企业主体难以在短期内通过线上运作模式恢复收入。此次疫情对大多数企业的运营都产生了很大的冲击，但是也有一些企业在这个艰难的时刻显现出来了成熟的应急能力和运营能力，如盒马鲜生等新零售企业能逆势爆发，依托其成熟的商品调配能力、供应链资源以及人力配备能力，与 30 余家餐饮企业实行共享员工资源，有效解决待岗人员收入问题、缓解企业成本压力。通过这些企业的对比，有助于我们思考文旅产业在受到此次疫情冲击之后应该如何来进行优化和改善，打造丰富的产业链，强化整个运营体系。文旅企业只有经历过疫情过后的阵痛和重生，才能拥有更高的抗风险能力。在此次疫情事件结束之后，广大居民的消费观和消费习惯都会发生新的改变，及时抓住变化、找准时机、看清外部发展环境和趋势、厘清思路、找准方向、整装待发，文旅产业才有可能在疫情过去之后重新迎来新一波的发展机遇。

文旅产业是我国战略性支柱产业，由于文旅产业具有综合性和特殊性，所以可以创造一些特殊的手段来支持以应对疫情影响，帮助文旅企业渡过疫情难关，助推文旅产业早日恢复，实现产业振兴。具体手段如下：

一是设立中国旅游发展基金。与国际化的文旅巨头（如迪士尼）相比，我国的文旅集团企业规模偏小，国际竞争力有限。设立旅游发展基金，对于优质的文旅集团企业可以进行重点扶持，进行文旅资源重点创新开发，增加文旅供给。支持大型文旅集团进行国际化发展，开拓国际市场。

二是建立中小企业扶持基金。我国的文化产业中绝大多数的市场主体是中小企业，受疫情影响，它们大都面临着生存困境。而且，这些中小文旅企业解决了我国大量的就业问题，如果这些企业出现大面积倒闭浪潮，将影响我国的就业市场稳定，甚至会影响到我国整体宏观经济结构。所以，要想稳定就业、保持充分的就业形势，各级政府可以建立中小企业扶持基金，以帮助中小企业渡过疫情难关，也为疫情过后文旅产业的复兴蓄积力量。

三是持续开拓国际旅游市场。虽然受到疫情影响，国际旅游市场恢复相对比较困难，市场需求下滑，但是我们仍然需要持续开拓。中国的旅游市场在国际上来看，还有一个巨大的优势，就是价格优势，只不过原来我们的价格优势基本上被国外的旅行商在中国截流了，一般的观光团到中国落了地才发现中国的地面价格很便宜。中国的价格优势不仅体现在人工成本优势、产品价格优势，还体现在我国的酒店基本没有经过资本的炒作，固定成本相对较低。

四是积极支持衍生产业发展。不能简单地把旅游只看作旅行社、饭店、景区，这只是小旅游的范畴概念，要把眼界放宽，把触角延伸，把产业链延长，以大旅游的视角，培育产业融合发展。

对于这一领域的企业而言，也需要调整自己的经营策略，适应环境变化，拥抱变化。中国文旅产业已经呈现出供过于求的局面，所以我们原来的很多操作方式现在都可以调整，如我们原来要有大的库存，因为不知道什么时候缺什么东西，现在在疫情暴发这样的特殊时期，就要进行清库存，减少库存并转化为流动资金。尽量控制企业成本，减少开支。当然，控制成本不能以降低产品质量为代价，一定要在保证旅游产品质量的前提下控制成本。市场经济，起起落落，几家欢乐几家愁，在危机时期格外突出。需要集约经营、勤俭持家。勤俭持家有勤俭持家的方式，不能以牺牲客人的利益为代价，但是我们可以研究一些其他方式，如绿色酒店的方式，绿色酒店的方式大体上能使成本下降30%，能源成本下降10%，这都是很大的成本降低空间，因为是创建绿色酒店、倡导绿色消费，客人就没话可说，也愿意在消费方式上做出改变和调整，要没有绿色酒店这个牌子，客人就会认为你在侵犯他的权益，所以勤俭持家有多种方式，我们都需要研究，采取合适的策略。现金为王、细水长流。在疫情这个特殊时期，怎么把握现金流，酒店也好，旅行社也好，其债权债务关系都需要尽快厘清，否则的话从账面上看企业不错，但实则债权一大把，收不回来；债务一大堆，没人还你的账，日子就过不下去了，再大的企业也怕现金流断，只要现金流一断，这个企业就撑不下去了，特别是在这个特殊的时期。是美国的安然，包括雷曼兄弟公司实际上都是这个问题，所以在这个时候要把住现金，把这盘账好好地盘一盘。树立良好的企业品牌，是一个共识，但是怎么保持品牌、保持品质，就太难了，这又涉及既要压缩成本，还要开拓市场，还要使骨干队伍稳定，等于是在这里边选择一个最难的点，但是如果这个点不突破，这个企业基本上就看不到希望，所以经常在这个时候，大家觉得过冬只要能熬下来就可以，其实不能光考虑现在熬下来，必须要应对将来的发展，争取支持、抓住核心。这个时候要争取各个相关部门、政府的支持。一是保住了我们的企业，旅游企业就保住了消费，刺激消费是扩大消费的基础。二是保住了这些企业，就保住了员工的就业，这是政府现在最关心的两件事。所以要抓住这个核心，争取一些政策，包括争取我们主管部门的支持。

最后是发展创新、迎接高潮。不是说在低谷时期我们就无所作为、无所事事，越是在这个时期越需要我们来研究，这个时候是对我们的经营的最大的考验，是对我们未来发展最大的考验，也是对我们操作团队最大的考验，在这时候我们咬住牙一定会过去。如果在这个时候大家的心态乱了，队伍乱了，操作乱了，整个秩序乱了，这属于自乱阵脚。

地方政府，尤其是文旅资源比较丰富的地方政府，也需要积极制定政策，帮助本地区的企业快速脱离困境。培育新型的旅游产业，就要跳出旅游谈旅游，跳出城市看城市，跳出项目论项目，按照后工业化的视角，挖掘前工业化的资源，形成超工业化的产品，对应变化中的市场。如果把旅游的功能地位放大一点说，实际上旅游的关联性很强，它可以融合第一产业和第二产业，达到三产融合发展的效果。通过旅游业带动三产融合，实现增加第一产业的附加值，优化第二产业的结构，强化第三产业的发展。以创新为理念，融合为手段，按照新型的方式创造新的产业模式经济，如湖泊产业、温泉产业、会展产业、文化产业、创益产业、活动产业、生态产业、娱乐产业、体育产业、农林牧渔业、温泉产业等，这些产业说起来和我们的景区、旅行社、饭店好像都不大着边，但是客观来看这是紧密联系在一起的。我们讲大旅游就是要培育一系列这种新的产业，新的业态，增加旅游市场供给，优化供给侧结构改革，促进文旅产业高质量发展。

受疫情影响，人们大多只能宅在家中，形成“宅经济”。在这种背景下，充分体现了旅游和科技融合发展的优势，网络虚拟景区、虚拟旅游大显身手。待疫情结束后，虚拟和现实会有更进一步的融合，这可能会在未来改变旅游的基本方式。

三、疫情过后文旅产业发展研判

（一）产业发展的基本面不变

1. 市场供需格局不会改变

根据历史经验判断，疫情对文旅产业的影响只是暂时的、阶段性的，疫情解除之时，就是文旅产业发展开始恢复之时。从供需两个方面来看，疫情对需求的影响只是暂时的，后续的消费需求或将持续释放。而从供给端来看，疫情恰好提供了一个行业磨炼内功的机会，产品和服务创新及供给能力或将由此得到提升。一旦疫情解除，将会迎来供需两旺景象。

2. 投资信心和整体方向不变

在2018—2019年资本寒冬的影响下，多个行业的投资都受到了较大影响，但文旅产业表现不俗，从新旅界研究院对2018—2019年的文旅投资监测数据来看，文旅产业投资处于稳中有进的状态。虽然部分企业和项目确实遭遇到了比较大的困境，但行业整体投资规模和涉及领域仍在扩大。经过此次新冠肺炎疫情，文旅产业的项目投资或许会更加谨慎，但我国强劲有力的文化旅游消费市场的支撑，会给文旅市场的投资带来信心。

（二）产业发展的后劲将有所提升

1. 资本和人力资源不断丰沛

随着产业的发展，文旅行业已经逐渐从一个单纯的劳动密集型行业转变为一个资本、智力和劳动多重密集的行业，随着投资潜力的提升，产业和创投资本都在纷纷进入，尤其是实力雄厚的地产产业和互联网产业资本的进入，更是助推了产业投资和人力资源的跨越式发展。目前，文旅产业的产业链还在不断延伸，细分和融合领域越来越多，资本和人才形成了集聚之势。疫情过后，随着更多的跨界融合、资本注入，文旅产业的发展前景会更加光明。

2. 产品和服务创新将提升

新冠肺炎疫情将给文旅产业的发展带来一场洗礼，可以预计 2020 年会有一批同质化的企业和项目被并购或遭遇关停，企业同质化竞争或烧钱发展的比重将下降，越来越多的企业会从创造客户和社会价值的角度去思考问题，从而触发更多有市场价值的创新出现。纵观国内外的文旅市场，只有那些拥有创新产品、创新服务的文旅产品才会长久不衰。疫情之后，文旅企业会更加关注产品的创新和提升，提高服务质量，以优质的文旅产品和服务迎接文旅产业的振兴。

（三）优势细分市场将率先复苏并高速发展

1. 周边游和微度假将率先复苏

疫情过后，文旅市场的恢复受到两个因素的制约和影响，一是政府对市场的管控，二是旅游者对文旅产品安全性的消费信心。即使疫情整体好转，从政府的防控角度来说，肯定是分级别、分层次、分地区逐渐开放文旅消费市场。首先肯定是先开放风险系数比较小的本地文旅消费市场，其次再开放跨区域的文旅消费市场，国际文旅消费市场将是最后开放的。从旅游者的角度来看，疫情过后，考虑到卫生安全问题，肯定是优先选择周边游的文旅产品。因此，受疫情影响，周边游的旅游形式将会率先复苏，并将逐渐占据更大的市场份额。从非典型肺炎疫情过后旅游产业的恢复轨迹来看，近距离周边游由于时间短、风险低，将率先恢复并爆发式发展。因此，各渠道端和目的地企业疫情过后应该将营销和服务重点放在周边游市场。同时，随着消费品质和复合性的提高，融合主题娱乐、新潮消费和品质度假的2~3天的微度假产品和项目将更加受到市场的欢迎。市场已经涌现出来的相对成熟的文旅城和文旅小镇将率先迎来客流高峰。

2. 家庭游型出游比重将逐步提升

在新冠肺炎疫情期间，大部分人长居家中，比平时有了更多与家人共处的时间，家人之间的关系更加融洽，大家一起抗击疫情，对生命、生活都有了更深的认识和理解。所以，新冠肺炎疫情过后，人们将会更加注重家庭关系，更加注重家人的身体健康，旅游会成为人们陪伴家人的重要方式。尤其是离家2~3小时车程范围内的家庭型微度假目的地，或将成为疫情过后人们出游的首要选择。受疫情影响，人们对于卫生安全的关注更加强化，在旅游方式上，更加倾向于和家人一起出游的形式，而对于和陌生人组队的团队游比较敏感和排斥。由于疫情期间，假期延长，学校延迟开学，待疫情结束后，人们的闲暇时间可能将会被压缩，这会限制人们进行长距离旅游消费的需求。因此，疫情过后，家庭游、近距离旅游的形式将会首先复苏。

新冠肺炎疫情在给文旅产业带来损失的同时，也将带来产业结构的一次调整契机，会孕育出新的增量市场和投资机会。

康养旅游和体育旅游将迎来更大规模的发展。自2016年10月《"健康中国2030"规划纲要》发布之后，康养旅游和体育旅游的发展即进入了快车道，以地产公司为首的各大企业纷纷布局康养和体育旅游赛道，全国各地康养小镇和体育旅游小镇如雨后春笋般不断涌现。但目前，大部分项目还处于前期硬件建设甚至是"借鸡下蛋"的阶段。本次疫情的暴发突如其来，对人们的健康意识的培养是前所未有的，预计人们对于康养旅游和体育旅游的需求会激增，这给康养旅游和体育旅游在疫情解除后的发展带来了利好因素，同时，各种康养和体育小镇的发展将进入实质性内容导入和有效运营阶段。全民康养的需求将助推康养旅游和体育旅游产业进入更高速的发展阶段，也将催生更多具有市场竞争力的项目和运营市场主体。

在线旅游服务市场占有率将进一步提升。疫情期间，OTA等在线旅游服务企业相比于旅行社企业而言抗风险能力更强，对客服务能力和品牌美誉度将进一步提升，在一批中小旅行社退出市场之际，OTA 企业的市场占有率将进一步提升。同时，此次疫情期间，人们的在线消费习惯进一步获得培养，后续，更多细分领域的在线服务都将获得更多的市场机会。

中端连锁酒店市场份额将进一步提升。疫情过后，酒店市场的消费能力将受到一定的影响，受经济受损的影响，企业差旅和游客出行的预算都可能有所降低，由此，高端奢侈性酒店的入住率可能会有所下降，而传统经济型酒店在产品服务品质上难以满足目前的主力市场消费需求，因此，以亚朵、麗枫、华住、如家精选为代表的中端酒店品牌更有市场需求。部分单体酒店或小型品牌酒店在经受此次疫情打击后，也会寻求被大型连锁集团并购或加入连锁品牌经营，由此，中端连锁酒店从供给和需求两端来看，都将进一步增长。

城市周边微度假项目将更有市场机会。受我国假日制度和民众度假需求的影响，未来 2~3 天的家庭出游将占据越来越大的市场份额。同时，出游的便利性、休闲的品质、产品的丰富度也将是消费者重要的考量因素。尤其是一、二线城市拥有更为庞大、更具消费能力的群体，也拥有更加完善的交通和服务体系，产业资本和优秀人才也更富集，因此，在城市 2~3 小时的出游范围内，将聚集更多的服务于城市家庭游客的品质度假项目。

文旅融合、文商旅融合发展领域将孕育大量投资机会。在自然界中，两个或多个生态系统接合的区域是最富有生命力的区域，也是最容易孕育新物种的区域。在商业领域，也有同样的规律存在，2020 年是文旅融合的重要推进年份，各种文旅融合产品和项目在 2019 年的设计和孕育之后，将批量出现在市场中。而涵盖她经济、潮经济、萌经济等新潮消费的商业服务与文旅的结合，则会孕育更多的"新物种"、新业态，给市场带来更丰富的产品和服务供给。

科技驱动型产品和项目将持续发展。2020 年，5G 技术将迎来广泛的商业应用实践，人工智能、无人机、物联网等技术的应用正在逐步成熟。青年群体是文旅产业消费的引领群体，文旅消费也是对新技术和新玩法接受度最高的消费领域之一，融入酷炫科技的产品和服务将持续引领市场。由于具有更高的进入门槛、更大的可复制性、更广泛的消费场景，在科技产品的应用和研发上，产业资本的支持和投入也将一直维持高位。

第四节　疫情后文旅产业供给结构的预测分析

文旅产业是世界最大的产业之一，其 GDP 增加值和就业人口都占到全球各自领域 10% 左右的规模。但是，文旅产业又是人群聚集性产业，极易受到突发事件的强烈冲击，导致严重的后果。这次新冠肺炎疫情同样对中国文旅产业造成了非常严重的影响。在这次疫情后，如何能够让文旅产业在疫情期间减震，疫情对文旅产业供给结构有什么影响，同时疫情过后文旅产业又会如何表现？这些都是值得着重考虑的问题。

一、疫情过后供给结构分析

此次新冠肺炎疫情不是文旅产业经历的第一次疫情，也不会是最后一次。根据历史上历次疫情对文旅产业的影响，并结合此次新冠肺炎疫情的新特点，作为文旅产业从业者来说，面对突发疫情，应该明晰四个认知。其一，文旅产业对疫情的敏感性极高。文旅产业作为全球最大的人群聚集型产业，包括交通旅行、游览游乐、演艺、餐饮、旅居、购物等活动，都是人群集聚甚至大规模集聚的形态，对重大疫情是极度敏感的。当疫情发生时，病毒会通过这种高密度的人群集聚形成快速传播，这种基本态势是必然发生的，因此一旦出现重大疫情，文旅产业的反应最为敏感、激烈、直接。其二，疫情之下文旅产业必将出现急速下滑。文旅产业遭遇突发疫情必然导致文旅经济出现阶段性、断崖式的大幅度、大面积急速下滑，甚至出现瞬间的运营休克和业绩归零的极严重后果，文旅界必须对此有清醒的认识。本次新冠肺炎疫情发生在春节期间，重点在一季度，对旅游全行业影响将大大高于 2003 非典型肺炎疫情时期，目前常规业务、营销体系、文旅线上线下平台均受到严重冲击，基本进入停摆状态。其三，文旅产业应对疫情的潜能已经明显提高。当前中国文旅产业的业态规模、产业条件、处置能力与 2003 年非典型肺炎疫情时期相比已经有了大幅度的提高，应该有更加有效的应对策略及效果。这次疫情出现后，部分文旅企业采取了主动、积极的应对策略，目前企业运转仍然能保持合理延续的状态，对于走出疫情困境奠定了良好的基础。其四，重大疫情一旦过去，文旅产业将会很快恢复。根据 2003 年非典型肺炎疫情过后中国文旅产业的表现，可以明确预判，本次疫情过后，文旅产业必将出现快速恢复，有可能出现文旅消费快速增长的行情，文旅行业须做好充分应对的各项准备工作。

同时，文旅产业也需要在应对突发疫情上做足准备，应对未来可能出现的新的问题。从需求侧和供给侧入手，从需求侧和供给侧两个角度考虑。

从需求侧考虑，疫情期的有效需求没有得到释放和满足，但消费意愿和能力可以储备，须假以时日蓄势再发，文旅消费者的效用水平总体不会影响太大，只是在消费周期中做一个理性调整而已，总的消费函数变化不会太大，当然，春节长假这一决定有效需求的重要闲暇被“搁置”了，未来是否有可补充的闲暇，尚不可知。

从供给侧角度考虑，产业的负面影响要远远大于对需求侧的影响。首先，文旅产业诸业态一般有着较大的固定成本含量，变动成本较小，包括利息、租金和人员工资等成本巨大，即使没有一个游客、没有收入来源，这些成本都要支出。在重大疫情面前，这个成本必须支出，而且根本无法补偿；其次，从国民经济的关联看，文旅产业作为终端消费，背后有比其他产业更复杂的产业体系，在重大疫情面前，收益减损的波及面更广；再次，疫情会使文旅三大市场的不均衡状态加剧，出境游，尤其是入境游几乎可能全线崩溃，恢复信心和消费规模的周期可能会更长；最后，文旅产业具有不可否认的公共产品性质，在我国，文旅产业既是“国民经济的战略性支柱产业”，更是“人民群众更加满意的现代服务业”，体现着更重要的社会收益，这个损失更大。

重大疫情过后，如果没有政府的支持，仅靠市场的自我恢复和调节，需要很长的恢复时间，而且付出的代价较高（可能会出现文旅企业大面积倒闭，失业率上升）。因此，面对市场经济无法较高效率、较短时间调节其供求均衡、但对国民经济和国民福祉影响巨大的文旅产业，必须根据其产业性质和定位，适时予以“介入”和“扶持”，助其度过疫情危机，使之尽快摆脱困境。这不仅关乎产业的正常运行和发展，也关乎国民经济整体发展和广大人民群众的切身利益。

我们需要建立文旅产业发展储备资金制度。根据文旅产业的性质，结合文旅产业发展较为成熟的发达国家的经验，我们必须建立从中央到地方的文旅产业发展储备基金制度，这个基金在正常时间可以作为风险较低的投资使用，在特殊时期可作为补贴资金对遭受重大损失的业态和企业提供能够使其基本生存的补助。文旅主管部门要有专门负责重大灾害和不可抗力下文旅企业的经营情况和损失的调查评估部门和第三方工作机制，对重大疫情等灾害影响的本区域文旅企业的状态建立台账，做到胸中有数，作为决策的依据；在重大疫情和灾害面前，不但要有应对主体灾情的应对和处理机制，还要建立诸如产业受损层面的“次级”灾情应对和处理机制，将治理体系的“价值链”再延长一下。在正常的治理体系充分作用的条件下，更要体现中国特色社会主义的制度优势和社会动员优势，将包括全社会的扶危济困机制都充分发挥好，使得具有重要经济效益和社会效益属性的我国文化旅游产业正常渡过难关，尽早走出困境。

然后需要建立健全预警、救助与政策支持体系，当然在政策导向上也可以根据不同文旅企业的业态属性给予有差异的导向性、激励性和扶持性支持。首先，国有的各类文化场馆本来就是公益性文化组织，承担着文化保护传承和弘扬教化的重大使命，要千方百计维系好这一类文化组织的基本运行，保证疫情完全消除后的正常运营和服务；大型骨干文旅企业是我国优秀传统文化、社会主义先进文化和文化与科技、体育、旅游、创意等融合发展的新型文化创造和产出的重要组织类型，一定是我们必须重点关注和重点扶持的最大体量的组织类型。其次必须高度关注和支持那些成长在中国大地上、承载着文旅创新的重要使命且对充分就业有重大支撑的中小型民营文旅企业的生存状态，在重大疫情这样的不可抗风险来临之时，他们最弱不禁风，对环境和市场的巨大波动最敏感，最经不起折腾，而他们恰恰是我国庞大的文化旅游产业的重要基础。

国家和各级人民政府，行业主管部门，务必要综合协调财政、发改、税务、金融及市场监管等部门尽快出台一揽子“救业”政策，在非常时期兴非常之举，保护好“文化大厦”之基。当然，在重大疫情这样的风险面前，许多产业和行业有忧有患，但文旅行业和企业却具有首当其冲遭受冲击、影响往往是颠覆性的、毁易兴难等重要特征，并兼具社会效益和经济效益、事业属性和经济属性的双重属性，更由于其天然的劳动密集型生产性质，又是国家充分就业的“压舱石”，是时候建立系统的预警、救助和支持体系了。

疫情过后，中国文旅产业供给结构会发生巨大的变化，其中主要包括七个方向：

一是快速反弹行情。按照文旅产业既有的成长规律和历史经验，本次疫情衰退期末，文旅产业将快速拉升，一定会有较强的反弹行情。2003 年非典型肺炎疫情暴发时，很多人对文旅产业发展前景表示悲观，当时产业的确下滑很厉害，但是，疫情结束后，很快就得以恢复，且反弹力度很大。相信这次疫后的文旅消费市场也有明显的反弹过程，文旅行业须对此提前做好积极应对措施，最大限度利用好疫后反弹的机会。

二是产业联动性回升态势。疫后的反弹和产业恢复，会以景区及重要的旅游目的地为龙头，带动旅行社、酒店、交通、商业、线上平台等业态回升。毕竟游客还是冲着旅游目的地去的，如果目的地的疫情得不到解除和合理处置，其他要素也是难以独自启动的。所以，这里充分体现了文旅产业的联动性特征，只有整个产业链条都能正常运转，旅游者的文化旅游消费才能真正成行，而且这一切都是以疫情得到有效控制为前提。

三是非常时期的强力促销。可以肯定的是，疫情过后，大多数文旅企业的一季度报表会比较难看，亏损严重。这时候，面对明显反弹的行情，几乎所有的文旅企业会采取多项积极措施，通过强力促销来尽可能弥补一季度疫情造成的损失。受疫情影响，人们的文化旅游消费需求被抑制。即使疫情得到有效控制，出于卫生安全的考虑，人们对于文化旅游消费也会心存疑虑。在这种情形下，亟须文旅企业加大宣传力度，树立旅游者的消费信心，刺激消费需求。估计从二季度开始，全年下来，如果乐观的话，整体上应该可以弥补 70% 以上的一季度业绩缺口，采取特殊策略高效复盘的少数文旅企业，不排除全部缺口补齐的情况发生。

四是 2020 年的“十一黄金周”将创业绩新高。现在全国只有春节和十一两个黄金周，大家都知道“黄金周”对于文旅产业和企业的重要性，今年的春节“黄金周”由于疫情的暴发导致文旅产业运营中断，失去了一次重要的获利机会，剩下的“十一黄金周”无论如何要抓好抓紧了。从游客来讲，很多人原定的春节黄金周出行也遭遇中止，他们中的很多人必然要把春节黄金周的出行安排延后到十一黄金周。所以，今年“十一黄金周”很可能创出历年来

"十一"文旅产业业绩的新高。

五是大型文旅企业将有系列动作。经过此次新冠肺炎疫情的冲击之后，文旅企业就会痛定思痛，亡羊补牢，为时未晚，肯定会采取系列措施，以避免在下一次的突发危机中遭受如此重大的损失。因此，文旅企业会积极采取行动，丰富产业链，避免"鸡蛋放在一个篮子里"的困局，同时强化运营体系和突发事件的应对机制建设，做到防患于未然。

六是网络和科技等要素将成为补缺主力军。疫情过后，文旅产业会大力弥补疫情期间造成的经济损失，这中间，网络和科技等要素领域将成为修补疫情带来的文旅产业经济缺口的主力军。我们已经看到，疫情期间，线上的文旅活动不但没有中止，反而更加活跃，凸显了网络文旅活动和线上文旅消费的巨大优势。同时，体现智慧旅游价值的文旅科技创新由于其特殊的价值倍增功能，也将扮演更加积极的中坚作用。

七是国家将强化相应的政策体系建设。疫情过后，国家将推出文旅产业应对重大突发事件的多元策略体系和运行机制，这将有效避免未来新的疫情出现后文旅产业可能出现的困局，让文旅产业能够在疫情突发时刻，在国家应对政策指导下实现积极、平稳过渡。

随着人们出游观念的转变，旅游需求由观光旅游向休闲度假旅游和康养旅居度假等需求转变。而目前我国的一些旅游产品项目缺少实质性内容，在"食、住、行、游、购、娱、险、奇、情"等方面缺乏好的内容体验。疫情过后，文旅产业的工作重点将是打破"观光旅游产品多、休闲体验游产品少；硬产品多、软产品少；美景多、文化内涵缺失"的瓶颈，优化供需结构，提供适应市场需求的产品。

二、疫情过后的文旅产业供给侧改革

文化是旅游产品的灵魂，旅游是文化实现资本化、产品化、走向大众化的重要载体。"读万卷书，行万里路"式的文化与旅游融合发展并非一个新话题。近年来，随着国家加快推进供给侧结构性改革步伐，尤其在国家的文化与旅游部门合并后，如何把握文旅供给侧结构性改革的新需求、新问题，做出新应对，尤其是在这次疫情过后，还需要深入思考。

截至2018年年底，我国共有景区景点3万多个，其中A级景区总数量达到约10300个，已经表现出结构性供过于求的局面。许多景区的产品粗制滥造，没有文化内涵和底蕴，在市场中没有任何竞争力，在正常时期，仅靠我国的人口红利勉强度日；但遇到了疫情这样的特殊时期，市场矛盾被放大，这些企业就到了生死的边缘。我们要尊重市场经济规律，该退出市场的要坚决退出，这样才会给优质的文化旅游企业留出更多的市场空间，有利于文化旅游产业的结构调整和优化。从近几年我国入境游客数量增长和入境旅游收入均放缓的趋势上可以看出，我国文化旅游市场供给的质量、核心吸引力不尽如人意，亟须进行提档升级和优化。此次新冠肺炎疫情的暴发，虽然整体来说，是一个负面冲击和影响因素，但这次疫情也为我们提供了文化旅游产业进行深化改革、产业调整与优化的契机。

加强文旅供给侧结构性改革是解决中国特色社会主义新时代社会主要矛盾的本质要求。党的十九大报告指出，我国的社会主要矛盾已经转化为人民日益增长的美好生活需要和不平衡不充分的发展之间的矛盾。作为我国国民经济体系的战略支柱性产业和幸福产业，文旅产业肯定要服务于我国社会主要矛盾，服务于人民日益增长的美好生活需要。文旅产业是满足人民美好生活需要的幸福产业，实现文旅产业振兴和文旅产业结构优化，有助于我国经济促改革、调结构、惠民生、防风险、保稳定，保持经济运行在合理区间，实现经济社会持续健康发展。振兴文旅产业和文旅产业结构优化，对于满足人民群众的文化精神需求，提升人民群众的获得感、幸福感、安全感等方面具有重要的作用和意义。

文旅供给侧结构性改革必须走创新发展之道。创新是发展的动力，为文旅产业的供给侧结构性改革提供支撑和服务。改变文化旅游产业对资源开发和要素投入的过度依赖，依靠理念创新、手段创新、制度创新、环境创新、人才创新，实现资源依赖向创新驱动的跨越。我国幅员辽阔，具有丰富的自然风光和多样的生态系统，自然旅游资源丰富；我国历史悠久，民族众多，具有丰富的文化资源。可见，我国的文旅产业供给缺乏的不是资源，而是如何把优质的资源转化为优质的文旅产品，这个转化过程就需要创新。只有创新产品、创新服务，才能为文旅产业的发展提高不竭动力。

文旅供给侧结构性改革要坚持融合发展之路。无论是“旅游 +”，还是“+ 旅游”，一个共同作用，就是冲破原有产品局限，极大拓展发展空间。全面深化供给侧结构性改革，就是要以“旅游 +”“+ 旅游”推动形成多产业融合发展新格局，努力增强融合渗透质量和效果，切实丰富旅游内涵，延伸旅游产业链条。过去，我们在产业融合发展的过程过分强调了“旅游 +”战略，而对“+ 旅游”视角关注不够。此次新冠病毒疫情的暴发，让我们再次理解了文化旅游产业的敏感性，这就警示我们要调整旅游供给体系建设的思路，不能一味强调“旅游 +”，可以从“+ 旅游”的视角去建设文化旅游产品供给体系。“旅游 +”视角强调产业融合时以旅游为主体，它在投资、市场、运营、消费主要还是在大旅游领域，这就决定了其对市场环境敏感性的特征。“+ 旅游”视角强调产业融合以其他产业为主体，旅游只是配角，它在投资、市场、运营、消费等方面已经跳出了旅游领域的限制，这样的产业融合，将会大大提升融合产业的抗风险能力，有利于产业振兴和产业的高质量发展。

要坚持高质量发展的方向。推动从高速旅游增长向高质量旅游发展转变，必须坚决落实新发展理念，坚持以人民为中心和旅游为民的宗旨意识，大力发展全域旅游，不断满足新时代人民的旅游美好生活需要，不断增强人民在旅游中的获得感、幸福感。旅游业要适应新时代发展要求，绝不能简单地继续追求发展增速，只有转向依靠“质量”“品质”“服务”发展的新路，推进结构优化和增长动能转换，才能实现可持续健康发展。

加强文旅产业的供给侧改革，就是要坚持创新发展、协调发展、绿色发展、开放发展、共享发展，深化供给侧结构性改革，发展全域旅游，推动旅游业发展质量变革、效率变革、动力变革；优化旅游业发展格局，助力乡村振兴；将“绿水青山就是金山银山”的理念贯穿到旅游发展全过程，实现生态效益与经济效益有机统一；深化“一带一路”旅游国际合作，积极参与全球旅游治理，实现互利共赢；构建包容普惠的旅游发展机制，整顿旅游市场秩序，彰显旅游业的民生价值。

第六章　中国文旅产业振兴宏观策略建议

自2019年12月以来，湖北省武汉市连续发现多起肺炎病例，这些病例最终被诊断为病毒性肺炎，而且确诊的病例均有华南海鲜市场接触史。后来经过临床医学证实，引发这些病例肺炎的罪魁祸首是一种病毒，这种病毒就是2019新型冠状病毒（2020年1月12日世界卫生组织命名为2019–nCoV）。当时，估计谁也没有料到这个小小的病毒能够导致我国所有省份启动重大突发公共卫生事件一级响应，8万多人确诊，3000多人去世。虽然我们大多数人曾经历过残酷的2003年SARS疫情，也许17年过去了，时间太久，人们已经放松了公共卫生安全的警惕。武汉市的常住人口达到了1108多万人，这次疫情的发生时间恰逢2020年的中国农历新年前夕，武汉又是我国重要交通的枢纽，素有“九州通衢”之称，新型冠状病毒被离开武汉的500万春运人流带到了全国各地，迅速在全国传播开来。截至2020年3月17日，我国的31个省（自治区、直辖市）累计报告确诊病例80894例，累计死亡病例4000多例。累计收到港澳台地区通报确诊病例257例：香港特别行政区167例，澳门特别行政区13例，台湾地区77例。另外，包括日本、意大利、伊朗、新加坡、泰国、韩国、澳大利亚等100多个国家和地区诊断出新冠肺炎确诊病例。鉴于新冠肺炎的严重性，世界卫生组织（WHO）于2020年1月30日宣布中国新冠肺炎疫情构成国际关注的突发公共卫生事件（PHEIC）。2020年3月11日，世界卫生组织总干事谭德塞宣布，世界卫生组织经过疫情评估后认为新冠肺炎已构成“全球性流行病”。

党中央高度重视新冠肺炎的防控工作，2020年1月25日我国的农历新年大年初一，中共中央政治局常委会召开专门会议，研究加强新型冠状病毒感染的肺炎疫情防控工作，习近平总书记强调始终把人民群众生命安全和身体健康放在第一位。鉴于我国疫情的发展形势，中共中央政治局常委会又多次召开专门会议，研究疫情防控工作。党中央印发《关于加强党的领导、为打赢疫情防控阻击战提供坚强政治保证的通知》，强调各级党委（党组）、各级领导班子和领导干部、基层党组织和广大党员要不忘初心、牢记使命，挺身而出、英勇奋斗、扎实工作，团结带领广大人民群众坚定不移把党中央决策部署落到实处，坚决打赢疫情防控阻击战；强调党员干部要强化政治担当，坚决扛起疫情防控的重大政治责任；强调党员干部在疫情防控中要发挥党员先锋模范作用，身先士卒，深入疫情防控第一线，形成疫情防控的强大政治优势。党中央成立了中央应对新冠肺炎疫情工作领导小组，由国务院总理李克强同志担任组长，在中共中央政治局常务委员会领导下开展工作，加强对全国疫情防控的统一领导、统一指挥。

认识到此次新冠肺炎疫情的严重性后，全国各地纷纷都采取了严格防控措施，加强新冠肺炎监测，对于确诊病例在定点医院进行治疗，尽最大努力降低死亡率。对于疑似病例，进行严格隔离，防止疫情进一步扩散传播。各地要求取消集体性活动，原定于春节期间上映的贺岁影片《姜子牙》《紧急救援》《唐人街探案 3》《夺冠》等先后宣布撤档，文化场馆、旅游景区暂停营业，减少人员流动和疫情传播。作为本次疫情的重灾区，湖北省武汉采取了更加严厉的措施，自 2020 年 1 月 23 日 10 时起，全市城市公交、地铁、轮渡、长途客运暂停运营；机场、火车站离汉通道暂时关闭。自 2020 年 1 月 26 日 0 时始，除经许可的保供运输车、免费交通车、公务用车外，中心城区区域实行机动车禁行管理。封城之后的武汉，通过航拍图片来看，这座拥有 1108 多万人口的大武汉，竟如一座空城，如此力度的防控措施，不仅是在我国，在世界上都是绝无仅有的。

这次突如其来的新冠肺炎疫情对于我国的宏观经济肯定会造成不可估量的损失。由于不同产业的经济特性不同，新冠肺炎疫情对于我国不同产业的影响程度是有差异的。

对于第一产业农业来说，疫情对其虽有影响，但影响有限。因为疫情发生时期，我国大部分地区（特别是北方地区）正处于农闲时期，所以此次疫情在短期内对于我国北方大田农作物种植业的影响不大。但到了春耕农作时期，农资化肥不能及时运输流通到位肯定会影响农业生产，这就需要在做好疫情防控的前提下，做好农资的流通保障。对于草莓采摘等时令性强而且不易储藏的水果影响还是比较大的，按照往年情况，春节期间很多消费者会到草莓园进行现场采摘，果农收获颇丰。但2020年受到疫情的影响，人们无法外出，草莓成熟后不能及时采摘，或采摘后不能及时出售，致使果农们损失惨重。对于关系到人们日常生活所需的新鲜肉、蛋、奶、水产和蔬菜等生活必需品的供给，各地都强化了“米袋子”工程省长负责制、“菜篮子”工程市长负责制，保证市场流通，保证及时供应，实施社区配送的方式，减少因人员流动给疫情防控带来的压力。

对于第二产业工业来说，受疫情的影响程度要比第一产业受到的影响程度大。虽然部分工厂企业在春节期间停业休假，但由于新冠肺炎疫情的影响，绝大多数的工厂企业不能按期正常复工，耽误了工期，造成了经济损失。根据疫情防控的需要，一些特殊的工厂企业不得不紧急复工生产疫情防控所急需的口罩、防护服、消毒用品等物资。所以，对于一些医药卫生企业来说，此次疫情确实促进了它们的生产，但它们在整个国民经济体系中所占比例相对较小。

相比较而言，受到此次新冠肺炎疫情影响最严重、最直接的要数第三产业服务业。一般来说，春节假期期间，服务业是最忙，也是最挣钱的黄金时间，因为中国人都有在春节集中消费的需求倾向和习惯。例如，在2019年春节黄金周期间，全国零售和餐饮企业实现销售额约10050亿元，比2018年春节黄金周增长8.5%。而受此次新冠肺炎疫情的影响，绝大部分餐饮企业的年夜饭和春节期间的餐饮预订被取消，许多餐饮企业被迫出售蔬菜来减少损失（因春节前餐饮企业储备很多蔬菜以备春节营业之需）。在2019年春节黄金周期间，我国电影票房总计达到58.4亿元，约占全年电影票房的9%，可见春节黄金周这几天的票房收入对于全年业绩的重要性。据预测，2020年春节我国电影票房能达到70亿元左右。而现在因疫情影响，贺岁影片纷纷改档，大部分电影院暂停营业，大年初一全国电影票房只有181万元（2019年春节大年初一的电影票房为14.58亿元）的惨淡业绩。在2019年春节黄金周期间，全国旅游接待总人数4.15亿人次，同比增长7.6%；实现旅游收入5139亿元，同比增长

8.2%。受疫情影响，2020 年春节绝大多数文化场馆、旅游景区暂停营业，我国文化旅游市场按下了暂停键。所以，总体来说，受本次新冠肺炎疫情影响，我国的服务产业损失最为严重，其中文旅产业首当其冲，损失最为惨重。

文旅产业是一个相对来说敏感性比较强的产业，它对环境的依赖性强，只要环境发生一定变化，文旅产业的需求和市场供给就会发生较大的变化。我国已经步入大众化旅游时代，2019 年国内旅游 60.1 亿人次，我国人均出游已达 4.3 次，旅游需求已经逐渐成为人们的“刚需”。但这样的旅游需求“刚需”是有条件的，是在人们的生理需求得到满足，社会安定和安全的条件得到保障的基础上的“刚需”。按照马斯洛需求层次理论，人的需求可以分为五个层次，由低到高，分别为生理需求、安全需求、社交需求、尊重需求和自我实现需求。马斯洛认为，人的需求是分层次的，只有低层次的需求得到满足之后，人们才会产生高层次的需求。旅游需求属于自我实现需求范畴，属于较高层次的需求。在此次新冠肺炎疫情暴发期间，人们的安全需求（低层次需求）得不到满足，那么旅游需求（高层次需求）就无从谈起了。

在疫情之后，如何快速、有效地实现经济复苏，文旅产业如何有效实现振兴是值得我们思考的问题。我们知道，2003 年我国的旅游业在非典型肺炎疫情之后的半年之就实现了复兴。因此，我们可以借鉴和参考 2003 年实施的一些促进产业复兴的有效政策和措施，以实现我国文旅产业在新冠肺炎疫情之后尽快实现恢复和振兴。

第一节　非典型肺炎疫情后文旅产业复兴的启示

一、非典型肺炎疫情回顾

（一）非典型肺炎疫情发展过程

1. 初发期

非典型肺炎即严重呼吸道综合征（SARS）是一种病原不清、极易被集体传染的病症。非典型肺炎即严重呼吸道综合征首先在我国广东省发现，2002年11月16日，广东佛山发现第1例非典型肺炎病例，但并没有上报有关单位。2002年12月15日，广东东北部河源的黄某为中国发现的非典型肺炎患者第一人。2003年1月2日，广州医学院第一附属医院专家第一次提出“非典型肺炎”临床诊断。由于当时对于这种病症的严重性没有科学的认识，没有引起当地政府的重视，导致2003年2月5~10日广东省的非典型肺炎传播迅速。截至2003年2月10日下午3时的统计数据，广东省共发现非典型肺炎确诊病例305例，死亡病例5例。其中医务人员感染发病共105例，没有1例死亡。对于广东省这样一个人口大省来说，300多人的患病病例占人口的比例不算太大，所以广东省政府依然没有充分重视这次疫情的严重性，当时广州市政府、广东省卫生厅分别召开新闻发布会，宣称所有病例的病情均在有效治疗和控制当中，不会影响公众的日常生活，群众不必过于担心疫情。

由于没有对疫情采取防控措施，人们还是像平时一样生活。甚至，广州的旅游市场还表现出欣欣向荣的景象。虽然广东非典型肺炎疫情在媒体上被报道并引人关注，但海内外的旅游团仍还是像平时一样到广东省进行旅游活动。甚至，2003年2月18日在天河体育场的“2003罗大佑广州演唱会”也如期进行，超过万人的观众到现场参加了活动。鉴于政府部门带有误导的信息发布，让广州市市民感觉已经逐渐摆脱非典型肺炎的阴影，广州各大消费场所人头攒动，人潮汹涌，呈现出一派百业兴旺的景象，这导致了非典型肺炎在全国的暴发和蔓延。

正是由于当时对于非典型肺炎疫情认识不足，重视不够，开始没有采取严格的防控措施，致使疫情在迅速蔓延传播。2003年2月17日，湖南报告首例非典型肺炎病人。2003年2月26日，越南河内发现首例“非典”病人。2003年3月1日北京接收第1例输入型非典病例。2003年3月14日，中国台湾发现首例非典疑似病例。2003年3月23日，山西出现第1例“非典”病人。中国香港特别行政区、美国分别报告发现非典型肺炎感染病例。截至2003年3月底，我国内地确诊非典病例共计1190例，其中绝大部分病例在广东省，病例数达到了1153例。

2. 加速扩散期

非典疫情的蔓延引起了党中央的高度重视，党中央要求全国各地采取严格疫情防控措施。2003 年 4 月 7 日，国家卫生部印发《传染性非典型肺炎临床诊断标准（试行）》，指导各地进行非典型肺炎病例的确诊。2003 年 4 月 15 日，河北省确诊 1 例输入型非典型肺炎。2003 年 4 月 16 日，世界卫生组织（WHO）确认冠状病毒的 1 个变种是引起非典型肺炎的病原体，正式命名这种病毒为 SARS 病毒。

为落实党中央部署，各部门采取严格的疫情防控措施。国家旅游局、卫生部于 2003 年 4 月 17 日联合发布《旅游经营单位预防控制传染性非典型肺炎应急预案》，要求各地旅游经营单位做好预案的贯彻落实工作。2003 年 4 月 21 日，国家旅游局紧急通知，要求各旅游经营单位及时调整国内旅游工作部署，采取有力措施，切实防止非典型肺炎通过旅游活动扩散。

由于前期对于疫情的严重性认知不足，重视不够，疫情防控措施不力，导致非典型肺炎在 2003 年 4 月蔓延速度加快，截至 2003 年 4 月，我国累计报告非典型肺炎确诊病例达 3460 例。

3. 疫情得到控制

为减少全国人员的大范围流动，防止非典型肺炎的传播，国务院下发通知，取消 2003 年“五一”长假休假。中共中央期间召开多次会议，研究部署疫情防控问题，2003 年 5 月，国务院下发了《突发公共卫生事件应急条例》，强化突发公共卫生事件的应急管理。2003 年 5 月，每天新增非典型肺炎病例逐渐减少，疫情逐渐得到控制。

世界卫生组织（WHO）于 2003 年 6 月 9 日在日内瓦公布全球关于非典型肺炎疫情防控的最新进展情况，截至当天国际标准时间 18 时整，全球共有非典型肺炎病人和疑似病人累计 8421 例，其中死亡 784 例，痊愈 6280 例。

在党中央的坚强领导下，全国各族人民众志成城，共克时艰，终于胜利战胜非典型肺炎疫情。鉴于我国在非典型肺炎防控方面取得的成果，符合国际疫区解除标准，世界卫生组织 2003 年 6 月 24 日于正式宣布解除北京地区的“旅游警告”，并将北京从疫区名单中删除。

在 2003 年非典型肺炎疫情期间，中国内地累计报告非典型肺炎临床诊断病例 5327 例，治愈出院 4959 例，死亡 349 例。香港特别行政区累计报告疫情病例 1755 例，死亡 300 人；中国台湾累计报告疫情病例 665 例，死亡 180 人。另外，非典型肺炎疫情还蔓延和传播到澳大利亚、巴西、加拿大、哥伦比亚、芬兰、法国等 29 个国家和地区。

（二）非典型肺炎疫情防控反思

1. 强化野生动物保护

从非典型肺炎疫情的发展过程来看，值得我们反思的问题有很多。非典型肺炎疫情首先在广东省暴发，也不是偶然，肯定存在其必然性。广东省的个别居民有吃野味的陋习，长期形成了野生动物捕捉、运输、贩卖、餐饮等一条非法利益链条，2003 年的 SARS 病毒正是来自野生动物。2003 年暴发的非典型肺炎疫情为我们敲响了警钟：人类作为自然界的一部分，一定要清醒认识自己的定位和作用，只有与自然和平相处、和谐共生，才能保持整个地球生态系统的平衡。否则，由此造成的严重后果，只能由人类自己来承担。这就警示我们，一定要加强野生生物的保护，严禁野生生物的非法买卖、非法食用，没有买卖，就没有杀害。我们要深刻明白，保护野生生物，就是保护我们人类自己。我们要完善野生动物保护法，加大犯罪惩治力度，构筑完善的法律屏障，并且严格执法，严格落实，加强执法力度，像保护我们人类自己一样保护野生动物。

2. 缺乏公共卫生预警机制

回顾 2003 年非典型肺炎疫情的发展过程，我们可以看到，在疫情初期，人们对这种病症没有引起足够的重视，对其潜在的危害性没有足够的认识，从最初出现病症到第一个报告病例，时间滞后了一个月，即使在病例上报广东省卫生厅，但广东省政府的领导也没有给予足够的重视，充分暴露了当时我们在公共卫生预警机制上缺乏敏感性，也让我们错失了疫情防控的最佳时机。

有效的疫情预警机制对于疫情防控具有重要意义，只有快速、有效识别疫情隐患，才能及时发现危险，及时启动预警。2003 年，我国的公共卫生治理体系不完善，对于疫情的防范意识和危机意识不足。另外，对于疫情事件严重性的判断，还需要有专业性的医学知识作为基础。在非典型肺炎病例暴发初期，广东省当地政府官员天真地认为，对于一个人口大省来说，300 多个确诊病例并不足以说明其严重性。殊不知，对于传染性疾病来说，判断其严重性，并不是只看其感染的绝对人数，更要看疾病的传染能力，特别是存在人传人的疾病。

对于公共卫生危机的预警和反应，都必然按照一套明确的程序展开。这个程序越明确、越具体，越具有可操作性，越有利于把控和实施。2003 年非典型肺炎疫情的发展过程，充分暴露了我国在传染病预警和防治体系的建设方面还存在不足。2003 年非典型肺炎属于新发现的传染性疾病，相关的法律法规并没有明确规定对这些新发现的且具有潜在威胁的疾病该如何有效管控。这也是导致广东省在发现疫情之初，没有及时向公众公布，没有采取积极有效的防护措施的原因之一。

3. 管理者理念的偏差

通过以上分析，我们知道，鉴于当时我国在公共卫生预防制度上的不完善，所以对于疫情的判断和采取相应的措施，更多地依赖于当地管理者的观念和理念。当时当地政府决策者认为在没有完成了解疾病基本情况的条件下就向社会大众公布，会引起不必要的恐慌，影响社会的稳定性。而且在当时的政府管理者中很多人存在这种观念，而正是这种观念的存在，使我们失去了对于疫情防控的最佳时机，从而造成了 2003 年非典型肺炎的蔓延。

事实证明，当时的管理者患得患失，害怕公众了解之后会造成恐慌，这种担心是多余的。其实，公众的知情权和社会的稳定并非不可调节，相反，两者是一致的。知情权，是社会公民的权利，同时，让公众知情、了解事态的发展，可以促进社会开放的、长久的稳定。如果把社会看成一个系统的话，这个社会系统的稳定可以有两种状态：一种是封闭系统的稳定，让公众与外界的信息尽量隔绝，形成一个虚拟的封闭系统，但这种系统的稳定性是不长久的，是短暂的，而且容易被打破；另一种是开放系统的稳定，这种系统中，公众与外界实现信息的充分交流，此类稳定是比较长久和牢固的。随着社会的发展，我国的社会治理体系在逐渐完善，公众的成熟度在不断提升，所以政府应该保证公众的知情权，构建一个开放的、长久稳定的社会系统。这就要求政府管理者提高公众的参与度，及时提高信息的公开透明度，让公众得到有关事实的充分的信息。公众获得的事件信息越多越全面，就更能理性看待问题。相反，公众获得的信息越少，越是胡乱猜想，会引起心理恐慌。

错误观念的另一个表现是过分惧怕公众的恐慌，害怕一旦事件信息公布，会引起公众的心理恐慌，超过人们的心理承受能力，造成社会混乱。其实，这种想法过分低估了公众的心理承受能力，同时也过分高估了事件信息公布所能造成的恐慌。事实上，随着社会的发展，社会公众教育程度的提高，社会公众具有理性的独立思考能力，在获得政府及时公开的信息之后，绝大多数的公民会正确面对、理性看待。

4.“以人民为本”体现不足

从 2003 年非典型肺炎疫情的发展过程来看，有些地方的管理者的人本思想比较薄弱。虽然以经济建设为中心是我们国家现阶段的基本路线，但也不要忘了，我们发展经济的最终目的，还是要服务人民，一切工作的目的都是人民。当发生重大疫情等危机事件时，当人民的生命受到威胁时，一定要清楚，我们的工作要把人民群众的生命安全放在第一位，其他的工作可以暂缓或者暂时让步。

在 2003 年非典型肺炎疫情发展的初期阶段，人们对这种病毒认知不足，以为与普通的病毒没有什么差别，对社会公众的危害应该不大，低估了其蔓延传播的危险程度。正是由于这种认知的偏差，导致我们在思想上没有充分重视，在行动上不积极，没有采取严格的防控措施，以至于这种疾病在全国蔓延传播开来。造成这种结果的原因，可能客观上是由于当时没有完善的公共卫生治理体制，对非典型肺炎的危害性认识不足。在主观上，是由于地方政府管理者没有将以人为本的执政理念真正贯彻落实到位。地方政府管理者对于经济发展考虑得多一些，但对人民的生命安全和身体健康考虑得相对少一些。

5. 疫情防控措施不力

由于思想认知的偏差，以及对病毒疫情危机认知的不足，必然会导致应对行动上的某些不到位。按照常规，发现疫情之后，此阶段的重心应该是研究病毒传染机制，研制疫苗，研发疾病特效药。但当地政府的工作也有些偏差，将引导舆论、抢购药品和生命用品的治理作为阶段工作重点。没有抓住工作重点，对真正具有威胁力的疾病本身的应对力度不足，疫情防控错失良机，故会造成后来的严重后果。

由于当地对于非典型肺炎疫情认识不到位、不充分，思想不重视，所以在疫情防控的应对上投入不足。我们知道，重大疫情的暴发这种突发性危机事件造成的影响是非常广泛的，其影响机制也是复杂多样的，特别是在病毒来源不清、传染性极强的情况下，对其采取的防控措施需要多方力量的协作，仅靠卫生医疗系统的力量是远远不够的。为了加强对非典型肺炎的防控，需要媒体对疾病知识的广泛宣传；需要社区工作者全力投入，对疫情进行严防死守；需要工厂企业加班加点生产疫情防控物资；需要对道路交通实现管制，阻挡疫情蔓延传播……这些工作需要许多部门、人员进行协调配合才能完成。

随着非典型肺炎的发展，人们对其危害性逐渐有了比较充分的认识，相应有效的防控措施得以实施，一些相关部门也陆续开始参与到疫情防控工作中，如 2003 年 4 月 12 日，铁道部、交通部、民航总局等联合发出通知，严格防范非典型肺炎通过公共交通工具进行传播。国家质检总局于 2003 年 4 月 15 日发布公告，要求加强疫情防控，严格检验，严防加强疫情的出入境检验检疫。

由于广东省政府在疫情开始的时候没有及时公布疫情的有关情况，相关消息都是通过小道消息的途径进行传播，各种渠道获得的信息不一致，反而给公众造成了恐慌。从这件事上，可以看出，政府给公众及时准确地公布信息的重要性。

二、非典型肺炎疫情对旅游业的影响

（一）非典型肺炎疫情对我国经济的影响

1. 非典型肺炎疫情对经济影响的途径机制

根据国家统计局公布的统计数据来看，受 2003 年非典型肺炎疫情的影响，我国经济受到了重大影响和冲击，这种影响有微观层面的，也有宏观层面的。重大疫情的发生会对人们的心理、行为和需求产生影响，然后通过传导机制影响整个社会经济系统，具体的影响过程和影响机制如图 6–1 所示。

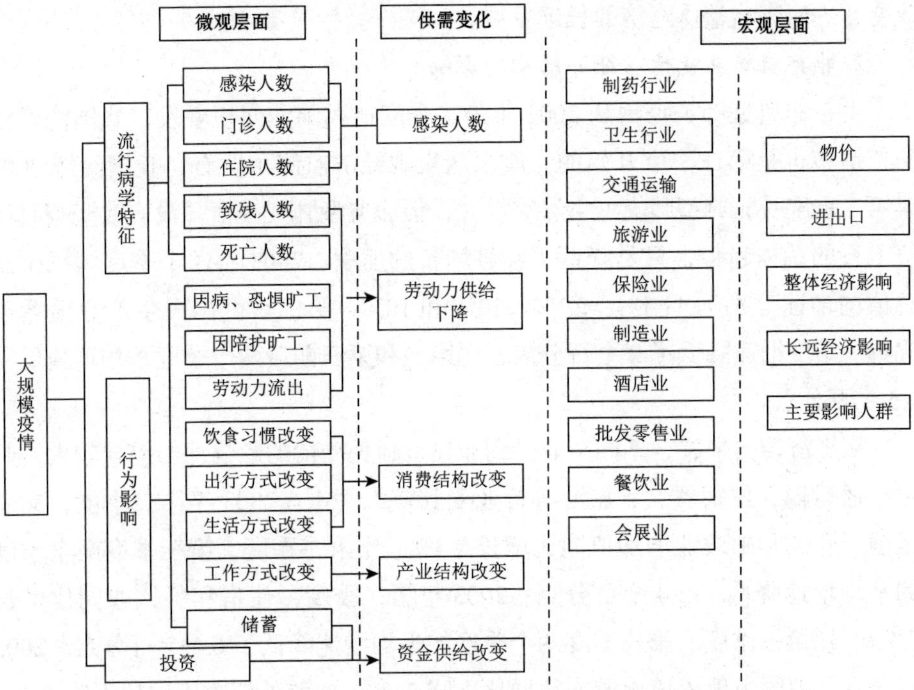

图 6–1　疫情对经济影响的途径机制

通过图 6–1 可以看出，重大疫情可以从微观层面影响人们的心理、行为，从而导致经济结构供给和需求的变化，最后影响宏观层面的经济结构和经济运行，这是突发的重大疫情影响社会经济的途径机制过程。具体来说，疫情的暴发首先会表现出流行病学特征，包括感染人数增加、门诊人数增加、住院人数增加、致残人数增加、死亡人数增加；另外，疫情还会导致人们的行为特征的改变，包括因病旷工、因恐惧旷工、因陪护旷工、劳动力流出、饮食习惯改变、出行方式改变、生活方式改变、工作方式改变、储蓄和投资的比例改变等。疫情的流行病学特征和人们行为方式的改变导致经济社会供给和需求的变化，具体包括：疫情感染人数增加、劳动力供给下降、消费结构的改变、产业结构的改变、资金供给数量的改变等。经济社会供求关系的变化会影响经济宏观结构，包括制药行业、卫生行业、交通运输、旅游业、保险业、制造业、酒店业、批发零售业、餐饮业、会展业，最后会影响整体物价的改变、进出口的改变，进而影响整体经济的长远发展。

2. 非典型肺炎疫情对经济结构的影响

由于非典型肺炎疫情从 2003 年第二季度在我国大面积暴发，我国的严格防控措施也是第二季度开始的，所以从宏观经济监测角度看，我国经济 2003 年第二季度受非典型肺炎疫情影响最大，但非典型肺炎疫情并没有改变当时经济上行的总体趋势，只是降低了经济增长的速度。2003 年四个季度国民生产总值的增速分别为 11.1%、9.1%、10% 和 10%，第二季度国民生产总值增速比第一季度增速降低了 2 个百分点，比第一和第三前后两个季度平均增速低了 1.5 个百分点。

从经济结构来看，不同产业受到非典型肺炎疫情的影响冲击差异较大，其中交通运输、住宿餐饮、旅游等行业受到较大冲击。2003 年第二季度，交通运输、仓储和邮政业增加值同比增长 2.3%，比第一季度、第三季度两个季度的平均增速降低了 5.4 个百分点；2003 年第二季度，住宿和餐饮业同比增长 7.4%，比第一季度、第三季度两个季度的平均增速降低了 6.6 个百分点。2003 年 5 月，中国内地入境旅游人数同比下降 31%，旅游外汇收入同比下降 59%，国内旅客运输量同比下降 42%。2003 年 5 月，社会消费品零售总额同比增速降至 3.6%，显著低于全年 9.1% 的增速。

一般在重大疫情期间，农业产品会受到一定（特别是禽、蛋、肉、奶等农产品）影响。受疫情影响，人们的心理会对可能疑为传染源的部分农产品失去需求动机，这会影响其销售数量，在非典型肺炎疫情期间，一些国家宣布暂时禁止从我国进口肉蛋类食品。

工业生产受非典型肺炎疫情影响较小，投资、进出口增速波动不明显。2003 年 4 月和 5 月工业增加值同比增长 14.9% 和 13.7%，低于 3 月和 6 月 16.9% 的增速。进出口和固定资产投资增速本身波动较大，2003 年 5 月前后并没有出现明显下滑的现象。非典型肺炎疫情对工业生产的直接影响面较小，在时间上可能是短期冲击，在地域上相对比较集中，即在疫情重灾区影响较大，而其他地区影响程度较小。

根据统计数据来看，非典型肺炎对于第三产业中的一些行业影响较大。在疫情期间，为了加强疫情防控，各地采取了包括交通管制、限制人员流动在内的措施，这对交通运输、旅游等行业产生了巨大影响。

从表 6-1 来看，受非典型肺炎疫情影响最大的产业均属于第三产业范畴，其中，住宿和餐饮业受到的影响最为严重，其第二季度增速比第一季度和第三季度的均值减少了 6.6 个百分点；其次是交通运输、仓储和邮政业，其第二季度增速比第一季度和第三季度的均值减少了 5.4 个百分点。

表 6-1　2003 年中国季度产业增速对比

类别	第一季度增速（Q1）	第二季度增速（Q2）	第三季度增速（Q3）	第四季度增速（Q4）	Q2 减去 Q1 和 Q3 的均值
国内生产总值（GDP）	11.1%	9.1%	10.0%	10.0%	–1.5
第一产业	2.8%	1.7%	3.3%	1.9%	–1.3
第二产业	13.2%	11.3%	13.2%	13.0%	–1.9
工业	13.1%	11.1%	12.8%	14.0%	–1.9
建筑业	14.7%	13.0%	16.3%	7.2%	–2.5
第三产业	10.5%	8.7%	8.8%	10.1%	–0.9
交通运输、仓储和邮政业	7.7%	2.3%	7.6%	7.1%	–5.4
批发和零售业	8.3%	10.3%	13.8%	7.6%	–0.8
住宿和餐饮业	11.0%	7.4%	16.9%	14.3%	–6.6
金融业	11.3%	7.7%	7.2%	3.7%	–1.6
房地产业	11.1%	12.7%	6.9%	9.0%	3.7
其他行业	12.1%	9.9%	6.4%	14.1%	0.7

疫情对经济冲击的时间是短期的，从统计数据来说，非典型肺炎疫情对我国经济的影响主要是在 2003 年第二季度。由于在后期疫情防控措施得力，我国有七个省份没有发现非典型肺炎病例，所以，疫情对不同地域的影响程度也是有差别的。从地域上来看，受疫情影响最大的是广东、北京、天津、河北、山西、内蒙古等省份。

3. 非典型肺炎疫情对需求的影响

从需求角度来分析，受非典型肺炎疫情冲击影响较大的主要是进出口、利用外资和消费。

非典型肺炎对于利用外资存在一定影响。广交会是我国重要的国际性会展，受疫情影响，2003 年春季的广交会参展客商和成交量较往年明显下降。另外，一些重要的国际性会议被迫取消或延期。非典型肺炎疫情对于人们的消费具有显著影响，对于疫情防护相关的产品，需求激增，如板蓝根、白醋、酒精等。而对于旅游、餐饮、住宿等服务的消费需求受到抑制。

非典型肺炎疫情对于居民的收入有一定影响，特别是农民工。由于疫情影响，许多工厂、项目停工，农民工返乡，这降低了农民工的收入，也降低了他们的消费能力。运用宏观经济计量模型进行评估，即使将非典型肺炎疫情作为一个对消费有严重负面作用的外生变量，给以最大赋值，其对 2003 年全国消费品零售总额增长率的影响也仅为 0.36 个百分点。

调查显示，2003 年一季度城市居民人均消费性支出同比增长 8.9%，4 月份增长 8.7%，5 月份仅增长 0.6%，6 月份增长 3.8%。据统计，第一季度全国城市居民服务性消费支出同比增长 13.7%；但受非典型肺炎疫情的影响，第二季度服务性消费增速大幅下降，同比下降了 5.5%，5 月份下降 12.8%，6 月份下降 1.6%。

4. 非典型肺炎疫情的总体影响

总体来看，非典型肺炎疫情对我国经济的影响是多方面的，有间接影响，有直接影响，有长期影响，有短期影响，有负面影响，有正面影响。相对来说，间接影响大于直接影响，长期影响大于短期影响，负面影响大于正面影响。

间接影响大于直接影响。直接影响是受疫情影响，短期内就能直接看到影响效果的行业受到的影响。旅游、交通、住宿、餐饮等服务业是直接受疫情影响的行业。间接影响是受疫情影响，短期内很难看到影响效果，但疫情会通过一个中间变量间接影响经济。例如，受疫情影响，人们对于经济运行的前景信心不足，会影响投资，这会影响新项目的投产。

长期影响大于短期影响。非典型肺炎疫情大面积的蔓延只有几个月的时间，主要集中在 2003 年第二季度，但疫情对经济的影响不会随着疫情的消失戛然而止，它会有长期滞后的影响效应。我国市场经济是一个大系统，各个行业之间存在或多或少的联系，一个行业受到影响，就会通过传导效应影响到其他行业。

综合比较来看，非典型肺炎疫情对于第三产业的影响是短期的，是直接影响，疫情结束后，第三产业恢复也相对较快。而疫情对于第二产业的影响导致的传导效应比较大。

从经济数据来看，非典型肺炎疫情只影响全国一个季度经济增速的 2% 左右，摊到全年约 0.4%，当然对重灾区的影响会更大一些。2002 年第二季度，我国大陆国民生产总值为 2.92 万亿元，2003 年第二季度少了 2% 的增长，也就是减少了 584 亿元。

根据国内相关部门的测算以及亚洲开发银行的估计，非典型肺炎疫情对中国大陆造成了约 500 亿元损失，与上述估算基本吻合。

在从区域经济地理上看，当年非典型肺炎疫情的重灾区是北京、广州和香港特别行政区。珠三角、长三角、京津冀地区是我国最重要的三个经济区域，非典型肺炎疫情同时影响了我国的两大核心经济区，只有长三角地区受影响相对较小。2002 年，北京和广东省的 GDP 合计约 1.8 万亿元人民币，占中国大陆的 13.7%，如果加上中国香港，那么受疫情影响区域的 GDP 总额会更高。

研究结果显示，非典型肺炎疫情虽然只持续了数月时间，且全球死亡人数仅数百例，远低于同期死于肺结核、疟疾、麻疹等流行性疾病的人数，但其所造成的影响却是全球性的，所以非典型肺炎疫情影响范围特别广泛。

疫情影响了人们的消费心理和行为，政府严格的控制措施对经济活动也产生了影响，如一些国际会议活动被迫停止，进出口受阻，国内的交通也几乎中断，这给我国的国民经济发展造成了不可估量的损失。

（二）非典型肺炎疫情对我国旅游产业的影响

旅游产业是比较敏感的产业类型，它对环境的依赖性强，只要环境发生一定变化，就会给旅游产业带来较大影响。2003 年的非典型肺炎疫情对我国的经济产生了严重影响，其中旅游产业所受影响最为直接、严重。

1. 疫情对入境旅游方面的影响

受非典型肺炎疫情影响，2003 年我国入境旅游市场受到巨大冲击，特别是在 2003 年第二季度受到的影响最大。据国家旅游局统计，我国入境旅游人数在疫情期间急剧下降。在 2003 年年初，非典型肺炎疫情还没有大面积蔓延之时，我国的入境旅游市场形势还是一片大好。2003 年 1 月入境旅游人数比上年同期增长了14.54%；2003年2月入境旅游人数比2002年同期增长了3.73%；2003年1、2月累计增长了9.25%。同时，入境旅游人数的增加会带来旅游外汇收入的增加，2003年1~2月累计旅游外汇收入比上年同期增长了14.01%。非典型肺炎疫情的发展逐渐影响到了入境旅游市场。从2003年开始，入境旅游人数出现了明显的下滑，3月份入境旅游人数同比下降了6.5%，4月份我国入境旅游人数比去年同期减少了30%，入境过夜旅游者更是只有182万人次，比去年同期减少42%，旅游外汇收入只有9亿美元，比去年同期减少49%。非典型肺炎疫情的爆发不仅影响了我国入境旅游人数和旅游外汇收入，同时也大大损害了我国的旅游形象。直到2003年6月中旬，随着疫情得到有效控制，世界卫生组织（WHO）解除了对我国的旅游警告，我国入境旅游人数才开始逐步回升。

2. 疫情对出境旅游方面的影响

据统计，在2003年年初，我国公民出境旅游市场保持良好势头，在1~3月期间，我国公民实现了495万人次的出境总人数，同比增长达到了41%。2003年4月以后，随着非典型肺炎疫情的不断传播和蔓延，疫情对我国旅游业的影响逐渐显现，先后有110个国家对我国公民的入境采取了限制，导致我国出境旅游和商务活动人数显著下降。到2003年4月，我国出境总人数仅有114.6万人次，比2002年同期下降了12%。

3. 疫情对国内旅游方面的影响

旅游的异地性决定了旅游活动是靠人员流动来实现的，而大规模的人员流动会给疫情防控带来压力。为了严格落实疫情防控措施，减少人员流动，防止疫情扩散，尤其是严禁向我国还未出现疫情的西部地区和农村传播，国家暂时取消了2003年的“五一”节日的集中放长假的做法，还专门发文，提出严格要求，严令禁止各地组织跨区域的旅游活动，大规模的集会活动被取消，国内旅游人数大为减少。在非典型肺炎疫情期间，各大旅行社业务基乎为零，基本处于停业状态。各个旅游景区的旅游人数屈指可数，入不敷出。酒店住宿也受到严重影响，平均的入住率只有10%~20%。各地大型的会展项目纷纷被迫取消或延期，旅游交通运输部门也基本处于停业状态。旅游产业属于劳动密集型产业，从业人员较多，虽然很多产业部门处于停业状态，但员工的工资、社保，以及房屋的租赁费、各种税费给旅游企业造成巨大的财务压力，许多小型的旅游企业面临倒闭的边缘。

4. 疫情对餐饮方面的影响

受非典型肺炎疫情的影响，各种商务活动、会展活动、旅游活动、公务活动数量大幅度锐减，导致餐饮业也面临困境：大部分餐饮企业的客流量有不同程度的减少，其中减幅最大的高达 80%，平均减幅达 30%~40%。据测算，2003 年仅北京市的旅游损失总计可能在 400 亿元左右。

5. 疫情对旅游形象方面的影响

改革开放以后，为了吸引外国游客，增加旅游外汇收入，我国在入境旅游方面做了大量工作，在树立国家良好的旅游形象方面投入了巨大资源。但在 2003 年非典型肺炎疫情发生以后，中国在国际上良好的旅游形象受到了严重损害。在西方媒体的大肆渲染下，部分国家政府颁发了旅游“劝诫令”，使许多外国旅游者将中国视为疫情发源地和安全得不到保障的国家，纷纷取消了原定的到中国的旅行、商务和会议计划。而国内疫情形势较为严重的北京、广东、山西等地，旅游形象也严重受损，国内游客也很少到这些地方旅游。旅游目的地形象受损的直接受害者就是各地的旅游企业，其生存和发展受到了严重影响。

6. 交通运输

受非典型肺炎疫情影响，我国交通运输行业遭受重大损失。为了加强疫情防控，国务院下发文件取消 2003 年“五一”长假。为了减少人员流动给疫情防控造成的压力，国家旅游局专门发文，严令禁止组织跨区域旅游活动，这些措施实施的直接后果就是导致 2003 年 5~6 月我国交通运输业业务量急剧下降，其中，铁路客源量减少 67%，民航累计航班减少 61.1%，客运量下降 81.2%。

7. 疫情对心理的影响

非典型肺炎疫情的发生对旅游者和旅游从业者的心理都产生了影响。一方面，由于非典型肺炎疫情的不断蔓延，旅游消费者的心理受到严重影响，对疾病和死亡产生了恐惧心理，这对其旅游决策、消费行为产生了极大的负面影响，严重限制了其旅游消费需求，旅游消费者纷纷取消了原来的旅游、度假计划。另一方面，非典型肺炎疫情使许多旅游企业的经营陷入困境，面临倒闭的威胁，而面对国内惨淡的旅游市场，一些旅游从业者对我国旅游产业失去了信心。这种负面的心理作用，使许多旅游从业者转行到其他行业，这对旅游产业来说是一大损失。

8. 疫情后的旅游产业的变化

受非典型肺炎疫情的影响，我国旅游产业在疫情过后产生了一些新的变化。第一，在出游方式上，家庭和单位团体旅游所占比重越来越大。疫情虽然过去，但非典型肺炎的高传染性给旅游者留下了巨大的心理阴影，在旅游过程中，尽量减少与自己不熟悉的人同游的机会，减少因旅游活动增加的不安全因素。所以，疫情过后，在出游方式上会有改变，主要表现为家庭游、单位游的比重会明显提高。团队旅游的空间将进一步受到压缩，且出现团队规模逐渐缩小的趋势。而家庭团、亲友团、同事团、同学团等会大量增加，因为这些同行旅游者比较熟悉，联系紧密，没有安全隐患。作为旅游从业者，要紧跟疫情后的旅游者的心理和行为变化，推出合适的旅游产品。

第二，在旅游目的地和项目的选择上，自然旅游、生态旅游等旅游形态受到更多欢迎。这些旅游形态主要在开放空间进行，在旅游过程中与其他旅游者的接触比较少，满足了旅游者对于安全距离的需要，同时优美的环境符合旅游者的健康心理期望。根据世界卫生组织（WHO）的建议，在疫情期间或过后的一段时期尽可能减少直接接触和避免去人群密集场所，而自然旅游、生态旅游正好符合这方面的要求。国家旅游局在布置旅游工作时，曾经提出多组织自然旅游、生态旅游、农业旅游、城市周边休闲度假旅游等要求。旅游者在疫情期间的经历，以及权威机构的建议和措施都在不断强化人们对于健康安全的意识。因此，可以预见，在疫情过后的一段时间内参观博物馆、展览馆等封闭场所，到主题公园、游乐园等人群集中场所游玩，听室内音乐会、观看室内体育比赛等活动，都会受到一定抑制和影响。而自然旅游和生态旅游形态主要为在空旷的野外和开放的空间所开展的旅游项目，其将受到旅游者更多的欢迎。这一变化对旅游区、旅游项目的开发建设、宣传推介都很重要。

第三，旅游者在旅游过程中，更加关注安全距离，对开放、通风有更强烈的要求。对于餐饮企业，旅游者更倾向于离开繁华闹市，选择空间开阔的场所。同时，旅游者更加关注餐饮企业的环境，对于餐具设施的消毒更加重视，对分餐制、公用筷、自助餐有更加强烈的需求。对于住宿条件也有了新的消费需求变化，对于酒店的环境、设施的消毒、房间的通风会更加关注，对于办理入住、退房手续的便捷性提出了更高的要求。

第四，在获取旅游信息、旅游服务方面，互联网技术的地位和作用会得到进一步提升和强化。非典型肺炎疫情也催生了一些新业态的发展，如京东、淘宝等网络购物的兴起，以携程为代表在线旅游机构的诞生，这些新的业态都以互联网为重要的平台和渠道，除了方便快捷的特点之外，还增加了人与人之间的安全距离。这为网络服务的发展提供了机遇，2003 年携程的迅速崛起，与这一变化趋势有一定的关联性。

第五，在旅游者方面，疫情对于不同类型、不同地区旅游者的影响也有差异。一是相对来说，老年游客受疫情影响更大。因为老年旅游者对于病毒、疾病的抵抗力比较弱，也更关注健康。疫情过后，老年旅游者更加关注健康的旅游方式和健康的旅游目的地。二是疫情对于城市旅游者的影响大于农村旅游者。因为城市人群密集，易传播疾病，又是非典型肺炎疫情发病和传播的重点区域，而且城市居民对卫生、健康的认识和要求也大大高于农村居民。三是在非典型肺炎疫情重灾地区的影响比在其他地区大，在经历疫情冲击之后，亲眼目睹身边的亲朋好友患病、治疗、康复（或不幸离世），这使人们心理上经历了重大考验，思想观念上接受了一次洗礼，很多人将终生不忘，疫情对其心理和行为产生了显著影响。四是疫情对高收入、受教育程度高的旅游者的影响大于中低收入、教育水平的旅游者，因为前一类旅游者更关注身体健康、生命安全。五是对医护人员、卫生和疾病预防控制部门工作人员及其家人、亲友的影响大于其他人，医护人员在疫情期间直接参与疫情的防控，参与患者的治疗和抢救，他们对于疫情疾病有着更加专业科学的认知。

9. 疫情对于不同地区旅游业的影响

非典型肺炎疫情在我国各省份的传播和影响情况是不同的，有些省份确诊病例较多，受疫情影响较大，属于疫情重灾区；有些省份确诊病例较少，受疫情影响较小，属于轻灾区；有些省份没有发现确诊病例，受疫情影响最小。

薛刚、孙根年依据旅游本底趋势线理论，采用定量分析方法估算了 2003

年非典型肺炎疫情对于我国各省、直辖市、自治区客流量的影响。根据估算结果，结合省份的游客流量的损失绝对大小，将我国 31 个省、直辖市、自治区分成了四个等级。

其中，北京、河北、山西、江苏、山东和河南 6 个省市受疫情影响导致游客的损失绝对数量最大，属于第一等级（游客损失量在 1500 万 ~3000 万人）；

辽宁、上海、浙江、安徽、福建、湖北、广东、重庆、四川和陕西 10 个省市受疫情影响较大，属于第二等级（游客损失量在 500 万 ~1500 万人）；

天津、内蒙古、吉林、江西、湖南、广西、贵州和云南 8 个省区受疫情影响较小，属于第三等级（游客损失量在 100 万 ~500 万人）；

黑龙江、海南、西藏、甘肃、青海、宁夏和新疆 7 个省区受疫情影响最小，属于第四等级（游客损失量小于 100 万人）。

各个省区的游客绝对损失量可以作为各省区受疫情影响的衡量指标之一，但各省原本旅游产业发展情况差异较大，例如，对于旅游发达省区损失 100 万人的游客数量和旅游不发达省区损失 100 万人的游客数量，它们的影响程度和意义是不一样的，所以仅仅从游客绝对损失数量来看，没有相对比较意义。薛刚、孙根年又根据各省区游客的相对损失量（游客损失率）为依据进行分类，将我国 31 个省、直辖市、自治区分成了三个等级。

其中，北京、河北、山西、内蒙古、河南、贵州和宁夏 7 个省区市受疫情影响游客损失率最大，属于第一等级（国内游客损失率大于 20%）；

辽宁、上海、江苏、浙江、安徽、福建、山东、重庆、陕西、湖北、四川等 11 个省区市受疫情影响损失率居中，属于第二等级（国内游客损失率在 10%~20%）；

天津、吉林、黑龙江、江西、湖南、广东、广西、海南、云南、西藏、甘肃、青海和新疆 13 个省区市受疫情影响损失率最小，属于第三等级（国内游客相对损失率小于 10%）。

综合各省区旅客损失绝对数量和相对数量（游客损失率），可以看出，北京、河北、山西、河南 4 个省市的旅游产业遭受非典型肺炎疫情最为严重，这 4 个省区的游客损失的绝对数量和相对数量（游客损失率）均为最高级别。黑龙江、海南、西藏、甘肃、青海、新疆 6 个省区的旅游产业受疫情影响最小，这 6 个省区的游客损失相对数量（游客损失率）和绝对数量均属于最低级别。而江苏省受疫情影响游客损失的绝对数量较多，但游客损失的相对数量（游客损失率）属于中间级别，说明江苏省的旅游业发达，游客数量基数较大，虽然受疫情影响游客损失的绝对数量较多，但相对数量（游客损失率）不是很大，国内游客损失率处于 10%~20% 的区间程度。而宁夏回族自治区与江苏省的情况恰恰相反，受非典型肺炎疫情的影响，宁夏回族自治区的游客损失绝对数量属于最少的层次，但其游客损失相对数量（游客损失率）较大，属于最高的层次。这说明，宁夏回族自治区的旅游产业基础薄弱，游客基数小，虽然游客损失的绝对数量不大，但其所占游客基数的比例较大。

所以，从上述两个维度分析，非典型肺炎疫情对全国受影响的不同省市的旅游业产值冲击和影响程度主要集中在 10%~30%。2003 年全国各省区的 SARS 确诊人数及国内旅游损失量的具体数值如表 6–2 所示。

表 6–2　2003 年各省区 SARS 确诊人数及国内旅游损失量

地区	SARS 确诊病例（人）	疫源地区位指数	损失量（万人）	损失率（%）
北京	2521	8	2794	24.2
天津	175	5	245	6.1
河北	215	7	2275	33.7
山西	448	7	1585	31.2
内蒙古	282	7	295	22.9
辽宁	7	5	847	11.8
吉林	35	1	168	6.7
黑龙江	0	1	75	2.0
上海	8	3	1184	13.5
江苏	7	3	1839	14.3
浙江	4	3	965	10.3
安徽	10	3	777	18.9
福建	3	3	634	14.6
江西	1	3	374	9.9

续表

地区	SARS 确诊病例（人）	疫源地区位指数	损失量（万人）	损失率（%）
山东	1	5	1732	16.3
河南	15	7	2111	29.5
湖北	7	5	1372	19.4
湖南	6	1	282	4.6
广东	1512	1	695	8.4
广西	22	1	285	5.9
海南	0	1	49	3.9
重庆	3	3	571	11.8
四川	20	3	1118	11.7
贵州	0	3	489	21.1
云南	0	1	230	4.3
西藏	0	1	4	4.8
陕西	12	3	545	14.2
甘肃	8	1	43	4.7
青海	0	1	17	4.2
宁夏	0	1	79	22.4
新疆	0	1	98	8.8

（三）非典型肺炎疫情后旅游产业的复兴

在非典型肺炎疫情期间，我国旅游产业遭受了巨大损失，许多旅游企业面临倒闭和破产的困境。我国旅游产业中绝大多数的市场主体是中小微企业，它们资源有限，现金流量小，缺乏可以进行银行抵押贷款的固定资产，承受重大疫情等危机事件冲击的能力比较弱。为了尽快恢复我国旅游产业，国务院和各部委先后出台了多项支持政策帮助旅游企业渡过难关，以实现旅游产业的早日恢复和振兴。

1. 国务院出台减免行政事业性收费的政策

受非典型肺炎疫情的影响，我国旅游产业遭受了重大损失，旅游企业暂停营业，没有收入来源，同时员工工资、社保、房租等费用需要继续支付，这给许多旅游企业造成了巨大的财务压力，许多旅游企业面临倒闭的边缘。旅游企业急需减轻财务负担，实现"轻装上阵"，才能获得发展新生。国务院为减轻受非典型肺炎疫情影响企业的负担，下发文件要求减免企业部分行业行政事业性收费。

文件规定，减免企业部分行业行政事业性收费的时间段为自 2003 年 5 月 1 日起至 9 月 30 日止，为期五个月。对于不同类型的企业，文件规定可以减免不同的行政事业性收费项目。

例如，对于餐饮、旅店、旅游业、集贸市场等企业，减免其集贸市场管理费、个体工商户管理费、企业注册登记费中的年检费等费用。

对于娱乐行业的企业，减免其个体工商户管理费、企业注册登记费中的年检费等费用。

对于航空公司，减免其企业注册登记费中的年检费、环境监测服务费等费用。

对于公路客运行业企业，减免其公路运输管理费、公路养路费等费用。

对于水路客运行业企业，减免其水路运输管理费、内河航道养护费等费用。

对于出租汽车（包括小汽车、中巴、大巴）行业以及旅行社企业，减免其公路养路费、排污费等费用。

由于我国的行政事业性收费的收缴渠道不同，有些项目是由国家收取的，有些项目则属于地方收入。文件规定，凡是属于国家收入的行政事业性收费项目，实行全免，属于地方收入的行政事业性收费项目，减免幅度具体由各省、自治区、直辖市人民政府负责确定。

由于各个地区遭受 2003 年非典型肺炎疫情影响的程度不一样，对于受疫情影响比较严重的地区（包括北京、天津、吉林、山西、内蒙古、广东、河北、河南、广西、四川、陕西等地区），文件特别规定，除了减免国家规定的上述行政事业性收费项目外，还应当减免本省、自治区、直辖市出台的行政事业性收费项目。

2. 国家旅游局暂退还旅行社质量保证金

作为主管旅游市场主体的主管机构，国家旅游局非常重视我国旅游企业的经营困难。在全国非典型肺炎疫情基本得到控制后，国家旅游局组织旅游企业代表召开了专门的座谈会，调研了旅游企业存在的困难，讨论恢复振兴旅游经济的具体措施。根据我国旅游企业的实际运营情况和经济困难，国家旅游局会同国家财政部下发了《关于暂时退还旅行社部分质量保证金的通知》(以下简称《通知》),《通知》明确暂退旅行社部分质量保证金，以帮助旅行社企业度过疫情影响危机，为旅游业今后的恢复和发展创造条件。

旅行社质量保证金是由旅行社在指定银行缴存或由银行担保提供的用于保障旅游者合法权益的专项资金。在疫情过后，国家旅游局规定暂时退还旅行社部分质量保证金，就是要缓解旅行社企业因疫情影响造成的资金短缺的问题，帮助旅行社企业渡过难关，实现旅游业快速振兴。

对于暂退的旅行社质量保证金使用期限，文件规定为从 2003 年 6 月 30 日至 2004 年 12 月 31 日，即各旅行社应于 2004 年 12 月 31 日之间将退还的质量保证金缴还。

对于暂退的旅行社质量保证金的金额，文件对国际旅行社的暂退标准进行明确规定，只经营入境旅游业务的国际旅行社退还 40 万元质量保证金，如果同时经营出境和入境旅游业务的国际旅行社退还标准为 100 万元。对于国内旅行社的质量保证金退还标准，则由各省、自治区、直辖市结合本地实际进行确定。

根据文件暂退要求，经统计，旅游局将总额 23 亿元的旅行社质量保证金的 60% 退还各大旅行社，以帮助旅行社渡过疫情影响难关。受益于这些政策措施，旅游企业和旅游经济得以较快恢复。

3. 国家财政部、国家税务总局出台税收优惠政策

为减轻疫情对企业造成的损失，缓解企业的财务压力，帮助企业渡过疫情影响难关，尽快恢复旅游产业，国家财政部、国家税务总局联合下发《关于调整部分行业在非典型肺炎疫情期间税收政策的紧急通知》(以下简称《通知》)中明确规定，对于受非典型肺炎疫情影响严重的企业实施税收优惠政策。

文件规定，税收优惠时间期限为2003年5月1日至9月30日，为期5个月。

文件规定，对于不同的企业，减免的税收种类也有所区别。例如，对于对民航的旅客运输业务和旅游业免征营业税、城市维护建设税、教育费附加。

文件还规定，在2003年5月1日至9月30日期间，经过批准，对饮食业、旅店业减征、免征或缓征营业税、城市维护建设税、教育费附加。

4. 国家商务部出台振兴餐饮和住宿业计划

受非典型肺炎疫情影响，我国的餐饮业和住宿业遭受到了严重冲击和影响。2003年餐饮业全年增长幅度要比2002年下降6个百分点左右。我国住宿业业绩在疫情期间也是惨不忍睹，据行业测算，我国住宿业受疫情影响造成的损失约为650亿元。

为帮助餐饮业、住宿业等企业尽快渡过疫情影响难关，减轻企业财务负担，国家和地方政府相继出台了税收优惠政策和相关支持政策，餐饮企业、住宿企业等市场主体也积极开展自救，市场得到了基本稳定。餐饮业与住宿业的恢复和振兴，需要有繁荣的市场消费作为基础。非典型肺炎疫情结束后，消费者的心理和行为都受到了影响和改变，外出消费动力不足，这也限制了餐饮业、住宿业快速振兴。为了激发市场需求活力，促进我国餐饮业、住宿业快速振兴，国家商务部出台了振兴餐饮和住宿业计划。

具体的振兴措施包括：

（1）加大政策扶持力度，协调落实政策措施。（2）贯彻实施有关标准，创造安全卫生的消费环境。（3）推进现代流通方式，大力发展连锁经营。（4）加强行业管理，提高服务水平。（5）倡导文明用餐方式，革除传统陋习。（6）支持企业开展促销活动，活跃市场。（7）“造势”与“兴市”相结合，开展系列活动。（8）加大宣传力度，做好振兴计划的整体推广工作。

同时，为了有效振兴餐饮业和住宿业，商务部还重点支持了全国七项大型活动，以举办大型活动的形式带动和振兴餐饮业和住宿业。这些大型活动分别是2003年8月由天津市人民政府主办的“中国天津第四届啤酒节暨餐饮文化周”、2003年8月由北京市商委主办的“首届北京王府井国际美食节”、2003年9月由上海市商委主办的“上海美食周”、2003年10月由中国烹饪协会和南昌市人民政府主办的“中国厨师节”、2003年10月由中国饭店协会和重庆市人民政府主办的“中国美食节”、2003 年 11 月由广州市人民政府和中国烹饪协会主办的“第二届中国西餐文化节”、2003 年 9 月由中国饭店协会主办的“中国饭店业发展论坛”。

商务部通过实施振兴餐饮和住宿业计划，和系列振兴措施的落实，以及系列活动的举办，显著促进了我国餐饮和住宿业在非典型肺炎疫情后的振兴进程。

三、非典型肺炎疫情后旅游产业复兴的启示

旅游产业是受非典型肺炎疫情直接影响和冲击的产业，在疫情期间，我国的旅游产业遭受了重大损失。在国家和地方出台的各种支持政策的扶持下，旅游企业积极开展自救，在半年内基本实现了旅游产业的恢复。从非典型肺炎疫情过后旅游产业的迅速振兴，我们可以得到一些启示，这些启示对于我们应对其他疫情危机管理具有重要参考价值。

（一）文旅产业敏感但有韧性

文旅产业是敏感的产业门类，这是由于文化旅游活动本身对外部环境的强烈依赖性决定的；但文旅产业不是脆弱的，而是充满韧性的，这是由旅游者的文化旅游欲望的内生性以及文化旅游需求和旅游地吸引力的稳定性决定的。当旅游者的生命安全受到威胁时，文化旅游消费就成为人们最先放弃的需求之一，但是，只要环境得以恢复正常，安全得以保证，旅游者的文化旅游需求将很快被激发和唤起。

文旅产业由于其异地活动性、直接接触性而受到严格管控和禁止，所以，在疫情期间，文化旅游活动基本停业，损失惨重。但文旅产业韧性强，我国具有巨大的人口基数红利，随着人们生活水平的提高，文化旅游需求将进一步提升，文化旅游需求是人们的内生需求。一旦疫情得以控制，安全得以保障，人们的文化旅游需求会被充分激发和释放。因此，文旅产业是一个敏感的、自我恢复力强的、有韧性的产业。

的确，受非典型肺炎疫情的冲击和影响，我国的文旅产业遭受了巨大的损失，面临着巨大的困境，但疫情并没有改变文化旅游活动的基本条件，只是暂

时抑制了人们的文化旅游需求。具体来说，疫情并没有影响我国的文化旅游资源，我国文化旅游资源的强大吸引力仍然存在。我国旅游产业发展的基础要素包括交通、住宿、餐饮、景区等依然存在，它们的生产力依然保持完整，只是由于疫情的影响，暂时处于歇业状态。境外游客和我国人民的文化旅游需求和消费能力依然存在，只是由于疫情的影响，被暂时抑制和推迟，并没有被消除，一旦疫情解除，境内外的旅游者的旅游需求就会被激活和释放。所以，疫情只是暂时影响了文旅产业的发展，并没有破坏和影响文旅产业的基础，这也充分说明，旅游只是对环境敏感，但并不是脆弱的产业。旅游从业者要清醒地认知到这一点，才能保持文旅产业发展的信心，在政府政策的支持下，积极开展企业自救，努力克服困难，定会迎来文旅产业发展的春天。

（二）支持政策有助于文旅产业迅速振兴

我国的文化旅游企业大多为中小型企业，资源有限，现金流量小，在突发重大疫情时期，没有业务收入的情况下能够坚持的时间很短，应对重大疫情的危机管控能力较弱。如果国家或地方政府能够出台支持政策，减轻旅游企业的财务压力，将会有助于我国旅游产业迅速复兴。通过非典型肺炎疫情后旅游业的快速复兴可以看出，非典型肺炎疫情虽然对文旅产业和文旅企业短期产生了严重冲击，但是由于政府政策的大力支持，并没有出现旅游企业大面积倒闭的现象，这为我国旅游产业快速复兴创造了条件。另外，随着我国经济的发展，人们生活水平的提高，文化旅游的需求越来越强烈，特别是在重大疫情发生以后，人们对于生命、生死、生活、健康、消费的认识有了更加深刻的体会和认识，这导致疫情过后，文化旅游需求快速回升。政府也适时举办了一系列丰富多彩的大型活动，刺激和引导旅游消费，为我国旅游产业的振兴奠定了基础。

（三）旅游企业要积极开展自救

政府的支持政策只是文旅产业振兴的外在因素，要想尽早实现我国文旅产业的振兴，仅靠外在支持因素是远远不够的，最重要的还是要靠文旅企业自身积极开展自救。旅游企业是文旅产业的市场主体，在市场经济背景下，只有实现文旅企业的振兴，才能真正实现我国文旅产业的振兴。文旅企业要用足国家和地方政府的支持政策，及时调整企业发展战略，采取积极的应对措施，积极开展营销宣传，引导旅游者树立消费信心，紧跟社会文化旅游发展趋势，密切跟踪旅游者在疫情后的需求变化，开发适宜的文化旅游产品，引导文旅市场消费，积极创新经营活动，提升服务质量，不断提升市场竞争力，在激烈的文化旅游市场竞争中立于不败之地，促进我国旅游产业的复兴。

第二节　国家层面支持文旅产业振兴的策略建议

通过前文回顾和分析非典型肺炎疫情的发展过程、疫情后的文旅产业复兴过程，我们发现，政府的支持政策对于文旅产业的快速振兴是必不可少的条件。那么对于国家层面来说，应该出台哪些政策来促进我国文旅产业的快速振兴，是本节讨论的重点。

虽然，本次新型冠肺炎疫情与 2003 年的非典型肺炎疫情有许多相似之处，但经过 17 年的发展，我国的综合国力、经济实力、经济结构、社会综合治理能力都有了明显的提升和改善，所以，我们有必要首先分析一下，两次疫情发生时中国经济情况的异同，两次疫情的发生特征又有哪些差异，以便有针对性地提出具体的文旅产业振兴支持政策建议。

一、两次疫情的对比

（一）两次疫情时期我国经济发展情况对比

1. 经济总体实力

经过 17 年的发展，我国的经济建设得到了长足的发展，经济一直处于中高速发展态势，取得了举世瞩目的成就。在 2002 年，我国的国民生产总值为 10.52 万亿元，全国旅游收入为 6000 亿元人民币；2003 年我国国民生产总值为 11.73 万亿元，人均国民生产总值为 9101 元。据初步核算，2019 年我国国民生产总值达到了 99.09 万亿元，人均国民生产总值为 70892 元，全国旅游收入近 6.50 万亿元。在 2003 年时，我国国民生产总值在全球排名第七，到 2019 年，我国已经成为稳居世界第二位的经济体。

2. 经济发展态势

从经济发展态势来看，2003 年我国的经济处于上行态势，还处于加入世界贸易组织的政策红利期，经济具有较强的向上的发展趋势，2000 年、2001 年、2002 年的国内生产总值增长率分别为 8.49%、8.34%、9.13%。可见，经济增速较快，处于中高位经济增速，具有强劲的增长趋势。

当前，世界经济增长速度持续放缓，仍处在国际金融危机后的深度调整期，世界大变局加速演变的特征更趋明显，全球动荡源和风险点显著增多，中美贸易战给世界经济带来了不确定性，国内外风险挑战明显上升。2017 年、2018 年、2019 年的国内生产总值增长率分别为 6.75%、6.5%、6.2%。可见，2020 年我国经济下行压力较大。

3. 经济产业结构

在 2003 年我国的经济结构中，三大产业占比分别为，第一产业占 12.35%，第二产业占 45.62%，第三产业占 42.03%，其中第二产业占比最大。经过 17 年的发展，我国的经济结构不断调整、不断优化，到了 2019 年，我国经济结构已经发展了较大变化，二大产业占比结构与 2003 年相比已经发生了明显变化，表现为第一产业、第二产业占比下降，第三产业占比上升；三大产业占比的具体情况是，第一产业占 7.11%，第二产业占 38.97%，第三产业占 53.92%，其中第三产业占比最大（见图 6–2）。从我国的经济结构来看，经过 17 年的发展，我国的经济结构发生了较大变化，2003 年时第二产业是占比最大的产业结构；到了 2019 年，第三产业成为占比最大的产业结构。产业结构的不断调整，不仅是产业占比的变化和产业结构的优化，经济发展质量的提高，更是经济发展动力的转换。随着第三产业所占比例的逐渐提升，消费对经济的拉动作用得到了明显增强，2018 年上半年，国家统计局数据显示，消费对经济增长的贡献率为 78.5%，显然消费已经成了拉动我国经济增长的不可或缺的主要动力。

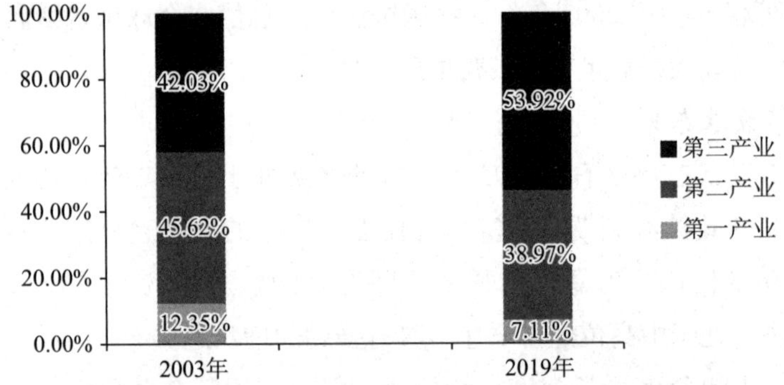

图 6-2　2003 年和 2019 年三大产业占比变化

由于三大产业具有各自的经济特征，所以它们对重大疫情等危机事件的反应是不同的。例如，对于第二产业来说，受疫情影响，第二产业工业产品的产量会降低，但是，这种产量的减少可以通过疫情过后的加班加点进行弥补。而对于第三产业来说，第三产业服务业具有自己产品的特殊性质。第三产业的产品和服务具有不易贮存的特点。例如，今天客房如果没有客人住宿，那么今天的住宿服务供给就浪费掉了，不可能在疫情以后实现弥补；像酒店这种服务来说，一年的服务供给数量是一定的，疫情期间的服务供给没有售出就浪费掉了，即使以后市场火爆也不可能将以前损失掉的供给服务弥补回来。所以，从我国经济结构、产业结构的变化情况来分析，此次新冠肺炎疫情对经济的影响和冲击要比 2003 年非典型肺炎疫情对经济的影响和冲击大得多。

当前，中国经济已经进入工业化后期，第三产业成为国民经济占比最高的产业，是拉动经济增长的第一动力。投资需求、国外需求和消费需求是经济的三大需求，三大需求是经济发展的动力。经过 17 年的发展，我国经济的三大需求占比业发生调整和优化。在三大需求中，资本形成总额占比较高，净出口占比逐渐下降，已经由 2003 年非典型肺炎疫情时期的投资和出口拉动转向消费和创新驱动，消费取代资本成为主要拉动力。随着信息时代的到来，人们的消费方式也发生了调整和改变。在消费方式上，过去的消费方式主要是线下实体消费，而现在网络线上消费成为重要的消费模式，淘宝、京东等线上购物平台发展迅速。

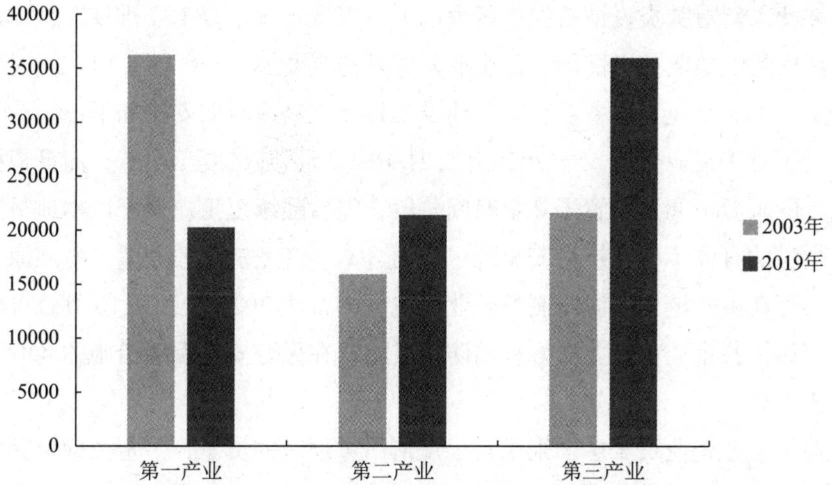

图 6-3　2003 年和 2019 年三大产业从业人口

从图 6-3 可知，随着社会经济的发展，经济结构的调整和优化，我国三大产业从业人口数量发生较大变化。在 2003 年，我国第一产业的从业人口数量占有绝对优势，农业人口居多，经过 17 年的发展，农业现代化水平不断提高，第一产业所需劳动力逐渐减少；随着城镇化水平的提高，越来越多的农业人口转变为非农业人口；经济结构不断优化，到了 2019 年，第三产业就业人口数量已经占有绝对优势。

从本次新型冠状病毒性肺炎疫情来看，受到影响最大就是的第三产业，而第三产业目前又是我国从业人员最多、所占国民生产总值比例最大的产业。因此，从这个角度来看，本次新冠肺炎疫情对经济的影响程度要远远大于 2003 年非典型肺炎疫情对经济的影响程度。在本次新冠肺炎疫情期间，第一产业中的蔬菜种植、蛋奶禽畜还在加紧生产保障春节市场供应，保证广大人民的“菜篮子”。第二产业中的口罩制造、防护服制造、消毒用品制造工厂企业还在一天 24 小时加紧生产，也满足不了疫情防护的需要，不得不新设生产线，扩大生产。而第三产业，除了保证人们日常生活必需的超市以外，基本暂停营业。而且，可以预想，即使是本次新冠肺炎疫情得到有效控制之后，第三产业也将会是复工最晚的产业门类。例如，河南省郑州市制定的复工政策可以得到印证。郑州市是河南省的省会，因距离武汉较近，两个城市之间的人员流动频繁，在此次新冠肺炎疫情防控中压力巨大。根据郑州市复工安排规定，本市行政区域内除疫情防控必需的各类企业外，其他企业 2020 年 2 月 9 日 24 时前不得开工。工业企业、服务业企业和建设工程复工复产时间安排如下：

（1）对于工业企业，于 2020 年 2 月 10 日以后陆续复工生产，而且根据企业员工的来源不同，设置了几个时间阶段，先后陆续复工。对于以本地员工为主，员工的身体不存在疫情安全隐患，而且本地产业链比较完整，生产原料充足，不存在生产链上下游限制的企业优先开工，于 2020 年 2 月 10 日就可以开工。当然，各企业首先要做好疫情防控措施，在做好安全保障措施的同时，有序复工生产。

对于工业企业员工中个别来自于疫情严重地区的员工，一定要确保其安全渡过隔离期，不存在疫情安全隐患，而且本地产业链相对比较完整的企业于 2020 年 2 月 17 日有序复工生产。

其他工业企业于 2020 年 2 月 24 日前，做好员工身体健康排查，安全度过隔离期，严格落实企业疫情防控措施，在保证安全的前提下于 2020 年 2 月 24 日复工生产。

（2）对于服务业企业复工的时间安排：对于三星级以上宾馆，提供送餐外供连锁性餐饮企业（不设堂餐），为制造业提供物流服务的企业（含一般物流、电商物流、仓储物流等），在严格落实企业疫情防控措施的基础上，于 2020 年 2 月 17 日有序复工。

暂缓复工复产的服务业企业：经营性客运行业，批发市场（不含农产品批发市场），家政行业，小型门店，房地产开发企业售楼部，影院、剧场等娱乐场所，各类博物馆、美术馆、展览馆等，旅游景区、旅行社等文化旅游业以及经营单位。

从河南省郑州市的复工安排可以看出，文化旅游产业相关单位的复工安排在最后，要到疫情得到有效控制以后才会逐步开始正常营业，而且这是在新冠肺炎疫情届时得到有效防控的前提下。所以，文旅产业复工时间最晚，影响时间最长，无疑将成为受到新冠肺炎疫情影响最为严重的产业。

4. 疫情冲击和影响的程度

新冠肺炎疫情对中国经济的影响已经开始呈现。受疫情影响，1 月 31 日，全国铁路预计发送旅客300万人次，同比下降76.5%。2020春节档多部影片相继撤档，多地影院宣布暂停营业，大年初一电影票房仅有181万元（2019年大年初一的电影票房为14.58亿元），全国院线排片跌至不到1500场。远逊于2017年的33.8亿元，2018年的57.1亿元，2019年58.4亿元的春节档电影票房规模。

分析了我国40家文化旅游上市企业，发现这些上市文旅企业涵盖了文化、景区、旅行社、餐饮、酒店、影视、媒体、出版等行业领域。受此次新冠肺炎疫情的影响，在2020年春节后的股票开市首日，我国40多家文化旅游上市公司的股票价格纷纷大幅下跌，我们知道，股票市场是经济的晴雨表，是人们对于经济市场信心的体现。文化旅游企业的股票下跌显示了人们对于文化旅游消费的市场的预期不佳，也从股票市场这个角度体现了疫情对于文旅上市企业的冲击和影响的程度。在我国40多家文化旅游上市公司中股票价格下跌幅度最大的是长江传媒，降幅达到了10.05%，下降幅度达到10%及以上的上市文化旅游企业还有峨眉山、华侨城、山东出版等16家公司。

由于本次新冠肺炎疫情暴发与中国传统春节时间叠加，为加强疫情防控，防止疫情进一步蔓延和传播，各地纷纷出台限制交通措施，封城、封路、封社区、封村，取消集体性聚集活动，各地的大型会展被迫延期或取消，庙会被取消，旅游景区暂停营业，旅行社纷纷退团，餐饮企业、住宿企业的退单应接不暇。因此，本次疫情对我国旅游业的影响更加严重。2002年我国国内旅游收入为3878.36亿元，因为受到非典型肺炎疫情影响，2003年国内旅游收入降低到了3442.27亿元，旅游收入下降了11%。如果按照此例计算，新冠肺炎疫情会使我国旅游业减少约7600亿元的收入。

2020年1月24日，国家文化和旅游部办公厅下发《关于全力做好新型冠状病毒感染的肺炎疫情防控工作 暂停旅游企业经营活动的紧急通知》，要求从即日起，全国旅行社及在线旅游企业暂停经营团队旅游及“机票＋酒店”旅游产品。这给我国文化旅游这列正在高速运行的“列车”踩下了刹车。如果按照2019年我国旅游总收入的平均来计算的话，我国旅游业总收入6.5万亿元，平均每天收入178亿元。每停滞一天，就代表我国旅游产业至少会损失178亿元的收入。如果再考虑从业人员的工资、福利、社会保险费、房租等费用，损失还不止这些。另外，文化旅游产业关联性强，如果再加入产业链的上游和下游环节，则损失会更大。

（二）两次疫情的发生及影响的对比

1. 从发生时间上来看

对于大型疫情的发生时间来说，发生在不同月份，对于其防控的难度，以及疫情对于经济的影响都是有差异的。从非典型肺炎疫情和新冠肺炎疫情来说，两次疫情的发生和暴发月份有所差异，2003 年 4~6 月为非典型肺炎疫情的暴发期，错过了 2003 年春节人员流动高峰时期，有利于对于疫情防控，同时也减轻了疫情对经济的冲击程度。2003 年 6 月世界卫生组织（WHO）解除了对北京的旅行警告，同时将北京被从疫区名单中删除。从“双解除”后，正好到了 2003 年暑假，在经历过漫长的疫情煎熬后，人们压抑的心情急需通过外出旅游得到减压释放，同时，暑假人们有了空闲时间，为外出旅游创造了条件。所以，2003 年暑假，全国旅游业出现“井喷式”快速复苏，受非典型肺炎疫情深度影响的时间大约是一个季度（即 2003 年第二季度），第四季度旅游业进入正常发展的阶段。而 2020 年新冠肺炎疫情正好发生在农历春节前夕，恰好完整地影响了整个春节黄金周，丧失了黄金周长假带来的巨大假日红利，又适逢大规模春运返乡大潮，加大了疫情控制的难度，使疫情影响变得更为深远和不可控。综合来看，本次市场受新冠肺炎影响的程度，将比“非典”时期要严重，文化旅游产业的微观企业经营状况可能会比 2003 年更为艰难。所以，从发生时间来看，本次新冠肺炎疫情的发生时间给我们的疫情防控工作增加了难度，同时，本次疫情对经济的冲击和影响程度也要更大。

2. 从影响区域上来看

从影响区域来看，两次疫情也有差异。2003 年的非典型肺炎疫情虽然影响范围也很广泛，但是在我国严密的防控措施下，我国仍有云南、西藏、青海等 7 个省区没有疫情发生，当时成了全国非典型肺炎疫情没有被传染的净土，这也为这些地区文旅产业在疫情后迅速恢复奠定了基础。所以，在 2003 年的非典型肺炎疫情解除后，这些省区成了人们首选的出游目的地，因为这些省区被人们不自觉地贴上了健康安全的标签，这对于我国文旅产业快速恢复起到了积极的作用。而2020年新冠肺炎疫情影响区域非常广泛，疫情从武汉一地发生后，逐步扩散到湖北全省乃至全国，我国31个省（自治区、直辖市）全部有疫情感染患者，就连我国的香港特别行政区、澳门特别行政区、台湾地区也没有幸免。新冠肺炎疫情传播的广泛性，给我国带来了区域的整体性危机。可以看出，此次疫情造成的影响，不只是对一个地区一个行业的影响，而是对全中国全社会的全面影响。

3. 从疫情发生的环境来看

我国于在2001年12月11日加入世界贸易组织，成为世界贸易组织的一员，这一历史性事件极大促进了我国进出口贸易的发展，极大地加速了我国经济的增长。当2003年非典型肺炎疫情暴发时，我国还处在加入世界贸易组织后的全球市场红利期，国内经济正处于中高速发展的上升时期。而2020年全球的经济环境以及我国的经济发展态势都发生了显著变化，当前世界经济还处于全球经济危机的调整期，再加上中美“贸易战”，给世界经济和我国的经济发展增添了不确定性。而且，我国的经济发展正处于由高速发展向高质量发展转变的过程中，经济结构不断调整和优化，进入了中高速增长的“新常态”。因此，从全球经济的大环境来看，国际环境更加复杂严峻，世界经济增长放缓，而且我国国内经济也面临多重挑战和困难，经济下行压力较大。

从以上分析来看，两次疫情暴发时，我国的经济发展态势不同，这会导致疫情给经济的冲击会有所差异。一般来说，在经济上行时期，遭受危机事件时，经济受到的影响较小，经济恢复比较快。而在经济下行时期，遭受危机事件时，经济受到的影响较大，经济恢复比较慢。

4. 从影响系统来看

一般来说，重大疫情对于经济、社会的影响都是全面的、多层次的，不仅对国家的宏观经济有影响，而且对于微观的企业、个人都有影响。2003年非典型肺炎、新冠肺炎两次疫情不仅对我国宏观经济层面产生影响，导致旅游需求骤降，旅游投资、出入境、进出口均受明显冲击，企业短期失业上升和物价上涨，而且对中观层面的餐饮、旅游、电影、交通运输等行业造成冲击，更对微观个体的民企、小微企业、企业员工等造成影响。例如，疫情对于企业员工来说，企业的暂停营业致使其收入减少，影响和降低了其消费能力；受疫情影响，企业员工的心理也受到影响，抑制了其文化旅游需求。

5. 从旅游的形态来看

重大疫情对于不同的旅游形态的影响程度也有差异。2003 年，我国的旅游产业是以观光旅游为主体，旅游形式比较单一，旅游组织形式比较固定，主要是以旅行社组织的团队旅游为核心的观光旅游形式。这种相对单一的旅游形态以及旅游产业链，形成了两个主要的经济特征。一方面，旅游经济涉及的行业相对较少，主要是交通运输、景区、酒店和餐饮等企业，由旅行社将这些企业的产品有机结合起来，销售给旅游者。由于牵涉的行业相对比较少，所以恢复起来也相对比较简单和容易。另一方面，由于旅游形态和产业链单一，市场主体十分有限而且明确，政府可以获取准确的企业经营信息，找准企业存在的实际困难，然后制定有针对性的具体支持政策，从而帮助企业渡过疫情难关，促进旅游产业迅速振兴。经过十七年的发展，我国的旅游形态日益丰富，旅游产品日益多样，旅游市场主体日益多元。除了传统的观光旅游之外，涌现出了许多新的旅游类型，度假旅游、休闲旅游、商务旅游、研学旅行、技术性旅游、养老旅游、体育旅游与观光旅游等共同构成了我国的旅游类型体系。随着旅游类型的不断丰富，相应地，就需要更多的企业提供支持与服务。所以，现在旅游产业的市场主体更加丰富多元，如景区、度假区、民宿、旅游综合体、酒店、旅行社、OTA 平台、客运、演艺、旅游基地、代理商、旅游投资公司、旅游设计公司等，旅游对整个社会经济行业的渗透和关联能力在不断强化，影响在日益放大。旅游产业市场主体类型不断丰富，有外资企业、国资企业、个体企业，它们对于产业振兴的诉求不同，这加大了政府出台相关支持政策的难度。

6. 从文化旅游消费来看

在重大的疫情过后，文旅产业的恢复和振兴与消费环境有紧密的联系。我们可以从家庭负债率、生活成本、闲暇时间来分析两次疫情之后的消费环境变化。

从家庭负债率来说，在 2003 年，由于长期保持的消费习惯，人们的家庭负债率比较低，只有 5% 左右，这保证了人们的可支配收入的较高水平，为人们进行旅游消费提供了经济基础和物质保障。到了 2019 年，家庭负债情况发生了较大变化，由于人们消费习惯发生了改变，贷款买房、贷款买车等，导致我国家庭负债率达到了55%，负债率的偏高，就挤压了文化旅游消费支出的比例，也限制了人们外出旅游的可能性。

从生活成本综合来看，我国家庭生活成本逐渐提高，日常生活支出、教育支出、养育支出（特别是在大城市更明显，我国在放开二孩政策后，并没有出现预想的生育潮，其中一个重要的原因就是生育、养育成本太高）、健康支出逐渐增加，这些刚性的支出也限制了人们的旅游消费需求和动机。

从人们的闲暇时间来看，可自由支配的空闲时间是实现文化旅游消费活动的必备条件。由于2003年非典型肺炎疫情在4~5月最为严重，大部分地区的中小学没有停课，大学只是封闭校园，还在正常上课学习，所以并没有耽误暑假，闲暇时间得以保证。而2020年的新冠肺炎疫情已经使全国的大、中、小学都延迟了开学时间，估计疫情整体得到控制以后才能陆续分批次开学，有可能学校会利用周末和暑假时间来补齐损失的教学时间。这样的话，人们的闲暇时间被压缩，肯定会影响文化旅游消费活动。

二、已经采取的振兴措施

吸取了2003年非典型肺炎疫情时政府采取的支持政策经验，结合此次新冠肺炎疫情的实际情况，国家政府有关部门迅速行动，解决企业存在的实际困难，已经制定并下发了多方面的政策措施，帮助企业渡过疫情难关。

（一）暂退部分旅游服务质量保证金

2013年，国家旅游局根据《旅游法》精神，将旅行社质量保证金修改为旅游服务质量保证金，旅游服务质量保证金（以下简称“保证金”）是指根据《中华人民共和国旅游法》及《旅行社条例》的规定，由旅行社在指定银行缴存或由银行担保提供的一定数额用于旅游服务质量赔偿支付和团队旅游者人身安全遇有危险时紧急救助费用垫付的资金。

2003年非典型肺炎疫情期间，为缓解旅行社企业资金困难，帮助旅行社企业渡过疫情难关，国家旅游局实行了暂退旅行社质量保证金政策，有效解决了旅行社资金困境，促进了旅行社企业的复兴。

2020年新冠肺炎疫情期间，国家文化和旅游部总结以前的经验，积极支持和帮助旅行社企业应对资金困境，下发了《关于暂退部分旅游服务质量保证金支持旅行社应对经营困难的通知》，同样也实行了暂退旅游服务质量保证金政策。

文件规定，旅行社企业使用暂退旅游服务质量保证金的时间范围为2020年2月5日至2022年2月5日，为期两年，也就是说，旅行社企业必须在2022年2月5日前将本次暂退的保证金如数交还。

文件明确，暂退旅行社旅游服务质量保证金的标准为交纳数额的80%（被法院冻结的保证金不在此次暂退范围之内）。

文件规定，此次暂退旅行社服务质量保证金的范围是全国所有已依法交纳保证金、领取旅行社业务经营许可证的旅行社。

（二）支持疫情防控的有关税收政策

受新型冠状病毒肺炎疫情的影响，我国的文化旅游企业普遍遭受了重大损失，为了减轻企业的财务压力，帮助企业度过由疫情导致的经营困境，国家财政部、税务总局下发文件，对相关企业实行税收优惠政策。

对于交通运输企业，对纳税人运输疫情防控重点保障物资取得的收入，免征增值税。

受疫情影响较大的困难行业企业2020年度发生的亏损，最长结转年限由5年延长至8年。困难行业企业，包括交通运输、餐饮、住宿、旅游（指旅行社及相关服务、游览景区管理两类）四大类，具体判断标准按照现行《国民经济行业分类》执行。困难行业企业2020年度主营业务收入须占收入总额（剔除不征税收入和投资收益）的50%以上。

在此次新冠肺炎疫情期间，许多文化旅游企业积极履行社会责任，向疫情重灾区捐献疾病防护物品和资金，充分体现了文化旅游企业的大局观念和责任担当。为肯定、支持和鼓励企业在疫情期间承担的社会责任，国家税务总局下发文件规定，对于在疫情期间有捐献应对新冠肺炎疫情的现金或物品，允许在计算应纳税所得额时全额扣除。

另外，免征航空公司应缴纳的民航发展基金。

自2020年3月1日至5月31日，对湖北省增值税小规模纳税人，适用

3% 征收率的应税销售收入，免征增值税；适用 3% 预征率的预缴增值税项目，暂停预缴增值税。除湖北省外，其他省、自治区、直辖市的增值税小规模纳税人，适用 3% 征收率的应税销售收入，减按 1% 征收率征收增值税；适用 3% 预征率的预缴增值税项目，减按 1% 预征率预缴增值税。

纳税义务发生时间在 2020 年 3 月 1 日至 5 月 31 日，适用减按 1% 征收率征收增值税的个体工商户，按照 1% 征收率开具增值税发票。自 2020 年 3 月 1 日至 5 月 31 日，对湖北省境内的个体工商户、个人独资企业和合伙企业，代开货物运输服务增值税发票时，暂不预征个人所得税；对其他地区的上述纳税人统一按代开发票金额的 0.5% 预征个人所得税。

（三）减免企业社会保险费

为进一步缓解企业经营困难，推动企业有序复工复产，支持社会稳定和扩大就业，国家人力资源社会保障部、财政部、税务总局联合下发《关于阶段性减免企业社会保险费的通知》（以下简称《通知》），《通知》要求各省、自治区、直辖市（除湖北省外）制定相关具体实施方案，结合本地的疫情影响情况和基金的承受能力，免征中小微企业的三项社会保险部分，免征期限不超过 5 个月；对于大型企业即其他参保单位三项社会保险单位缴纳部分可以实行减半征收，减征期限不超过 3 个月。

自 2020 年 2 月起，各省、自治区、直辖市（除湖北省外）及新疆生产建设兵团（以下统称省）可根据受疫情影响情况和基金承受能力，免征中小微企业三项社会保险单位缴费部分，免征期限不超过 5 个月；对于大型企业等其他参保单位（不含机关事业单位），由于其资金雄厚，对抗疫情冲击能力比较强，对于这些企业的三项社会保险单位缴费部分可减半征收，减征期限不超过 3 个月。

由于湖北省是新冠肺炎疫情的重灾区，所以对于湖北省的企业国家税务总局给予了更加优惠的政策。文件规定，自 2020 年 2 月起，湖北省可免征各类参保单位（不含机关事业单位）三项社会保险单位缴费部分，免征期限不超过 5 个月。

对于受疫情影响生产经营出现严重困难的企业，可申请缓缴社会保险费，缓缴期限原则上不超过6个月，缓缴期间免收滞纳金。

（四）促进消费措施

消费已经成为拉动我国经济的最大动力来源，为应对疫情，激发社会消费动力，商务部出台了《应对新冠肺炎疫情做好稳外贸稳外资促消费工作的通知》（以下简称《通知》），《通知》中强调通过多种措施和途径来激发社会消费动力。

支持商贸流通企业创新经营服务模式。在疫情期间，不同企业受到疫情的冲击和影响差异显著，以到店消费为主的餐饮企业损失惨重，基本处于暂停营业状态，员工富裕；而网上企业、送餐企业的社会需求激增，出现了用工短缺的状况，商务部鼓励这两类企业进行“抱团取暖”，经营互助，实行共享员工，互惠互利。鼓励开展商务领域经营互助，引导零售企业与餐饮、住宿等生活服务企业通过共享员工等方式，缓解零售企业用工短缺的困难，着力稳定相关行业工作岗位。积极协调有关部门和小区物业，在符合各地相关规定和保证食品卫生安全的前提下，支持企业采取店铺外摆、露天市场、团购、无店铺等方式进行销售，便利社区居民生活。

加快步行街改造提升。城镇步行街是城市消费的重要场所，加快推进示范步行街的建设，有利于增加消费供给，促进城市旅游、城市消费和“夜经济”的发展。商务部要求加快推出一批全国示范步行街，启动第二批步行街改造提升试点。已经确定的改造施工项目，可积极创造条件尽早启动。指导步行街管理机构在认真做好疫情防控的前提下，统筹协调各类商户有序复工营业，超前谋划、合理安排，在疫情得到有效控制后，组织形式多样的促消费活动，充分释放被疫情抑制的消费潜力。

推动服务消费提质扩容。在疫情期间，要围绕消费者的实际需求，改变餐饮等服务企业的销售模式和服务方式，将服务渠道延伸下沉到社区，满足消费者的需求，保持企业正常运行。落实生活服务业疫情防控指南，指导企业规范服务流程，切实保障服务人员和消费者身体健康。开展社区生活服务业发展试点，引导餐饮等生活服务企业在做好疫情防控的前提下积极下沉社区，为受疫情影响的社区居民提供安全的生活服务。

释放新兴消费潜力。疫情的暴发，进一步促进了互联网经济的发展，文化旅游企业要进一步加强与互联网融合发展，打通服务消费者的“最后一公里”。通过网络宣传，树立企业品牌；通过网络营销，扩大消费市场；构建线上线下配送渠道，完善服务体系，发展经济新模式。发展网络消费，引导电子商务企业以数据为纽带，精准匹配网络消费新需求，打造“小而美”的网络新品牌。提高农产品可电商化水平，扩大农产品网络消费。开展网络促销活动，促进网上品牌品质消费。鼓励生活服务企业拓展线上销售，采用“中央厨房＋线下配送”等新发展模式经营。

（五）强化金融服务

全面服务受疫情影响企业的复工复产。受疫情的冲击和影响，文化旅游企业遭遇资金困境，急需银行等金融机构的金融服务支持。中国银保监会下发通知，要求为企业提供更加完善、及时的金融服务，帮助企业渡过难关。

积极帮扶遇困小微企业、个体工商户。相对来说，小微企业受到疫情冲击和影响的程度更大，更需要金融机构的资金扶持。中国银保监会要求金融机构做好辖内小微企业和个体工商户的服务对接和需求调查，对受疫情影响暂时遇到困难、仍有良好发展前景的小微客户，积极通过调整还款付息安排、适度降低贷款利率、完善展期续贷衔接等措施进行纾困帮扶。

财政部下发了《关于支持金融强化服务 做好新冠肺炎疫情防控工作的通知》文件，要求做好支持企业的金融服务，帮助企业渡过疫情影响难关。

我国文化旅游企业绝大多数为小微企业，这些企业现金流量小，受疫情影响，会出现许多企业资金链断裂，无法按时偿还银行贷款的现象。文件强调，加大对受疫情影响个人和企业的创业担保贷款贴息支持力度。

我国的文化旅游企业大多为轻资产企业，没有可以进行银行抵押的资产，所以申请资产时，需要进行担保服务。财政部文件要求，要优化对受疫情影响企业的融资担保服务。鼓励金融机构对疫情防控重点保障企业和受疫情影响较大的小微企业提供信用贷款支持，各级政府性融资担保、再担保机构应当提高业务办理效率，取消反担保要求，降低担保和再担保费率，帮助企业与金融机构对接，争取尽快放贷、不抽贷、不压贷、不断贷。

中国人民银行、财政部、银保监会、证监会、外汇局下发了《关于进一步强化金融支持防控新冠肺炎疫情的通知》，文件提出了多项支持企业的金融措施。

保持流动性合理充裕。充裕的现金流动性有利于保持金融市场的稳定性，有利于增加小微企业的融资便利性，有利于增强消费者的消费预期。中国人民银行继续强化预期引导，通过多种货币政策工具，提供充足的流动性，保持金融市场流动性合理充裕，维护货币市场利率平稳运行。

文件特别强调，对于遭受疫情影响较大的地区（例如，湖北省）、受影响较大的行业（文化旅游等行业）要重点提供优惠的金融服务。这就是说，在提供金融服务时，要针对不同地区、不同行业、不同企业进行区别对待。

（六）做好企业债券工作

受疫情影响，企业遭遇了财务困境，为缓解企业的运营困难，国家发改委下发文件，强调要做好企业债券工作。文件规定，允许企业债券募集资金用于偿还或置换前期因疫情防控工作产生的项目贷款。

（七）稳定劳动关系

文化旅游产业属于劳动密集型的服务业，员工是企业的核心资源。但在疫情期间，文化旅游企业纷纷暂停营业，公司员工只能封闭家中。随着疫情的不断蔓延，一些文化旅游小微企业资金链断裂，面临破产倒闭的困境，这些企业的员工就要面临失业的威胁。所以，疫情不仅影响和冲击了宏观经济，还造成了文化旅游企业经营的困境，企业员工面临待岗、失业、收入减少等风险，劳动关系不稳定性增加，劳动关系矛盾逐步凸显。为了联合各方力量，共同努力应对疫情防控，实现责任共担共渡难关，确保劳动关系总体和谐稳定，国家人力资源社会保障部、全国总工会、中国企业联合会 / 中国企业家协会、全国工商联共同下发了《关于做好新冠肺炎疫情防控期间稳定劳动关系支持企业复工复产的意见》，分析了疫情给我国劳动关系领域带来的挑战，并给出协调劳动关系矛盾的指导意见。

鼓励协商解决复工前的用工问题。在疫情期间，企业员工大部分封闭在家，如果具备在家办公的条件，提倡员工远程办公，在家完成工作任务；不具备或不适合远程办公的企业，提倡企业给员工安排休年假或企业自设假期，引导员工与企业同舟共济，在兼顾双方利益的基础上，尽量减少疫情给企业带来的损失。

鼓励灵活安排工作时间。因为新冠肺炎具有较强的传染性，为了加强疫情防控，在企业复工时，一定要按照要求做好防控措施，确保员工身体安全。同时，可以采取灵活的用工形式和时间安排，尽量避免和减少人员聚集，建议错时上下班、弹性上下班的工作方式。对于生产疫情防控紧缺物资的企业，在保证员工身体安全的前提下，可以适度延长劳动时间。

指导规范用工管理。受疫情影响，各地都采取了严密的疫情防控措施，封城、封路、封校区、封村、道路限行等措施的实施对疫情的防控起到了积极作用，但也给人们的正常工作和生活带来不便。企业要全面了解员工住地的隔离管控措施的实施情况，不能因为员工被隔离而解除劳动合同。对于符合规定的复工企业，要按照要求做好疫情防控措施，在保证员工身体安全的情况下，有序安排员工到岗复工。

协商未返岗期间员工的工资待遇。保证员工在受疫情影响而延迟复工或未返岗期间的待遇，以及优先享受年假等待遇。如果各类假期都已用完，企业还未复工，建议企业和员工协商，参照国家关于停工、停产期间的工资标准进行支付。总之，在疫情的特殊时期，企业和员工要相互体谅，共同努力，在法律的准绳下，友好协商解决企业停工期间的工资待遇问题。

困难企业协商工资待遇。受疫情影响，文化旅游企业受到了严重冲击和影响，特别是文化旅游中小微企业现金流断裂，面临经营困境。对于这些困难企业，其员工的工资发放就成为难题。文件说明，关于经营困难的企业，可以与员工就工资、上班方式进行协商，如果企业资金困难，没有能力支付员工工资，可以采取延期支付等方式。

保障职工工资待遇权益。对于疫情期间员工的工资待遇，企业一定要根据法律法规和国家的有关规定进行执行。例如，对于因依法被隔离而不能正常复工的员工，企业要按照正常劳动支付其工资。如果员工在隔离期结束后，仍需要进行治疗，可以按照医疗期间的有关规定支付工资。

帮助企业减少招聘成本。在疫情期间，由于无法进行现场人才招聘，所以可以加大网络线上招聘服务力度，为企业提供高效远程招聘服务。鼓励高校就业服务部门积极与用工企业联系，召开网络招聘会，为企业提供优质的人力资源服务。对于生产疫情防护物品的企业用工需求，人力资源服务机构要优先、免费提供招聘服务。

合理分担企业稳岗成本。受疫情影响，许多文化旅游企业面临经营困境，为了稳定就业，降低失业率，可以用好相关政策，合理分担企业稳岗成本，引导企业不裁员或尽量少裁员。可放宽裁员率标准（将中小微企业失业保险稳岗返还政策裁员率标准由不高于上年度统筹地区城镇登记失业率，放宽到不高于上年度全国城镇调查失业率控制目标，对参保职工 30 人以下的企业，裁员率放宽至不超过企业职工总数 20%），让更多企业受益。利用好培训补贴政策，组织企业员工利用网络进行线上培训，按规定纳入补贴类培训范围。

（八）出台《旅游景区恢复开放疫情防控措施指南》

为加强疫情防控，引导疫情后旅游景区有序开放，文化和旅游部于 2020 年 2 月 25 日印发了《旅游景区恢复开放疫情防控措施指南》（以下简称《指南》）。《指南》从加强景区员工健康检测和管理、做好景区公共卫生和场馆防控、强化景区游览管理、及时有效处置异常情况等方面帮助、指导旅游景区在做好疫情防控的前提下分区分级有序开放。

（九）印发《公共图书馆、文化馆（站）恢复开放工作指南》

为加强疫情防控，引导疫情后公共图书馆、文化馆（站）有序开放，文化和旅游部于 2020 年 2 月 25 日印发了《公共图书馆、文化馆（站）恢复开放工作指南》（以下简称《指南》）。《指南》从加强员工健康监测和管理、做好场馆防控工作、加强对群众进出场馆的管理和服务、做好异常情况处置等方面帮助、指导公共图书馆、文化馆（站）在做好疫情防控的前提下分区分级有序开放。

（十）对中小微企业贷款实施临时性延期还本付息

为减缓疫情给中小微企业带来的影响和冲击，国家银保监会、人民银行、发展改革委、工业和信息化部、财政部于 2020 年 3 月 1 日下发了《关于对中小微企业贷款实施临时性延期还本付息的通知》（以下简称《通知》）。《通知》规定，对于 2020 年 1 月 25 日以来到期的困难中小微企业（含小微企业主、个体工商户）贷款本金，银行业金融机构应根据企业延期还本申请，结合企业受疫情影响情况和经营状况，通过贷款展期、续贷等方式，给予企业一定期限的临时性延期还本安排。还本日期最长可延至 2020 年 6 月 30 日。

对于 2020 年 1 月 25 日至 6 月 30 日中小微企业需支付的贷款利息，银行业金融机构应根据企业延期付息申请，结合其受疫情影响的实际情况，给予企业一定期限的延期付息安排。贷款付息日期最长可延至 2020 年 6 月 30 日，免收罚息。

湖北地区各类企业适用上述政策。银行业金融机构应为湖北地区配备专项信贷规模，实施内部资金转移定价优惠，力争 2020 年普惠型小微企业综合融资成本较上年平均水平降低 1 个百分点以上。

三、两次疫情采取振兴措施的比较

（一）振兴措施相同之处

1. 暂退部分旅游服务质量保证金

与 2003 年非典型肺炎疫情相似，文旅产业都是受到疫情冲击最大的产业部门，为了帮助文旅企业渡过难关，尽快振兴文旅产业，国家文化旅游管理部门在 2003 年、2020 年疫情期间均采取了暂退旅游服务质量保证金（2013 年国家旅游局将旅行社质量保证金修改为旅游服务质量保证金，内容和作用大同小异）的措施。

对于我国文旅市场来说，本来春节黄金周是旅游旺季、文化消费的高峰期，春节期间的营业收入一般会占到文旅企业全年营收的很大比例。但由于受新型冠状病毒肺炎疫情影响，对于旅行社企业来说，不能组织外出旅游团，已经提前预订的旅游团订单大量集中退单，旅行社企业已经预付的交通、住宿、门票定金无法收回，损失惨重。因此，在所有的文旅企业中，旅行社遭受的损失是相对比较严重的。我国旅行社的规模普遍不大，以小微企业为主，资源有限，现金流量小，抗击风险能力比较差。一方面暂停营业没有收入来源，另一方面，房屋租赁费、人员工资、社保基金还需正常支出，很多小型旅行社面临倒闭边缘。文旅管理部门出台的暂退旅游服务质量保证金的政策，能在一定程度上减轻旅行社的财务压力，缓解了其经营困境，帮助其渡过疫情难关，促进文旅产业尽快振兴。

2. 税收政策

受新型冠状病毒肺炎疫情的影响，我国许多文化旅游企业损失惨重，面临经营困境。例如，对于电影院来说，春节贺岁电影片集体调档，很多城市的影院不得不宣布暂停营业，2020 年大年初一全国电影票房仅有 181 万元收入（2019 年春节大年初一的电影票房为 14.58 亿元），全国院线排片跌至不到 1500 场，收入惨淡。对于酒店业来说，受疫情影响全国多地实现限制交通措施，酒店住宿率直线下降。在湖北省等疫情重灾区，许多酒店企业虽然自身困难重重，但在国家、社会处于重大疫情的危难之际，也表现出令人尊敬的责任担当，主动为疫情防护医护人员提供住宿休息服务。作为文旅产业的重要组成部分，旅游景区、交通运输部门在疫情中也是损失惨重。

在重大疫情的冲击和影响下，许多文化旅游企业的生存就成为问题，缴纳税金就更别提了。所以，国家出台税收减免政策能够在一定程度上解决文化旅游企业面临的困境。

在 2003 年非典型肺炎疫情期间，国家财政部、国家税务总局出台政策，自 2003 年 5 月 1 日至 9 月 30 日，对民航的旅客运输业务和旅游业免征营业税、城市维护建设税、教育费附加。对饮食业、旅店业减征、免征或缓征营业税、城市维护建设税、教育费附加。这在一定程度上暂缓了旅游、交通运输企业的财务压力，有效促进了文化旅游产业的振兴。

在 2020 年，新型冠状病毒感染的肺炎疫情期间，国家财政部、国家税务总局出台政策，受疫情影响较大的困难行业企业 2020 年度发生的亏损，最长结转年限由 5 年延长至 8 年。困难行业企业，包括交通运输、餐饮、住宿、旅游（指旅行社及相关服务、游览景区管理两类）四大类。

（二）振兴措施不同之处

1. 暂退部分旅游服务质量保证金

虽然在 2003 年和 2020 年两次疫情期间，国家文旅管理部门都实现了暂退部分旅游服务质量保证金政策，但在暂退旅游服务质量保证金的比例和交还旅游服务质量保证金时间要求上（即旅游服务质量保证金的使用时限），两次政策还是存在差别的。

在 2003 年非典型肺炎疫情期间，原国家旅游局下发文件，只规定了国际旅行社暂退旅游服务保证金的具体要求，而对于国内旅行社，文件要求由各省、自治区、直辖市根据实际情况自行制定。而且对于国际旅行社的旅游服务保证金是按定额暂退，即按照国际旅行社的经营范围划分两类，分别暂退不同金额的旅游服务保证金。如果只经营入境旅游业务的国际旅行社则退还 40 万元质量保证金；如果同时经营出境旅游业务的国际旅行社则退还 100 万元质量保证金。根据统计，按照文件要求，2003 年原国家旅游局暂退国际旅行社约 60% 的旅游服务质量保证金。另外，根据原国家旅游局的文件精神，暂退的旅游服务质量保证金使用期间为 18 个月，即从 2003 年 6 月 30 日至 2004 年 12 月 31 日。

而在 2020 年新型冠状病毒感染的肺炎疫情期间，国家文化和旅游部也出台了暂退部分旅游服务质量保证金政策，但此次政策与 2003 年出台的政策不同之处在于以下几个方面：

旅行社范围不同：2003 年的政策只明确了国际旅行社；2020 年的政策是面向全国所有旅行社的。

暂退金额比例不同：2003 年的政策是定额暂退；2020 年的政策则是规定了暂退 80% 的比例。

使用时限不同：2003 年的政策规定，暂退的旅游服务质量保证金使用期限为 18 个月。2020 年的政策规定，暂退的旅游服务质量保证金使用期限为 24 个月。

由以上政策对比可以看出，2020 年制定的暂退旅游服务质量保证金政策面对范围更广，暂退比例更高，使用期限更长。这些说明国家文化和旅游部已经预测到2020年的新型冠状病毒感染的肺炎疫情对于文旅企业的冲击影响更为严重，需要更大的支持力度，才能帮助文旅企业渡过难关。

2. 税收支持政策

在2003年非典型肺炎疫情期间，国家财政部、国家税务总局出台的税收支持政策中，规定对民航的旅客运输业务和旅游业免征营业税、城市维护建设税、教育费附加。对饮食业、旅店业减征、免征或缓征营业税、城市维护建设税、教育费附加。

而在2020年疫情期间，国家财政部、国家税务总局出台的政策，受疫情影响较大的困难行业企业2020年度发生的亏损，最长结转年限由5年延长至8年。困难行业企业包括交通运输、餐饮、住宿、旅游（指旅行社及相关服务、游览景区管理两类）四大类。自2020年3月1日至5月31日，对湖北省增值税小规模纳税人，适用3%征收率的应税销售收入，免征增值税；适用3%预征率的预缴增值税项目，暂停预缴增值税。除湖北省外，其他省、自治区、直辖市的增值税小规模纳税人，适用3%征收率的应税销售收入，减按1%征收率征收增值税；适用3%预征率的预缴增值税项目，减按1%预征率预缴增值税。

纳税义务发生时间在2020年3月1日至5月31日，适用减按1%征收率征收增值税的个体工商户，按照1%征收率开具增值税发票。自2020年3月1日至5月31日，对湖北省境内的个体工商户、个人独资企业和合伙企业，代开货物运输服务增值税发票时，暂不预征个人所得税；对其他地区的上述纳税人统一按代开发票金额的0.5%预征个人所得税。

对比两次税收支持政策可以看出，在2003年的税收支持政策中是直接减免具体应缴税收种类，对于民航的旅客运输业务和旅游业务免征营业税、城市维护建设税、教育费附加。对饮食业、饭店业减征、免征或缓征营业税、城市维护建设税、教育费附加。而2020年出台的税收支持政策，没有直接减免税收，只是延长了亏损的结转期，由5年延长到8年。并且对于疫情重灾区的湖北省给予了税收的特殊优惠政策。

3. 减免行政事业性收费方面

在2003年非典型肺炎疫情期间，国务院出台政策，减免部分行业的行政事业性收费。减免国家管理的收费项目，包括对餐饮、旅店、旅游业、集贸市场收取的集贸市场管理费、个体工商户管理费等费用进行减免。对娱乐业收取的个体工商户管理费、企业注册登记费中的年检费等费用进行减免。对航空公司收取的企业注册登记费中的年检费、环境监测服务费等费用进行减免。对水路客运行业收取的水路运输管理费、内河航道养护费等费用进行减免。对出租汽车（包括小汽车、中巴、大巴）行业以及旅行社机动车辆收取的公路养路费、排污费费用进行减免。

在 2020 年新型冠状病毒感染的肺炎疫情期间，目前国家财政部、国家税务总局出台文件，免征航空公司应缴纳的民航发展基金。

4. 政策支持维度方面

2003 年非典型疫情期间，只有国务院、国家旅游局、财政部、税务总局、商务部等部门出台了支持政策。支持政策分别涉及减免行政事业性收费、暂退旅行社质量保证金、税收优惠、刺激消费等方面。

2020 年的新冠肺炎疫情期间，有更多的政府部门出台了支持政策。例如，文化和旅游部、财政部、人力资源社会保障部、国家税务总局、中国人民银行、商务部、国家发展改革委员会等部门都出台了振兴支持政策。这些支持政策涉及暂退旅游服务质量保证金、税收优惠、金融服务、鼓励消费等方面。

从分析比较可以看出，2020 年的新冠肺炎疫情期间，有更多的政府部门机构出台了振兴支持政策，支持政策的维度更加多样和全面，文化旅游企业将会获得更多的政策红利，更有利于文化旅游产业的振兴。

四、对于国家层面支持文旅产业振兴的政策建议

（一）国家支持文旅产业振兴的必要性

1. 文旅产业对我国国民生产总值的贡献更加凸显

根据国家文化和旅游部公布的测算数据，2018 年国内旅游人数 55.39 亿人次，比上年同期增长 10.8%；出入境旅游总人数 2.91 亿人次，同比增长 7.8%；全年实现旅游总收入 5.97 万亿元，同比增长 10.5%。据测算，全年全国旅游业对 GDP 的综合贡献为 9.94 万亿元，占 GDP 总量的 11.04%。旅游直接就业

2826万人，旅游直接和间接就业7991万人，占全国就业总人口的10.29%。也就是说，全国每十个就业人口中就有一个从事与文旅产业相关的工作，全国国民生产总值中有十分之一的份额是由文旅产业贡献的，可见，文旅产业对于我国经济建设具有举足轻重的作用。

自2000年以来，国内旅游持续高速增长，旅游人数年均增长11.8%，旅游收入年均增长16.7%，远远高于同期国内生产总值和社会消费品零售总额的平均增幅，因此旅游消费成为我国经济增长的重要引擎，对于稳定经济增长，实现预定经济目标具有重要作用。

我国正处在转变发展方式、优化经济结构、转换增长动力的攻关期，结构性、体制性、周期性问题相互交织，“三期叠加”影响持续深化，经济下行压力加大，新型冠状病毒感染的肺炎疫情的蔓延对我国经济造成了重要影响和冲击，增加了我国经济发展的不确定性。

根据国家的总体战略部署，2020年是我国全面建成小康社会和“十三五”规划收官之年，因此，实现经济的长期稳定增长具有重要意义。2020年我国要全面建成小康社会，彻底消除贫困，时间紧，任务重，对于贫困人口要通过产业扶贫、就业扶贫、易地搬迁后续扶持力度等措施，来实现长期高质量脱贫。振兴文旅产业，对于贫困地区的文化振兴，旅游扶贫具有重要作用和意义。

实现文旅产业振兴，有助于我国经济促改革、调结构、惠民生、防风险、保稳定，保持经济运行在合理区间，实现经济社会持续健康发展。文旅产业属于劳动密集型产业部门，从业人员多，占到了全国就业总人口的10.29%，所以，振兴文旅产业对于稳定我国就业、降低失业率，具有重要意义。

综上所述，从国家层面促进振兴文旅产业，对于我国经济的稳定增长，实现既定的国民生产总值增长速度，打赢脱贫攻坚战，全面建成小康社会具有重要意义。

2. 文旅产业在疫情期间普遍受到冲击

新型冠状病毒感染的肺炎疫情已经蔓延到我国31个省、直辖市、自治区，中国香港、澳门、台湾也没有幸免。所以，全国范围的经济产业均受到了不同程度的冲击和影响，并不是局限在哪个省市的区域性问题。在所有受到冲击和影响的产业中，文化旅游产业遭受的影响最为严重，影响范围广、程度深、时间长，2020 年 1 月 31 日，全国铁路预计发送旅客 300 万人次，同比下降 76.5%。2020 春节档多部电影片相继撤档，多地影院宣布暂停营业，大年初一电影票房仅有 181 万元（2019 年春节大年初一的电影票房为 14.58 亿元），全国院线排片跌至不到 1500 场。远逊于 2017 年 33.8 亿元，2018 年 57.1 亿元，2019 年 58.4 亿元的春节档电影票房规模。在疫情暴发初期，我国的文化旅游企业积极响应国家的安排部署，配合支持新型冠状病毒感染的肺炎疫情防控措施，积极主动暂停文化旅游消费业务，为消费者办理退单、退团、退票的后续业务，为疫情防控做出了积极贡献，同时也遭受了巨大损失。我国共有 3.9 万家旅行社企业，已经有 3.5 万家旅行社企业申请暂退旅游服务保证金，由此可见此次疫情对于我国文化旅游产业的冲击和影响范围。所以，亟须国家从全局考虑，给予国家层面振兴文化旅游产业的支持政策。

另外，我国的文化旅游企业，在祖国遭受疫情的危难之际，积极承担社会责任，主动利用海外销售网络优势，积极采购国内急需的疫情防控物品，运回国内，支持国内的疫情防控事业。在湖北省等疫情重灾区，当地的酒店企业积极履行社会责任，主动为疫情防控医护人员提供休息住宿的服务。为了支援一线医护人员，解决武汉市日前医务人员的住宿困难问题，铂涛集团也积极加入到此次支援活动。2020 年 1 月 25 日，铂涛集团旗下 7 天酒店紧急调动武汉市区内 23 家分店 2000 多间客房，全力投入到保障一线防疫人员的就近住宿需求当中。2020 年 1 月 26 日和 27 日，铂涛集团再次调动旗下麗枫、喆啡、非繁城品、希岸、IU、7 天等酒店品牌 21 家门店超 1400 间客房投入到保障行动当中。

中国旅游集团在第一时间暂停旅行社、景区、邮轮业务以及部分酒店、免税店业务，主动将部分景区、酒店作为隔离场所之后，通过国资委捐赠现金 2000 万元，通过集团在武汉企业舵落口物流公司直接捐赠现金 400 万元，用于支持湖北省等疫情严重地区的疫情防控工作。此外，中国旅游集团海外员工心系疫情，也组织了捐赠物资活动。据介绍，中国旅游集团旗下中国免税品集团（柬埔寨）有限公司捐赠的 2 万个医用口罩于 2020 年 1 月 25 日顺利抵达武汉，并移交武汉儿童医院、武汉市第三医院等机构。

华侨城集团也宣布，为全力支持新型冠状病毒感染的肺炎疫情防控，集团决定通过国务院国资委专用账户向湖北疫情防控一线捐款3000万元。此外，华侨城集团旗下全国各地商业项目实施租金优惠减免政策。

因此，我国文旅企业在自身遭受经营困境的情况下，不计个人得失，积极履行社会责任，支持国家疫情防控工作，充分体现了文旅企业的责任担当。

（二）国家层面支持文旅产业振兴的有效性

1. 我国旅游需求潜力巨大

受新型冠状病毒感染的肺炎疫情影响，本来应该十分红火的春节文化旅游消费市场被迫暂停，但这是受到外在环境影响下的短期影响，并不会改变和长期影响我国人民的文化旅游内在需求。一旦疫情得到控制，疫情防控警报解除，人们的文化旅游需求就会得到明显增长。一方面，在疫情期间，人们只能待在家中，自我隔离，身体被束缚，早就想换个环境，换个心情，通过游历祖国的大好河山，呼吸新鲜空气，调节久居家中郁闷的心情。另一方面，人们每天被媒体报道的新增新型冠状病毒感染的肺炎疑似病例、确诊病例、死亡病例数量所煎熬（因为这些数字背后都代表着一个个鲜活的生命），心力交瘁，备受煎熬，对生命、对生活、对人生有了新的体会和认识，更加激发了人们外出文化旅游的需求和动机。随着经济的发展，人们收入水平的不断提高，带薪休假制度的不断完善和实施，人们既有旅游消费的愿望和动机，又有旅游消费的能力和时间，强大的旅游需求成为我国文化旅游产业振兴的坚定基础。

2. 文旅产业敏感但不脆弱

通过前文的分析，我们可以知道，虽然文旅产业对环境的依赖性比较强，容易受到环境影响，但文旅产业韧性大，生命力顽强，一旦外界环境适宜，它就会迅速复活。在2003年非典型肺炎疫情期间，我国文旅产业也遭受了巨大冲击，但是在疫情得到控制以后，在国家和地方政府政策的大力支持下，我国文旅产业迅速复苏，在半年之内就实现了文旅产业的振兴。这充分说明，文旅产业对环境敏感性强，但并不脆弱，只要条件适宜，在政府政策的支持下，就会迅速实现产业振兴。此次新冠肺炎疫情虽然来势汹汹，但致死率较低，治愈率高。在党中央的坚强领导下，我国疫情防控工作已经取得重大成果，疫情蔓延趋势得到遏制。相信在政府有关政策的支持下，文旅企业积极开展自救，我国的文旅产业在疫情后会取得良好的恢复和振兴。

3. 保持我国文旅产业长期增长的因素依然存在

虽然受国际国内形势影响，近几年我国经济下行压力较大，但在党中央的坚强领导下，我国经济态势总体向好，国民生产总值的增速基本维持在 6 个百分点的中高位增速，人们的生活水平持续提升。据初步测算，我国 2019 年人均国内生产总值达到 1 万美元，距离人均 1.2 万美元的高收入国家的标准（世界银行划分的标准）只有一步之遥。随着人们生活水平的提高，我国居民文化旅游消费潜力巨大，2019 年我国人均出游次数已达 4.3 次，文化旅游消费已逐渐成为人们的刚需，成为人们追求的美好生活中不可缺少的一部分。

此次疫情虽然来势凶猛，影响范围广泛，但致死率低，治愈率高。文化旅游产业的基础并没有被破坏，旅游景区、文化场所、餐饮企业、住宿企业、交通运输企业等文化旅游市场主体犹在，我国文旅产业长期增长的因素依然存在，这为我国文化旅游产业在疫情后的振兴奠定了基础。经过 2003 年非典型肺炎疫情之后，我国在疫情防控等重大危机管控方面积累了许多经验，社会治理更加成熟，相信在党中央和国务院的坚强领导下，我们最终会取得此次“战疫”的全面胜利。

按照国家总体部署，2020 年我国要彻底消除贫困，全面建成小康社会，完成“十三五”规划目标，这些都需要经济的发展来带动。在这个过程中，作为我国的战略性支柱产业，文旅产业的作用不可或缺。只要国家经济总体态势不变，人们文化旅游消费趋势不减，一旦疫情得到有效控制，人们的文化旅游需求会逐渐得到释放，文化旅游产业也会得到复苏和振兴。

（三）国家层面支持文旅产业振兴的原则

1. 支持政策以普惠为主

作为国家层面出台的支持政策，应坚持以普惠政策为主，主要采取“大水漫灌式”的措施，让尽量多的企业能够享受到政策红利，缓解文化旅游企业经营困境，稳定文化旅游产业市场主体，稳定就业市场，减少企业破产率，减少失业率。只有让文旅企业存活下来，才能稳定就业市场，为文旅产业疫情后的振兴奠定基础。

2. 突出重点项目

国家层面出台的振兴支持政策，在普惠的基础上要突出重点项目，特别具有国际影响力、国家战略意义的项目（例如，国家公园项目建设、世界文化遗产项目提升），要在政策、资金上予以重点支持。突出国家意志，政策导向，尽快形成优质文化旅游供给能力，提升国家文化旅游形象。

3. 加强入境旅游的支持

国内旅游、出境旅游和入境旅游是我国旅游产业的三大组成部分，其中国内旅游和出境旅游发展态势良好，2018 我国国内游客达到 55.4 亿人次，国内居民出境 16199 万人次（增长 13.5%），已经成为世界最大的国内旅游市场和世界最大的出境旅游市场。相比较而言，入境旅游市场发展相对较弱，入境游客 14120 万人次，增长 1.2%。其中，外国人口 3054 万人次，增长 4.7%；香港、澳门和台湾同胞人口 11066 万人次，增长 0.3%。所以，我们从统计数据上可以看出，入境旅游不管在旅游人数规模，还是在增长速度方面，都与出境旅游相距甚远。我国已经从一个文化旅游贸易顺差国家变为文化旅游贸易逆差国家，虽然，随着我国经济的发展，从国家战略角度来看，文化旅游产业的创汇功能和地位在弱化，但除了经济功能以外，文化旅游贸易还具备文化交流的功能。文化旅游活动的本身消费本质，决定了消费者必须到实地进行消费的特征，这一特性决定了文化旅游具有促进人员流动和文化交流的内在功能。

在经济全球化进程不断加快的今天，国家之间的政治、经济、文化交流越来越频繁，国家的发展与世界的联系也越来越密切。党的十九大已经为我国规划了切实可行的宏伟目标，我们要全面建成小康社会，实现“两个一百年”奋斗目标，夺取新时代中国特色社会主义伟大胜利，实现中华民族伟大复兴的中国梦。要实现这些伟大目标，需要中国共产党的坚强领导，需要全国各族人民的共同努力，同样需要和平稳定的国际环境，需要世界各国的理解和支持。我们发现，现在还有一些国家的部分人士对我国持有偏见，部分原因是他们对我们的国家不了解，对我们的文化不了解。我们应该从国家层面加大入境文化旅游的支持力度，扩大宣传，树立优良的文化旅游形象；建设和开发优质文化旅游产品，加大文化旅游市场供给；强化旅游服务升级，提升旅游服务水平，提高入境游客满意度；加强文化旅游基础设施建设，提高入境游客消费便利性。通过发展入境旅游，强化文化旅游交流，让世界更加了解开放、包容、和平、文明的中国。通过文化旅游交流，达到相互了解、相互理解，为我国的发展创造更加友好、和谐的国际环境。

国家综合实力包括经济实力，也包括文化软实力。现在我国是文化大国，但还不是文化强国，发展入境旅游，加大文化旅游交流，正是展示我国文化的好机会。我们要从国家层面抓好重点文化旅游产品的建设和开发，讲好中国故事，发出中国声音，传播中国文化。文化自信，是更基础、更广泛、更深厚的自信。外国游客只有从文化上认可和尊重中国，才会从根本上认可和尊重中国（人）。通过这次疫情的暴发，我们可以深刻体会到，在平时，我们国人带着大把的钞票出境旅游时，会受到很多国家的欢迎（不一定是内心的尊重）。当到了疫情暴发这种特殊时期，我们会发现许多国家对我们的国人避之不及。如果从加强疫情防控的角度可以理解，但我们的国人从第三国过境回国就遭拒，可能就让人不能理解了。

综上所述，建议从国家层面加大对入境旅游的政策支持，这不仅有利于促进文化旅游产业振兴，更是有利于宣传、传播中国文化，体现我们的文化自信，提升国家文化软实力，促进文化旅游交流，树立优秀文化旅游形象，构建友好国际环境。

（四）国家层面支持文旅产业振兴的政策建议

1. 建议加大减免税收力度

在新型冠状病毒感染的肺炎疫情期间，文旅产业绝大多数处于暂停营业状态，一方面，文化旅游企业没有营业，就没有收入来源，另一方面，文化旅游企业还需要继续支付人员工资、房租租赁费、员工社保等费用。所以疫情期间，文化旅游企业都在亏损，且损失惨重。目前国家财政部、国家税务总局出台的税收优惠政策，只是延长了亏损结转期，由 5 年延长到 8 年。这对于我国文化旅游企业遭受的惨重损失来说，支持力度还是不够，还需要进一步加大减免税收支持力度，以帮助其渡过疫情难关。

为了减轻文化旅游企业的财务压力，帮助其度过困境，国家可以出台减免税收优惠政策，具体减少税收种类，可以参照 2003 年非典型肺炎疫情期间出台的相关税收优惠政策。对于在疫情遭受损失的文化旅游企业（包含保护旅行社、饮食业、旅店业、旅游景区、航空公司、公路客运企业、水路客运、电影院等），免征营业税、城市维护建设税、教育费附加。免征期限为从 2020 年 1 月 1 日开始，为期半年。

2. 建议出台减免行政事业性收费的政策

为减轻文化旅游企业的财务压力，建议出台减免行政事业性收费的政策，具体减免范围和内容可以参照 2003 年非典型肺炎疫情期间国务院出台的关于减免行政事业性收费的政策。减免时限为从 2020 年 1 月 1 日开始，至疫情结束后的三个月。减免行政事业性收费具体包含：

对餐饮、旅店、旅游业收取的个体工商户管理费、企业注册登记费中的年检费等费用进行减免。

对娱乐业收取的个体工商户管理费、企业注册登记费中的年检费等费用进行减免。

对航空公司收取的企业注册登记费中的年检费、环境监测服务费等费用进行减免。

对公路客运行业收取的公路运输管理费、公路养路费等费用进行减免。

对水路客运行业收取的水路运输管理费、内河航道养护费等费用进行减免。

对出租汽车（包括小汽车、中巴、大巴）行业以及旅行社机动车辆收取的公路养路费、排污费等费用进行减免。

3. 建议出台社会保险费的优惠政策

文旅产业属于劳动密集型产业，雇用员工数量多，在新型冠状病毒感染的肺炎疫情蔓延的特殊时期，员工的社会保险费就成了文化旅游企业的巨大财务压力，也许就成为压死“骆驼”（文化旅游企业）的最后一根“稻草”。

为了减轻文化旅游企业的财务压力，建议出台减免、缓缴、降低缴纳比例等社会保险费的优惠政策。对于经营困难的文化旅游企业可减免、缓缴、降低缴纳比例养老保险、失业保险和工伤保险费等社会保险费。缓缴期满后（缓缴期可以定为半年），企业足额补缴缓缴的社会保险费，不影响参保人员个人权益。

4. 建议提供宽松的货币政策

此次新型冠状病毒感染的肺炎疫情波及范围广，影响面大，很多市场经济主体均受到冲击影响，为我国经济发展增加了不确定性，经济下行压力加大。在前文已经介绍过我国的经济结构情况，现在我国的第三产业占比达到了53.92%，成为三大产业中占比最大的产业类型，占有绝对优势。而且消费对经济的拉动处于主导地位，2018 年上半年，国家统计局数据显示，消费对经济增长的贡献率为 78.5%，显然消费成了我国拉动经济增长的不可或缺的主要动力。

此次新型冠状病毒感染的肺炎疫情抑制了消费，冲击和影响了经济发展，给文化旅游企业带来了巨大的经济压力。为进一步激发我国经济发展动力，刺激消费需求，增加经济活力，可以实行适度宽松的货币政策，降低存款准备金率，优化小微文化旅游企业融资渠道，这样可以促进文旅产业振兴。

5. 建议树立良好的旅游形象

此次新型冠状病毒感染的肺炎疫情的暴发，部分外国旅游者给中国贴上了“危险旅游目的地”“疫区”的刻板标签，严重影响了我国在全球的良好旅游形象。建议在疫情得到控制后，通过世界卫生组织、世界旅游组织等国际组织，向世界传递良好的中国形象。由国家出面拍摄宣传片，在我国主要客源地进行广泛宣传推广，吸引国际入境旅游者。

此次新型冠状病毒感染的肺炎疫情的暴发，对于国内旅游者来说，旅游的信心也可能会受到影响，特别是像湖北省这样的疫情重灾区，对于旅游者来说，心理可能会产生阴影，短期很难再去选择湖北省的旅游景点作为旅游目的地。建议国家拍摄面对国内旅游者的宣传片，提振旅游者信心，激发文化旅游需求潜力，将旅游需求转化为现实的文化旅游消费。

6. 建议发放稳岗补贴

文化旅游产业属于劳动密集型产业门类，从业人员数量巨大。从 2018 年统计数据来看，我国旅游直接和间接就业人员占全国就业总人口的 10.29%，所以文化旅游产业对于稳定我国就业市场，降低失业率具有重要作用。我国的住宿餐饮行业 2019 年吸纳就业人员超过 2600 万人，是稳增长、促就业、惠民生的重要领域。我国的文化旅游企业大多为小微企业，资源少，现金流量小，对重大疫情等危机事件的承受能力弱。为了帮助文化旅游企业度过此次疫情冲击，鼓励文化旅游企业不解雇员工或尽量少地裁员，国家对于这些文化旅游企业进行发放稳岗补贴。对于富裕的员工，文化旅游企业可以实行休假、轮岗、共享员工等方式，压缩人力资源开支。

7. 完善法律法规

2003 年的非典型肺炎疫情和 2020 年的新冠肺炎疫情都与野生动物存在着直接或间接联系，这不得不引起我们的高度重视和认真反思，我们应如何与其他生物和谐相处？如何看待人在整个地球生态中的作用和地位？我们不能只顾自己的口腹之欲，而置整个地球人类的生命安全于不顾，把整个国家甚至全球经济拖入深渊。同时，我们不能仅靠个人的道德自觉来防范和杜绝野生动物的非法交易。在利益的驱使下，总是有人容易忘记过去所受的伤痛。这与我国相关法治不完善有一定关系，导致野生动物交易利益链条没有被切断，总是有人愿意去铤而走险。所以，要从法律上明令禁止野生动物交易，实行最严格的监管与惩治。敏感的文化旅游产业无法承受严重的疫情危机的多次打击，人类也不能再犯同样的错误。

8. 确定健康主题旅游年

为宣传我国旅游形象，促进我国旅游发展，自 1992 年起我国开始实施旅游主题年活动，并举办系列旅游活动，推荐主题线路，这对于促进我国旅游发展，树立旅游形象起到了巨大的促进作用。例如，国家旅游局确定 2018 年为“美丽中国——2018 全域旅游年”，宣传口号为“新时代，新旅游，新获得”“全域旅游，全新追求”。

鉴于此次疫情对于旅游的冲击和影响会严重抑制人们的旅游需求，同时会促进人们对于健康意识的强化和追求。所以，建议国家文化和旅游部将 2020 年旅游主题定位为“健康旅游年”，以“旅游促健康、生活更美好”为宣传口号，开展一系列的主题活动，重点推荐生态健康游、康养研学旅行等线路产品，以旅游业为窗口促进全社会健康觉醒、提高全社会健康素养、全面助力健康中国建设。

9. 加强公共卫生事件治理能力

此次新冠肺炎疫情的暴发也暴露出我国在重大疫情防控和社会危机治理方

面还存在许多短板。2003 年非典型肺炎疫情和 2020 年新冠肺炎疫情的发生不得不引起我们的高度重视和认真反思，应该从法律上、制度上加强完善，补短板、堵漏洞、强弱项，杜绝类似的公共卫生事件再次发生。要从法律上要明令禁止非法野生动物交易，实行最严格的监管与惩治。全面加强和完善公共卫生领域相关法律法规建设，认真评估传染病防治法、野生动物保护法等法律法规的修改完善。把生物安全纳入国家安全体系，系统规划生物安全风险防控和治理体系建设，全面提高国家生物安全治理能力。尽快推动出台《生物安全法》，加快构建国家生物安全法律法规体系、制度保障体系。

21 世纪以来，人类已经先后经历了多次疫情的侵扰，如 2003 年的 SARS 疫情、2009 年的甲型 H1N1 流感、2014 年的脊髓灰质炎疫情、2014 年的埃博拉疫情、2015 年的“寨卡”疫情、2019 年的埃博拉疫情和 2020 年新冠肺炎疫情。通过梳理，可以发现我国在防控外输性疫情方面措施得力，但对于国内的内发性的疫情防控还有许多不足之处，这需要从制度上不断强化和完善。我们要进一步完善相关法律法规，完善和优化《国家突发公共卫生事件应急预案》，构建快速有效的国家公共卫生事件防控机制。

此次新冠肺炎疫情的发生，是对国家治理体系和治理能力的一次大考，突出体现了我国在公共卫生事件治理方面的不足。我们要及时总结经验、吸取教训，抓紧补短板、堵漏洞、强弱项，完善重大疫情防控体制机制，健全国家公共卫生应急管理体系。

10. 探索文化旅游企业的危机保险制度

对于一个国家或地区来说，发生重大危机事件是小概率事件，但其对文化旅游产业造成的危害却比较严重，在现代市场经济环境下，可以探索建立文化旅游企业的危机保险制度，开发合适的危机保险险种，与旅行社企业的旅游服务质量保证金制度相协调连接。在平时，文化旅游企业给保险公司缴纳一定数量的保险费。当文化旅游企业遭遇重大危机事件时，由保险公司向文化旅游企业提供保险金赔付，确保文化旅游消费者的权益不受损失，同时也可以帮助文化旅游企业渡过危机难关。这样的运行机制，就可以让文化旅游行业的危机风险承担社会化、分摊化、市场化，在减小企业经营风险的同时减轻政府对企业支持的财政负担。

第七章　中国文旅产业振兴中观策略建议

此次新型冠状病毒感染的肺炎疫情虽然蔓延和波及我国每个省（自治区、直辖市），但各个省（自治区、直辖市）疫情发生的程度差异较大，其中，湖北省是新冠肺炎疫情的重灾区。在党中央的坚强领导和统一部署下，各个省（自治区、直辖市）根据自身疫情的发展情况采取不同的应对措施，这就会对文旅产业产生不同的影响。一般来说，新型冠肺炎疫情发生严重的地区，会采取更加严格的防控措施，相应地本地文旅企业也会遭受更大的冲击和影响。不同省区的文旅企业遭受的影响程度不同，所以本省的经济状况等实际情况也存在差异，就不适宜在全国完全采取同样的振兴措施。所以，在国家层面，更多采取的是宏观支持政策，而在省级层面更适合采取适合本省份实际的中观策略。

文旅产业关联性强，产业链条比较长，涉及和包含许多行业，就旅游产业来说，就包含了食、住、行、游、购、娱六大要素，涉及餐饮行业、酒店住宿业、交通运输业、旅游景区业、旅游商品业、娱乐业等具体的行业，如果再加上文化产业的电影业、博物馆业、艺术馆业、图书馆业等，那文旅产业所涉及的行业就更多了。这么多的文旅产业虽然在此次新冠肺炎疫情中均受到了冲击和影响，但不同的行业受到的冲击和影响程度也有差异。而且，这么多的行业中，有大型文旅集团，它们资本雄厚，资源众多，融资渠道多，生命力较强，对于疫情冲击的耐受力强。而大部分行业企业是中小微企业，它们资本微薄，资源少，现金流量小，融资困难，对于疫情冲击的耐受力弱。有些行业企业属于国有企业或事业单位，而更多的是民营企业，这两种行业单位对于疫情的反应和承受能力肯定不同。所以，可以针对不同的行业采取不同的支持政策，并从行业组织层面制定相应的支持政策。

第一节　省级层面支持文旅产业振兴的策略建议

一、非典型肺炎疫情期间省级层面出台的支持政策

在 2003 年非典型肺炎疫情期间，全国的文旅产业也遭受了严重的冲击和影响，为支持文旅产业迅速振兴，帮助文旅企业渡过难关，除了国家层面出台的支持政策之外，许多省（自治区、直辖市）也根据自身实际制定了本省的支持政策，我们以 2003 年非典型肺炎疫情的两个重灾区广东省、北京市来说明。

（一）2003 年广东省出台的支持政策

1. 疫情给广东省旅游产业带来的影响

广东省是 2003 年非典型肺炎疫情的发源地和重灾区，受疫情影响，该省的旅游产业遭受了重大影响和打击。

2002 年，广东省的旅游产业成绩骄人，一组数据可以反映出当年广东省的旅游业绩：广东省 2002 年城市接待过夜旅游人数 9225.88 万人次，比去年同比增长增长 8.7%。其中国际游客 1525.88 万人次，国内游客 7700 万人次，分别增长 18.1% 和 7.3%。全年旅游总收入 1433.00 亿元，比去年同比增长增长 13.4%；其中旅游外汇收入 50.91 亿美元，比去年同比增长增长 14.4%。

到了 2003 年，受非典型肺炎疫情影响，广东省的接待入境游客和国内旅游人次数明显降低，旅游收入大大缩水。2003 年经广东口岸入境的国际游客同比 2002 年下降 5.1%。旅游住宿设施接待过夜游客同比 2002 年下降 6.9%。其中国际游客、国内游客分别同比下降 14.2% 和 5.6%。组团国内游 615.28 万人次，下降 8.2%；出境游 129.50 万人次。全年旅游总收入 1325.00 亿元，同比 2002 年下降 9.7%。其中旅游外汇收入 42.67 亿美元，同比 2002 年下降 16.2%。

经过对比 2002 年和 2003 年旅游统计数据可以看出，受 2003 年非典型肺炎疫情影响，广东省旅游产业遭受巨大损失。与 2002 年相比，2003 年广东省全年旅游总收入下降了 9.7%；其中旅游外汇收入损失比例更大，下降了

16.2%。因此，在广东省旅游产业普遍遭受巨大损失的情况下，仅仅依靠国家层面的振兴支持政策力度还是不够，还需要广东省出台相应的支持政策，加大扶持力度，才能保证旅游产业的迅速复兴。

为了迅速复兴旅游产业，帮助旅游企业渡过疫情难关，广东省根据国家有关政策精神，结合本地实际，出台了许多优惠支持政策。

2. 减免行政事业性收费

广东省经贸委、广东省财政厅、广东省物价局出台政策，减免部分行业行政事业性收费。减免时间期限为 2003 年 5 月 1 日至 9 月 30 日；减免对象为对受非典型肺炎疫情影响严重的集贸市场、餐饮、饭店、娱乐、民航、旅游、公路客运、水路客运、出租车等行业企业。减免标准为企业登记注册费中的年检费全额免收；集贸市场管理费和个体工商管理费方面：广州市、深圳市减免 40%，其他地区减免 30%。

3. 税收优惠政策

广东省地税部门出台了系列税收优惠政策措施，帮助受非典型肺炎影响的行业企业缓解经营困境。

为减轻非典型肺炎疫情对旅游等行业的冲击影响，尽快恢复生产经营，广东省出台了税收优惠措施，具体包括以下内容：自 2003 年 1 月 1 日起，将营业税起征点进行提高，由原来的每月 800 元提高到 1000~2000 元（租赁业每月 1000 元、租赁业以外的其他行业每月 2000 元）。

对全省按月征收增值税的个体工商业户销售货物的起征点由现行月销售额 1000 元调高到 2000~5000 元。

（二）2003 年北京市出台的支持政策

1. 疫情给北京市旅游产业带来的影响

在 2003 年非典型肺炎疫情期间，北京也是疫情重灾区。受非典型肺炎疫情影响，北京市文旅产业损失惨重，我们可以从统计数据中具体了解到北京市因受疫情影响而造成的文化旅游产业损失。

在 2002 年，北京市全年接待海外游客达到 310.4 万人次，同比增长 8.6%。旅游创汇收入达 31 亿美元，比上年增长 5.1%。全年接待国内旅游者 1.15 亿人次，比上年增长 5%；旅游收入 930 亿元，比上年增长 5%。2002 年年末，全市共有旅游定点饭店 622 家，客房出租率达 61.7%。

受非典型肺炎疫情影响，北京市 2003 年全年接待海外游客比 2002 年下降 40.4%。旅游外汇收入同比下降 38.9%。接待国内旅游者比上年减少 24.0%；旅游收入比上年减少 23.9%。2003 年年末，全市客房出租率比上年年末下降 10.3%。

通过北京市两年的旅游数据对比可以看出，受非典型肺炎疫情影响，北京市旅游产业损失惨重。与 2002 年相比，北京市 2003 年接待海外游客下降了 40.4%，外汇收入下降了 38.9%，国内游客减少了 23.9%，客房出租率下降了 10.3%。为减轻旅游企业财务负担，帮助其渡过难关，除了国家层面出台的支持政策外，北京市还出台了支持旅游振兴的政策。

2. 免征部分行业排污费和环境监测服务费

北京市环境保护局出台政策，对全市范围受非典型肺炎疫情影响较大的行业免收排污费和监测服务费。免收时间范围是 2003 年 5 月 1 日起至 9 月 30 日，为期 5 个月。主要免收对象是在北京市地区受非典型肺炎疫情影响较大的餐饮、旅游等行业中向环境排放污染物的单位和个体工商户（简称排污者）。对餐饮．旅店、旅游、娱乐、集贸市场、公共交通客运等行业的排污者免排污费、环境监测服务费。对民航业，包括公共航空运输、通用航空运输、民用机场、空中交通管理部门及其他相关部门免征排污费、环境监测服务费。

3. 免收的行政事业性收费和政府性基金

北京市财政局、物价局出台政策对受非典型肺炎疫情影响比较严重的行业免收部分行政事业性收费和政府性基金。对餐饮、旅店、旅游、娱乐、集贸市场等行业免征集贸市场管理费、个体工商户管理费等费用。对公共交通客运行业免征公路运输管理费、公路养路费等费用。

免收范围包括：餐饮行业、饭店行业、旅游行业、娱乐行业、公共交通客运行业。

4. 税收优惠支持政策

对民航的旅客运输业务和旅游业、出租汽车公司、个体出租汽车经营者、城市公共交通运输公司免征营业税、城市维护建设税和教育费附加。

5. 缓缴社会保险费

对零售、餐饮、旅店、旅游、娱乐服务行业确实无力足额缴纳社会保险费的企业，经市及区县劳动保障部门核准，可缓缴 5 个月。

6. 借支基本生活费

市及区县财政部门要继续安排解困资金。对百货零售、餐饮、旅店、旅游、建筑、娱乐等行业支付职工工资困难的本市国有、集体企业，由各行政主管部门按隶属关系分别统计核定人数，商同级财政、劳动保障部门按每人每月 290 元的标准借支基本生活费。

7. 减免租金

对承租市及区县属国有资产类经营用房，非典型肺炎疫情期间依法关闭或者停业的，减免租金 50%；商业、服务业、餐饮业、娱乐场所等受非典型肺炎疫情影响经营困难的，减免租金 30%，其中执行公企租金标准的，减免租金 20%。

8. 金融支持

对百货零售、餐饮、旅店、旅游、娱乐、公共交通客运等行业及北京市属重点农口企业、市政府确定的农副产品配送中心，优先提供政策性流动资金贷款担保或展期贷款担保，担保费减半收取；新增流动资金贷款的利息，经行政主管部门批准，由市及区县财政部门给予半年期的贴息补助。

（三）其他地区出台的支持政策

上海市虽然不是 2003 年非典型肺炎疫情的重灾区，但上海市的文化旅游产业在疫情期间也遭受了损失。为此，上海市也出台了支持政策，以帮助企业减轻财务压力，渡过疫情难关。例如，上海市出台文件，决定取消向旅馆业征收的地方社会事业建设费。对旅游饭店、旅行社的经营困难，财政通过非典型肺炎疫情防治专项资金予以补贴。对旅游、餐饮等行业中受非典型肺炎疫情影响，资金周转发生困难的中小企业，市区两级财政担保基金给予短期流动资金贷款担保支持。

厦门市同样也出台了支持政策，以减免部分政府性基金、减免部分税款及行政事业性收费、经营服务性收费等形式，对旅游、餐饮等行业进行支持，这些措施的出台，降低企业经营成本 1.7 亿元左右，有效缓解企业财务压力，帮助企业渡过疫情困境，助力文旅产业迅速恢复。

二、目前部分省、自治区、直辖市已经出台的振兴文旅产业政策

自疫情暴发以来，在认识到疫情对企业的影响以后，部分省份迅速行动，纷纷出台支持政策，帮助企业缓解经营困境。

（一）湖北省出台的振兴文旅产业支持政策

湖北省是此次新冠肺炎疫情重灾区，湖北省的文化旅游产业在疫情期间按下暂停键，损失惨重。为了帮助文旅企业积极应对疫情，最大限度减小疫情的冲击和影响，早日实现文旅产业复兴，湖北省出台了多项政策和措施。

1. 降低生产成本

为降低企业的生产成本，最大限度地减少企业的财务压力，湖北省出台政策，提出要降低企业生产成本，对于企业的用电、用气、用水的价格实行优惠政策。对于不同的企业类型实行不同的优惠政策，对于中小微企业生产经营所需的用电、用气、用水等，允许缓缴政策，实行“欠费不停供”措施；对于缓缴期限比较有弹性，只要中小微企业在疫情结束后 3 个月内，由企业补缴缓缴的各项费用即可，而且免收滞纳金，这对于缓解文化旅游企业的财务压力绝对是利好消息。

2. 减免中小微企业房租

对于文化旅游企业来说，大部分是轻资产企业，经营场所一般是租用其他业主的办公场地。在疫情期间，由于没有营业收入，房租已经成为这些企业的沉重负担。所以，在湖北省出台的支持政策中，明确提出了减免中小微企业房租的优惠政策。如果中小微企业承租的房屋为国有资产，则直接实行房租免收三个月，另外半年内房租减半收取的优惠政策。

3. 延长合同履行期限

受疫情影响，许多文化旅游项目被迫停工，无法按照合同完成项目进度。文件规定，如果中小微企业是与国有企业签订的合同，则可以经双方协商，适当延长履行合同时限。

4. 降低检验检测费用

在疫情期间，对受影响较大的中小微企业（含文化旅游企业）停征特种设备检验费、污水处理费、环保检测费、计量器具检定费，减轻企业负担。

5. 清理拖欠企业账款

文化旅游中小微企业现金流小，在疫情期间，财务压力极大，如果欠款不能及时收回，则会危及这些企业的生存。在湖北省出台的支持政策中，明确要求持续推进清理拖欠民营企业中小企业账款工作，建立清理和防止拖欠账款长效机制。各级政府、国有企业要依法履约，避免形成新的拖欠。

6. 加大信贷支持力度

文化旅游中小微企业属于轻资产企业，没有可以抵押的资产，这就需要进行信用贷款，解决企业资金困境。湖北省出台的支持政策，鼓励金融机构开通绿色通道、压缩办贷时限，加大信用贷款、无还本续贷力度。2020 年，省内金融机构普惠小微企业贷款余额和新增额不得低于去年同期水平，其中新型政银担业务贷款规模占比不低于 30%。

7. 降低融资成本

对于文化旅游企业来说，由于缺乏可以抵押的资产，公司规模较小，融资成本较高，这一直是文化旅游企业的解决资金问题的难点和痛点。湖北省出台的支持政策，明确鼓励各级金融机构采取适当下调贷款利率、增加信用贷款和中长期贷款等方式，加大对中小微企业的支持力度。

8. 降低担保费率

文化旅游企业在进行贷款时，需要担保机构进行担保服务。在湖北省出台的支持中，政府性融资担保机构对服务疫情防控的相关企业免收担保费、再担保费；各级政府性融资担保机构对受疫情影响较大的行业企业，要积极与合作金融机构协商采取展期、续贷续保等措施。要加强与国家融资担保基金对接合作，积极争取政策支持。省财政及时补充省级再担保风险补偿基金，做好代偿补偿保障。各市、州、县政府应建立实施尽职免责机制，通过资本金注入、保费补贴、代偿补偿等方式，推动政府性融资担保机构发挥应有作用。

9. 提高贷款不良率容忍度

湖北省作为新冠肺炎疫情的重灾区，当地文旅企业承受了更大的压力，受到疫情的冲击更大，这会造成一些中小微企业无力偿还银行债务。湖北省出台的支持政策的文件规定，在疫情期间，可以适当提高贷款不良率的容忍度。疫情期间，金融机构向中小微企业发放的流动资金贷款不良率超出自身各项贷款不良率3个百分点以内、且贷款规模增长的，应合理确定其监管评级和绩效评级，相关逾期贷款不作逾期记录，不影响企业或个人的信用记录。

10. 给予企业贷款财政贴息支持

根据不同级别、类型的企业，采取不同的贴息支持，积极争取国家的政策支持，同时省级财政给予适当的贴息支持。积极争取将我省疫情防控企业纳入国家疫情防控重点保障企业名单，并根据我省疫情防控工作需要，建立省级疫情防控重点保障企业名单。对纳入国家、省级疫情防控重点保障企业的2020年新增贷款，省级财政统筹按企业实际获得贷款利率的50%进行贴息，贴息期限不超过1年。对受疫情影响的小微企业，已发放创业担保贷款展期期限不超过1年的，财政部门继续给予贴息支持。

11. 拓宽直接融资渠道

对于优秀的文旅企业，政府通过多种方式进行帮扶，拓宽其直接融资渠道，帮助文化旅游企业通过股票质押、上市等渠道进行直接融资。积极推进拟上市公司IPO、新三板创新层企业申请精选层辅导验收工作，采取非现场等灵活高效的方式进行辅导验收等相关工作。疫情期间，加快资本市场线上服务平台建设，组织辅导机构等加大企业挂牌上市线上培训力度。

12. 加大技改支持

湖北省的文化旅游产业亟须进行提档升级，以满足不断成熟的旅游者的消费需求。受疫情影响，正好利用这个空档机遇期，文旅企业应进行认真谋划，积极准备，筛选优质文旅项目进行提档升级，积极主动向政府部门申请，力争获取省级政府的财政支持。湖北省出台的政策中，明确了对于有利于经济高质量发展的产业项目进行重点支持。

13. 减免相关税费

湖北省出台的支持政策中，明确指出对于因疫情影响遭受重大损失的企业，可以减免相关税费的优惠政策。文件规定，因疫情影响遭受重大损失，纳税人缴纳城镇土地使用税、房产税确有困难的，经税务机关核准，依法减征或者免征其城镇土地使用税、房产税。适用“定期定额”征收的个体工商户，生产经营受疫情影响的，可依法提请合理调整定额。

14. 延期缴纳税款

在湖北省出台的支持政策中，明确纳税人因疫情影响不能按期缴纳税款的中小微企业，经报省级税务主管部门批准，可以延期缴纳税款，最长不超过3个月。

15. 加强企业用工服务

受疫情影响，许多文化旅游企业暂停营业，没有营业收入，企业面临经营困境，员工工资的发放成为企业巨大的财务压力。湖北省出台的政策中，提倡企业和员工协商上班方式和报酬标准，最大限度地确保双方的利益诉求。

16. 缓缴社会保险费

为缓解企业财务压力，帮助企业渡过疫情难关，湖北省出台的支持政策，允许企业缓缴员工的社会保险费（包括养老保险、失业保险和工伤保险费），缓解期限为6个月，最长不超过12个月。

17. 返还失业保险费

文旅企业属于劳动密集型企业，用工数量较多，对于稳定全省就业具有重要作用和意义。为稳定就业，减少失业率，对于企业不裁员或裁员比较少的，湖北省采取返还失业保险的方式进行奖励。企业裁员（减员）率不高于5.5%的，对企业返还上年度实际缴纳失业保险费的70%。对参保职工500人（含）以下的企业，可直接按上年度实际缴纳失业保险费的50%予以返还。

（二）北京市出台的振兴文旅产业支持政策

受新冠肺炎疫情影响，北京市文旅企业在疫情期间遭受了巨大损失，为帮助企业渡过难关，尽快实行文旅产业振兴，北京市出台了一系列政策措施。

1. 加强企业用工服务

文化旅游企业属于劳动密集型企业，从业人员多，对于稳定就业具有重要作用。受疫情影响，很多文化旅游企业经营困难，从而导致劳动关系紧张。北京出台了相关政策，引导企业采取灵活的用工方式，与员工协商薪酬工资，鼓励尽量不裁员或少裁员，政府会给予返还失业保险费的方式进行奖励。

2. 妥善解决困难企业融资问题

通过多种措施帮助困难企业解决融资问题。对于具有发展前景的企业，如果由于疫情影响而暂时出现经营困难，北京市出台的政策规定，要求金融机构对这些企业不抽贷、不断贷、不压贷，并为这些企业做好续贷服务。

3. 延迟缴纳社会保险费

对于文化旅游企业来说，受疫情影响，没有营业收入，现金压力巨大，员工的社会保险费也给企业带来巨大的经济负担。对此，北京市出台了相关政策，允许企业延迟缴纳社会保险费，以减轻企业的财务压力。

4. 减免租金

在疫情期间，一些中小微企业没有经营收入，还需要支付房租，财务压力巨大。北京市出台政策鼓励大型商务楼宇、商场、市场运营方对中小微租户适度减免疫情期间的租金，由政府给予适度财政补贴。

5. 停征部分行政事业性收费

对于受疫情影响较大的企业，减免其部分行政事业性收费项目。对受影响较大的中小微企业，实行停征特种设备检验费、污水处理费、占道费的优惠政策。

6. 减免中小微企业房租

对于承租国有企业的中小微企业，根据北京市出台的政策，可以享受房租减免优惠政策，按照政府要求坚持营业或依照防疫规定关闭停业且不裁员、少裁员的，免收 2 月份房租；承租用于办公用房的，给予 2 月份租金 50% 的减免。

7. 为经营困难企业办理延期纳税

对于受疫情影响的文旅产业的中小微企业损失惨重，可能没有能力及时缴纳税款，北京市出台政策，对于因疫情影响经营困难中小微企业，可依法办理延期缴纳税款，最长不超过 3 个月。

8. 补贴小微企业研发成本

创新是企业发展的核心竞争力，是社会发展的动力。对于文旅企业来说，创新十分重要，只有创新才能创造优质文化旅游产品，优化文旅市场结构，才能有利于文旅产业的高质量发展。北京市支持小微企业进行研发创新，为这些企业发放研发费用补贴。对中关村国家自主创新示范区内的科技型小微企业，根据研发投入实际情况，给予每家最高不超过 20 万元的研发费用补助。

9. 进一步增加信贷投放

小微企业很少有可以进行抵押的资产，信用贷款是其资金筹措的重要渠道。北京市要求全年普惠型小微企业贷款增速高于各项贷款增速，其中国有大型银行普惠型小微企业贷款增速不低于 20%。

10. 降低企业融资成本

文化旅游小微企业存在融资困难，融资成本高的现实问题。北京市通过多种措施，努力降低企业融资成本。加快和扩大 LPR 定价基准的运用，推动 2020 年全市普惠型小微企业贷款综合融资成本较 2019 年再下降 0.5 个百分点。

11. 拓宽直接融资渠道

融资渠道少是文化旅游企业面临的困难之一，北京市发文，积极拓展优秀中小企业直接融资渠道。中小企业股票质押协议在疫情防控期间到期，企业由于还款困难申请展期的，可与证券公司等金融机构协商，展期 3~6 个月。积极推进拟上市公司 IPO、新三板创新层企业申请精选层辅导验收工作，采取非现场等灵活高效的方式进行辅导验收。

12. 提高融资便捷性

疫情期间，北京市努力提高企业融资的便捷性，为企业融资提供便利。加强金融服务快速响应机制和网络建设，开展“网上畅融工程”快速对接服务，充分发挥银企对接系统作用，提升金融服务可获得性，降低服务成本。

13. 优化融资担保服务

我国的文旅中小企业一般是轻资产企业，没有固定资产可以进行银行抵押，为了进行获取融资，需要进行融资担保服务。北京市规定，要降低小微企业的担保服务费，降低企业成本。疫情期间，北京市政府性担保机构对受疫情影响严重的中小微企业降低综合费率 0.5 个百分点。

14. 加强创新型中小微企业融资服务

北京市出台文件强调，进一步降低十大高精尖产业和中关村国家自主创新示范区等地区资金困难的中小微企业贷款利率。

15. 实施援企稳岗政策

对于在疫情期间，能够不裁员或尽量少裁员的企业进行补贴奖励，引导企业合理用工，稳定用工规模，稳定就业，降低失业率。对受疫情影响较大，面临暂时性生产经营困难且恢复有望、坚持不裁员或少裁员的参保企业，可按6个月的上年度本市月人均失业保险金标准和参保职工人数，返还失业保险费。

16. 促进就业困难群体就业

对于企业录用失业人员的，进行岗位补贴，以稳定就业市场，降低失业率。可按规定申请享受岗位补贴、社会保险补贴。

17. 加大政府采购和中小微企业购买产品服务支持力度

为了减缓中小微企业遭受疫情的影响，降低其损失，促使其尽快恢复正常运营，北京市要求在政府采购物品和服务的过程中，加大对中小微企业的倾斜，提高面向中小微企业采购的金额和比例，支持中小微企业的发展。

三、省级层面出台支持振兴文旅产业的必要性

（一）文旅产业的重要性

文旅产业作为第三产业的重要组成部分，在我国各个省（自治区、直辖市）的经济结构中都占有重要地位。振兴文旅产业，对于经济的稳定增长，调整经济结构，稳定就业市场，促进经济改革，满足人民群众的文化精神需求，提升人民群众的获得感、幸福感、安全感等方面具有重要的作用和意义。

以湖北省为例，湖北省2018年全省国内旅游人数达到7.27亿人次，增长13.8%；国内旅游收入6344.33亿元，增长15.0%。增长速度明显高于当年湖北省国民生产总值7.8%的增长速度，文化旅游消费是湖北省经济发展的重要引擎和发展动力。而且旅游产业是关联性比较强的产业门类，它可以带动和促进交通运输、餐饮、住宿、旅游购物、娱乐等相关产业的消费。文旅产业属于劳动密集型产业类型，所需的劳动人口数量巨大，可以吸纳大批就业人口，这对于促进就业，稳定就业市场，降低失业率具有重要意义。因此，文化旅游作为重要的消费需求，对于经济发展的贡献和拉动作用十分重要。

（二）文旅企业规模较小

在我国文旅产业中，大多数的文旅企业属于中小型企业类型，资源少，经济实力较弱，现金流量小，对危机的抵抗能力弱，在遭遇新冠肺炎疫情这样的大型危机之后，绝大多数的文旅小微企业难以应对，出现现金断流，运转困难，难以为继的情况。为了帮助广大文旅企业应对疫情影响，帮助其渡过难关，早日实行文旅产业复兴，有必要在省级层面出台具体的支持政策措施。

（三）地区差异

虽然国家层面已经出台了支持政策，但国家层面的支持政策更多是宏观指导和普惠性的，属于“大水漫灌式”的，不具有针对性。省级层面出台的支持政策，除了普惠性政策以外，更要有重点，有所侧重，将产业振兴与产业结构调整结合起来。另外，有些资源和业务权限是属于省级政府层面的，没有办法直接从国家层面直接提出要求。而且，由于全国各个省（自治区、直辖市）遭受疫情的程度不一，相应地，文旅产业受到的冲击影响也不一致。另外，文旅产业在各个省（自治区、直辖市）的经济结构所处的地位有所差异，这也会影响各个省（自治区、直辖市）所采取的政策措施。所以，各个省（自治区、直辖市）有必要针对自身的实际情况，出台具有针对性的支持政策，以促进当地文旅产业的迅速振兴。

四、省级层面出台支持振兴文旅产业的政策建议

（一）省级层面出台支持振兴文旅产业的原则

1. 从加强和完善产业链的角度着手

文化旅游企业的产业链比较长，涉及许多行业。这就要求我们在制定支持政策时，要从加强和完善产业链的角度去着手，加快构建完善的产业链条，促使整个文旅产业迅速复兴。在文化旅游产业链条中，不同行业企业的作用也是有所区别的，处于产业链条核心的是旅行社、OTA 企业等从事客源组织的旅游企业，这些企业在整个产业链中承担着重要的作用。一方面，这些企业负责

将整个文旅产业中相关资源整合为一个完整的消费产品，然后推销给消费者。另一方面，这些企业承担着向产业链不同旅游企业输送客源的职能，是旅游行业恢复及成长的关键性因素。旅行社、OTA 企业是资源和客源的整合者，是客源和资源的桥梁和中介。所以，旅行社、OTA 企业是文化旅游产业振兴的关键要素和环节，只有实现了旅行社、OTA 企业振兴，处于文化旅游产业链中的其他产业要素——旅游景区、交通运输、餐饮、住宿、度假区才有稳定客源的保证，才有可能实现整个文化旅游产业的复兴。如果旅行社、OTA 企业出现大面积的倒闭，那么文化旅游资源和客源之间的纽带被切断，这样要实现文化旅游企业的振兴就比较困难。所以，政府在制定产业振兴支持政策时，一定要从加强和完善产业链的角度出发，突出重点，有所侧重，才能更加有效地实现文化旅游产业的振兴。

2. 从旅游供给侧改革的目标着手

国家层面的支持政策更多是宏观方面的优惠，侧重于“大水漫灌式”的普惠政策红利。而省级层面的支持政策要将注重普惠和突出重点相结合，要有重点，有所侧重，将产业振兴与产业结构调整、文化旅游供给侧结构改革结合起来进行。我们都知道，我国的文化旅游供给存在结构性的供过于求的局面。所以，我们在进行疫情后期的文化旅游产业振兴时，要有所区别，对于具有发展前景的文化旅游企业要重点支持，对于在疫情期间积极承担社会责任的企业要重点支持，对于具有创新创业能力的企业要重点支持，对于掌握优质文化旅游项目的企业要重点支持。同时，我们要明白，我们出台支持政策的主要目的是为了稳定就业市场、降低失业率，对整个文化旅游产业结构的调整和优化，是为了文化旅游产业的高质量发展，而不是为了扶持、救济哪一家企业。文化旅游产业的高质量发展，必须要有高质量的文化旅游企业，这些企业要有生命力、免疫力。在正常情况下，这些企业有活力、生命力、竞争力；在突发危机情况下，这样的企业才能有免疫力，能够积极自保、自救。

截至 2018 年年底，我国共有景区景点 3 万多个，其中 A 级景区总数约 10300 个，已经表现出结构性供过于求的局面。许多旅游景区的产品粗制滥造，没有文化内涵和底蕴，在市场中没有任何竞争力，在正常时期，仅靠我国的人口红利可勉强度日；但到了疫情这样的特殊时期，市场矛盾被放大，这些旅游景区到了生死边缘。我们要尊重市场经济的规则，该退出市场的要坚决引导其退出，这样才会给优秀的文化旅游企业留出更多的市场空间，有利于文化旅游产业的结构调整和优化。从近几年我国入境游客数量增长和入境旅游收入放缓的趋势可以看出，我国文化旅游市场供给的质量、核心吸引力都还不尽如人意，亟须进行提档升级和优化。此次新冠肺炎疫情的暴发，虽然整体来说，是一个负面冲击和影响因素，但也为我们提供了文化旅游产业进行深化改革、产业调整与优化，以及产业提档升级的契机。

所以说，政府对文旅企业的支持政策不能搞“一刀切”，要从文旅产业供给侧改革的目标着手，要根据文化旅游企业贡献度、业务能力以及社会责任进行全面评价，分类施救，对那些具有国际竞争力和影响力的文化旅游企业、文旅产业龙头企业、符合我国未来发展方向的文旅企业以及代表文旅新业态的企业要加大扶持力度，以保证政府支持效果符合我国文旅产业供给侧结构改革和高质量发展的方向。

3. 从产业融合的角度着手

此次新冠肺炎疫情的暴发，让我们再次深刻理解了文化旅游产业的敏感性，这就警示我们要调整文旅产业供给体系建设的思路，不能一味强调“旅游+”战略，可以从“+旅游”的视角去建设文化旅游产品供给体系。虽然两种视角一字不差，只是前后顺序的调整，但其实内在反映的是产业融合之时，产业之间的关系差异。“旅游+”视角强调产业融合时以旅游为主体，它在投资、市场、运营、消费方面主要还是在大旅游领域，这就决定了其对市场环境敏感性的特征。“+旅游”视角强调产业融合以其他产业为主体，旅游只是配角，它在投资、市场、运营、消费等方面已经跳出了旅游领域的限制，这样的产业融合将会大大提升融合产业的抗风险能力，有利于产业振兴和产业的高质量发展。

4. 从产业长远发展角度着手

对于此次疫情后的文化旅游产业振兴，从短期发展来说，肯定是帮助文化旅游企业渡过难关，激发消费者的消费需求，实现文化旅游产业的复兴。但这样的话，我国的文化旅游产业发展又将回到原来的老路，国内文化旅游供给缺乏创新，只能依靠我国的人口红利来维持生存；出境旅游继续强劲增长，更多的国内居民到国外进行文化旅游消费，近 15 年年均增长速度达到 17%，2019 年出境旅游高达 1.5 亿人次，这种发展速度在世界上都是十分罕见的；入境旅游市场疲软，增长乏力。这肯定不是我们想要的文旅产业发展状况。

出境旅游的迅速发展，说明我国居民生活水平的提高以及出境旅游逐渐方便快捷。受国际疫情形势影响，短时间内国际旅游市场很难恢复，这为我国文旅产业的发展提供了“窗口期”。我国文旅产业应该趁势而上，抢抓机遇，提升旅游产品品质，提高旅游服务质量，将我国庞大的出境旅游消费潜力吸纳入国内旅游市场，这将有助于拉动国内旅游消费，助力国内旅游业的恢复和振兴。 通过发展入境旅游，促进文化交流和文化传播，让更多的外国游客认识中国、了解中国，达到经济发展、文化交流、政治互信，这才能达到文化旅游产业的全面发展，推动我国由旅游大国向旅游强国转变。

（二）建议省级层面出台的支持政策

1. 建议每个省（自治区、直辖市）均出台支持政策

从图 6-2 可以看出，在 2003 年“非典”期间，我国虽然有几个省级区域没有发现疫情，但其旅游产业也遭受了损失，只是影响的程度相对来说小一些。因为在重大的疫情发生之时，它的影响是多方面的，包括影响人们的消费心理和消费行为。在全国防控疫情一盘棋的大背景下，全国都采取了交通管制，并不是说这个省级区域没有疫情，人们的行为和消费就不会受到影响。

此次新冠肺炎疫情蔓延了全国所有省级区域，影响的范围广、传播速度快，来势凶猛，确诊病例、死亡病例均超过了 2003 年非典型肺炎疫情。因此，在此次疫情期间，所有省级区域均受到了影响和冲击，特别是文化旅游产业遭受的损失最大。鉴于此，建议所有省（自治区、直辖市）均应出台相应的支持文旅产业振兴的政策，帮助文旅企业渡过疫情难关，尽早实现文旅产业的振兴。当然，由于不同省级区域遭受疫情影响的程度不同，当地文旅企业的损失也有大有小，建议各省级区域根据本地实际情况，出台相应的、有针对性的支持政策。

2. 降低文旅企业的生产成本

为降低文旅企业的财务压力，帮助其渡过难关，政府可以出台政策，降低

文旅企业的用水、用电、网络费用，并且对于疫情期间的水费、电费、网络费用实行欠费不停服务的措施。待疫情结束的一段时间内（可以定为疫情结束三个月后），文旅企业补缴齐各种费用即可，不收滞纳金，不影响文旅企业的信用。对于在疫情期间有捐献防护用品、助力疫情防控工作的文旅企业，实行水费、电费、网费减免或补贴。

3. 减免文旅企业的房租

由于文旅企业绝大多数为中小微企业，一般均是租用其他业主的房屋进行营业，政府可以出台政策，对于承租国有资产经营用房的文旅企业，实行疫情期间免收房租，疫情结束后的半年内房租减半收取的政策。对于承租私营房屋营业的文旅企业，鼓励业主为文旅企业减免租金，由省级财政进行适当补贴。

4. 清理拖欠企业账款

我国大多数文化旅游企业规模较小，现金流量有限，承受不起长期业务欠款。政府应该加大清理拖欠文旅企业账款力度，各级政府、国有企业应该依法履约，对于恶意拖欠企业账款的行为要进行严格处理，形成防止拖欠账款长效机制。避免文旅企业因为无法及时收回账款而导致资金链断裂。

5. 加大金融服务力度

疫情期间，许多文化旅游企业由于暂停营业，没有营业收入，而且同时需要支付员工工资、员工社会保险费、房租等费用，引发企业的现金出现断流危机。建议对于授信到期还款确有困难的文化旅游中小微企业，金融机构要通过适当降低利率、减免逾期利息、调整还款期限和方式，帮助企业渡过疫情难关。

鼓励各级金融机构采取适当下调贷款利率、增加信用贷款和中长期贷款等方式，加大对文化旅游中小微企业的支持力度。

由于文化旅游中小微企业缺少可以抵押的固定资产，贷款融资时需要担保公司进行担保。政府性融资担保再担保机构对服务疫情防控的相关企业免收担保费、再担保费；对受疫情影响严重的文化旅游小微企业，担保费率降至1%以下，再担保费减半。各级政府性融资担保机构对受疫情影响较大的行业企业，要积极与合作金融机构协商采取展期、续贷续保等措施。加强与国家融资担保基金的对接合作，积极争取政策支持。省财政及时补充省级再担保风险补偿基金，做好代偿补偿保障。各市、州、县政府应建立实施尽职免责机制，通过资本金注入、保费补贴、代偿补偿等方式，推动政府性融资担保机构发挥应有作用。

建立省级疫情防控重点保障企业名单。对纳入国家、省级疫情防控重点保障企业 2020 年新增贷款，省级财政统筹按企业实际获得贷款利率的 50% 进行贴息，对未能纳入疫情防控重点保障企业名单，但在支持本省疫情防控工作中作用突出的企业 2020 年的新增贷款，省级财政按照贷款合同签订日上月一年期贷款市场报价利率的 50% 给予贴息。

6. 相关税收支持政策

因疫情影响遭受重大损失的文旅企业，可以减免由省政府设置的税收种类。减免期限可以定为从 2020 年 1 月 1 日起至疫情结束后的三个月（考虑到文旅企业遭受的冲击较大，即使疫情结束，也会存在一定的消费滞后期）。

7. 社会保险费政策

受疫情影响，文旅企业存在财务困境，对于及时足额缴纳员工的社会保险费存在困难，可以经过网上提交申请批准后，实行减免、缓缴、降低缴费标准等政策，缓缴期限可以暂定为 6 个月。同时，在缓缴期间，不影响员工的社保保险待遇，免收滞纳金。

8. 减免行政事业性收费

为减轻文化旅游企业的财务压力，建议省级政府出台减免文化旅游企业行政事业性收费（主要由省级政府规定收取的）。减免的时间期限可以定为自疫情开始到疫情结束后的三个月之内。对于特别困难的文化旅游企业，在减免期限之后可以实行缓交政策，缓缴期内不收取滞纳金，不影响文化旅游企业的信用，不影响企业参与项目竞标。

9. 免费培训员工

利用政府的就业培训资金，在疫情期间对文化旅游企业员工进行免费培训（为了做好疫情防控，可以采取网络培训的形式）。提升文化旅游企业员工的素质和技能，为提高文旅行业服务质量奠定基础，同时也为疫情过后应对消费者的文化旅游需求做好准备。

10. 成立文旅产业振兴基金

通过多种渠道筹集资金，成立专门服务于文化旅游产业振兴发展的基金。支持旅游产品提质升级，满足旅游消费者的多样化个性需求，对于文化旅游重点项目、创新产品、产品升级进行重点扶持，促进文化旅游产业高质量发展。鼓励企业创新，对于具有广阔市场前景的文化旅游创新企业进行重点支持。

11. 支持文化旅游企业兼并重组

目前，我国普遍存在的现状是文化旅游企业多为小微企业，资源少、能力弱，难以承受重大危机的冲击和影响。而且我们的文化旅游产业处于结构性供大于求的局面，正好可以利用此次疫情的暴发为契机，加大产业结构调整力度，支持和引导优质的文化旅游企业进行合并重组，壮大发展，这将会有利于文化旅游产业振兴，有利于文旅产业长期健康发展。

12. 加强宣传推介

受新型冠肺炎疫情影响，本地的旅游形象受到严重影响，为了增强旅游消费者信心，可以由政府组织进行广泛的对外宣传推介。宣传推介方式要多样化、多渠道，如电视、网络、自媒体等形式，以让不同旅游消费者接收到旅游宣传信息。通过对外宣传推介，扩大影响，树立优良的旅游形象，树立旅游者的消费信心，争取占领更大的文化旅游市场份额，促进文化旅游产业尽快振兴。

13. 政府购买服务

为了尽快促进文化旅游产业振兴，可以通过政府购买服务的方式，帮助文旅企业尽快复兴。例如，政府购买景区门票，发放给公众，重点发放给参加疫情防控的医护人员、公安交警、环卫工人等，促进旅游景区的发展。通过这些活动向社会公众传递安全的信号，帮助旅游者树立消费信心。为帮助湖北省进行疫情防控，国家实行了以一省包一市的方式，实行对口支援帮扶。例如，天津市对口支援恩施土家族苗族自治州，为了回馈天津市的援助，恩施土家族苗族自治州的所有旅游景区对天津市的医护人员及其家人实行免费优惠，对于天津市居民实行半价优惠。

疫情期间，在中共中央和国务院的坚强领导下，体现了一方有难八方支援的精神，再次体现了中国共产党领导、中国特色社会主义制度的优越性，全国各地先后有 4 万多名医护人员驰援湖北，全国 19 个省份对口支援湖北省 16 个地级市（州）。待战胜这次疫情之后，湖北省可以以旅游优惠的方式回馈全国的无私支援。对于全国的医护人员及其家属可以实行免费游湖北的优惠政策，对于其他人员可以实行半价游湖北的优惠政策，这既体现了湖北的感恩之心，又有利于疫情后湖北文化旅游的迅速复兴。

14. 拓展产业面

目前，当我们提到文化旅游产业需求的时候，主要关注的是文化旅游的直接需求，而对于文化旅游产业的间接需求关注不够。例如，滑雪设备、户外运动设备、游乐设备等，这些设备产品现在还是以进口国外产品为主。我们可以鼓励产业创新，形成产业集群，实现联动发展。

15. 补齐短板

文化旅游的消费需要多个环节的支撑才能实现，每一个环节出现问题都会影响文化旅游的消费。就如木桶原理一样，木桶能装多少水是由最短的那块板所决定的。文化旅游产业的发展同样是由最差的那个因素和环节所决定的，所以要认真分析文化旅游产业整个产业链的情况，补齐短板，才能尽快实现文化旅游产业在疫情后迅速振兴。

16. 支持康养旅游发展

经过此次疫情的影响和冲击，旅游消费者的消费心理和倾向会发生改变，旅游消费者会更加珍视健康和生命。所以，在选择旅游产品时，会更加倾向于康养类的旅游产品和项目，这就助推康养类的旅游项目和产品需求的高涨。因此，将旅游和康养结合在一起的旅游项目、产品将会受到青睐和热捧。

政府也可以通过组织文化节、旅游节、大型会展的形式，繁荣文化旅游供给，拉动文化旅游消费，促进旅游、住宿、餐饮、交通、会展等行业的振兴和发展。

（三）湖北省支持文旅振兴政策建议

在我国国内，新冠肺炎疫情首先发现于湖北省武汉市，并通过春运大潮向全国传播蔓延，后来武汉市实施了封城措施，切断了疫情向外传播的途径，这也使得湖北省特别是武汉市成为我国疫情最严重的地区。因此，疫情对于湖北省的影响和冲击程度要远远大于全国其他省区。为促进湖北省文化旅游产业的振兴，特单独对其支持政策提出建议。

1. 发挥政府作用，重塑旅游形象

作为我国新冠肺炎疫情的重灾区，在游客选择旅游目的地时，湖北省很容易让人产生安全顾虑。特别是国外的某些政客为了推卸责任，故意对我国搞污名化，将新冠病毒称之为“武汉病毒”，严重影响了湖北省和武汉市的国际旅游形象。为了尽早实现湖北省文旅产业振兴，需要重塑旅游形象，吸引国内外游客。

中国有句老话——患难见真情。在中国疫情防控形势最艰难的时候，国际社会给予了中国和中国人民宝贵的支持和帮助。全球 170 多个国家领导人、50 个国际和地区组织负责人以及 300 多个外国政党和政治组织向中国领导人来函致电、发表声明表示慰问支持。先后有 77 个国家和 12 个国际组织为我国提供疫情防护和医疗物资用品捐赠，84 个国家的地方政府、企业、民间机构、人士向中国提供了物资捐赠。

中国始终坚持人类命运共同体理念，及时分享疫情信息，积极开展国际合作，力所能及为国际组织和其他国家提供援助，截至 2020 年 5 月 31 日，中国共向 27 个国家派出 29 支医疗专家组，已经或正在向 150 个国家和 4 个国际组织提供抗疫援助，向 150 多个国家、地区和国际组织捐赠抗疫物资。

在这次全球应对新冠肺炎疫情的战“疫”中，充分体现了全人类是休戚与共的命运共同体，只有大家团结合作、携手应对，才能最终战胜疫情。同时，这次国际合作、共同抗疫的过程中，也涌现了许多感人的合作案例。例如，作为武汉友好城市的日本大分市向武汉市捐赠 3 万只口罩，这则新闻在国内引起巨大反响。韩国是首批对华捐助抗疫物资数量最多的国家之一，韩国驻中国大使馆的外墙上张贴着“中国的困难就是我们的困难”的标语。在塞尔维亚国内暴发疫情的情况下，我国及时向其提供医疗物资，并派遣了医疗专家组指导当地疫情防控工作。塞尔维亚总统亲自到机场迎接中国医疗专家，并亲吻中国国旗。塞尔维亚首都贝尔格莱德的多座标志性建筑亮起了中国红，以感谢中国政府提供的帮助。这些都是在这次疫情过程共同谱写的国际合作典型。在疫情结束之后，政府之间要持续强化合作交流，重点推介湖北文旅资源和产品，重塑湖北旅游形象，体现“山川异域，风月同天”。

2. 采取多种措施，提振消费信心

鉴于此次疫情的严重性，这会严重抑制消费者的旅游消费信心和消费需求。同时，在此次疫情中，为了支持湖北武汉抗“疫”，文艺工作者们创造了《武汉伢》等音乐视频，在网络上被广泛传播，引起了不小的轰动。这有助于传播武汉形象，提振旅游消费信心。

进一步扩大核酸检测检测范围，有利于让湖北人民放心地出来消费、企业放心地复工，助力湖北和武汉的经济尽快复苏。从 2020 年 5 月 14 日 0 时至 6 月 1 日 24 时，武汉市集中核酸检测 9899828 人，没有发现确诊病例，这有利于提振人们的消费信心，也有利于助推各行各业复工复产。

为了疫后尽快促进文旅产业恢复，政府部门可以购买文化旅游产品和服务，免费发放给社会公众，重点发放给在疫情防控中有突出贡献的一线人员，促进旅游消费。最好是政府直接给公众发放旅游消费优惠券，将消费选择权力交给社会大众，这样一方面会促进旅游恢复，另一方面，也会促进优秀的旅游企业发展，起到优化旅游产业结构的效果。

在疫情期间，全国各地先后有 4 万多名医护人员驰援湖北。国家通过以“一省包一市”的方式，实行全国对湖北省的对口支援帮扶。疫情期间全国驰援湖北，疫情后湖北省以旅游优惠的方式回馈全国的无私支援。建议湖北省给这些驰援湖北的医护人员发放定制的“畅游湖北卡”，让这些“为湖北拼过命”的人可以终身免费到湖北旅游。对于国内其他旅游者，可以享受两年内半价游湖北的优惠政策，由政府对这些优惠政策进行补贴。这既体现了湖北的感恩之心，又有利于文旅产业的迅速恢复。

3. 完善法律法规，强化公共卫生事件治理能力

完善法律体系建设。2003 年的 SARS 病毒和 2020 年的新型冠状病毒都是源自于野生动物，这不得不引起我们的高度重视和认真反思，应该从法律法规上加以完善，明令禁止非法野生动物交易，实行最严格的监管与惩治，杜绝类似的事件再次发生。全面加强和完善公共卫生领域相关法律法规建设，认真评估传染病防治法、野生动物保护法等法律法规的修改完善。

完善制度机制建设。此次疫情的发生，对于我们的社会治理能力和公共卫生安全治理能力是一次大考。面对突如其来的重大疫情，即使是武汉，这样具有丰富医疗资源的大都市，也是难以独立应对，这凸显了我们在公共卫生方面存在的短板，也说明我们在社会治理能力上存在不足，这需要从制度机制上不断强化和完善。我们要在完善公共卫生体系上下功夫，完善突发疫情防控体制机制，提升社会综合治理能力。

强化企业应对危机能力。我国文旅产业的市场主体绝大多数是中小微企业，这些企业危机意识不足，缺乏危机预测能力，对危机信息敏感性不强。由于企业规模较小，资源有限，对危机进行快速有效的反应和应对能力较弱。政府管理部门和行业组织可以引导文旅企业构建产业链共同体，加强合作交流，共同应对危机事件，提高产业应对危机的能力和韧性。

4. 强力推进武汉旅游国际化发展

大力推动武汉旅游业高质量发展，建设国际旅游目的地，促进旅游国际化，对于深化武汉旅游业尤其是入境旅游供给侧结构性改革，促进经济转型升级，培育发展新动能，推进国际化大都市建设有重要意义。

（1）创新国际化旅游产品体系。高品质的国际化旅游产品是推进旅游国际化的核心要件。武汉应深入挖掘历史文化内涵，彰显城市特色，积极打造一批具有国际影响力和吸引力的国际化旅游产品。以国际化的视角讲好中国故事。把握境外游客的旅游需求和动机，把我国古老、神奇的优秀文化资源进行整合、提升、包装，呈现生活常态化的旅游项目，满足境外游客特殊的东方审美需求。促进文化创意产品开发，出台文化旅游创意产品发展政策，借鉴北京故宫的文创经验，深入挖掘荆楚文化内涵，以专业化团队进行文化创意产品开发。

（2）完善国际化旅游服务体系。武汉应进一步加强基础设施建设，构建便捷高效的综合交通网络，提升城市可进入性、内部通达性、交通舒适性。加强智慧旅游、智慧城市建设，完善旅游信息服务网络，优化信息咨询、旅游指南等服务，推广免费 Wi-Fi，开发入境游客“自由行”智慧系统，打造自助游散客服务体系。普及路牌标识、旅游信息指南等双语化，提高机场口岸、重要景区、宾馆饭店、咨询中心、公交、有关购物场所等的外语服务水平，提升城市外语环境。加强旅游在岗人员职业培训教育，建立匹配的薪酬机制，提升服务人员的积极性和服务水平，加强小语种导游和跨界复合型国际化旅游人才培养与引进力度，引进懂经营、善管理、精策划的国际高级旅游人才。营造更加宽松的投资环境，引入国际知名旅游企业，借鉴现代旅游业发达国家和地区旅游业发展的经营模式和管理体制，加强旅游企业国际化标准建设，提升企业国际化水平。

（3）精准实施国际营销战略。树立武汉优质国际旅游形象，借助第七届世界军运会、武汉马拉松、武汉网球公开赛等国际赛事的影响，打造武汉优质国际旅游形象。依托市场调查、大数据、网络平台精准分析外国游客需求，细分市场，有的放矢，实行精准差异化营销。搭建互联网销售平台，多渠道策划国际性旅游事件，提高城市关注度。大力发展会展旅游、商务旅游，举办具有全球影响力的大型活动，力争打造地标性国际会议。设立专门的国际旅游营销机构，提高海外营销专门化、专业化、精细化。协调与北京、上海等城市的国际旅游促销，既竞争又借势，形成区域国际营销双赢的格局。加强与跨国旅行商、在线旅行商的合作，打造全球营运网络。

（4）健全旅游国际化保障机制。一是要健全组织保障。建立旅游国际化领导小组，明确各有关部门和单位的职责，建立考核办法，实行目标责任制。二是健全政策保障。由旅游国际化领导小组牵头，制定武汉旅游国际化战略，建立科学合理的国际旅游度假目的地评价体系，高起点、高标准、高品位启动旅游国际化专项规划的编制工作，将旅游国际化工作纳入年度政府工作考核目标。三是健全资金保障。设立专项资金，对入境游进行财税减免、资金支持等，对海外营销、入境旅行社创新的风险产品给予补贴、奖励、扶持，为促进入境旅游的发展创造条件。

5. 突出旅游中心城市地位

（1）创新武汉旅游形象。主题鲜明、特色突出的旅游形象能够增强旅游目的地的吸引力，建议通过多种途径，广泛征求社会意见，集全市人民之智慧，创新武汉旅游形象。武汉旅游形象既要深植武汉厚重历史，又要契合武汉现代城市特征，主题鲜明，特色突出。明确武汉旅游形象之后，要通过电视、网络、自媒体等多重渠道，积极向外传播，让武汉旅游的鲜明形象深入中外游客心中。

（2）强化区域旅游集散中心作用。加强区域联合，实现区域旅游产业联动发展，利用交通区位优势，强化武汉的区域旅游集散中心作用。

（3）培育壮大旅游市场主体。企业是市场的主体，是产业发展的引擎，培育壮大旅游市场主体是深化旅游供给侧结构性改革的核心，也是武汉旅游业高质量发展的有力支撑。出台有关政策，积极培育武汉旅游集团、卓尔文旅集团发展，引导湖北省文化旅游投资集团有限公司在武汉投资优质旅游项目。进一步健全和完善小微企业的支持体系，打造中小微旅游企业孵化平台，扶持旅游小微企业发展。吸引中外优秀旅游企业来汉投资，强化市场竞争，引领旅游产业高质量发展。

（4）理顺武汉旅游管理体制机制。成立武汉旅游业综合治理机构和平台，凡是涉及旅游发展的机构和部门的负责人（如文化旅游部门、公安部门、财政部门、生态环境部门、自然资源部门、交通运输部门、工商部门、园林和林业部门等）都要纳入到综合平台中，创新工作方式，形成定期协商机制，发挥领导和协调作用，能够及时有效地解决旅游业存在的重大问题或事项，推动旅游业高质量发展。

6. 强化文旅产品提档升级

（1）强化思想引领。以党的十九大、十九届四中全会精神为指导，深入贯彻创新、协调、绿色、开放、共享的发展理念，以武汉旅游高质量发展为目标，坚持把创新作为旅游发展的引擎，培育发展新动能，鼓励自主创新与引进创新相结合，在项目创意、产品开发和优化服务等方面始终贯彻创新发展理念，开发具有本地文化特色的、可供游客深度体验的旅游产品项目，理顺管理体制，提升服务质量，充分激发市场主体活力，促进武汉旅游高质量发展。充分利用武汉的人文资源和自然资源，把武汉特有的文化与旅游项目有机结合，实现文旅深度融合，推动生产、生活、生态三位一体发展。顺应新时代、新经济、新业态发展要求，着力提升文化产业创意，建成一批有故事、有体验、有品位的旅游新业态。

（2）加强旅游景区产品提质升级。旅游景区要准确把握现代旅游者的需求趋势，满足旅游者的多样性、个性化、品质化需求。景区旅游产品的提质升级要突出创意创新，将各种创意和景区资源、文化因素有机整合，通过创意使旅游产品的附加值大幅度提高，把时尚的创意理念融入景区旅游产品中去，推出更多新式、新颖、新型的文化旅游产品，打造旅游景区的独特IP，增强旅游景区核心竞争力，推动旅游景区高质量发展。

（3）提升旅游服务质量水平。旅游是新时代人民美好生活和精神文化需求的重要内容，是人民群众获得感和幸福感的重要体现。通过提升武汉旅游服务质量水平，使旅游业成为真正的幸福产业，提升旅游者的幸福感。坚持从政府、市场主体、行业组织、个人四个层面协同推进，加强和改进市场监管，完善旅游管理政策，支持、引导和规范市场主体健康发展；落实市场主体责任，增强内生动力，提高旅游服务提供者提升旅游服务质量的自觉性；发挥行业组织的协调作用和行业标准的引领作用，强化行业自律，提升旅游服务水准；提升从业人员专业素养和业务能力，调动广大从业人员提升旅游服务质量的积极性和主动性。通过提升旅游景区、旅行社的服务水平，规范和优化旅游住宿、餐饮、在线旅游经营服务，完善旅游信用体系，不断增强旅游市场秩序治理能力，提升旅游服务质量，推动旅游业高质量发展。

（4）创新文旅融合发展。文化是旅游的灵魂，旅游是文化的载体。文化与旅游融合，文化可以走向“远方”，旅游也会更有“诗意”。人民群众对美好生活的现实需要，直接关系文化和旅游领域供给侧结构性改革，为行业发展提供源源不断的内生动力。步入大众旅游时代，以高质量文化和旅游供给增强人民群众的获得感、幸福感尤为迫切。作为历史文化名城，武汉历史悠久，文化深厚，具有文旅融合发展的先天优势。坚持融合发展理念，以整合资源、培育新业态为基础，强化产业融合、文旅融合，充分发挥“旅游+”“文化+”的关联性和辐射性，融合武汉的盘龙文化、荆楚文化、黄鹤文化、东湖文化、木兰文化等地方文化特色，着力提升文化产业创意，建成一批有故事、有体验、有品位的旅游新业态，促进武汉市旅游业的高质量发展。

（5）推进乡村旅游提质升级。为进一步促进乡村旅游发展提质扩容，发挥乡村旅游对促进消费、改善民生、推动旅游高质量发展的重要带动作用，国家发展改革委会同有关部门共同研究制订了《促进乡村旅游发展提质升级行动方案（2018—2020年）》。根据文件精神，结合武汉乡村旅游实际，武汉乡村旅游提质升级可以从以下几个方面着手：一是强化乡村旅游道路建设。完善乡村公路网络布局，推进自然村通硬化路建设，加快提升改造低等级农村公路。二是加强乡村旅游停车设施改造提升。充分利用乡村零星土地，修建旅游停车设施，以集约复合利用为导向，加强乡村旅游高峰期停车管理，加大车位智慧停车引导服务。鼓励有条件的乡村公路周边设置交通驿站等服务设施，综合考虑停车需求。三是完善基础设施建设。以协调发展理念为落脚点，通过完善乡村旅游发展中的水电、网络、信息、服务等基础设施和垃圾、污水处理公共服务建设，推动乡村旅游产品提档升级。四是规范和提升民宿服务标准。出台民宿服务标准，加强引导，强化监督，打造一批富有地方文化内涵的精品民宿群，满足游客的高品质消费需求，确保民宿住的放心、安心、舒心。加大招商引资、引技、引智力度，以开放促转型、促改革、促发展，引进国内外精品旅游民宿投资和管理团队，引领武汉民宿旅游的高质量发展。

第二节　行业组织支持文旅产业振兴的策略建议

一、分行业振兴文旅产业的必要性

文旅产业是一个综合性的产业门类，涉及文化、旅游两大行业。就旅游业来说，按照要素划分，又包括餐饮业、住宿业、交通运输业、旅游景区业、旅游商品业、娱乐业等。文旅产业每个具体的行业部门都有自己的特点，包括企业数量、企业规模、经营模式、投资渠道等，因此，文旅产业的不同具体行业受到疫情的影响程度会有所差异。

国家文化和旅游部办公厅于 1 月 24 日下发了《关于全力做好新型冠状病毒感染的肺炎疫情防控工作暂停旅游企业经营活动的紧急通知》，要求全国所有旅行社及在线旅游企业暂停经营团队旅游及“机票 + 酒店”旅游产品，我国的文化旅游活动进入疫情“冰封期”。为减轻我国旅行社企业的财务压力，国家文化和旅游部办公厅下发了《关于暂退部分旅游服务质量保证金支持旅行社应对经营困难的通知》，同意暂退旅行社企业 80% 的旅游服务质量保证金。我国 3.9 万多家旅行社企业，目前已经有 3.5 万多家旅行社企业申请暂退旅游服务质量保证金，由此可见，我国旅行社企业遭受疫情影响的范围有多大。

中国饭店协会做了一项全国饭店在2020年春节期间经营状况的调研，本次调研范围涉及了28个省的5109家酒店，所以具有一定的代表性。为了调研和衡量酒店在春节期间的经营损失状况，将2020年春节经营状况与2019年春节经营状况做了对比。每间可供出租客房产生的平均实际营业收入（RevPAR）2019春节为413.04元，2020年春节为113.29元，下降了299.75元。调研结果显示，相比2019年春节，疫情使酒店2020年春节营业收入的平均损失达到了67.81%，被调研的5109家酒店损失了12.3亿元的营业收入。

不同行业所面临的急迫需要解决的问题有所不同，有些行业亟须解决资金短缺问题，有些行业亟须增加消费者信心以增加客源，有些行业亟须放宽交通限制。所以，在制定文旅产业振兴政策时，最好能够针对不同行业的特征，制定不同的行业振兴政策，这样的振兴政策和措施更有针对性、更加有效。

二、分行业振兴文旅产业的困境

文旅产业涉及众多行业门类，分别归属于文化与旅游部、交通运输部、商务部等管辖，不便于进行政策协调。行业协会是社会中介组织，它介于政府和企业之间，是两者联系的桥梁。作为文旅企业的组织联合体，国内成立了中国旅游协会、中国饭店协会、中国旅行社协会、中国旅游景区协会等全国性行业组织，各省市也建立了本地区的旅游企业协会。作为社会自治的、非营利性组织之一的行业协会，具有弥补政府失灵、市场失调的重要作用，对于文旅企业积极应对重大疫情等危机事件具有重要作用和意义。

三、行业组织支持文旅产业振兴已有的政策

作为文旅企业的民间组织，文旅企业的行业协会在自我服务、自我协调、自我监督、自我保护等方面发挥着重要作用。在新冠肺炎疫情暴发以后，文旅企业的行业协会积极行动，号召协会会员积极响应国家的疫情防护措施，在国家危难之际，不计个人得失，以大局为重，暂停经营团队旅游及“机票+酒店”旅游产品，确保疫情不会通过文旅消费活动的途径进行扩散，采取各种措施，积极应对疫情，保障消费者的权益。

（一）免除协会会员会费

中国旅游协会于2020年2月3日发文，宣布免除212家会员单位（文旅企业）2020年的会费，以尽力减少新冠肺炎疫情给会员单位带来的经济损失，减轻会员单位的经济压力。

上海市旅游行业协会于2020年2月7日发文，宣布免除协会会员单位2020年上半年的会费。

张家界市旅游协会导游分会于2020年2月8日发文，宣布免除协会会员单位2020年的会费。

海南省酒店与餐饮行业协会发文，决定免除协会会员单位2020年的会费。

作为文旅企业的民间组织，每年的协会会员会费可能不是太多，但在疫情暴发的特殊时期，对于一些文旅小微企业，协会会费也是一种财务负担。文旅企业协会免除会费的措施，更多的是体现一种态度，一种关爱，鼓励大家共抗疫情、共克时艰、共渡难关。

（二）积极应对疫情防控

中国饭店协会在疫情期间第一时间发起倡议，号召会员单位积极应对疫情防控。配合卫生部门进行消毒工作，为消费者提供免费退单和关怀服务，对工作人员加强防范培训和管理。把顾客生命安全和健康放在第一位，把疫情防控作为头等大事，在企业利益受损，面临重大困难的情况下，也要积极承担社会责任，优先响应国家号召，确保顾客安全。为了帮助餐饮企业度过此次疫情危机，中国饭店协会和红餐网联合发布《疫情防控期间餐企经营指南》，为企业提供在疫情期间的实操指南，帮助餐饮企业在疫情期间做好疫情防控的基础上，进行战略调整和品牌升级等内涵式发展，帮助餐饮企业进行成本控制和财务优化，以积极应对疫情影响，顺利度过困难期。

（三）呼吁业主减免租金

中国饭店协会文旅（民宿）专业委员会呼吁各位民宿业主、房东和民宿经营者携手共克时艰。建议民宿业主在2020年2月1日~7月1日（为期5个月艰难的经营恢复期）实行租金减免或半额减免支持，以实现双方更长远的利益，共同度过这个艰难时刻。

陕西省旅游协会民宿分会提出倡议，考虑受到疫情对于陕西省民宿经营的影响，呼吁陕西省民宿的业主、房东给予减免房租，以支持陕西省民宿产业的迅速振兴和健康发展。如果减免确实有困难，可以采取缓缴或分期缴纳的形式，尽可能缓解陕西省民宿经营者的经济负担。

（四）为会员搭平台找出路

受新冠肺炎疫情的影响，2020 年春节期间餐饮企业遭受重大损失，餐饮预订纷纷取消，而各餐饮企业在春节前备有大量库存物资无法销售。中国饭店协会了解到餐饮会员的困境后积极作为，紧急与外卖平台（美团买卖、饿了么）进行沟通协调，为众多餐饮企业临时开通外卖渠道服务，帮助餐饮企业进行网上销售餐饮，尽最大可能减少餐饮企业的损失。

四、行业组织支持文旅产业振兴的策略建议

（一）为行业会员争取更多政策红利

文旅企业的行业组织是联系政府和企业的桥梁，文旅企业的行业组织更了解本行业的实际运营情况，在新冠肺炎疫情暴发的特殊期间，文旅企业的行业组织应该深入调研，获取本行业经营状况的第一手数据，为政府制定决策提供依据。积极为本行业单位呼吁，争取政府能够制定更多的支持行业振兴的红利政策。

（二）呼吁减免加盟费

在我国许多文旅集团采取连锁加盟费的方式进行运营，文旅集团总部对加盟企业进行技术指导和咨询服务，并允许使用其品牌。对于加盟的单位来说，需要定期向集团总部缴纳加盟费。但是在疫情暴发期间，绝大多数的文旅企业暂停营业，那么品牌加盟费就成了加盟企业的巨大财务负担。建议行业组织以行业协会的名义，倡导和鼓励文旅连锁集团，免收各加盟单位的加盟费用，特别是对于湖北省等疫情重灾区，免除加盟企业的品牌加盟使用费，大家齐心协

力，共渡难关，实现双方更长远的利益。

（三）加强行业自律自强

不管是2003年的非典型肺炎疫情，还是2020年的新冠肺炎疫情，其病毒源头都是来自于野生动物，作为饭店业的行业组织，应该加强行业自律，积极响应和落实国家政策，积极落实禁止非法野生动物消费的法律法规，倡导和引领健康、绿色餐饮消费。

通过行业协会平台，加强员工职业培训，提升职业素养和专业技能，为文旅产业振兴做好准备。

（四）金融融资服务

对于众多文旅小微企业来说，融资渠道少，融资代价高，融资困难一直是难以解决的一大障碍。作为行业组织，行业协会可以为文旅企业提供融资咨询、融资需求发布、对接融资投资洽谈等服务，帮助协会会员缓解资金困难，渡过疫情难关。

（五）探索建立行业互助基金

在我国文旅产业中，有像携程、驴妈妈等这些巨型文化旅游企业，他们资金雄厚，抵抗重大疫情等危机风险能力强。在此次疫情中，这些巨型文旅企业迅速反应，携程启动了2亿元重大灾害保障金，驴妈妈启动了1亿元重大灾害保障基金，对于旅游者的订单进行无损取消和退款，对于滞留在国外的旅游者，这些企业动用一切资源将游客接回国内。但我国的文旅产业中，更多的市场主体是中小微企业，他们没有这么多的资源可以动用，一旦发生重大危机，他们可能会束手无策。所以，有必要建立行业互助基金，在重大危机时刻，可以保护旅游者的权益，帮助中小微企业渡过疫情难关。

第八章　中国文旅产业振兴微观策略建议

前文，从我们宏观层面、中观层面探讨了如何振兴疫情后的文旅产业，但要实现文旅产业的振兴，最终还要落实在微观层面，也就是要从文旅产业的供给和需求方面进行探讨和落实。宏观层面、中观层面的政策，只有真正落实在微观层面，刺激了人们的文化和旅游需求，优化和提升了文化旅游产品供给，最终才会实现文旅产业的真正振兴。因此，本章节重点探讨从微观层面如何支持疫情后的文旅产业实现振兴。

第一节　做大文旅市场需求

一、疫情对文旅需求的影响

新冠肺炎疫情对于文旅消费需求的影响是多方面、多层次的。深入分析疫情对于文旅消费需求的影响，有利于采取针对性的措施，激发社会公众的文旅消费需求，促进文旅产业迅速振兴发展。

（一）消费者心理影响旅游需求

本次新冠肺炎疫情具有超快的传播速度和超强的传染力，从武汉首先发现疫情病例，到蔓延到全国各省，仅仅用了一个多月的时间，传播速度和影响范围远远超过 2003 年非典型肺炎疫情。而且，新型冠状病毒肺炎疫情截止到 2020 年 3 月 17 日，累计死亡病例达到 3237 例，远远大于 2003 年非典型肺炎疫情的 349 例死亡病例。鉴于此次新冠肺炎疫情的传播速度较快、感染范围最广、传播机制不明确等特征，给消费者的心理造成了巨大影响和冲击。消费者对疫情产生恐惧心理，对自己和家人的身体健康和生命安全产生担忧，对人员集聚性和人员流动性的旅游活动产生心理障碍，这会严重抑制消费者的旅游消费需求。

中国旅游协会旅游教育分会、澳大利亚格里菲斯大学联合进行了一项市场调研，调研我国消费者在疫情后的出游意愿，调研的对象涉及全国 31 个省（自治区、直辖市）的 3388 位消费者，具有一定的代表性。调研结果显示，在疫情后很快出游的意愿中，选择“完全不可能”“不太可能”的消费者占到 37.04%，说明消费者对于疫情后期旅游安全性的顾虑较大，这严重抑制了旅游消费的需求。

（二）疫情防控措施影响旅游需求

为了积极防止疫情蔓延传播，各地纷纷实施封城、封路、封小区，限制交通出行、减少人员流动、禁止人员聚集等防控措施。而旅游活动具有异地消费的特征，这就会引起人员流动和人员聚集，所以，疫情防控的措施致使旅游消费不可实现。

在疫情期间，许多文化场馆、博物馆、旅游景区纷纷将资源搬上“云端”，通过网络与消费者见面，这也推动了“云旅游”新业态的发展。但是，毕竟“云旅游”不能代替现实游，游客在现实场景中的体验感、参与感是无法取代的。

（三）收入支出影响旅游需求

经历过此次疫情的考验，人们深刻体会到在重大疫情面前，人类宝贵生命是如此的脆弱，基于此，人们会更加意识到身体健康的重要性。对于新冠肺炎的治疗，目前还没有什么特效药，应对疫情最好的药物就是提高自身的免疫力，这会促使人们会增加对健身、保健的支出。21 世纪以来，全球重大公共卫生事件频发，世界卫生组织已经将六次疫情列为“国际关注的突发公共卫生事件”，这将会促使人们增加保险的支出，以减小疫情风险，同时会增加储蓄比例，以备不时之需。人们消费习惯的改变、收入支配的调整等都会影响人们对旅游需求的实现。

根据国家统计局的数据，2020 年 1 月和 2 月，全国城镇调查失业率分别为 5.3% 和 6.2%，环比分别上升 0.1 个和 0.9 个百分点。为了加强疫情防控，工厂企业不能正常复工，这会影响员工的收入。对于许多中小微企业来说，这次疫情对于它们的打击是致命性的，裁员、减薪，甚至破产倒闭。对于这些中小微企业的创业者、员工来说，疫情会直接影响他们的收入，收入的减少则会使他们的旅游消费需求降到最低。

中国旅游协会旅游教育分会、澳大利亚格里菲斯大学联合进行的市场调研结果显示，我国消费者预测自己 2020 年收入“明显减少”“略有减少”的占比达到 41.15%。消费者预期收入的减少，这会导致旅游消费信心不足。

（四）闲暇时间影响旅游需求

为了加强疫情防控，国务院下发通知，延长了 2020 年春节假期，工厂企业推迟了复工时间。对于生产疫情防控用品的企业来说，即使 24 小时满负荷生产也满足不了国际国内疫情防控的需要。为了完成年度工作目标和任务，许多工厂企业会在疫情过后加班加点工作以弥补失去的产能，这就相应地减少了员工的闲暇时间。受疫情影响，多地学校的开学时间已经延迟了两个多月，虽然通过在线直播、网络课程进行在线教学，但教学效果不容乐观，所以正式开学后可能会利用周末和暑假时间进行课程补习。以上这些情况都在压缩人们的闲暇时间，没有充足的闲暇时间，旅游需求的实现就受到限制。

中国旅游协会旅游教育分会、澳大利亚格里菲斯大学联合进行的市场调研结果显示，消费者认为导致疫情后不出游的最大原因，就是没有时间旅游，要努力工作弥补疫情期间造成的损失。

二、做大文旅市场需求的建议

（一）增强文旅消费信心

面对新冠肺炎疫情的暴发，文旅消费者会产生恐惧心理，担心安全问题，这将压制消费者的消费需求。特别是像湖北省这样的疫情重灾区，肯定会在消费者心理上产生阴影。在疫情结束后，要通过多种渠道进行宣传推介，让消费者感受到旅游目的地采取了严密的安全措施，给旅游目的地树立安全可靠的形象。通过宣传手段，提振消费者的信心，激发消费者的文化旅游需求，培育和壮大忠实消费者群体。在疫情过后，恢复文化旅游市场，第一步就是要恢复消费者的信心，让大家敢消费，放心消费、安心消费。

为增加消费者的消费信心，政府工作人员可以身体力行，率先示范，用行动向社会公众传递安全信号。2020 年 3 月 21 日，河南省文化和旅游厅厅长姜继鼎在济源王屋山景区启动了“第二届全球文旅创作者大会之‘老家河南’美好春游季”的启动仪式，正式拉开了“老家河南”文旅业逐渐复苏的序幕。姜继鼎在指导南坪村民宿改造项目时，摘下口罩，鼓励广大游客走进景区、走进大自然，拥抱春天。2020 年 3 月 15 日中午，河南省焦作市委副书记、市长徐衣显带头“下馆子”。这些新闻都向社会公众传递着安全的信号，只要按照操作规程要求，现在疫情风险等级低的地区完全是可以到外面吃饭、到景区去旅游，从而帮助消费者树立消费信心。

（二）进一步完善社会保障体系

据初步统计，2019 年我国国民生产总值为 99.0865 万亿元，人均 70892 元，首次超过 1 万美元，距离人均 1.2 万美元的高收入国家的标准（世界银行划分的标准）只有一步之遥。虽然人民的绝对收入增加了，但扣除价格上涨因素，再扣除必需的生活支出，能够留给文化和旅游消费支出的部分又剩多少呢？特别是生活在一线城市中的中青年居民，生活成本比较高，需要还房贷、还车贷、买保险、支出孩子的教育消费、支出老人的健康费用，这些支出费用都在不断地挤压原本不太丰厚的总收入。所以，在巨大的经济压力面前，也会限制人们的文化和消费需求。如果我们能够进一步完善社会保障体系，国家和社会能够提供更多的免费健康服务、教育服务、保险服务，使人们的可支配收入占总收入的比例更大，人们才不会有后顾之忧，才会更大胆、更主动地进行文化和旅游消费。因此，进一步完善社会保障体系，可以进一步激发人们的文化和旅游需求潜力。

（三）降低文旅产品价格

根据需求理论，产品的价格越高，则人们对此产品的需求就越少，与此相对应，当某种产品的价格越低时，则人们对此产品的需求就越多。我国部分旅游景区过高的门票价位抑制了人们的消费需求，同时也造成旅游经济过度依赖门票经济的畸形发展模式。为了激发人们的旅游消费需求，国家发展改革委员会于 2018 年下发文件《国家发展改革委关于完善国有景区门票价格形成机制降低重点国有景区门票价格的指导意见》，2019 年国家发展改革委办公厅又下发了《关于持续深入推进 降低重点国有景区门票价格工作的通知》，要求持续深入推进，不断降低国有景区门票价格，通过国有景区门票价格的下降，引导和影响所有景区景点门票价格降低。旅游景区门票价格降低了，就会吸引更多游客到景区消费，所以，表面上看门票降低，景区收入会减少，但综合地看，游客数量增加以及游客其他相关消费的增加可能会提高旅游景区的综合收入。这就要求旅游景区要想办法提高服务质量，延长产业价值链条，通过“多点开花”的形式进行提高综合收入。这样的话，旅游景区门票的降价不仅不会降低景区收入，而且会提高景区收入，一方面让景区摆脱了门票经济，另一方面可以不断提升游客满意度，服务于人民美好生活的需要，有力推进文化旅游业高质量发展，促进文化旅游经济转型升级，形成文化旅游业供给结构优化和总需求稳步扩大的良性循环。

因此，降低文旅产品价格，将会有效促进和挖掘人们的消费需求，同时，也会有助于改善和升级文化旅游产业链，促进文化和旅游产业高质量发展。

（四）实施带薪休假制度

按照国家的总体部署，2020 年我国要消灭绝对贫困，全面建成小康社会，随着人们收入水平的不断提高，人们对文化和旅游的消费需求越来越强烈，而闲暇时间已经成为限制人们进行文化和旅游消费的重要因素。在现行的节假日制度下，人们的外出旅游的机会很有限。平时周末的时间只能进行居住地的周边旅游，不可能长距离旅游消费。较长的假期只有“十一”黄金周和春节黄金周，所以集中的黄金周假期就成为人们集体出游的时节。由于出游时间集中，在黄金周期间，全国各个旅游景点均是人满为患，大大降低了旅游者的消费体验。同时，这种消费模式也给旅游景区、文化消费场所带来显著的季节性旺季和淡季的时间差异。在国庆黄金周等旺季时间段，旅游景区、文化消费场所人满为患，大大超出接待能力，对文化旅游场所的环境造成破坏。同时，这种消费模式也给交通运输和住宿接待造成了极大的压力，形成了车票一票难求，住宿一床难求的局面和现象。相反在消费淡季，旅游景区、文化消费场所门可罗雀，又造成旅游接待设施大量闲置。可以说，在旺季出游，不是看景休闲，而是看人堵心。不良的消费体验已经偏离了人们外出文化旅游消费的原本出游动机。所以，在现行这种休假制度下，很多本来具有消费动机的消费者，不得不选择“宅”在家中。

解决这一矛盾问题，可以通过实施带薪休假制度来解决和缓解，人们可以根据自己的出游需求和单位工作实际情况，自主选择休假时间，进行分散休假，错峰出行，这样可以大大提升和改善旅游体验，同时也会在一定程度上平衡旅游景区和文化消费场所的淡旺季差异。由此可见，实施带薪休假制度，不仅可以进一步激发人们的旅游需求，将消费动机转换为现实的消费行动，而且可以改善人们的消费体验，也有助于旅游景区和文化消费场所的管理，实现文化和旅游产业的长期健康可持续发展。

探索每周 4.5 天工作日，鼓励 2.5 天休假制度。早在 2015 年 8 月 4 日，国务院办公厅发布的《关于进一步促进旅游投资和消费的若干意见》中就明确提出要求：落实职工带薪休假制度。各级人民政府要把落实职工带薪休假制度纳入议事日程，制订带薪休假制度实施细则或实施计划，并抓紧落实。鼓励错峰休假。在稳定全国统一的既有节假日前提下，各单位和企业可根据自身实际情况，将带薪休假与本地传统节日、地方特色活动相结合，安排错峰休假。鼓励弹性作息。有条件的地方和单位可根据实际情况，依法优化调整夏季作息安排，为职工周五下午与周末结合外出休闲度假创造有利条件。目前，我国已有河北、江西、重庆、甘肃、辽宁、安徽、陕西、贵州、福建、浙江和广东等十多个省份出台了鼓励 2.5 天休假的意见。这一休假制度的实施，人们周末将会有更多的闲暇时间，为人们进行文化旅游消费提供了时间保证。

（五）做大做强入境旅游

入境旅游是我国旅游市场的重要组成部分，2019 年，我国接待入境游客 14531 万人次，同比增长 2.9%。入境过夜市场和外国人入境市场规模保持稳步扩大。在入境游客中，过夜游客 6573 万人次，增长 4.5%。国际旅游收入 1313 亿美元，增长 3.3%。国内居民出境 16921 万人次，增长 4.5%。其中因私出境 16211 万人次，增长 4.6%；赴港澳台出境 10237 万人次，增长 3.2%。2019 年依然是出境游客数量大于入境游客数量。

鉴于新冠肺炎疫情在全球各国的蔓延传播，已经成为全球性流行病（世界卫生组织经过疫情评估后认为新冠肺炎疫情从特征上可称为大流行），短期内国际旅游市场不会有大的好转，但我们要积极做好准备。可以通过加强对外宣传推介，树立我国良好的国际旅游形象，吸引境外旅游者，激发入境旅游需求。同时，提升旅游服务质量，强化文旅产业提档升级，提升旅游体验，提高文化旅游的便捷性，增加境外旅游者的满意度。

（六）激发社会文化旅游消费潜能

受疫情影响，文化旅游消费动力不足，严重影响了文旅产业的恢复和振兴发展。在这种情况下，亟须实施消费优惠政策，激发社会文化旅游消费潜能。2020 年 2 月 28 日，国家发展改革委员会、中央宣传部、文化和旅游部等 23 个部委联合下发《关于促进消费扩容提质加快形成强大国内市场的实施意见》（以下简称《意见》）。《意见》强调，消费是最终需求，是经济增长的持久动力。《意见》提出，推进文旅休闲消费提质升级，丰富特色文化旅游产品。构建文旅多产业多领域融合互通的休闲消费体系，建设文化产业和旅游产业融合发展示范区。改善入境旅游与购物环境。鼓励各地区、各行业运用手机应用程序（App）等方式，整合旅游产品信息，畅通消费投诉渠道，改善旅游和购物体验。创新文化旅游宣传推广模式。编制前瞻性入境旅游营销战略规划，更好地发挥各地区旅游推广联盟、行业协会和新媒体作用，持续推广塑造“美丽中国”形象。

商务部、工业和信息化部、国家邮政局、中国消费者协会举办的“双品网购节”于 2020 年 4 月 28 日正式开幕，持续到 5 月 10 日。此次活动，参加的平台及企业超过109家，除了综合电商，垂直电商、服务类电商都将积极参与，努力把质优、物美的商品和服务推送给广大消费者。不仅有“小而美”的网络品牌，也有中华老字号，以及“三品一标”认证农产品，还有优质家电产品、节能环保产品，各个商家还会大力地进行促销，推出各种优惠活动，这不是套路消费，而是实实在在地给消费者实惠和让利。这次活动中还有餐饮、旅游的电商积极参加，让受疫情影响严重的商户也能够尽快地恢复元气。同时，外贸生产企业也会被纳入这次活动。

为了提振社会公众的文化旅游消费能力，各地都出台了相关优惠政策。例如，河南省安阳市发布了“迎客入安”促进旅游业发展政策，共7个方面共12条“硬核”举措，主要包括门票优惠、免费旅游交通专线、惠民旅游精品线路住宿优惠、支持大型文旅活动、鼓励域外文旅企业来注册等，旨在千方百计帮助文旅企业走出困境，促进文旅经济全面迅速复苏，助力文旅产业高质量发展。其中包括，自本政策措施发布之日起至2021年12月31日止，全市所有景区向全国医务工作者免费开放，一律免收景区门票。自本政策措施发布之日起至2020年12月31日止，医务工作者可携直系亲属2人凭有效证件到安阳市各景区游览参观，一律免收景区门票。自本政策措施发布之日起至2020年12月31日止，全国大中专院校和中小学师生通过电话预约，赴殷墟景区开展研学旅游，一律免收景区门票。自本政策措施发布之日起至2020年12月31日止，全国居民通过自助游、自驾游的方式到安阳市国有景区参观游览，可享受景区门票5折优惠，国家法定节假日除外。开通免费旅游交通专线，开通安阳高铁东站—古城游客集散中心免费旅游公交服务专线，开通安阳古城游客集散中心—林州市全域旅游服务中心（红旗渠·太行大峡谷游客中心）免费旅游交通服务专线。自本政策措施发布之日起至2020年12月31日止，凡到安阳市景区参观游览的外地自助游、自驾游游客，入住本市星级旅游宾馆、酒店的，可享受不低于8折的住宿费优惠（法定节假日除外）。

（七）用国内旅游市场吸纳出境游消费能力

据国家统计局公布的数据，2019年我国国民生产总值达到了990865亿元，人均国民生产总值为70892元（达到1万美元），距离人均1.2万美元的高收入国家的标准（世界银行划分的标准）只有一步之遥。随着人们生活水平的提高，出境旅游消费的便捷化不断提升，我国居民出境旅游消费潜力巨大。国内旅游、出境旅游和入境旅游是我国旅游产业的三大组成部分，其中我国国内旅游和出境旅游发展态势良好，2019 年我国国内游客达到 60.1 亿人次，同比增长 8.4%；国内居民出境 16921 万人次，同比增长 4.5%。我国出境旅游人数和境外旅游支出居世界第一位。新冠肺炎疫情已经蔓延到世界两百多个国家和地区，这严重影响了世界旅游市场。据估计，近期世界旅游市场很难得以恢复。在此情况下，我国文旅产业应该趁势而上，提升旅游产品品质，提高旅游服务质量，将这 1.69 亿人次（按照 2019 年的消费规模）的出境游消费能力吸纳入国内旅游市场进行消费，这将有助于国内旅游的恢复和振兴，同时也促进了文旅产业的转型升级，有助于我国文旅产业的高质量发展。

第二节　优化文旅供给结构

一、我国文化旅游供给的发展

文化旅游供给就是指在一定时期内文化旅游相关企业根据不同的价格愿意并能够向市场提供的文化旅游产品的数量。根据经济学的供需理论，我们知道，供给和需求是一对相对应的概念，文化旅游需求是文化旅游供给的前提条件和客观依据，如果没有需求，供给就失去了存在的意义。同时，文化旅游供给是文化旅游需求得以实现的保证，如果没有文化旅游供给，文化旅游需求就无从实现。

我国历史悠久，具有上下五千年的文明历史，我国人民创造了光辉灿烂的文化，给我们留下了许多珍贵的文化旅游资源。我国有 56 个民族，民族文化丰富多彩。另外，我国地大物博，具有丰富多样的地理环境、生态环境、生物资源，这为我国的文化旅游供给奠定了良好的基础。但是，文化旅游资源并不等于文化旅游供给，因为文化旅游资源并不能直接用于消费，只有将文化旅游资源经过适当开发，配置配套的服务体系，达到满足人们文化旅游消费的标准和条件，文化旅游资源才被转化为文化旅游供给。我国的文化旅游供给是随着社会的发展而逐渐壮大的，大致可以分为以下几个阶段：

（一）初创期（1949—1966 年）

我国的文化旅游供给是与我国文化旅游发展历程息息相关的。在中华人民共和国成立初期，国家百废待兴，当时人们最大的需求是满足温饱问题，文化旅游需求作为高层次的需求，还没有成为人们的主要需求对象。所以，由于当时我国人民没有对于文化旅游的需求，或者需求极低，那么文化旅游的供给就没有存在的意义，也不会引起人们的重视。

由于中华人民共和国的成立，许多爱国华侨华人回国探亲，并且积极支持祖国建设。为了服务华侨华人归国探亲事宜，我国于 1949 年 11 月在福建省厦门市成立华侨服务社，专门负责华侨探亲和观光服务，同时扩大统一战线。随着发展的需要，华侨服务社在全国其他主要城市相继成立，后来华侨服务社更名为华侨旅行社，服务对象也扩大为归国访问的华侨、港澳同胞、外籍华人等。

“亚洲及太平洋区域和平会议”于 1952 年在我国召开，我国的国际影响日趋扩大，来华公务和旅游的外国友人日渐增多。基于外国友人接待的需要，我国于 1954 年 4 月在北京成立了中国国际旅行社，并在上海、杭州、天津、南京、广州等城市成立分社。当时，中国国际旅行社是隶属国务院的外事接待单位。

20 世纪 60 年代，周恩来总理出访亚非 14 国，中法建交，中国、古巴通航，中外交流访问日趋增多。为适应形势发展需要，1964 年 6 月，国务院设立中国旅行游览事业管理局，同年 12 月，中国旅行游览事业管理局与中国国际旅行总社合署办公。我国文化旅游事业进入一个新的历史发展时期。

在此阶段，我国的旅游事业主要以外事接待为主，接待对象主要是华人华侨和外国友人。由于当时我国的基础条件比较薄弱，配套设施简陋，而且根据接待对象对于了解中国文化的需要，当时的文化旅游供给主要是位于城市或城市周边的名胜古迹。

（二）停滞期（1966—1976 年）

1966 年，我国“文化大革命”开始，由于“四人帮”实施极“左”路线，使我国刚刚起步的文化旅游事业跌入了谷底，陷入停滞状态。中国华侨旅行社总社于 1973 年恢复运营，并于 1974 年更名为中国旅行总社。由于在此时段内，我国文化旅游事业基本处于停滞状态，所以，文化旅游供给也没有明显的发展。

（三）发展期（1978—1985 年）

1978 年是我国历史发展的重要节点，党中央召开的具有划时代意义的十一届三中全会，扭转了国家的发展路线，确立了以经济建设为中心的总方针，改革开放政策的实施，促使我国的文化旅游事业发展进入了快车道。由于当时国家的建设急需外汇创收渠道，文化旅游事业因具有独特的创汇功能而受到各级政府的高度重视。

1978 年，中国旅行游览事业管理局改名为中国旅行游览事业管理总局，各省（自治区、直辖市）建立相应机构。1981 年 4 月，国务院成立旅游工作领导小组，1982 年 8 月，中国旅行游览事业总局更名为中华人民共和国旅游局。20 世纪 80 年代开始，我国旅游产业开始转向多元化经营，实现政企分开，实行国家、地方、部门、集体、个人“五个一起上”的方针，我国文化旅游事业进入了一个新的发展时期。总体来说，在此时期，还是以接待入境游客为主。文化旅游供给也主要是满足入境游客的需要。

（四）产业化时期（1986—2008 年）

20 世纪 90 年代，我国经济体制改革不断深入，一些文化旅游企业向集团化、公司化方向发展。首旅集团、港中旅集团、海航旅业、开元旅业集团、中旅集团总公司等大型文旅集团纷纷成立。有些文化旅游公司成功上市，如华侨城、北京文化、丽江旅游、黄山旅游、鼓励旅游、长城影视等。1997 年《中国公民自费出国旅游管理暂行办法》颁布，入境游、国内游、出境游成为我国旅游经营的三大板块业务。

在这一时期，随着入境的全面开放，入境游市场异常火爆。随着我们人民生活水平的提高，休假制度的改革，人们的文化旅游需求被充分激发。由于经济体制的改革，大型文旅集团纷纷成立，文化旅游市场主体不断增多，文化旅游项目纷纷上马，文化旅游供给逐渐丰富。

（五）全面发展阶段（2009 年至今）

2008 年爆发的全球经济危机给我国文化旅游产业带来了许多挑战，为进一步加强我国旅游业的发展，2009 年国务院颁布了《关于加快发展旅游业的意见》，进一步突出了旅游业在我国国民经济中的地位，即将旅游业培育成国民经济中的战略性支柱产业和令人民群众更加满意的现代服务业。随着全国高速公路网络的逐渐完善，自驾旅游消费成为主流趋势。随着高速铁路网络的逐渐延伸和完善，手机移动支付普遍推行，OTA 的发展壮大，文化旅游消费更加方便快捷。

2018 年中华人民共和国文化和旅游部挂牌成立，各地方也成立了相应的组织机构，文化和旅游产业的融合发展更加顺畅。

在此阶段，文化和旅游供给更加丰富多样，出现了结构性的供过于求的现象，同时也存在文化旅游产品同质化的现象。虽然文化和旅游的融合有了一定发展，但存在文化挖掘不够，产品缺乏内涵的现象。国内旅游者对文化旅游产品的服务和高品质的需求越来越强烈，而国内的文化旅游供给显示落后于国内旅游者需求的变化。所以，这个阶段，我国的出境游出现“井喷”现象，已经成为世界第一出境游市场。

二、我国文化旅游供给的现状

（一）旅游业供给总量

截至 2018 年年底，我国共有景区景点 3 万多个，其中 A 级景区总数量达到约 10300 个，包括 5A 级景区 259 个、4A 级景区 3034 个，世界遗产 55 项，红色旅游经典景区 300 个，国家级旅游度假区 26 个，旅游休闲示范城市 10 个，国家生态旅游示范区 110 个，在建自驾车房车营地 900 多个，全国通用航空旅游示范基地 16 个。2018 年第四季度，共有 8842 家星级饭店通过省级文化和旅游行政部门审核，其中包括一星级 54 家，二星级 1457 家，三星级 4209 家，四星级 2315 家，五星级 807 家。

（二）文化业供给总量

截至2018年年底，全国文化系统共有艺术表演团体2075个，博物馆3331个。全国共有公共图书馆3173个，总流通84529万人次；文化馆3326个。2018年全年生产电视剧323部（13726集），电视动画片86257分钟。2018年全年生产故事影片902部，科教、纪录、动画和特种影片180部。出版各类报纸340亿份，各类期刊24亿册，图书95亿册（张），人均图书拥有量6.85册（张）。2018年年末，全国共有档案馆4210个，已开放各类档案14016万卷（件）。

（三）疫情对于文化旅游供给的影响

1. 部分文化旅游中小企业会退出市场

在此次疫情中，现金流会成为整个文化旅游行业的生死线。我国文化旅游产业中绝大多数的市场主体是中小微企业，它们资源有限，现金流量小，缺乏可以进行抵押贷款的固定资产，承受重大疫情等危机事件冲击的能力比较弱。在疫情期间，一方面没有营业收入，另一方面还需要支付员工工资、员工社会保险费、房租等费用。清华大学经济管理学院对全国多地的1435家中小企业进行了调研，调研结果显示，受疫情影响，有35.96%的中小企业的现金只能维持1个月，有31.92%的中小企业的现金可以维持2个月。所以，如果没有政府的强力支持政策，部分旅游企业将会熬不过疫情的“寒冬”。例如，受疫情影响，新三板上市公司百程旅行网因资金不能维持企业运转，决定关闭公司并启动清算准备。

2. 文化旅游企业主体能够渡过疫情困境

为减轻疫情对文化旅游企业的冲击和影响，帮助企业度过疫情困境，国家和地方政府先后出台了一系列接地气的支持政策措施，包括暂退旅游服务质量保证金、减免税收、降低成本、减免房租、完善金融服务等政策。例如，国家文化和旅游部办公厅下发通知，暂退旅行社企业80%的旅游服务质量保证金。我国共有3.9万多家旅行社企业，截至2020年2月25日，已经有35200家旅行社企业申请暂退旅游服务质量保证金，有效缓解了旅行社企业资金短缺的困境。

在政府出台支持政策的同时，旅游企业也积极行动，主动作为，开展企业自救和企业合作，共克时艰。旅游消费的链条比较长，需要多个行业共同协调配合才能完成整个消费过程。OTA 企业将交通运输、住宿、餐饮、景区、娱乐企业整合成一个完整的产业链条，帮助消费者完成整个旅游消费过程。受到疫情影响，旅游链条上的许多企业损失惨重，甚至有破产倒闭的危险，这对整个旅游业的生态都是一种伤害和损失，可以说大家一损俱损，一荣俱荣。基于 OTA 企业的作用特殊性，决定了其有责任、有义务对于产业链条上的困难企业进行帮扶，支持其渡过难关，打造旅游产业链条命运共同体。例如，在此次疫情期间，携程集团及时启动"同袍"计划，投入 10 亿元合作伙伴支持基金和 100 亿元额度小微贷款，支持百万合作伙伴共渡难关。

我们相信，在党中央的坚强领导下，在政府出台的给力政策的支持下，文化旅游企业积极开展自救，定会渡过疫情困境，为疫情后的产业振兴提供文化旅游市场供给。

3. 文化旅游产业投资放缓

随着文化旅游产业的发展，文化旅游产品逐渐呈现出综合化、精品化、内涵化的发展趋势，相应地，旅游投资具有投资大、回报周期长的特点。随着中国经济的飞速发展，国内旅游市场也是蓬勃发展，除了传统以山水景观为主的景区，各种主题公园、游乐园如雨后春笋般拔地而起，使得国内大型主题公园市场已经达到饱和状态，特别是长三角与珠三角等经济发达的地区。而且这些主题公园采用的都是高档的大型进口设备，使得主题公园的投资金额非常大，动辄几个亿的投入，使得主题公园抗风险能力极低，一旦市场出现不稳定因素，很难维持正常经营。

受疫情影响，文化旅游产业损失惨重，这会严重影响投资者对于文化旅游产业的投资信心。这从股市行情可以得到印证，2020 年 2 月 3 日，农历新年后股市开盘第一天，受疫情影响，旅游相关企业股价一路下跌，其中 A 股 30 只餐饮旅游概念股九成跌停。疫情影响了投资者对于旅游业的信心，导致旅游投资放缓，进而影响旅游业的供给。

根据国家统计局公布的数据显示，受新冠肺炎疫情影响，2020 年第一季度我国文化、体育和娱乐产业固定投资同比下降了 19.7%，这充分展现了投资者对于文化、娱乐产业的发展信心不足。

（四）我国文化旅游供给存在问题

1. 旅游产品同质化严重

文化旅游产品的特色是吸引旅游者的核心竞争力，也是激发旅游者旅游消费需求的重要拉力。但我国文化旅游产品的一大问题就是存在同质化，千景一面，旅游者到了一个景区之后就没有必要再去其他景区。因为，这些景区的旅游项目、场景内容、服务模式、餐饮消费、娱乐活动、住宿条件、旅游商品基本差别不大，这让旅游者失去了旅游消费的动机和需求。旅游产品同质化已经成了制约我国文化旅游产业可持续健康发展的重要因素，究其原因，主要是旅游企业对于地方文化挖掘不够，没有把文化和旅游很好地结合，不能做到文化旅游融合发展。旅游规划方案相互借鉴，旅游项目相互复制，最终导致旅游产品严重同质化，缺乏核心竞争力，对于旅游者的吸引力不足。

2. 旅游景区门票价格较高

风景名胜区、自然保护区、文物保护单位、国家公园等公共资源为全民共有，是弘扬传统文化、加强爱国主义教育、保护生态环境的重要载体，依托这些资源建设的国有景区具有较强的公益属性。因此，作为国有景区，有责任、有义务降低景区门票价格，使之处于合理区间，充分体现其资源的公益属性特征。但是，我们发现，一些地方政府和旅游投资者、经营者目光短浅，只关注景区的经济效益，旅游景区建成后就急于收回建设成本，期待实现早日盈利。所以，将门票价格定得很高，让许多旅游者望而却步，根本不能体现旅游景区资源的公益属性。虽然，国家发展改革委员会先后在 2018 年和 2019 年连续两次下发通知，要求国有景区降低门票价格，倡导其他景区也主动降低门票价格。虽然国家的降价政策有一定效果，但效果并不是很理想，无论是降价景区的数量，还是景区价格降价的幅度，与旅游者的心理预期还有一定差距。有些景区虽然入门门票价格降低了，但在景区内部又增加了二次消费项目，总体价格不降反升。过高的门票价格一方面会抑制人们的旅游需求，减少游客流量。另一方面，地方政府或旅游景区对于门票经济的过度依赖，也限制了产业链的健康发展，不利于当地文化旅游产业经济的高质量发展。

3. 文化旅游品牌不响亮

一个特色鲜明的文化旅游品牌能够吸引旅游消费者，一个响亮的旅游品牌能够代表其产品的优秀品质，一个响亮的旅游品牌是文化旅游企业的无形资产。良好的品牌能够为文化旅游产品增加价值，在市场经济环境中，品牌已经成为企业的核心竞争力。但我国旅游企业在品牌塑造、传播方面还不够重视，在操作运营过程中，不重视品牌的塑造和宣传，这不利于产业的健康可持续发展。虽然国内文化旅游产业已经形成了长隆、方特、华侨城等品牌，但这些品牌与国际文化旅游大品牌相比，还相差太远。但总体来说，我国文化旅游企业的品牌意识比较淡薄，对于品牌建设方面投入较少，不利于我国文化旅游产业的高质量发展，也不利于我国的文化旅游企业参与国际旅游市场竞争。

4. 缺乏文化内涵

我国拥有五千年的悠久历史和灿烂文明，历史文化深厚，地方文化、民族文化多元丰富。而我们在进行文化旅游产品规划、开发过程，并没有充分发挥这些文化优势，并没有很好地将文化元素融入旅游产品和项目中。我国一些旅游产品和项目无中生有，大量的人工复古建筑，资金投入很多，规模体量很大，但项目缺乏灵魂，缺乏文化内涵，没有将旅游产品和当地文化完美融合，让旅游者感觉没有深度、没有内涵、没有生命力，不能打动旅游者的敏感神经。这样的旅游产品肯定不会长久，旅游者也不会买账，终将会被市场所淘汰。

5. 旅游商品开发不足

旅游商品是文化旅游产业的重要元素，也一直是困扰行业发展的痛点。国外旅游发达国家，旅游商品的收入占到了旅游总收入的一半以上，而我们在这方面还相去甚远。每到一个景区，我们会发现旅游商品一方面数量很少，可选择性小，另一方面，各地景区的旅游商品都大同小异，而且粗制滥造，没有地方特色，勾不起旅游者购买的欲望。这可能也与我们对于旅游商品的观念和认识存在一定关系。国内居民到法国巴黎、中国香港旅游买什么？买服装、买化妆品、买奢侈品。而国内旅游目的地所能出售的旅游商品更多是土特产、食品、手工艺品。通过对比，我们就发现两者之间的价值相去甚远。这就提示我们，在开发旅游商品的时候，要把眼界放宽，不能把思想和观念固化。

6. 服务质量较差

文化旅游产业属于服务业的范畴，旅游者进行文化旅游消费，看重的是体验感，是满意度。文化旅游产业是幸福产业，是人们追求美好生活不可缺少的组成部分。所以，服务质量对于文化旅游产业的发展至关重要。从我国整体的文化旅游产业来看，旅游服务质量不甚理想，与旅游者的期望还存在较大差距。当然，原因是多方面的：一方面，文化旅游产业的就业门槛较低，文化旅游产业的从业者素质参差不齐，总体服务意识差，服务技能不高，服务质量堪忧。另一方面，文化旅游企业的现有管理体制落后，服务人员干好干坏一个样，不能充分调动服务人员为旅游者提供积极、主动、创新的服务。

7. 旅游消费便捷程度有待提升

我国旅游产业经过四十多年的长足发展，取得了显著成绩，但也存在发展不平衡的问题。有些旅游景区地理区位比较偏僻，交通不便，影响了旅游者的进入性，限制了旅游产品供给的有效性。有些景区接待能力不足，限制了旅游者的消费，影响了旅游者的满意度，特别是在旅游旺季，这种矛盾更加突出。有些景区信息化建设严重滞后，在景区手机基本没有信号，如果遇到紧急情况，无法进行及时有效的处理和救援。部分景区内无线网络信号差，景区信息化、智慧化建设严重滞后，没有完善的网络预定平台，旅游者消费不方便，体验感较差。旅游投诉渠道不畅，处理速度缓慢，严重影响了旅游者的满意度。

8. 旅游环境有待改善

著名作家郁达夫在他的《故都的秋》中写道："所谓旅游，就是从自己呆腻的地方去看别人呆腻的地方。"我们可以接受旅游地与我们惯常居住地风土人情存在的差异，让我们领略不同的文化。但是舒适的生活环境、安全卫生的居住环境也是旅游者的基本要求。有些旅游目的地接待环境较差，卫生状况堪忧，以至于有些旅游者不得不自带床单被罩。特别是部分地区农家乐的住宿环境、如厕环境较差，不尽如人意。随着人们生活水平的提高，旅游消费成熟度的提升，人们对于旅游环境提出了更高的要求。文化旅游消费过程不仅仅是看优美的风景，满足旅游者眼睛的舒适，也是享受美食，满足旅游者嘴巴的舒适，还是体验居住环境，满足旅游者心灵的舒适。因此，旅游者消费趋势的变化为旅游目的接待环境提出了更高的要求。

9. 文化精品不多

根据国家统计局公布的数据，2019 年我国全年生产电视剧 254 部 10646 集，电视动画片 94659 分钟。全年生产故事影片 850 部，科教、纪录、动画和特种影片 187 部。出版各类报纸 315 亿份，各类期刊 22 亿册，图书 102 亿册（张），人均图书拥有量 7.29 册（张）。虽然目前国内每年的图书出版、影视发行数量较多，但文化精品不多，没有文化深度，甚至还有极个别文化作品是文化垃圾，没有起到传承优秀文化、传播正能量的积极作用。许多文化作品对我国优秀文化挖掘不够，没有讲好中国故事，传递好中国声音。反观外国影视作品，《功夫熊猫》《花木兰》等具有中国文化元素的作品在我国大卖，获得国内市场的好评，这真是让我们感到汗颜和惭愧。

10. 文化场馆的作用有待挖掘

根据国家统计局公布的数据，截至 2019 年年底，全国有博物馆 3410 个，档案馆 4136 个。文化场馆里的珍贵资料是前人们给我们留下来的宝贵财富，是我们学习历史知识，提升文化素养，进行爱国主义教育的重要资源。但我们并没有充分发挥它们的作用，现在我们到大多数博物馆，发现大都还是采用传统的陈列式进行文物展示。透过展柜的玻璃，我们看到的只是冰冷陌生的文物，给我们传递的文化信息太少，别说是儿童和青少年，估计就是成年人（除非是专业人士），也很少有人会有足够的兴趣细细品味。这就失去了我们花费大量的人力、物力和财力修建的大量文化场馆的意义。这就提示我们，文化场馆要根据现代人的文化消费特点，进行升级文化场馆的经营模式，提升文化场馆文化传播和文化传承的效果。

三、优化文旅供给的建议

1. 突出旅游产品的特色

我国幅员辽阔，民族众多，每个地区都有其独特的文化特征。我们在进行旅游产品规划与开发时，要深挖当地文化，突出特色，强化创新，避免雷同，杜绝同质化。只有通过创新，突出特色，才能形成差异化优势，丰富旅游供给，满足旅游者品质化、个性化、多样化的需求。

2. 强力推进旅游景区降低门票价格

深入贯彻执行国家发展改革委员会关于国有景区降低门票价格的文件精神，国有景区要率先作为，充分体现国有景区文化旅游资源的公益属性，积极降价，让利于民，让旅游者切身感受到景区门票降价带来的实惠，逐步理顺国有景区的功能定位，更好地满足人民美好生活需要。通过降低门票价格，吸引旅游者，激发旅游者的旅游需求。摒弃“门票经济”，壮大“产业经济”，通过延伸文化旅游产业链，开发旅游商品，提升文化旅游产业的综合收益。发挥文化旅游产业的带动作用，促进地方经济协同发展。

3. 培育旅游品牌

良好的品牌就代表质量、代表信誉，品牌是企业的无形资产和核心竞争力。品牌自身具有吸引消费者的独特魅力，消费者通过这个品牌可以获得综合而独特的利益与体验，其中有理性因素也有感性因素。良好的品牌能够提升文化旅游产品的价值，培养旅游者对企业的信赖感和依赖感。国内旅游企业应该高度重视旅游品牌的塑造和培育，通过宣传推介，扩大品牌影响力，通过内涵建设，注重品牌形象，提升品牌价值。

4. 提升文化内涵

文化内涵是旅游产品不可缺少的要素。武汉现在的黄鹤楼是 20 世纪 80 年代重建的，如果单纯从建筑学去考量，可能价值意义不大，但我国历史上无数文豪在黄鹤楼留下的千古绝唱赋予了其独特的文化内涵。所以，只有融入文化内涵的旅游产品才更有其独特的价值和魅力。这就要求我们，在进行旅游产品开发时，一定要深挖文化内涵，将旅游产品和文化完美融合，民族的才是世界的。具有文化内涵的旅游产品才具有生命力，才具有感染力，才能打动旅游者。

5. 创新旅游商品

旅游商品的开发一直是旅游产业链的弱项，在旅游商品的开发上一定要注重创新，不能简单模仿别人的成果。只有在物化的旅游商品里融入文化元素，创新表现形式，才能达到让旅游者眼前一亮、怦然心动的效果。北京故宫在旅游商品开发上下足了功夫，在旅游文创方面独树一帜，同时在旅游商品的营销上也进行创新，最后获得了丰厚的回报，故宫每年的文创商品收益达到 10 亿元以上，这值得其他文旅企业进行研究和学习。同时，也要开拓思路，不能仅仅把旅游商品局限于土特产品、零食小吃这些常见的小商品，而是要把旅游商品的范畴进行拓展，将融入当地文化特色的东西都可以纳入旅游商品的范畴，就提升了其产品价值。

6. 提升服务质量

在2009年国务院下发的《关于加快发展旅游业的意见》中，指出要把旅游业培育成人民群众更加满意的现代服务业。经过十多年的努力，我国旅游业经历了长足的发展，服务质量得到了显著改善，但是距离人民群众的要求还有一定差距。

文化旅游企业要进一步加强从业人员培训，强化服务意识，提高服务水平；构建完善的管理体制机制，实施以服务效果为主要考核内容的绩效工资制度，鼓励和激发从业人员服务的主导性和积极性。突出以人为本，强化人性化、个性化服务，以使游客满意为最高标准和最终追求。同时，用技术手段提升服务能力，用创新手段提升服务内容和服务形式，不断提高旅游者的满意度。

7. 提升旅游消费的便捷性

网络预约成为疫情常态化防控时期景区旅游的管理方式，“无预约、不旅游”逐渐成为旅游者的共识和新习惯。后疫情时期，要推进以5G、大数据为代表的“新基建”与文旅产业的融合，利用现代科技手段，挖掘大数据资源，强力推进智慧旅游，收集和监控游客健康信息、消费习惯等数据，为游客提供更加安全的旅游环境和全方位的便捷服务。

文旅产业最明显的特征就是人口流动频繁，而这种频繁移动正是传染病广泛扩散的重要路径。因此，对旅游者进行实时的行动与健康监控（如体温测量）不仅能够及时有效地避免一些传染病的进一步扩散，还能为旅游者提供更贴切的服务。因此，在未来的旅游规划之中，应当更加强化推进智慧旅游的建设，并重视对旅游者身体健康数据的收集，以确保旅游者在旅行过程中的生命安全，真正实现安全旅游。

8. 改善旅游环境

加强旅游环境的改善和监督，特别是对于农家乐的住宿环境要严加监管，制定卫生标准，强化责任监督。通过游客网上评价，引导优胜劣汰。景区也可以进行农家乐等接待设施的服务和环境评比，作为旅游者选择的重要参考。继续强力推进厕所革命，改善如厕环境，提升旅游环境。

9. 推进文化精品工程

通过政策引导，加大对精品文化产品的奖励和扶持力度，引导文化产品的提质升级，向精品化和优质化的方向发展。加强文化市场的监督和监管，对于垃圾文化产品予以坚决取缔。倡导各个文化市场主体深挖优秀民族文化，将文化作品写在中国大地上，扎根中国文化厚土，讲好中国故事，传递中国声音。推进我国由文化大国向文化强国转变。

10. 充分发挥文化场馆的作用

我国文化场馆数量众多，但作用发挥有限。主要的原因是目前的文化场馆展现方式相对传统和古板，隔绝了人和文物文化的沟通交流。可以借助现代技术，通过现代消费者喜闻乐见的方式进行展现，让文物“活”起来，让文物会“说话”。通过互动的形式，吸引消费者，达到潜移默化的教育，让文化不断传承发展，让我国的文化场馆成为更加有效的文化消费、文化传承场所。

11. 发展文旅新业态

创新文旅新业态对于我国文旅产业转型升级具有重要意义，是促进文旅产业供给侧改革的重要措施，也是增加文旅产业有效供给的关键步骤。文旅新业态是根据文旅市场的发展趋势，围绕旅游者的消费需求而产生的文旅产品和消费运营形式，包括新的文旅组织形态、新的文旅产品形态、新的文旅经营形态等。例如，大力发展夜间经济，丰富夜间文化演出市场，优化文化和旅游场所的夜间餐饮、购物、演艺等服务。

12. 利用“新基建”优化提升文化旅游供给

“新基建”是指发力于科技端的基础设施建设，主要包括 5G 基站建设、城际高速铁路和城市轨道交通、新能源汽车充电桩、大数据中心、人工智能、工业互联网、特高压七大领域。“新基建”在重要会议中多次被提及：2020 年 1 月 3 日的国务院常务会议，2 月 14 日的中央全面深化改革委员会会议，2 月 23 日的统筹推进新冠肺炎疫情防控和经济社会发展工作部署会议，以及 3 月 4 日的中央政治局常委会议。一时间，“新基建”成了各行各业的热议话题。“新基建”概念的热议让因疫情冲击而沉寂的文化旅游为之一振，更被视为疫后难能可贵的机遇。“新基建”继承了传统基建扩内需、促投资、促增长等基本优点。同时，它还能促进产业升级、促进经济高质量发展、提供经济发展新动能。“新基建”将各行各业的基础设施全面升级到数字化时代。新基建的几大重要特征是：线下场景线上化、后向运营数字化、私域流量货币化。“新基建”中七大领域，城际高速铁路和城际轨道交通、工业互联网、大数据中心建设、人工智能等内容都与文旅行业有着密不可分的联系。“新基建”涉及的人工智能、5G 等应用均有利于旅游运营公司更好地搭建智慧管理场景，如视频监控、报警、车船调度、环境监控等。此外，基于人工智能技术的 3DGIS 智慧平台，5G 场景下的 AR/VR 旅游虚拟现实增强体验、4k/8k 智慧旅游现场直播应用等方面将率先落地。文化旅游行业一直在进行着信息化的改造，“新基建”将为此注入新动能，让整个行业具有数字化的新格局。从广度和深度两个层面理解：一方面，在普及率，例如线上化率、景区预约率、数字展示普及率、宽度覆盖率等；另一方面，在优化和提升，如数字化平台的效能、用户体验、运营水平、网络速度（4G 到 5G）等新应用场景等。对于行业、市场、企业来说，不仅要抓住机遇，提前布局，打造能够适应新消费场景下的数字文旅解决方案，更应该以新的思维去建设，围绕内容和文化打造数字文旅“新基建”，优化和提升文化旅游市场供给。

13. 网络直播拓展文化旅游供给渠道

新冠肺炎疫情严重冲击了文化旅游线下场景消费，同时也促进了通过网络直播渠道进行文化旅游消费的发展。抖音、快手等泛娱乐平台，马蜂窝、携程等旅游平台，中国移动和中国电信等运营商们纷纷入场，宣告“旅游直播时代”已来。近日，马蜂窝旅游发布首份行业直播报告《旅游直播时代——文旅生态洞察 2020》(以下简称《报告》)。《报告》指出，相较于泛娱乐化直播，旅游直播的观众更青睐户外深度玩乐体验，对旅行玩乐内容的“纯度”、体验的深度都有更高的要求。直播作为目的地、景区等与用户建立连接的最佳线上场景，正在成为旅游行业振兴的催化剂。《报告》数据显示，2020 年 4 月以来马蜂窝平台的直播场次较 3 月同期增长 108%，主播数量较 3 月同期增长 58%。马蜂窝商家直播意愿调研数据显示，在疫情受创之下，广大商家最渴望通过直播“带货”来恢复元气，并均有较高的投入意愿。随着中国的疫情防控迎来“常态化”新阶段，各行各业正在加快全面恢复生产生活秩序的步伐。“清明小长假”和“五一假期”让人们的旅行需求逐渐得到释放，越来越多的用户活跃在马蜂窝旅游直播中。云赏景、云求签、云逛博物馆等直播内容尤其受到用户的欢迎，其中，深度体验类旅游直播最受用户喜爱。报告数据显示，在马蜂窝平台上观看直播的用户自4月起每日平均增长率高达101.4%，用户再次观看直播的平均时长是初次观看时长的2.7倍。深度体验类的直播内容受到72.88%的用户的青睐。马蜂窝推出的连续11天川藏线沉浸式直播体验、成都熊猫基地“月亮产房”的私家探秘等内容，都获得了数百万的直播热度。马蜂窝旅游直播，不仅能够为用户“种草”周边好玩的景点，也可以让用户在无法进行跨省、跨国旅游的情况下，足不出户就逛遍全球，提前“种草”心仪的目的地，并在平台上参与旅行玩乐商品的预售。

第三节　文旅企业振兴措施建议

文化旅游企业作为文化旅游产业的市场主体，对于文旅产业是否能够实现振兴至关重要。国家的宏观振兴政策，地方的中观振兴政策和行业政策最终都要落实在文旅企业这个市场主体身上，因此，文化旅游企业的经营状况直接影响着我国文旅产业的振兴。可以说，文化旅游企业和文化旅游产业的振兴是等价的。在本节，我们将重点探讨文化旅游企业可以采取哪些措施以实现自身的振兴，只有文化旅游企业振兴了，那么我国的文化旅游产业也就自然实现了振兴。

一、旅游景区企业振兴措施建议

（一）旅游景区企业遭受疫情的影响

本来，春节黄金周是旅游景区的吸金旺季，大多数景区在春节前大量投入宣传营销资源，以期能在春节期间赚个盆满钵满。但是，受新冠肺炎疫情的影响，我国旅游景区在疫情期间纷纷暂停营业，积极配合国家对于疫情的防控。暂停营业期间没有经济收入，同时还有员工工资、员工社会保险费用、景区的正常维护费用、银行贷款利息需要支付。另外，春节前的市场营销宣传费用将血本无归，无法收回，成为沉没成本。

中国旅游景区协会针对全国旅游景区遭受疫情影响状况进行了调研，并且发布了《关于旅游景区受新冠肺炎疫情影响情况及产业恢复对策建议的报告》。调研结果显示，此次新冠肺炎疫情对于旅游景区影响范围大、影响程度重、影响时间长。根据评估结果，受疫情影响，2020 年春节期间全国旅游景区收入损失达到了 2019 年同期收入水平的 90% 以上；预计 2020 年第一季度全国旅游景区损失将达到 2019 年同期收入水平的 80% 以上；预计 2020 年全国旅游景区损失将达到 2019 年同期收入水平的 40%~50%。旅游景区行业整体收入损失程度将会显著高于文旅行业整体平均水平。考虑到旅游景区的季节性特征和受疫情影响的程度不同，湖北省及周边省份、华南、西南地区的旅游景区受疫情影响程度会更大，西北、华北、东北地区受疫情影响相对较小。接待规模越大、门票价格越高的景区，其直接的收入损失就越大。室内型景区因受疫情防控要求更加严格，相比室外自然型景区恢复营业的时间会更晚，相应收入损失也会更大。

中国游艺机游乐园协会调研了全国 288 家主题乐园 / 旅游景区类企业遭受疫情影响情况，与 2019 年同期相比，所调研的企业营业收入减少 91% 以上的占比为 39.6%，营业收入减少 61%~90% 的企业占比 14.6%，营业收入减少 31%~60% 的企业占比 34.7%，营业收入减少在 30% 及以下的企业占比 11.1%。

季节性时间差异是自然景区的重要特征，对于以自然景观类型的旅游景区来说，如果在其最佳游览期疫情还没有得到有效控制，政府还没有解除重大突发公共卫生事件一级响应，那么可能意味着 2020 年全年的营业收入基本没有希望。例如，有些景区是以春季赏花为主要吸引物的，现在虽然国内疫情防控形势持续向好，但国际疫情防控形势严峻，何时能够完全放开文旅市场，现在还不太明确。一旦春季赏花最佳时间过去，即使届时疫情已经得到控制，但合适的开花气候条件不可能重来，这些自然景区一年中最好的挣钱机会已经失去，那将面对一年的经营困难期。

（二）旅游景区企业振兴措施建议

1. 利用疫情期间进行战略决策

截至2018年年底，我国共有景区景点3万多个，其中A级景区10300多个，5A级景区259个，4A级景区3034个，红色旅游经典景区300个，国家级旅游度假区26个，旅游休闲示范城市10个，国家生态旅游示范区110个，在建自驾车房车营地900多个，全国通用航空旅游示范基地16个。总体来说，我国旅游景区景点处于结构性供过于求的状态，如何在竞争如此激烈的市场中生存并获利是景区经营者需要考虑的问题。正好可以利用疫情期间的空档期，进行“休克”疗法，重新考虑景区的发展方向及战略规划，为疫情过后的景区振兴做好顶层规划。旅游景区可以利用此次疫情的发生，全面梳理景区拥有的资源体系，深入思考景区中长期发展战略，在坚持景区主营业务的同时，思考以景区为平台，发展多元业务的可能性和路径选择。特别是要考虑受疫情影响，线下实景景区消费受限的情况下，如何利用网络平台，将景区旅游资源搬上“云端”，开发合适的旅游产品，拓展销售渠道，缓解疫情对景区收入的影响。

2. 进行员工培训

旅游者对于旅游景区的满意度，除了考虑旅游景区风景的观赏性和体验性，另一个重要的方面就是景区员工的服务质量。可以说，旅游景区的服务质量是影响旅游者满意度的重要因素。我国旅游景区员工素质参差不齐，部分员工存在学历不高、服务意识不强、服务技能较差、服务质量与旅游者的要求相去甚远的问题。可以利用疫情期间的空闲期进行员工培训，提升员工服务技能，培养主动服务意识，提高综合素质。

3. 进行景区提档升级

我国共有景区景点3万多个，数量众多，但精品少，大多是低层次、重复性建设，缺乏特色，体验性较差。要想在激烈的市场竞争中占有一席之地，必须进行旅游景区的提档升级，深挖地方文化底蕴，将文化元素融入旅游景区产品，打造精品文化景区，提升市场竞争力。

业务相对单一，创新能力不足一直是我国景区行业较为普遍的现象，也是制约行业可持续、高质量发展的行业痛点。新冠肺炎疫情的发生，对于旅游景区行业来说是一次大考，那些具备在线服务能力，拥有在线销售平台体系，产业类型和服务业务相对比较多元的旅游景区，就能够利用其渠道优势，发展电商业务，助推“云游”发展，从而弥补主营业务的收入损失。

旅游景区要准确把握现代旅游者的需求趋势，满足旅游者的多样性、个性化、品质化需求。景区旅游产品的提质升级要突出创意创新，将各种创意和景区资源、文化因素有机整合，通过创意使旅游产品的附加值大幅度提高，把时尚的创意理念融入景区旅游产品中去，推出更多新式、新颖、新型的文化旅游产品，打造旅游景区的独特 IP，增强旅游景区核心竞争力，推动旅游景区高质量发展。

4. 用足利好政策

鉴于文旅企业受到新冠肺炎疫情的严重冲击和影响，各级政府纷纷出台支持政策。旅游景区企业作为受疫情影响严重的行业，也在政策支持范围之内。旅游景区企业应该用足这些利好支持政策，将企业的损失降到最低程度。同时，积极争取将景区提档升级项目纳入政府重点项目范围，获取项目资金支持。

5. 进行宣传推介

虽然在疫情期间不能现场宣传推介，但是可以通过网络、短视频、自媒体等形式进行景区的广泛宣传推广，吸引旅游者注意，为疫情过后培育潜在游客。也可以适时推出一些优惠政策，一方面吸引旅游者，提升游客数量，另一方面也是景区景点营销的手段，扩大影响力和知名度，树立景区品牌和形象。例如，广西桂林市所有 A 级景区在 2020 年对全国医务工作者免费开放，这既体现了景区企业对全国医护工作者的敬佩与感恩，履行景区企业的社会责任，也是一种很好的营销模式和手段。

6. 创新旅游商品开发

对于全国大多数的旅游景区来说，旅游商品的开发一直是弱项。不但旅游商品种类少，同质化严重，而且粗制滥造，缺乏创新型精品旅游商品。所以，大多旅游景区只能通过门票经济来创收和获利，但景区门票过高就限制了旅游者的需求，形成恶性循环。旅游景区可以开发旅游商品，延长产业链，拓展创收渠道，实现“多点开花”。在开发旅游商品方面，一定要深挖当地文化内涵，结合民族手工艺品，进行改造、创新和提升，创造出特色的旅游商品。如果仅靠景区的力量不足完成此项任务，可以通过服务外包给专业的公司进行设计制作；或者通过举办旅游商品设计大赛，既扩大宣传，又有了旅游商品的设计方案，可谓是一举两得。考虑现代人的消费趋势变化，利用网红直播带货的形式可以助推旅游商品销售。

7. 建设智慧型景区

提升旅游景区的信息化水平，提升景区管理的信息化、现代化、智能化，为游客提供更加智能、便捷、人性化的服务，改善游客的体验感，提高游客的满意度。提供智能车位引导，智能语音讲解，智能游线导航（根据人流情况进行分流建议，避免人群涌动，增加安全隐患）。建设网络3D虚拟景区，让旅游者“宅”在家中就能体验旅游景区的美景、美物，让旅游者产生向往之情，提前给旅游者心中“种草”，终会促使其到景区实景去体验和感受。

旅游业最明显的特征就是人口流动频繁，而这种频繁移动正是传染病广泛扩散的重要路径。因此，对旅游者进行实时的行动与健康监控（如体温测量）不仅能够及时有效地避免一些传染病的进一步扩散，还能为旅游者提供更贴切的服务。因此，在未来的旅游规划之中，应当更快推进智慧旅游的建设，并重视对旅游者身体健康数据的收集，以确保旅游者在旅行过程中的生命安全，真正实现安全旅游。

8. 构建危机管理机制

21世纪以来，人类已经经历了多次的疫情暴发，2003年的SARS、2009年的甲型H1N1流感、2014年的脊髓灰质炎疫情、2014年的埃博拉疫情、2015年的“寨卡”疫情，2019年的埃博拉疫情，2020年的新冠肺炎疫情，这为旅游景区企业提出了警示，一定要强化危机意识，构建危机管理机制。旅游景区的建设过程中，一般都有银行贷款等债务。危机事件的频繁发生，要引起旅游景区管理者的高度重视，适当降低银行贷款比例，减少风险压力。建立危机处理方案，在危机出现时，能够及时有效应对。

9. 产品重塑

利用疫后市场复苏的机会，加快推进文旅融合背景下的产品重塑。通过本次疫情，有很多媒体和个人在反思人与自然的关系，可以从这个角度出发，通过自然研学、科普教育、环保主题旅行、“地球之子”等深度体验内容来提升旅游产品的高度和质量。让“旅游＋学习＋环保”更深入地结合，成为常态。对传统景区而言，则应该加强环境生态保护，避免过度开发，同时又要创造机会让游客深入自然，而非简单的观光览景，如推出“生物博物馆”“观鸟屋”等自然环保主题的旅游产品。

10. 做好疫情防控的基础上有序开放景区

目前国内疫情形势持续向好，在做好疫情常态化防控的基础上，根据政府的指导意见，分区分级，逐步开放景区，只有首先实现旅游景区的复工复产，才能逐步实现旅游景区行业的振兴发展。当然，在此过程中，在这个特殊时期，不能操之过急，一定要严格落实文化和旅游部资源开发司印发的《旅游景区恢复开放疫情防控措施指南》，继续把疫情防控放在首位，毫不放松抓紧抓实抓各项防控工作。景区恢复开放前应提前做好《旅游景区新冠肺炎防控应急预案》，明确疫情防控应急措施和处置流程。严格落实文化和旅游部、国家卫生健康委《关于做好旅游景区疫情防控和安全有序开放工作的通知》，疫情防控期间，旅游景区只开放室外区域，室内场所暂不开放；旅游景区接待游客量不得超过核定最大承载量的 30%。旅游景区要建立完善预约制度，通过即时通信工具、手机客户端、景区官网、电话预约等多种渠道，推行分时段游览预约，引导游客间隔入园、错峰旅游。在景区内利用大数据、智慧景区技术手段，掌握游客行动轨迹，监控景区内重点景点的游客情况，进行合理分流，疏导游客，避免人员集聚。

11. 强化产业链合作

我国旅游业经过 40 多年的长足发展，已经形成了相对完善的产业链条，产业链条上、中、下游企业之间的合作和协调发展也变得越来越紧密和顺畅。新冠肺炎疫情的发生，对整个文旅产业都有较大冲击，同时也促使整个产业链条更加团结合作。旅游景区应该积极与产业链条上游规划策划、项目建设和产品供应方紧密合作，开发适合疫情后消费者新消费需求的产品。同时，旅游景区可以和产业链条下游的旅行社 OTA 等渠道商紧密合作，提前进行旅游产品预售，尽早获取预付款，减轻旅游景区的现金流压力。

二、旅行社企业振兴措施建议

（一）旅行社企业遭受疫情的影响

旅行社企业在疫情期间遭受了重大损失，是受疫情影响的重灾区。春节是旅行社经营的黄金期，许多旅行社在春节前进行了大量投入来进行线路推广，宣传推介，签了很多大单，也预支了交通、住宿、门票等许多费用。但新冠肺炎疫情使这一切都化为泡影，消费者纷纷退单，而预支的费用无法收回。为响应国家文化和旅游部的要求，全国所有旅行社及在线旅游企业暂停经营团队旅游及“机票＋酒店”旅游产品。这意味着整个疫情期间，旅行社将会“颗粒无收”，还要支付员工工资、员工的社会保险费用，房租等费用，因此，旅行社企业财务压力巨大，损失惨重。

据国家文化和旅游部公布的数据显示，我国有3.9万多家旅行社企业，截至2020年2月25日已经有35200家旅行社企业申请暂退旅游服务质量保证金，由此可见，我国旅行社企业遭受疫情影响的范围有多大。

（二）旅行社企业振兴措施建议

1. 用足政府支持政策

我国旅行社大多为小微企业，现金流比较小，资源有限，对于重大疫情等危机事件抵抗能力较弱，亟须政府的优惠政策来扶持。所以，旅行社企业要认真学习政府下发的有关支持政策，积极争取政策资源，需要上缴的各种有关费用能免就免，能减就减，能缓就缓，将疫情对企业的冲击影响降到最低。

2. 增强员工信心

优秀员工是旅行社企业的核心资源，而旅行社行业又是人员流动性比较大的行业，这次疫情的冲击和影响会进一步加大员工流失率。因此，旅行社企业一定要做好优秀员工的思想工作，加强沟通，帮助员工树立行业信心，树立企业发展信心，上下同心，共同渡过疫情难关。

3. 进行员工培训

现在的旅游市场竞争激烈，不进则退。旅行社企业需要紧紧把握旅游市场的发展趋势，围绕旅游者的消费需求，推出合适的旅游线路和产品。现在国内的旅游市场以自驾游、自助游为主体，旅行社的市场份额很有限。现在旅行社的主要业务包括出境游、国内的老年游、定制游市场等。随着人们生活水平的提高，家庭定制游成为一个新的发展方向。旅行社企业可以通过培训，研究旅游市场的新特点，提高服务旅游者的技能和水平，提升综合素质。

4. 巩固和维护客户关系

在新冠肺炎疫情期间，旅行社企业虽然暂停经营团队旅游及“机票 + 酒店”旅游产品，无法开展业务，但是可以利用这段时间，通过网络、电话、微信、视频等多种形式与老客户进行沟通、联系，巩固客户关系，培养客户的忠诚度。积极拓展客户群体，培养新客户。进行客户调研，了解客户的旅游需求变化，围绕客户需求，设计和开发旅游线路和产品，并进行宣传推介，为疫情结束后的业务进行宣传。

5. 开拓新业务

每家旅行社企业都有自己固定的客户群体，有固定的沟通渠道。在疫情期间，各地纷纷实行封城、封路、封小区的政策，这给客户的生活带来了不变，无法正常购买蔬菜、水果等日常必需品。有些旅行社企业就积极作为，利用自己的客户沟通渠道，联系超市、菜农或果农，给客户采买各种生活必需品。一方面，能够维持旅行社企业运转，更重要的是，通过这种方式，牢固树立企业和客户的亲密关系，为以后的业务开展奠定基础。

6. 维持好企业现金流

在疫情暴发的特殊时期，旅行社企业能否顺利度过危机，一个重要的因素就是能否维持好企业的现金流。有充足、稳定的现金流，才能支付员工工资、社会保险费、房屋租金等费用，才能渡过难关。我国的中小微旅行社一般都是轻资产企业，所以，在疫情期间，一定要统筹现金流控制，该收的款项，及时到位，压缩开支，确保有充足的现金应对疫情风险。只有先保证企业生存下来，才能等到旅游产业的春天。

7. 构建产业链命运共同体

旅行社在整个文化旅游消费过程中起到了重要的作用，充当着联系消费者和文化旅游产品的桥梁角色。旅行社将各种旅游产品进行有效组合，形成能够满足消费者整个消费过程的产品集合，进行宣传推介，出售给消费者。文化旅游消费的链条比较长，需要多个行业共同协调配合才能完成整个消费过程。像携程、驴妈妈、途牛等这些文旅企业航母，在整合文化旅游产品资源，宣传推介，沟通消费者方面起到重要的作用。这些文旅企业可以将交通运输、住宿、餐饮、景区、娱乐等企业产品有效整合，形成一个完整的消费集合，最终销售给消费者。相应地，OTA 企业将交通运输、住宿、餐饮、景区、娱乐企业整合成一个完整的产业链条。

受到疫情影响，整个文化旅游产业链条上的许多企业损失惨重，甚至有破产倒闭的危险，这对整个文化旅游产业的生态都是一种伤害和损失，可以说大家一损俱损，一荣俱荣。而 OTA 企业的作用特殊性和企业体量的巨大性，有责任和义务起到拯救和帮扶的作用，对于产业链条上有困难的企业进行帮助，扶持其渡过难关，打造产业链条命运共同体。例如，携程在此次疫情期间，及时启动“同袍”计划，投入 10 亿元合作伙伴支持基金和 100 亿元额度小微贷款，支持百万合作伙伴共渡疫情难关。

8. 进行文化旅游产品期货预售

目前来看，国际疫情防控形势严峻，还不确定疫情什么时候能够完全得到控制，即使疫情结束，消费者也不会立刻进行文化旅游消费，肯定会有一个滞后期，这是消费者心理安全间隔期。而旅行社企业是否能够安全度过这个漫长的业务停滞期，主要得看企业是否有充足的现金进行保障。我国的旅行社企业大部分为中小微企业，现金储备有限，很难坚持太久。所以，旅行社企业除了想尽办法节省开支以外，最重要的是开源。虽然疫情期间不能组织文化旅游消费活动，但是可以进行文化旅游产品的期货预售。现在，文化旅游消费已经成为人们的“刚需”，旅行社企业可以根据疫情后人们的消费倾向，选择合适的文化旅游产品，通过多种销售渠道以相对优惠的价格和弹性的消费时间（例如，一年内任何时间均可消费）吸引消费者，进行期货预售。通过这种方式，增加营业收入，度过经营困境期。

三、餐饮企业振兴措施建议

（一）餐饮企业遭受疫情的影响

根据我国人民的消费习惯，春节期间都是餐饮企业的盈利黄金时间。为了抓住这个获利的绝佳时节，各大餐饮企业都会在春节前备足物资。但受疫情影响，餐饮企业在疫情期间也是损失惨重，年夜饭的订单纷纷取消，亲朋好友之间的聚餐也都取消。餐饮企业在春节前进行了大量蔬菜等物资储备，却没有了用武之地。餐饮企业没有营业收入，但员工工资、员工社会保险金、房屋租赁费、品牌加盟费等费用还需要继续支付，所以，许多企业选择暂停营业进行止损。

我国大多数餐饮企业的现金储备不足，受到重大疫情等危机事件影响，能够坚持的时间有限，据调研，我国大多数的餐饮企业的现金流不足以支持 3 个月以上。就如我国的大型餐饮连锁企业西贝餐饮集团，在此次疫情期间，布局全国 60 多个城市的 400 多家连锁店均已停业，只保留了 100 多家外卖业务。按照往年的经营情况，在春节期间西贝餐饮集团的整体营收能达到 7 亿元左右，而今年春节基本归零，目前集团公司的现金流储备最多只能坚持 3 个月，两万多名员工将面临待业状态。

根据中国烹饪协会预测，受疫情影响，2020 年春节期间全国年夜饭的退单率达到 94% 左右。我国大型餐饮企业眉州东坡在 2020 年 1 月底共退餐 11144 桌，经营损失达 1700 多万元；拥有 60 家门店的餐饮企业旺顺阁在 1 月 28 日只有不到一半的门店（23 家门店）营业，客流量同比下降 98.5%，营业额同比下降 93.8%。

（二）餐饮企业振兴措施建议

1. 用足政府的支持政策

在财政部、国家税务总局出台的《关于支持新型冠状病毒感染的肺炎疫情防控有关税收政策的公告》中，明确餐饮企业为在疫情期间的困难企业，属于可以享受税收优惠政策的企业范围。餐饮企业要认真收集、整理、学习各级政府、各个部门出台的各种支持政策，积极争取政策支持。对于在疫情中承担社会责任的餐饮企业，或被政府征用的餐饮企业，应该享受到更多的支持政策。可以向有关部门反映企业存在的实际困难，争取得到更多的支持和帮助。争取业主的理解和支持，对于房屋租金进行免缴或减免，以减轻财务压力。

2. 争取免缴品牌加盟费

我国有许多餐饮企业是采用加盟连锁的方式来经营的，餐饮企业加盟商需要每年向总部缴纳品牌使用费、业务咨询费、技术支持费等费用。在新冠肺炎疫情期间，各个餐饮企业都遭受了严重损失，品牌加盟费就成了餐饮企业的沉重财务负担。餐饮企业可以向加盟集团积极争取减免加盟费，以减轻财务压力。

3. 采取措施积极自救

作为餐饮企业，不能将全部希望寄托于政府的支持政策，重要的是要采取积极的自救措施，开源节流，将餐饮企业的损失降到最低。由于春节前，餐饮企业都进行了大量的蔬菜等物资储备，为了回收成本，减小损失，有些餐饮企业采取出售蔬菜的方式进行回收成本。在疫情期间，很少有人到酒店就餐，有些餐饮企业就采用外卖的方式进行运营，尽量维持运转，减少损失。为加强疫情的防控，各地采取封城、封路、封小区的措施，人们无法外出就餐，经营模式以堂食为主的餐饮企业损失严重，而外卖餐饮基本还可维持。经历这次疫情，也会引导餐饮企业在以后的经营方式上做出改变。

此次疫情恰逢春节之际，人们闲来无事，都在家潜心研究美食，跟着抖音学做美食，很多人的大厨潜能被激发。所以，餐饮企业可以拓展业务，在网上开播美食课堂，讲授美食的做法，然后配合线上网络美食视频教程，线下配送美食的原料和半成品，线上线下联动，这也是创新的餐饮企业的经营业态。

4. 加强员工技能培训

餐饮企业是劳动密集型企业，餐饮企业员工的素质、服务质量直接影响消费者的满意度，从而影响餐饮企业的业绩。我国餐饮企业的从业人员素质参差不齐，服务意识不强，服务质量不高，这些都会影响餐饮企业的形象和业绩。正好可以利用疫情期间的空档期，进行员工技能培训，提升员工服务技能，培养员工服务意识和服务水平。为疫情过后餐饮企业的迅速振兴奠定基础。

5. 企业间“抱团取暖”

受疫情影响，全国大部分餐饮企业暂停营业，员工放长假，只发放基本工资。餐饮企业不能正常营业，员工出现了富裕。相反，在疫情期间，有些电商、超市、外卖等企业的业务大增，出现了“用工荒”，因此，这些企业之间可以实现员工“共享”，相互“借”员工。例如，西贝餐饮集团、云海肴、青年餐厅、蜀大侠等餐饮在疫情期间，大部分餐饮门店暂停营业，员工出现富裕；而盒马生鲜企业以其线上销售、线下配送的经营方式在疫情期间业务量大增，出现了用工短缺的现象。所以，这两类企业合作，一拍即合，实行员工共享，西贝餐饮集团的 1000 名员工临时加入盒马生鲜，云海肴、青年餐厅、蜀大侠在内的 21 个餐饮企业的 1200 余人成了盒马生鲜的临时员工。在疫情的特殊时期，这种灵活的用工方式解决不同企业间的困难，实现了“抱团取暖”，互助合作。鉴于文化旅游行业具有明显的经营淡旺季，这种特殊“共享员工”模式，正好能够很好地契合文旅行业员工需求季节性的特征，也许能够成为将来文化旅游产业用工的新趋势。

6. 巩固客户关系

我国餐饮企业市场竞争异常激烈。这就要求餐饮企业一定要有自己固定的、忠实的客户群体。可以利用疫情的空档期，加强与客户的沟通、联系，征求客户的意见建议，了解客户的需求动向，建立更加稳固的关系。

7. 重视消费者的网上评价意见

现在大部分消费者在进行餐饮预订的时候，都会先在大众点评、美团网等平台参考网上其他消费者的评价意见和评分。也许消费者的一个小小的鼓励和肯定，就能为酒店带来更多客源。相反，一个消费者的差评也许会使餐饮企业流失许多潜在的客户。所以，现在的餐饮企业要高度重视消费者在网上的评价意见，进一步改善服务质量，不断提升消费者的满意度。

8. 对餐饮企业进行提质升级

虽然现在不能确定此次疫情何时能够彻底结束，即使疫情结束，考虑到安全因素，消费者的消费热情应该也不会马上被激发，应该会有滞后期。所以，如果餐饮企业的资金状况允许的话，可以在这段时间对餐饮企业进行提质升级，包括餐饮企业硬件的更新换代，改善用餐环境，也包括餐饮企业软件的提质升级，加强餐饮企业的信息化建设，强化内部管理，实现消费者自助点菜、自助结账，提升消费者消费的便捷性，提高消费者的满意度。

9. 提升消费者的信心

由于此次新冠肺炎疫情的特殊性，疫情影响范围广，传播速度快，确诊病例多，致死病例多。这些对广大消费者的心理都会产生一定影响，对死亡的恐惧，对安全的不信任，这些心理都会对消费者的行为产生影响。鉴于此次疫情的影响，餐饮企业要强化安全防控，加强防疫消毒，可以通过宣传推介，树立餐饮企业的安全形象，提振消费者的消费信心。要塑造餐饮企业的品牌，强化品牌意识和宣传，让消费者对品牌产生信赖，因为品牌就代表安全、品牌就代表服务、品牌就代表品质。

10. 创新餐饮服务方式

受疫情影响，消费者对于就餐方式可能有所改变。我们现在流行合餐制，这种方式容易导致交叉感染。所以，疫情结束后，这种就餐方式可能会受到消费者心理的抵制和抗拒，特别是不太熟悉的人们之间的商务餐，更加如此。其实分餐制并不是西方人的独创，我国历史上有过分餐制，现在的合餐制是从唐代才开始逐渐形成的。为引领健康的消费方式，餐饮企业可以创新餐饮服务方式，提倡和引导分餐制，迎合消费者的安全心理需求。为此，餐饮企业必须研究菜品的创新与组合；必须考虑餐具的配置；更为重要的是需要培训员工，提升员工技能。产品、餐具、服务三者结合，加上宣传，餐饮企业的就餐方式变革创新会成为一个亮点，也必将引领社会饮食文明的发展与进步。同时在餐厅的显著位置，也应该将餐饮企业使用的原材料生产地、生产时间、化验指标、库存时间、餐具的消毒时间和标准、餐厅消毒时间和标准等关键环节予以公示，让消费者放心、安心地进行消费。

11. 构建危机管理机制

餐饮企业要充分重视此次疫情带来的警示，要及时制定企业危机处理方案，形成危机管理机制。严格遵守国家规定，严禁非法野生动物进入餐饮企业的厨房和菜单。完善餐饮企业危机管理机构，建立危机预警机制，形成危机快速反应机制，利用危机处理重塑形象，建立稳健的财务制度，设立危机储备物资、资金制度，为企业应对突发危机做好准备。加强员工培训，将危机处理作为培训的重要内容，强化危机意识，做到居安思危，临危不乱。

四、住宿企业振兴措施建议

（一）住宿企业遭受疫情的影响

住宿企业在疫情期间损失惨重，进入了住宿行业经营的寒冬期。受疫情影响，许多住宿企业暂停营业，虽然没有营业收入，但员工工资、员工社会保险金、房屋租赁费、品牌加盟费等费用还需要继续支付。有些住宿企业积极作为，主动承担社会责任，为参与疫情防控的医护人员提供住宿休息服务。有些住宿企业被政府征用，作为重灾区返回人员的定点住宿留观之所，或者作为疑似病例的隔离之处。

在疫情期间，中国饭店协会调研了我国 5109 家住宿企业。与 2019 年春节相比，2020 年春节住宿企业的入住率下降了 26.24%，住宿企业每间可销售房收入降低了 299.75 元。

（二）住宿企业振兴措施建议

1. 用足政府的支持政策

在财政部、国家税务总局出台的《关于支持新型冠状病毒感染的肺炎疫情防控有关税收政策的公告》中，明确住宿企业为在疫情期间的困难企业，属于可以享受税收优惠政策的企业范围。住宿企业应该认真收集、整理、学习各级政府、各个部门出台的各种支持政策，积极争取政策支持。对于在疫情中承担社会责任的住宿企业，或被政府征用的住宿企业，应该享受到更多的支持政策。可以向有关部门反映住宿企业存在的实际困难，争取得到更多的支持和帮助。积极与业主协商，争取业主的理解和支持，对于房屋租金进行免缴或减免，减轻财务压力。

2. 争取免缴品牌加盟费

我国有许多住宿企业是采用加盟连锁的方式进行经营的，住宿企业加盟商需要每年向总部缴纳品牌使用费、业务咨询费、技术支持费等费用。在新型冠状病毒感染的肺炎疫情期间，各个住宿企业都遭受了严重损失，品牌加盟费就成了住宿企业的沉重财务负担。住宿企业应该向加盟集团积极争取减免加盟费，以减轻财务压力，减少损失。

3. 采取措施积极自救

作为住宿企业，不能将全部的希望寄托在政府的支持政策，重要的是要采取积极的自救措施，开源节流，将住宿企业的损失降到最低。住宿企业每年的供给能力是一定的，今天的空房不能通过明天的客人住宿来做弥补，不像工厂企业可以通过疫情后加班加点来弥补损失。所以住宿业要积极采取措施，尽量缩短受疫情影响的时间，争取正常营业，减少损失。甚至可以采取房间预售的形式，积极增加企业的收入来源，保证企业安全度过疫情困境时期。

4. 进行员工培训

住宿企业是劳动密集型企业，住宿企业员工的素质、服务质量直接影响消费者的满意度，从而影响住宿企业的综合收入。我国住宿行业的从业人员素质参差不齐，部分员工服务意识不强，服务质量不高，这些都会影响住宿企业的形象和业绩。正好可以利用疫情期间的空档期进行员工培训，提升员工服务技能，培养员工服务意识，提高服务水平。为疫情过后住宿企业的正常营业奠定基础。

5. 巩固客户关系

根据文化和旅游部的统计数据显示，2018 年第四季度，共有 8842 家星级饭店通过省级文化和旅游行政部门审核。而我国许多住宿企业不参与评星，根据携程平台调研数据，估计我国现有住宿企业约 250000 家。所以，我国住宿市场竞争异常激烈。这就要求住宿企业一定要有自己固定、忠实的客户群体。可以利用疫情的空档期，加强与客户的沟通、联系，进行客户市场调研，征求客户的意见建议，建立更加稳固的关系。

6. 重视消费者的网上评价意见

现在大部分消费者在进行住宿预订的时候，会先在携程、飞猪等网络平台参考网上其他消费者的评价意见和评分。也许其他消费者的一个小小的鼓励就会为酒店带来更多客源。而一个消费者的网络差评，也可以影响其他潜在消费者。所以，现在的住宿企业要高度重视消费者在网上的评价意见，这会直接影响住宿企业的入住率和效益。

7. 进行提质升级

虽然现在不能确定此次疫情何时能够彻底结束，即使疫情结束，考虑到安全因素，消费者的消费也会有适应期和滞后期。所以，如果住宿企业的资金状况允许的话，可以在这段时间对酒店进行提质升级，包括酒店硬件的更新换代，改善住宿环境；也包括酒店软件的提质升级。加强住宿企业的信息化建设，加强内部管理，提供自助入住、自助退房服务，使消费者入住和退房流程更加便捷、迅速，避免现在的人工办理入住和退房的排队现象，提高消费者满意度。同时，鉴于疫情的特殊性，住宿企业提供“无接触服务”，预订、入住、续住、离店结账等手续全部可以在消费者的手机上操作实现，如果需要房间服务，可以提供服务机器人来实现，住宿期间全程实现“无接触”，提高消费者的安全心理感知。建立住宿企业自身的网上预订系统，减少对 OTA 企业的依赖程度，提高企业效益。

对于乡村旅游的住宿条件，尤其要进行提质升级。不能以初期的农家乐的接待水平来应对日渐成熟的旅游者。目前旅游者对于旅游住宿的要求逐渐提高，乡村住宿条件也应该随之改变。应以精品民宿为主要方向，加强住宿条件硬件升级，提高住宿设施的档次水准，强力推进住宿卫生环境的改善。在乡村民宿建设和改造过程中，要着力提升文化创意，建成一批有故事、有体验、有品位、有乡愁的民宿旅游新业态。继续强力推进厕所革命，美化乡村居住环境。

8. 提升消费者的信心

此次新冠肺炎疫情具有特殊性，影响范围广，传播速度快，确诊病例多，致死病例多，这些对广大消费者的心理都会产生影响，对死亡的恐惧，对安全的不信任，这些心理都会对消费者的行为产生影响。鉴于此次疫情的影响，住宿企业要强化安全防控，加强防疫消毒，可以通过宣传推介树立消费者的消费信心。塑造住宿企业的品牌价值，强化品牌意识和品牌价值塑造和宣传，让消费者对品牌产生信赖感。

9. 稳定现金流

住宿企业能否顺利挺过受疫情影响的困难时期，住宿企业的现金流控制状况具有决定性的作用。如果住宿企业具有充足、稳健的现金流，就能够支付员工工资、员工社会保险金、房租等费用，保障企业度过疫情危险期，迎接经济全面复苏的到来。所以，这要求住宿企业，积极作为，开源节流，储备充足现金，应对疫情对企业的影响。应收的款项及时回收，应付的款项积极协调，尽量延期或分期支付。对于富裕的员工，进行合理调休，减少员工人力资源经费支出。

10. 拓展功能业态

现代人们对于住宿的要求不仅仅是为了满足睡觉休息的功能，更重要的是体验。特别对于年轻人来说，他们对科技的钟爱，对便利的追求会影响他们对住宿企业的新的需求。如国内开张的无人酒店，网络电商开设的体验酒店就受到年轻人的追捧。像京东商城、网易严选这些网络电商纷纷进军住宿行业，将网络销售物品的体验搬到了住宿房间。让消费者在住宿房间的时候，直接感受和体验房间提供的日用品，如果喜欢哪件物品，就可以直接扫码下单购买。这样的模式打破了商品展示和销售空间的限制，实现了线上线下融合。

11. 营造具有安全感的健康环境

受疫情影响，消费者会更加关注住宿环境的健康问题，即使疫情结束，消费者更愿意选择安全程度比较高的住宿环境，以满足对身心健康的心理需求。所以，安全健康的环境将成为消费者对于酒店住宿产品的基本诉求，如何满足消费者对安全健康环境的心理需求直接关系到酒店的市场恢复与繁荣程度。对此，住宿企业可以思考，在前厅显著位置增设公示板，每日公布酒店空间PM2.5、新风量、温度、湿度；水质情况、水箱清洁时间；中央空调系统检测、清洁时间等涉及环境安全的主要指标。在客房，提示客人注意使用布草的清洗时间、清洗地点、卫生指标要求；客房内的布草，布置成使用状态的时间、做房员工编号等信息。而勤洗手将成为今后消费者的一种生活习惯，因此客房洗手液的配置不再是过去意义上仅满足清洁功能的制品，而应考虑具有“清洁消毒”作用的制品，如青蒿素洗手液等，向宾客传递出酒店高度关注安全的信息。

12. 构建危机管理机制

在此次疫情期间，之所以大面积的住宿企业陷入困境，主要是没有完善的应对重大疫情等危机事件的管理机制，这是我国住宿企业存在的一大短板。此次疫情的冲击，警示了住宿企业要制定本单位危机处理方案，牢固树立危机意识，建立危机预警机制，形成一整套行之有效的危机管理机制。要设立危机管理机构，加强员工危机管理培训，储备危机处理的物资和资金，在平时就要做好危机管理的各项准备。

五、影视业振兴措施建议

（一）影视业遭受疫情影响

影视业是我国文旅产业的重要组成部分，按照往年的消费规律，春节黄金周是电影业市场最火爆的时期，每年都有许多春节贺岁片在此时间段上映，成为年度最卖座的电影之一，同时电影院也是赚得盆满钵满。2019 年春节黄金周期间，电影票房总计达到 58.4 亿元，约占全年电影票房的 9%。由于 2020 年的新冠肺炎疫情的暴发，本来要在 2020 年大年初一全国同步上映的贺岁片《姜子牙》《紧急救援》《唐人街探案 3》《夺冠》等先后宣布撤档，据估算，此次疫情造成全国电影票房损失约 70 亿元。因疫情影响，贺岁影片纷纷改档，大部分电影院暂停营业，大年初一全国电影票房只有 181 万元（2019 年春节大年初一的电影票房为 14.58 亿元）的惨淡业绩。

剧组停摆、电影撤档、影院关门，行业的全面停工让影视公司的经营陷入前所未有的困境。受新冠肺炎疫情影响，影院全部停业，同时计划春节档上映的影片未能如期上映。电影放映收入大幅下降，而固定成本费用支出却较为刚性，导致经营业绩出现大幅度下滑。目前，已有多家公司公布了一季度的业绩预报，据统计，已披露一季度业绩预告的影视公司包括万达影业、华谊兄弟、金逸影视、华策影业、唐德影视、华录百纳、光线影业、北京文化、幸福蓝海等公司。这 9 家影视公司中预亏的企业达 6 家，累计亏损额至少 10 亿元，另有 3 家保持盈利。

疫情给影视行业带来了重大的影响，影视项目停摆意味着影视作品制作周期加长以及拍摄成本增加，影视剧项目数量急剧下滑传输到上游影响了平台方的库存供给。而由于新项目的减少，也直接给投资方、宣发公司以及演员等整个产业链带来不同程度的影响。

当然，此次新冠肺炎疫情也促进了一些网络影视平台的发展，因为受疫情影响，人们大多“宅”在家中，网络视频资源为人们的生活增添了不少感动和色彩。其中，网络平台是此次战“疫”的生力军。在网络平台全面超越电视平台的当下，充分发挥网络平台的战“疫”作用，引导网民尤其是网络活跃度最高的年轻用户积极投入全民战“疫”行动中，是网络平台的应有之责。爱奇艺推出的《中国医生》、优酷推出的《中国面孔》和腾讯推出的《正月里的坚持》等战“疫”节目，聚焦一线医护人员、志愿者和平凡而伟大的普通人，令观众为之感动。

短视频平台是此次战“疫”的轻骑兵。《光明日报》全媒体先后推出了《疫情下的 2：14》《90 后，“到！”》等微视频。《疫情下的 2：14》将个体之爱与人间大爱结合起来，以细腻的手法彰显了大国大爱的主题；《90 后，“到！”》则呈现了当代中国青年在抗疫中迎来的成年礼，被全网转发。抖音、快手等 14 家短视频平台协同作战，开辟战“疫”专区，统一节目包装，全网同步推送。此外，民间拍客、播客等视听新业态的制作者以普通人的视角记录战“疫”故事、分享战“疫”趣闻和感动瞬间，成为这场阻击战的有益补充。

（二）影视业振兴措施建议

1. 用足政府的支持政策

受疫情影响，我国影视业受到了严重冲击和影响。影视企业可以认真收集、整理、学习各级政府、各个部门出台的各种支持政策，积极争取相关政策支持。争取业主的理解和支持，对于房屋租金进行免缴或减免，减轻财务压力。与影视拍摄基地沟通协调，协商疫情给双方造成的损失分担问题，争取双方都能接受的结果。

2. 稳定现金流

在疫情期间，影视业基本停摆，虽然没有收入，但员工工资、员工社会保险金、房屋租金等费用均需要支付，所以影视企业要做好现金流控制，开源节流，保留核心资源和业务，稳步度过疫情困难期。

3. 加强疫情管控

电影院属于人员密集场所，而且空间密闭，通风不良，疫情防控期间要高度重视。一定要按照规定程序和要求，做好防控和消毒处理，即使待全国疫情得到控制，电影院也要严格要求，保证场所安全可靠。影视拍摄基地也属于人员聚集场所，在有序复工之前，也要做好疫情防控工作，杜绝疫情传播。

4. 拓展新盈利的模式

2020 年春节有一部贺岁片电影备受争议，那就是《囧妈》。《囧妈》是由徐峥导演的喜剧电影，原计划是在 2020 年春节档在电影院上映。由于受到疫情影响，《囧妈》的发行方欢喜传媒集团有限公司与北京字节跳动科技有限公司签订合同，北京字节跳动科技有限公司以 6.3 亿元的价格买下《囧妈》的版权。随后北京字节跳动科技有限公司将《囧妈》上架其旗下的西瓜视频等网络平台，消费者可以在网络平台免费观看。这种做法在我国还比较少见。以前，电影新片一般是先在电影院放映，过了“窗口期”才能在网络平台播放。而《囧妈》却开了先河，这样的做法，动了电影院的“奶酪”，所以多家电影院联合声讨和谴责。但对于消费者来说，却是获得了实惠。这个事件也许给电影业带来了新的发展思路，能否将影片直接在网络播放，也许这会给我国电影业带来新的模式。而且，并不是所有消费者都有充足的时间前往电影院观影，网络平台播放的模式让消费者有更多的选择，让消费者获得更多实惠。这给影视业未来的发展提供了更多选择的机会，也许“影视＋网络”模式会成为影视业盈利新模式的选择。

5. 打造文化精品

实施文化精品工程，通过政策引导，加大对精品文化产品的奖励力度，引导文化产品的提质升级，向精品化和优质化的方向发展。加强文化市场的监督和监管，对于垃圾文化产品予以坚决取缔。倡导各个文化市场主体深挖优秀民族文化，将文化作品写在中国大地上，扎根中国文化厚土，讲好中国故事，传递中国声音。推进我国由文化大国向文化强国转变。

可以说，我国现在已经是影视制造大国。但总体来说，精品不多，大多是一些商业口味比较重的作品，文化深度不够，文化内涵不足，不能引起人们的文化共鸣和深度思考。2019 年我国的电影票房市场被《哪吒之魔童降世》独占鳌头，以 50.7 亿元的票房拔得头魁，该影片改编自中国神话故事，吸收中国传统文化，融入现代元素，受到市场的普遍欢迎。所以，影视业要想长期健康稳定地发展，必须深挖我国优秀传统文化，结合现代消费者的审美需求，进行创新创作，打造文化精品。我国文化元素众多，资源丰富，只要影视人扎根中国文化厚土，潜心研究，细心打磨，肯定会打造出精品之作，最终也会获得市场的认可和回报。

6. 构建危机管理机制

新冠肺炎疫情的暴发在给影视业造成严重冲击的同时，也给我们提出了警示，影视企业缺乏应对重大疫情的危机管理机制。痛定思痛，影视企业需要重新审视企业战略和架构，设立危机管理机构，构建危机管理机制。建立危机预警机制，能够尽早识别危机信号，及时启动危机预警机制，一旦危机事件发生，能够快速反应，将企业的损失降最低。形成完善的危机处理方案，建立稳健的财务制度，建立应对危机管理的物资和资金储备制度，为企业应对危机提供坚实的基础。形成危机快速反应机制，善于在危机中发现机遇，化“危”为“机”，利用危机促进企业转型发展，发挥影视企业的公关优势，利用危机处理重塑企业形象。加强危机培训，强化危机意识，居安思危，临危不乱。拓展业务范围和渠道，降低危机影响。根据影视企业盈利的几家企业情况来看，就是因为他们的业务范围广泛，线下业务受损，线上业务大增，结果实现了整体盈利。

六、旅游咨询规划企业的振兴措施建议

（一）旅游咨询规划企业遭受疫情的影响

如果将旅游景区、旅行社、餐饮等企业作为遭受新冠肺炎疫情影响的文旅企业第一梯队，那么旅游咨询规划企业应该属于第二梯队。也就是说，相对于旅游景区、旅行社、餐饮企业等第一梯队的文旅企业来说，属于第二梯队的旅游咨询规划公司遭受疫情的影响相对来说要小一些，但也肯定会遭受影响。因为旅游咨询规划都需要进行现场调研和勘察，这样才能做好后期的咨询指导或者规划方案设计，但受到疫情影响，现场调研和勘察无法开展，肯定会影响旅游咨询规划企业业务的开展。

（二）旅游咨询规划企业的振兴措施建议

1. 用足政府的支持政策

认真收集、整理、学习各级政府、各个部门出台的各种支持政策，积极争取相关政策支持。争取业主的理解和支持，对于房屋租金进行免缴或减免，减轻财务压力。

2. 与客户进行积极沟通

对于刚刚签订项目合同，而没有进行现场调研和勘察的项目来说，因后期工作无法开展，势必会影响项目进度。旅游咨询规划企业要与客户进行积极沟通协调，争取客户的理解，尽量能延长项目合同期限，这样不会因为违反合同而遭受经济损失。对于已经进行过现场调研和勘察的项目，可以鼓励员工在家办公，通过网络视频会议进行沟通协调，推进项目进展。所以，通过这次疫情可能会使旅游咨询规划企业以后的工作方式发生一些改变。

3. 加强员工培训

现在我国旅游业正处于提质升级阶段，旅游消费者的需求也向品质化、个性化、多样化的方向发展，这些都会影响旅游咨询规划企业的业务。因此，旅游咨询规划企业正好可以利用疫情期间的空档期，进行员工培训，提升员工的综合能力和素质。使员工能够紧紧把握我国旅游发展趋势，围绕旅游消费者的需求来开展旅游咨询和规划设计工作。

4. 构建危机管理机制

新冠肺炎疫情的暴发凸显了旅游咨询规划企业危机管理机制的短板，成功的危机管理首先就是要对危机事件及时正确地确认。这就需要有一个能够进行系统操作且功能良好的危机管理机制。一个有效的危机管理机制包括能够及时预测行业和企业是否面临生存危机，制定危机预警线，建立危机应急措施等。企业内部要有完整的危机管理机构，落实危机管理机制中的各种反馈和执行指令，建立综合、全面的危机安全运行网络，确保危机发生时有综合控制和转化能力，必须具备一定具有危机意识和管理的专业人员，专门负责企业的危机事件的监控、管理工作。

七、交通运输企业振兴措施建议

（一）交通运输企业遭受疫情的影响

春节是我国传统团圆的节日，所以，我国人民无论身在何方，都有在春节回家团聚的习俗。另外，近几年，我国人民很多形成了在春节外出旅游的习惯，由于这两种因素的叠加，形成了我国特有春运人口“迁徙”大军。在2019年春运期间，全国旅客发送量达到29.8亿人次。预计2020年春运期间，全国旅客发送量会达到30亿人次。在新冠肺炎疫情期间，交通运输企业遭受了严重损失。为了做好疫情防控，阻止疫情蔓延，我国多地先后实行封城，交通实行限行措施，造成2020年春运客流同比下降45%。受疫情影响，消费者大量预订客票退单，而且国家有关部门要求无损退订，不允许扣手续费，这进一步加大了交通运输企业的压力。为了支持湖北省等疫情重灾区，多家航空公司、铁路、客运等企业积极承担社会责任，为其运输医护工作者、防护用品、生活用品等，极大支持和配合疫情防控工作。

（二）交通运输企业振兴措施建议

1. 用足政府的支持政策

交通运输企业要认真收集、整理、学习各级政府、各个部门出台的各种支持政策，积极争取政策支持。可以向有关部门反映交通运输企业存在的实际困难，争取得到更多的支持和帮助。在疫情期间，承担社会责任的交通运输企业，为疫情防控做出贡献的企业，应该得到更多的政策支持。

2. 加强在运输过程中的防控措施

在旅客运输过程中，人员密集，空间有限，通风不畅，这些都会给疫情蔓延创造有利条件。本次新冠肺炎疫情能够在如此短的时间内传播到全国，一个重要的原因就是交通运输的便利性。在武汉封城之前，有500万人乘坐各种交通工具离开武汉，把疫情带向全国。同时，交通工具上的同乘人员成了重点监控对象。所以，交通运输企业一定要认真落实交通运输部印发的《关于分区分级科学做好客运场站和交通运输工具新冠肺炎疫情防控工作的通知》，根据

《客运场站和交通运输工具新冠肺炎疫情分区分级防控指南》要求，加强疫情防控措施，认真消毒，坚决遏制疫情通过客运场站和交通运输工具传播，确保旅途安全。

3. 增强交通的便利性

根据文化旅游项目空间布局，优化交通车次安排，加开旅游专线，改善旅游交通便利性。加强市场调研，围绕旅游者的需求，推出定制化、个性化、多样化的交通方案。在机场、高铁站等交通枢纽，布局共享汽车、汽车租赁业务，打通阻碍旅游交通发展的“最后一公里”。

4. 实行弹性价格

对于旅游交通来说，季节差异性较强，在旺季，旅游者人数较多，在淡季旅游者人数又太少。对于交通运输企业，可以采取弹性价格，在旅游旺季，适当上浮价格，在旅游淡季适当下调价格，起到合理调节供给的作用。

5. 提升服务质量

近几年，随着火车提速，高铁网络的普及延伸，交通运输的速度越来越快，但相应的服务质量却没有明显改善和提高。交通运输企业应该进一步强化员工培训，培养员工的服务意识，提高服务水平和服务质量，以飞机空乘的服务为标杆和榜样，不断改善和提高其他交通运输行业的服务质量。

6. 构建危机管理机制

受疫情影响，交通运输企业遭受严重损失。21 世纪以来，人类已经遭受了多次公共卫生事件的侵扰，每次公共卫生危机事件的发生，都会影响到交通运输企业的发展。这就警示我们，交通运输企业一定要重视危机管理机制的构建，提高企业应对危机的能力。在正常状态下，防微杜渐，及时发现企业内部存在的问题，并把许多分散、零星的信息组织到一起，全面地监测、跟踪各种动态，根据市场的变动调整经营策略，制定危机预案，在危机来临之际，可以做到临危不惧。对于传染性疾病来说，容易通过交通运输渠道进行传播，所以，在公共卫生危机来临之时，一定要及时启动危机管理机制，做好交通运输过程中的消毒、卫生防护，确保旅客旅途安全。充分利用科技手段，提高工作效率。做好工作员工防护措施，确保工作人员安全。杜绝疫情通过交通运输渠道进行传播。

八、旅游演艺企业的振兴策略

（一）旅游演艺企业遭受疫情的影响

旅游演艺是以景区为依托，通过歌舞、戏曲、杂技、音响、实景等多种形式展现的文化艺术形式。近年来我国旅游演艺业发展迅速，目前已经形成了宋城千古情、印象系列、山水系列等不同风格类型的旅游演艺产品。因为，旅游演艺一般是以景区为依托，受旅游市场的影响比较大。所以，受疫情影响，旅游演艺企业也遭受了严重冲击和影响，纷纷暂停营业。

（二）旅游演艺企业的振兴措施建议

1. 用足政府的支持政策

旅游演艺企业认真收集、整理、学习各级政府、各个部门出台的各种支持政策，积极争取政策支持。可以向有关部门反映旅游演艺企业存在的实际困难，争取得到更多的支持和帮助。与业主积极沟通协调，尽量争取免除房租，以减轻财务压力。

2. 加强艺术创作和创新

一场旅游演艺涉及方方面面，有艺术创作、人员配备、灯光舞美、后勤保障等，投入巨大。所以，一般一个地方的旅游演艺长期只表演一个节目。但随着时间的延长，人们会审美疲劳。所以，旅游演艺公司要加强艺术创作和创新，不断进行节目的改进、提升，呈现出更多精彩的旅游演艺节目，给旅游者带来更多的艺术惊喜和震撼。

3. 深挖文化内涵

旅游演艺的成功离不开当地文化内涵的支撑，只有融入文化内核，旅游演艺才有生命力，才会被旅游者所接受。如果只靠现代技术、绚烂的舞美，而没有文化灵魂的旅游演艺终将不会长久，武汉的《汉秀》就是典型的案例。《汉秀》是万达集团历时 5 年、斥资逾 30 亿元打造的演艺项目，邀请国际大咖亲自操刀，视觉效果极具冲击力，但缺乏我国文化内涵，最后没有达到理想的市场效果。所以，旅游演艺企业在进行艺术创作时，一定要深挖当地的文化内涵，将文化元素融入演艺项目，创造独特的IP，这才是旅游演艺企业的核心竞争力。

4. 实行弹性价格

由于旅游演艺项目一次性投资比较大，所以，旅游演艺项目的门票一般都比较贵。例如，武汉的《汉秀》开始最高定价2000元，均价500元。这对于普通旅游消费者来说，是偏高的价格。由于旅游演艺一般以景区为依托，而景区又有明显的季节性。所以，旅游演艺项目可以实行弹性价格制度，在旅游旺季适当调高价格；在旅游淡季，适当调低价格，实行优惠的票价，从而起到平衡供给的作用。

5. 构建危机管理机制

旅游演艺活动具有人员聚集性的特征，所以在疫情期间只能暂停营业。为应对重大疫情等危机影响，旅游演艺企业应该构建危机管理机制，减少危机对企业造成的损失。危机管理就是对危机事件进行控制和管理，以防止和回避危机，使企业在危机中得以生存，并将危机所造成的损害限制在最低限度。对于旅游演艺企业来说，构建危机管理机制，就要成立危机管理机构，制定企业危机管理制度，形成危机处理方案，在危机中能够进行积极自救。建立企业危机管理的预警系统和危机应对处理系统，能够及时有效地识别危机因素，启动危机管理机制，采取有效的应对措施。要培养和强化企业管理人员和员工的危机意识，使其时刻保持高度的危机敏感意识。及时评价企业应对危机的计划、决策，建立完善的危机学习和修正机制。建立与媒体、公众的良好、高效的信息沟通系统，提高企业的危机公关能力。

九、旅游商品企业振兴措施建议

（一）旅游商品企业遭受疫情影响

在我国旅游市场中，旅游商品市场所占份额较小，在一些旅游目的地，旅游商品甚至成了可有可无的“鸡肋”。总体来说，旅游商品对于旅游市场依赖性比较强，如果旅游市场火爆，会相应地带动旅游商品的消费。相反，如果旅游市场遇冷，旅游商品就会惨淡。在疫情期间，全国所有旅游市场暂停营业，旅游商品市场也遭遇了寒冬。

（二）旅游商品企业振兴措施建议

1. 用足政府的支持政策

旅游商品企业要认真收集、整理、学习各级政府、各个部门出台的各种支持政策，积极争取政策支持。可以向有关部门反映旅游商品企业存在的实际困难，争取得到更多的支持和帮助。与业主积极沟通协调，尽量争取免除房租，以减轻财务压力。

2. 创新旅游商品

目前旅游商品市场存在的最大短板就是缺乏创新，旅游者到各个地方所看到的旅游商品都大同小异，存在严重同质化的问题。这就限制了旅游者购买旅游商品的欲望和需求。所以，要想实行旅游商品业的振兴发展，必须突出创新，不能照搬别人的商品套路。要根据现代旅游者的需求趋势进行创新创造，使旅游商品集现代化、个性化、实用化、精品化于一身，让旅游商品成为旅游者在旅游过程自觉消费的一个环节。旅游商品可以增强旅游者的旅游体验，同时也是记录和回味旅游者旅游过程的物化。

3. 突出旅游商品的文化特色

我国具有悠久灿烂的历史文化，文化积淀深厚；我国是拥有 56 个民族的多民族国家，具有丰富多样的民族文化；民族手工艺品是我国传统文化的重要组成部分，我国各个民族所独有的风俗、文化、生活方式，造就了各个民族独特的工匠技艺，形成了独特的手工工艺。这些手工艺品曾经满足了人们的物质需要，也满足了人们的精神需求和美的享受，是民族文化的集中体现。由于现代科学技术的发展，人们已经习惯了机器大工业生产，对于民族传统的手工艺品逐渐失去了兴趣。

对于民族优秀文化传承来说，旅游商品企业可以以当地民族手工艺品为基础，结合现代人的审美需求进行创新创造，既是对传统文化的传承，又能满足现代人的审美需求，同时也丰富和繁荣了旅游商品市场。在旅游商品创新方面，北京故宫博物院下足了功夫，每年在旅游商品文创领域的创收就达到 10 亿元以上。

4. 拓展旅游商品销售渠道

目前，大多数旅游商品的销售还是以在景区现场展示销售为主，这样对旅游游客量的依赖度比较大。特别是当疫情等危机事件暴发的情况下，旅游商品市场几乎颗粒无收。因此，可以拓展营销渠道，利用互联网平台进行网络销售，这可以大大提升旅游商品销售的时间维度和空间维度，也可以提升消费者的购买便利性。要充分迎合现代消费者的消费趋势，利用新型网络营销模式来吸引消费者的注意力，推进旅游商品的销售。目前流行于网络的直播带货的营销模式，充分适用于旅游商品的销售。利用“网红主播”的强大流量和人气，可进行宣传旅游商品和促进旅游商品销售。

5. 构建危机管理机制

公共卫生危机事件，因其突出性让人出其不意，毫无防备，导致措手不及，应对乏力。旅游商品企业应该树立危机意识，建立危机预警机制。一般来说，对危机进行反应和恢复所付出的代价，要远远高于防范危机的成本，所以，有效防范是最经济、成本最低的危机管理办法。危机发生以后，应及时启动危机管理机制，在最短的时间内，有计划、有组织地安排相关人员、物资进行危机处理。应收集危机事件的信息，进行危机的识别和评估，按照危机管理计划，快速有效地控制危机事件发展，尽可能消除危机带来的负面影响。

十、会展企业振兴措施建议

（一）会展业遭受疫情影响

会展业是我国经济的晴雨表，同时，也容易受到环境影响。我国会展企业大多为中小型企业，注册资本一般在 100 万 ~300 万元，对重大疫情等危机事件抵抗力弱。我国的会展业在疫情期间遭受了严重损失，据初步统计，全国 31 个省（自治区、直辖市）已经有 93 个展览馆因此次疫情暂停举办展览会，涉及展会 436 个，展览总面积达 1500 万平方米，约占全国展览总量的 10%。其中，在 2020 年 1 月，疫情还没有普遍蔓延开来，影响较小，只有 5 个展会取消，展会总面积近 9 万平方米，且均为区域性小型展会；随着疫情的逐渐蔓延，影响范围越来越大，2020 年 2 月和 3 月受疫情影响的展会则呈现出暴发性增长，2 月全国共有 177 个展览会因疫情改期或取消，展览会总面积达 431 万平方米；3 月全国则有 262 个展览会受疫情影响，展览会总面积达 1075 万平方米，4 月和 5 月目前受疫情影响暂时较小，分别有 1 个和 2 个展会改期或取消（这还要看疫情届时的防控效果），展览会总面积合计约 10 万平方米。

（二）会展企业振兴措施建议

1. 用足政府的支持政策

会展企业要认真收集、整理、学习各级政府、各个部门出台的各种支持政策，积极争取政策支持。可以向有关部门反应会展企业存在的实际困难，争取得到更多的支持和帮助。与业主积极沟通协调，尽量争取免除房租，以减轻财务压力。

2. 加强员工培训

疫情期间，几乎所有的会展企业暂停营业，正好可以利用这个空档期，进行员工培训，凝聚共识，提振信心，只有大家共同努力才能共渡难关。同时，通过培训，提升员工的服务技能和服务能力，进一步培养员工的服务意识，提高员工的综合素质。为疫情过后会展业的振兴做好准备。

3. 巩固客户关系

稳定、忠实的客户是会展企业核心资源。会展企业可以在疫情期间，通过网络、电话、视频等方式积极与客户进行沟通，调研顾客的需求，听取顾客意见建议，为企业的发展获取第一手资料，同时树立更加稳固的客户关系。

4. 开拓新的数字化会展模式

此次疫情的暴发，使微信、钉钉软件的使用大大提升，网络会议、视频会议、网络课程也被人们广泛应用。这也给会展的发展提供了启示，以后的会展模式，是否也可以向网络化、数字化方向发展。当然，网络会展、数字会展，不可能完全取代实体会展模式，但可以作为有益的补充形式，或者作为特殊时期的临时模式，将来实现线上线下会展模式的相互补充。

5. 构建危机管理机制

一定要居安思危，构建危机管理机制。形成完善的危机处理方案，建立危机处理储备金制度，建立危机预警机制，一旦危机事件发生，能够快速反应，将企业的损失降到最低。完善企业危机管理机构，形成危机快速反应机制，利用危机处理重塑形象，建立稳健的财务制度，设立危机储备物资、资金制度，为企业应对突发危机做好准备。加强员工培训，将危机处理作为培训的重要内容，强化危机意识，做到居安思危，临危不乱。

第九章　中国文旅产业应对疫情的探索

正在经历的新冠肺炎疫情使我们明白，在大灾大难面前可以更加凸显中国共产党领导和中国特色社会主义制度的优越性。没有中国共产党的坚强领导，我们不可能在这么短的时间内，汇聚多方力量投入疫情防控；没有中国共产党的坚强领导，不可能做到全国上下一盘棋，各地均采取严格有效的疫情防控措施；没有中国共产党的坚强领导，不可能在这么短的时间内扭转疫情防控形势，做到疫情重灾区湖北实现多日连续确诊病例零增长，使我国的疫情防控形势持续向好。新冠肺炎疫情的暴发，成为2020年影响我国文旅产业的“黑天鹅”事件，给我国的文旅产业造成了巨大影响和冲击，也充分暴露了我国文旅产业存在的危机事件管理机制不完善的弱点，这为我国文旅产业的持续健康发展敲响了警钟。疫情发生以来，政府出台了系列支持政策，为疫情后期的文旅产业恢复和振兴奠定了基础。同时，我国文旅产业在疫情后能否顺利实现恢复和振兴，关键还是要看文旅企业的发展情况。所以，文旅企业要充分利用政府的支持政策，积极开展自救，做好产品升级，提升服务质量，早日实现文旅产业的全面恢复和振兴发展。

第一节　战胜疫情需要党的坚强领导

一、党中央高度重视疫情防控工作

新冠肺炎疫情，是中华人民共和国成立以来发生的传播速度最快、感染范围最广、防控难度最大的一次重大突发公共卫生事件。疫情发生后，党中央高度重视，习近平总书记时刻关注，把疫情防控作为头等大事来抓，亲自指挥、亲自部署，打响了疫情防控的人民战争、总体战、阻击战。“把人民群众生命安全和身体健康放在第一位。”“紧紧依靠人民群众坚决打赢疫情防控阻击战。”“确保人民群众生命安全和身体健康，是我们党治国理政的一项重大任务。”“没有任何力量能够阻挡中国人民和中华民族的前进步伐。”这是人民至上的坚定宣示。

2020 年 1 月 7 日，习近平总书记主持召开中央政治局常委会会议时，就对新型冠状病毒性肺炎疫情防控工作提出了要求。1 月 20 日，习近平总书记专门就疫情防控工作做出批示，指出必须高度重视疫情，全力做好防控工作，要求各级党委和政府及有关部门把人民群众生命安全和身体健康放在第一位，采取切实有效的措施，坚决遏制疫情蔓延势头。1 月 22 日，鉴于疫情迅速蔓延、防控工作面临严峻挑战，习近平总书记明确要求湖北省对人员外流实施全面严格管控。

自 2020 年 1 月 25 日（大年初一）以来，习近平总书记主持召开了 14 次重要会议。两个多月时间召开 14 次战“疫”会议，全力应对一次前所未有的重大突发公共卫生事件，研究疫情防控和复工复产工作，这在党的历史上还是第一次。透过这 14 次会议，可以清晰地看到习近平总书记如何指挥部署这场疫情防控阻击战（见表 9–1）。

表 9–1　中央关于疫情防控会议内容梳理

日期	会议名称	主要内容	工作重点	与文旅产业相关的内容
2020 年 1 月 25 日	中央政治局常委会会议	专门听取新型冠状病毒感染的肺炎疫情防控工作汇报，对疫情防控特别是患者治疗工作进行再研究、再部署、再动员	党中央成立应对疫情工作领导小组，党中央向湖北等疫情严重地区派出指导组	要求各地要减少春节期间大型公众活动，尽量避免人员大规模聚集

续表

日期	会议名称	主要内容	工作重点	与文旅产业相关的内容
2020年2月3日	中央政治局常委会会议	听取中央应对新型冠状病毒感染肺炎疫情工作领导小组和有关部门关于疫情防控工作情况的汇报，研究下一步疫情防控工作	按照坚定信心、同舟共济、科学防治、精准施策的要求，尽快找差距、补短板，切实做好各项防控工作，同时间赛跑、与病魔较量，坚决遏制疫情蔓延势头，坚决打赢疫情防控阻击战	要在做好防控工作的前提下，全力支持和组织推动各类生产企业复工复产，加大金融支持力度，加大企业复产用工保障力度，用好用足援企稳岗政策，加大新投资项目开工力度，积极推进在建项目
2020年2月5日	中央全面依法治国委员会第三次会议	全面提高依法防控依法治理能力，为疫情防控提供有力法治保障	完善疫情防控相关立法，加强配套制度建设，完善处罚程序，强化公共安全保障，构建系统完备、科学规范、运行有效的疫情防控法律体系	构建系统完备、科学规范、运行有效的疫情防控法律体系。从法律层面完善疫情防控制度保障，减小疫情对于产业经济的冲击和影响
2020年2月12日	中央政治局常委会会议	分析当前新冠肺炎疫情形势，研究加强疫情防控工作	毫不放松做好疫情防控重点工作，加强疫情特别严重或风险较大的地区防控，突出重点、统筹兼顾，分类指导、分区施策，切实把各项工作抓实、抓细、抓落地，坚决打赢疫情防控的人民战争、总体战、阻击战，努力实现今年经济社会发展目标任务	统筹疫情防控与经济社会秩序恢复。加大宏观政策调节力度，针对疫情带来的影响，研究制定相应政策措施。要更好发挥积极的财政政策作用，加大资金投入，保障好各地疫情防控资金需要。要继续研究出台阶段性、有针对性的减税降费措施，缓解企业经营困难。要保持稳健的货币政策灵活适度，对防疫物资生产企业加大优惠利率信贷支持力度，对受疫情影响较大的地区、行业和企业完善差异化优惠金融服务。要以更大力度实施好就业优先政策，完善支持中小微企业的财税、金融、社保等政策
2020年2月14日	中央全面深化改革委员会第十二次会议	完善重大疫情防控体制机制，健全国家公共卫生应急管理体系	体制机制上创新和完善重大疫情防控举措，健全国家公共卫生应急管理体系，提高应对突发重大公共卫生事件的能力水平	要分类放宽服务业准入限制，构建监管体系，深化重点领域改革，健全风险防控机制，完善相关法律法规，提升供给质量和效率

续表

日期	会议名称	主要内容	工作重点	与文旅产业相关的内容
2020年2月19日	中央政治局常委会会议	听取疫情防控工作汇报，研究统筹做好疫情防控和经济社会发展工作，决定将有关意见提请中央政治局会议审议	加强对湖北和武汉疫情防控工作的指导，举全国之力予以支援。加强医用物资和生活必需品应急保供，全力保障疫情防控需要	有序推动复工复产，使人流、物流、资金流有序转动起来，畅通经济社会循环。有序组织务工人员跨区返岗，努力保障已复工和准备复工企业日常防护物资需求
2020年2月21日	中央政治局会议	研究新冠肺炎疫情防控工作，部署统筹做好疫情防控和经济社会发展工作	要坚决打好湖北保卫战、武汉保卫战，坚决遏制疫情扩散蔓延势头，继续加大救治力度，根据需要继续加大医务人员和医用物资支持力度，加强力量薄弱地区防控	加大对重点行业和中小企业帮扶力度，救助政策要精准落地，政策要跑在受困企业前面。要帮扶住宿餐饮、文体娱乐、交通运输、旅游等受疫情影响严重的行业
2020年2月23日	统筹推进新冠肺炎疫情防控和经济社会发展工作部署会议	分析新冠肺炎疫情防控形势，部署下一步疫情防控和经济社会发展工作	坚决打好湖北保卫战、武汉保卫战，全力做好北京疫情防控工作。科学调配医疗力量和重要物资	落实分区分级精准复工复产。继续研究出台阶段性、有针对性的减税降费政策，加大对一些行业复工复产的支持力度，帮助中小微企业渡过难关。为受疫情影响较大的行业、民营和小微企业提供专项信贷额度。要调整完善企业还款付息安排，加大贷款展期、续贷力度，适当减免小微企业贷款利息，防止企业资金链断裂
2020年2月26日	中央政治局常委会会议	听取中央应对新型冠状病毒感染肺炎疫情工作领导小组汇报，分析当前疫情形势，研究部署近期防控重点工作	加强正确引导，推动各方面切实把思想和行动统一到党中央决策部署上来，加强疫情防控这根弦不能松，经济社会发展各项工作要抓紧	精准稳妥推进复工复产。各级党委和政府要把支持复工复产、恢复和稳定就业、畅通交通运输、保障市场供给等各项工作做细做扎实
2020年3月4日	中央政治局常委会会议	研究当前新冠肺炎疫情防控和稳定经济社会运行重点工作	深入贯彻落实统筹推进疫情防控和经济社会发展工作部署会议精神，加快建立同疫情防控相适应的经济社会运行秩序，完善相关举措，巩固和拓展这一来之不易的良好势头，力争全国经济社会发展早日全面步入正常轨道	要根据疫情分区分级推进复工复产，大幅提高疫情防控重点物资的生产供应，优化防护物资调配，确保员工安全健康的生产生活环境。要把复工复产与扩大内需结合起来，把被抑制、被冻结的消费释放出来，把在疫情防控中催生的新型消费、升级消费培育壮大起来，使实物消费和服务消费得到回补

续表

日期	会议名称	主要内容	工作重点	与文旅产业相关的内容
2020年3月18日	中央政治局常委会会议	分析国内外新冠肺炎疫情防控和经济形势，研究部署统筹抓好疫情防控和经济社会发展重点工作	要准确把握国内外疫情防控和经济形势的阶段性变化，因时因势调整工作着力点和应对举措	加快建立同疫情防控相适应的经济社会运行秩序，积极有序推进企事业单位复工复产，努力把疫情造成的损失降到最低限度。要以省域为单元推动经济社会秩序恢复。所辖县区均为低风险的省份，要全面恢复正常生产生活秩序
2020年3月27日	中央政治局会议	分析国内外新冠肺炎疫情防控和经济运行形势，研究部署进一步统筹推进疫情防控和经济社会发展工作	要因应国内外疫情防控新形势，及时完善我国疫情防控策略和应对举措，把重点放在外防输入、内防反弹上来，保持我国疫情防控形势持续向好态势	要在疫情防控常态化条件下加快恢复生产生活秩序。为疫情防控、复工复产和实体经济发展提供精准金融服务。对地方和企业反映的难点堵点问题，要抓紧梳理分析，及时加以解决，推动产业链协同复工复产达产
2020年4月8日	中央政治局常委会会议	听取新冠肺炎疫情防控工作和全国复工复产情况调研汇报，分析国内外疫情防控和经济运行形势，研究部署落实常态化疫情防控举措、全面推进复工复产工作	要统筹推进疫情防控和经济社会发展工作，外防输入、内防反弹防控工作决不能放松，经济社会发展工作要加大力度。要坚持在常态化疫情防控中加快推进生产生活秩序全面恢复，抓紧解决复工复产面临的困难和问题，力争把疫情造成的损失降到最低限度，确保实现决胜全面建成小康社会、决战脱贫攻坚目标任务	坚持在常态化疫情防控中加快推进生产生活秩序全面恢复。因地制宜、因时制宜优化完善疫情防控举措，千方百计创造有利于复工复产的条件，不失时机畅通产业循环、市场循环、经济社会循环。要加大复工复产政策落实力度，加强对困难行业和中小微企业扶持，着力扩大国内需求，有序推动各类商场、市场复工复市，促进生活服务业正常经营，积极扩大居民消费，加快推进投资项目建设，形成供需良性互动
2020年4月17日	中央政治局会议	分析国内外新冠肺炎疫情防控形势，研究部署抓紧抓实抓细常态化疫情防控工作；分析研究当前经济形势，部署当前经济工作	抓紧抓实抓细常态化疫情防控，因时因势完善外防输入、内防反弹各项措施并切实抓好落实，积极引导人民群众做好必要防护，不断巩固疫情持续向好形势，为人民群众生命安全和身体健康、经济社会秩序全面恢复提供有力保障	在常态化疫情防控中经济社会运行逐步趋于正常，生产生活秩序加快恢复。我国经济展现出巨大韧性，复工复产正在逐步接近或达到正常水平，应对疫情催生并推动了许多新产业新业态快速发展。要着力帮扶中小企业渡过难关，加快落实各项政策，推进减税降费，降低融资成本和房屋租金，提高中小企业生存和发展能力。要保持我国产业链供应链的稳定性和竞争力，促进产业链协同复工复产达产

透过疫情期间中央召开的这14次高级别战“疫”会议，充分体会到党中央对于新冠肺炎疫情防控的重视，始终把人民群众生命安全和身体健康放在第一位，充分体现了我们党以人民为中心的执政理念。在抗击疫情中，习近平总书记亲自指挥，亲自部署，全党全军全国各族人民同舟共济，我国疫情防控形势持续向好、生产生活秩序加快恢复的态势不断巩固和拓展。

通过梳理中央会议内容的脉络，我们发现，根据疫情防控形势的发展阶段，会议的主要内容和重点工作也在不断调整。中央针对疫情防控的政策和措施，对于文旅产业来说，具有重要影响。

在疫情发生初期，中央会议的主要工作是全面部署，成立中央应对疫情工作领导小组，向湖北武汉等疫情重灾区派出工作组，指导疫情重灾区的疫情防控工作，推动有关地方全面加强防控一线工作。同时，要求各地减少春节期间大型公众活动，尽量避免人员大规模聚集，切断疫情传播渠道。为了加强疫情防控，作为具有人员流动和人员聚集性特征的文旅活动，肯定是首先被限制和暂停的行业，这也为了我国疫情防控大局所做出的必要牺牲。

在疫情暴发期，确诊病例日渐增多，疫情传播蔓延范围逐渐扩大，中央统筹全局，全力推进疫情防控物资生产，为疫情防控提供物资保障。全国医疗队伍、防控物资驰援湖北武汉等疫情重灾区，一方有难，八方支援，充分体现了中国共产党领导、中国特色社会主义制度的优越性。同时，由于受疫情冲击和影响，很多行业遭受损失，许多企业面临困境，中央提出要加大对重点行业和中小企业的帮扶力度，救助政策要精准落地，政策要跑在受困企业前面。要帮扶住宿餐饮、文体娱乐、交通运输、旅游等受疫情影响严重的行业。文化和旅游部及时出台暂退旅行社企业旅游服务质量保证金政策，缓解旅游企业资金压力，帮助其渡过疫情难关。国家有关部委也陆续出台了相关支持政策，涉及金融服务、税费减免、降低成本等各方面的扶持政策，为企业渡过疫情难关、有序复工复产奠定了基础。

在疫情稳定期，确诊病例逐渐减少，多地连续多日实现疫情“零报告”，国内疫情防控形势持续向好。党中央及时提出，在做好疫情防控的基础上，分区分级推进复工复产，要在疫情防控常态化条件下加快恢复生产生活秩序。国务院应对新型冠状病毒感染肺炎疫情防控机制印发了《企事业单位复工复产疫情防控措施指南》，指导全国企事业单位有序平稳复工复产。文化和旅游部先后下发了《旅游景区恢复开放疫情防控措施指南》《公共图书馆、文化馆（站）恢复开放工作指南》《关于做好旅游景区疫情防控和安全有序开放工作的通知》(与国家卫生健康委联合下发)，指导全国旅游景区、文化场馆有序平稳复工复产。中央还特别提出，要把复工复产与扩大内需结合起来，把被抑制、被冻结的消费释放出来，把在疫情防控中催生的新型消费、升级消费培育壮大起来，使实物消费和服务消费得到回补。国家发展改革委、中央宣传部、文化和旅游部等23个部委联合印发了《关于促进消费扩容提质加快形成强大国内市场的实施意见》，加快完善促进消费体制机制，充分激活和释放市场消费活力，加快市场恢复，为各行各业的复工复产提供强大的市场动力。

二、为疫情防控提供坚强政治保证

中国共产党是中国工人阶级的先锋队，同时是中国人民和中华民族的先锋队，是中国特色社会主义事业的领导核心，代表中国先进生产力的发展要求，代表中国先进文化的前进方向，代表中国最广大人民的根本利益。在疫情面前，共产党员也是疫情防控队伍的先锋队，广大党员敢于担当，责任在肩，守土有责、守土担责、守土尽责，为打赢疫情防控阻击战提供了坚强的政治保障。

为了加强疫情防控工作，强化在疫情防控工作中党的领导，突出党员先进性、模范性、标杆性，让党旗飘扬在疫情防控第一线，为疫情防控提供坚强的政治保证，党中央印发了《关于加强党的领导、为打赢疫情防控阻击战提供坚强政治保证的通知》(以下简称《通知》)。《通知》指出，疫情就是命令，防控就是责任。面对疫情加快蔓延的严重形势，各级党委（党组）要增强“四个意识”、坚定“四个自信”、做到“两个维护”，切实把思想和行动统一到习近平总书记重要指示精神上来，认清肩负的责任使命，按照坚定信心、同舟共济、科学防治、精准施策的要求切实做好工作，牢记人民利益高于一切，组织动员各级党组织和广大党员、干部把打赢疫情防控阻击战作为当前的重大政治任务，把投身防控疫情第一线作为践行初心使命、体现责任担当的试金石和磨刀石，把党的政治优势、组织优势、密切联系群众优势转化为疫情防控的强大政治优势，确保党中央重大决策部署贯彻落实，让党旗在防控疫情斗争第一线高高飘扬。

各级党委（党组）要激励引导广大党员、干部特别是领导干部在疫情防控斗争中挺身而出、英勇奋斗、扎实工作，经受住考验，切实做到守土有责、守土担责、守土尽责。要在疫情防控第一线考察、识别、评价、使用干部，把领导班子和领导干部在疫情防控斗争中的实际表现作为考察其政治素质、宗旨意识、全局观念、驾驭能力、担当精神的重要内容。对表现突出的，要表扬表彰、大胆使用；对不敢担当、作风漂浮、落实不力的，甚至弄虚作假、失职渎职的，要严肃问责。

坚持党的集中统一领导，增强“四个意识”、坚定“四个自信”，做到“两个维护”，凝聚中国力量，坚决服从党中央统一指挥、统一协调、统一调度，为坚决打赢疫情防控阻击战提供坚强的组织领导，增强必胜信心。

三、中央应对疫情工作领导小组统一领导疫情防控工作

2020 年 1 月 25 日，习近平总书记主持中央政治局常委会会议，决定成立中央应对新型冠状病毒感染肺炎疫情工作领导小组，在中央政治局常委会领导下开展工作，加强对全国疫情防控的统一领导，统一指挥。中央应对新型冠状病毒感染肺炎疫情工作领导小组是中共中央根据全国防控新型冠状病毒感染疫情的紧迫形势需要成立的决策指挥机构，中共中央政治局常委、国务院总理任领导小组组长，中共中央政治局常委王沪宁任领导小组副组长。领导小组由国务院总理亲自担任组长，小组成员中有两位政治局常委，可见这个领导小组规格之高，足见党中央对全国疫情防控工作的重视程度之高。

参阅国家有关网站新闻报道，我们将中央应对疫情工作领导小组历次会议内容进行梳理，以了解中央指导全国疫情防控工作的脉络，深刻体会党中央对疫情防控工作的高度重视和周密的安排部署，同时了解党中央对中小企业（文旅产业）的高度关怀和支持（见表 9–2）。

表 9-2　中央应对疫情工作领导小组历次会议内容梳理

会议序号	时间	会议内容	与文旅产业有关的内容	对文旅产业的影响解读
第一次会议	2020 年 1 月 26 日	各级党委政府要把思想和行动统一到习近平总书记重要讲话和中央政治局常委会会议精神上来，把疫情防控作为当前最重要的工作来抓，采取更果断、更有力有序、更科学周密举措，有效遏制疫情蔓延	做好春节假期后疫情防控安排，适当延长春节假期，调整学校开学时间	延长春节假期，工厂企业延迟复工复产，调整学校开学时间，这些都可能会压缩人们在疫情以后的闲暇时间，影响其文化旅游消费需求
第二次会议	2020 年 1 月 29 日	进一步加强湖北省和武汉市疫情防控工作，要迅速组织医用防护服、口罩、护目镜、药品等生产企业复工复产，要切实做好节后人员返程疫情防控工作	进行错峰疏导，指导有关单位允许来自疫情高发地区人员、非紧迫工作岗位人员适当延期返程，对高风险人群延长居家留观时间。湖北等疫情相对严重省市可依法经国务院批准，采取适当推迟开工开业开课等必要措施	疫情高发地区人员、非紧迫工作岗位人员适当延期返程，对高风险人群延长居家留观时间。疫情防控措施会降低这些人群的收入，抑制其文化旅游消费需求。推迟开工开业开课等必要措施，可能会压缩人们在疫情以后的闲暇时间，影响其文化旅游消费需求
第三次会议	2020 年 1 月 31 日	分类指导实施错峰返程。做好疫情防控保障供应工作	湖北省将春节假期适当延长，当前人在湖北、工作在外地的人员同样延长假期，暂不返回工作地，以利于疫情防控。新增病例增长快地区或隐患大地区，履行法定程序后可推迟开工开业开课	疫情防控措施可能会压缩人们在疫情以后的闲暇时间，影响其文化旅游消费需求

续表

会议序号	时间	会议内容	与文旅产业有关的内容	对文旅产业的影响解读
第四次会议	2020年2月2日	同意部分省份根据疫情防控工作需要，春节后在保障疫情防控、公共事业运行、群众生活必需及其他涉及重要国计民生企业、重大工程员工及时返岗的同时，其他行业可采取灵活方式安排工作，以避免节后人群大规模流动，降低疫情扩散风险。引导企事业单位错峰上班、居家办公和农民工分批有序到岗。支持企业尽快复工，建立绿色通道，确保物流配送畅通和销售网点生活必需品及时补货。保障湖北省特别是武汉市疫情防控物资需要	在保障疫情防控、公共事业运行、群众生活必需及其他涉及重要国计民生企业、重大工程员工及时返岗的同时，其他行业可采取灵活方式安排工作，以避免节后人群大规模流动。引导企事业单位错峰上班、居家办公和农民工分批有序到岗	文旅产业既不属于群众生活的必需范围，也不属于涉及重要国计民生的行业范畴，只能采取灵活方式安排工作
第五次会议	2020年2月4日	努力提高收治率和治愈率，降低感染率和病死率。推动医用防护服、口罩等企业加快复工和扩大产能	征用一批酒店、场馆等集中收治轻症患者或观察密切接触者	对于湖北武汉等疫情重灾区，政府征用一批酒店集中收治轻症患者；为医护人员提供住宿餐饮服务，增加收入。全国各地都征用了一些酒店用于安置外地滞留人员或进行隔离观察之用
第六次会议	2020年2月6日	继续集中力量抓好湖北省尤其是武汉市疫情防控。在继续做好科学防控的同时，有序恢复正常生产，既为疫情防控提供更好保障，又维护正常经济社会秩序	在继续做好科学防控的同时，有序恢复正常生产。学校可根据防控需要适当推迟开学，错峰开学	虽然文旅产业还不能全面复工复产，但其他行业的恢复可以为文旅产业的复工积累经验。学校推迟开学，可能会影响人们疫情以后的闲暇时间
第七次会议	2020年2月10日	继续把湖北特别是武汉市等重点地区疫情防控作为重中之重，提高收治率和治愈率、降低感染率和病死率	督促各地在科学有力有序开展联防联控的同时，对阻断物流、阻碍正常复工等方面问题发现一起解决一起	为各行业复工复产创造条件

续表

会议序号	时间	会议内容	与文旅产业有关的内容	对文旅产业的影响解读
第八次会议	2020年2月13日	突出重点、统筹兼顾，分类指导、分区施策，坚决打赢疫情防控的人民战争、总体战、阻击战，努力实现2020年经济社会发展目标任务	各省负责对本省各市县根据疫情合理分类，制定差异化精准防控策略，视疫情有序恢复生产生活秩序	对疫情进行分区分级防控管理，对于疫情级别较低的地区可以适时有序复工
第九次会议	2020年2月17日	全国疫情形势出现积极向好趋势。武汉市和湖北省要继续加大排查力度，扩大床位供给，切实提高收治率、降低感染率	继续加强精准防控，推动有序复工复产。非疫情防控重点地区不得采取封路、劝返等方式阻断交通，影响复工复产	全国疫情形势出现积极向好趋势，非疫情防控重点地区文旅企业加速复工复产
第十次会议	2020年2月20日	高度重视对医务人员保护、关心、爱护，加强各方面支持保障，加快应用临床有效药物救治患者，在做好疫情防控同时推动有序复工复产	会议审议了企事业单位复工复产疫情防控措施指南。会议指出，当前复工复产正在有序推进，指导企事业单位分类精准科学防控至关重要	《企事业单位复工复产疫情防控措施指南》为文旅产业的复工复产提供了疫情防控技术保障
第十一次会议	2020年2月24日	进一步落实分区分级差异化防控策略，毫不放松抓紧抓实抓细疫情防控，扎实推动有序复工复产，恢复正常生产生活秩序，全面打赢疫情防控人民战争、总体战、阻击战，努力实现全年经济社会发展目标任务	部分省份根据本地疫情形势变化已研究调整应急响应级别。下一步要指导各地在省级层面加强疫情态势研判和全面细化部署，以县域为单位采取差异化防控措施，统筹做好疫情防控和经济社会发展。在有防护保障情况下企业正常复工复产，人民群众正常生活，促进经济社会健康发展	落实分区分级差异化防控策略，扎实推动有序复工复产，恢复正常生产生活秩序
第十二次会议	2020年2月27日	继续集中优势医疗资源加大重症患者救治力度，有效降低病亡率，多措并举保障湖北省和武汉市生活必需品供应，细化重点人群疫情防控措施，与世卫组织和有关国家加强国际合作，不断拓展疫情防控形势积极向好态势	各地和相关部门要根据疫情防控情况，将大中小学、幼儿园等开学开园时间原则上继续推迟	学校开学时间继续推迟，可能会影响开学后的周末，甚至暑假时间，这样就会影响学生和家长的闲暇时间

续表

会议序号	时间	会议内容	与文旅产业有关的内容	对文旅产业的影响解读
第十三次会议	2020 年 3 月 2 日	加强疫情形势研判，做好分区分级精准防控，采取务实措施关心关爱防控一线城乡社区工作者，统筹疫情防控和春耕生产，进一步拓展防控形势积极向好态势	全国除湖北以外的其他地区要根据实际调整应急响应级别，并与县域差异化防控结合起来，精准落实复工复产后各项防控措施，减少不必要的人群聚集，有序恢复正常生产生活秩序	文旅消费活动的人员流动性和人员聚集性的特征决定了其复工复产必须服务于疫情防控大局
第十四次会议	2020 年 3 月 5 日	进一步落实和细化关心关爱医务人员特别是一线医务人员的措施，保障好疫情防控期间困难群众基本生活，有序复工复产，促进经济社会发展	对受疫情影响无法外出务工、经营导致临时生活困难的城乡居民，符合条件的及时纳入低保	受疫情影响，许多城乡居民收入减少，这会抑制其文化旅游消费需求
第十五次会议	2020 年 3 月 9 日	继续把防控工作抓紧抓实抓细，防范疫情跨境传播，落实有序复工复产措施，激励真抓实干，统筹推进疫情防控和经济社会发展	面对境外疫情扩散带来的挑战，要加强国际合作，做好出入境防疫，这有利于有序安全的国际人员流动。要推动关口前移，共享出入境信息，采取分区分级分类输入风险管控。在严控疫情输出的同时，对口岸检疫判定的确诊、疑似病例和密接者等入境人员，落实检测、治疗、隔离等措施，加强人文关怀	虽然国内疫情防控形势持续向好，但国外疫情防控形势严峻，这给我国出境游、入境游和国内游都增添了不确定性
第十六次会议	2020 年 3 月 12 日	继续着力抓好武汉和湖北疫情防控特别是重症患者救治，精准防范疫情跨境输入输出，加大困难群众救助力度，采取有效措施推动加快复工复产	调整完善企事业单位复工复产疫情防控措施指南，在有效防止疫情反弹的前提下，指导各地尤其是低风险地区加快全面恢复正常生产生活秩序	低风险地区文旅产业复工复产步伐加快
第十七次会议	2020 年 3 月 16 日	根据疫情最新变化做好科学防控，精准防范疫情跨境输入输出，做好疫情防控后续工作，加快推进全面复工复产、恢复正常生产生活秩序	当前境外输入病例给疫情结束带来不确定性，要精准加强疫情输入输出防控	做好国内居民出境旅游相关提醒

续表

会议序号	时间	会议内容	与文旅产业有关的内容	对文旅产业的影响解读
第十八次会议	2020年3月19日	因时因势调整工作着力点和应对举措，继续做好湖北和武汉的医疗救治、社区防控和后续工作，坚决防止其他地区疫情反弹，精准做好防范疫情跨境输入输出重点工作，加快打通堵点、清除障碍，积极有序推动复工复产	当前境外疫情快速扩散蔓延，我国输入性病例逐渐增多，防控压力持续加大。要加强国际协调合作，做好国际航班疫情防控	暂停跨境国际道路旅客运输
第十九次会议	2020年3月23日	落实中央应对疫情工作领导小组部署，统筹抓好疫情防控和经济社会发展重点工作	在科学精准防控同时，积极有序推进复工复产。各地各部门要及时协调解决疫情防控、企业复工复产。在做好防疫工作前提下，全面恢复城乡道路、公共交通运输服务	全面恢复城乡道路、公共交通运输服务，为文旅产业的恢复奠定了基础
第二十次会议	2020年3月26日	全面科学研判国内外疫情变化，充分认识疫情形势的复杂严峻性，决不可掉以轻心，坚持实施外防输入、内防反弹的防控策略，进一步完善应急和常态化防控结合的措施与机制，做好境内疫情精准防控，抓紧抓实抓细防范跨境输入输出措施，在科学精准防控同时积极有序推动复工复产	境外疫情大流行呈加速趋势，我国防输入压力持续加大	境外疫情的严峻形势给我国入境疫情防控增加了压力，同时，给我国文旅产业的恢复增添了不确定性
第二十一次会议	2020年3月30日	针对国内外疫情防控形势新的重大变化，将应急措施和常态化防控相结合，及时完善防控策略和应对举措，进一步做好无症状感染者防控工作，推动经济社会发展早日步入正常轨道	必须突出做好无症状感染者监测、追踪、隔离和治疗。要有针对性加大无症状感染者筛查力度，将检测范围进一步扩大至新冠肺炎病例和已发现的无症状感染者的密切接触者、有特殊要求的重点地区和重点人群等	无症状感染者也具有传染性，也能成为传染源，这为疫情防控增加了难度，也为文旅产业的恢复增添了不确定性

续表

会议序号	时间	会议内容	与文旅产业有关的内容	对文旅产业的影响解读
第二十二次会议	2020年4月2日	排查和消除防控中的风险隐患，针对薄弱环节加强陆地边境防范疫情输入工作，完善聚集性疫情防控措施。坚持实事求是、公开透明发布疫情信息，不得瞒报漏报迟报。在科学精准防控同时有力有序推动复工复产提速扩面	要统筹推进疫情防控和经济社会发展工作。坚持应急处置和常态化防控相结合，有力有序积极推进复工复产。采取有效措施加大企业尤其是中小微企业帮扶纾困力度，推动全产业链协同复工、尽快达产，努力保障供应链稳定，结合补短板、发展壮大新兴产业和保障改善民生等扩大国内有效需求，加大改革力度更有效激发市场主体活力，增强经济回升动力	政府出台的政策帮助文旅企业纾困，助力文旅产业复工复产
第二十三次会议	2020年4月6日	对关键环节和风险点继续做好疫情防控，决不能掉以轻心	坚持应急处置与常态化防控相结合，分区分级恢复生产秩序，有力有序推动复工复产提速扩面。合理安排复工复产中的人员流动，尽量减少不必要的人员聚集和集体活动	分区分级恢复生产秩序，文旅产业逐步复工复产
第二十四次会议	2020年4月9日	有针对性动态加强境外疫情输入防范，进一步完善防范境内疫情反弹的措施，巩固我国疫情防控阶段性成效，全面推进复工复产，加快推进生产生活秩序全面恢复	在做好常态化防控同时，要积极创造有利条件推进全面复工复产，促进内需加快恢复回升，帮助各类企业特别是中小微企业渡过难关，帮助受疫情影响较大的群众解决就业、生活等方面实际困难，加大力度推动经济社会发展	文旅企业是政府需要重点支持的对象，以帮助其渡过疫情难关
第二十五次会议	2020年4月13日	动态完善防范疫情跨境输入举措，提高针对性有效性。加强精准防控和规范处置，排查消除疫情反弹风险隐患，为推进全面复工复产创造有利条件	加强境外疫情跨境输入防范。继续严格口岸管控，尽可能减少不必要的人员跨境流动	境外疫情跨境输入防范压力巨大，为文旅产业的恢复增添不确定性

续表

会议序号	时间	会议内容	与文旅产业有关的内容	对文旅产业的影响解读
第二十六次会议	2020年4月16日	毫不松懈做好精准防控，突出重点加强边境地区、口岸城市疫情防控，排查消除聚集性疫情风险隐患，有力有序推动复工复产提速扩面	要统筹推进疫情防控和经济社会发展，抓紧梳理总结各地好的经验做法，完善常态化防控下推进全面复工复产的措施。找好精准防控和推动经济社会秩序恢复的工作结合点，促进区域之间人员和要素正常流动、各类经济活动正常开展，为经济社会发展营造好的大环境	各地在做好疫情防控的基础上，加紧文旅产业的复工复产
第二十七次会议	2020年4月22日	根据境内外疫情新情况，突出重点做好精准防控，加固防控薄弱环节，坚决防止疫情反弹。在常态化防控中全面推进经济社会秩序恢复	国务院联防联控机制要优化疫情风险等级确定标准，更精准反映各地区风险状况，适应常态化防控和复工复产需要。周密做好“五一”假期出行、旅游等疫情防控	鉴于国际国内疫情防控形势，各地学校都在为复学积极准备，因此，2020年“五一”假期期间，文化旅游市场应该不会出现大规模井喷增长

中央应对疫情工作领导小组是中共中央根据全国防控新型冠状病毒感染疫情的紧迫形势下需要成立的决策指挥机构，在中央政治局常委会的领导下开展工作，加强对全国疫情防控的统一领导，统一指挥。中央应对疫情工作领导小组自成立以来，平均3~4天召开一次会议，分析疫情防控形势，指导全国疫情防控工作，充分体现了党中央对于疫情防控工作的重视，体现了我们党执政为民的宗旨。目前，国内疫情防控形势持续向好，中央应对疫情工作领导小组统筹疫情防控和经济恢复发展，根据分区分级原则，有序引导企事业单位复工复产。

中央应对疫情工作领导小组在三个月的时间内，先后召开了27次会议，领导、指挥和部署全国的疫情防控工作，这么密集的高规格会议是绝无仅有的。中央应对疫情工作领导小组系列会议的召开，研究部署了我国的疫情防控工作，实施了系列切身有效的防控措施，指导我国疫情防控工作扎实推进，为坚决打赢疫情防控阻击战起到了关键作用。另外，中央应对新型冠状病毒肺炎疫情工作领导小组还出台了相关文件，指导各有关单位完善和落实防控措施。

医务人员是疫情防控的中坚力量，决定着疫情防护的成败。在抗击新冠肺炎疫情主战场，广大医务人员夜以继日、连续奋战，被人民群众称赞为“最美逆行者”。这些白衣天使，他们也是穿着白衣的战士，每天都在与死神赛跑，尽最大努力去救治每一位疫情患者。但脱去“战衣”，他们也是普通人，他们是父母的孩子，是孩子的父母，和我们一样，他们也需要关爱和保护。由于新冠病毒具有较强的传染力，许多医务人员在工作时被感染。为加强对医务人员的保护，2020 年 2 月 22 日，中央应对新型冠状病毒感染肺炎疫情工作领导小组印发《关于全面落实进一步保护关心爱护医务人员若干措施的通知》（以下简称《通知》），《通知》要求从多方面落实保护关心爱护医务人员，包括提高疫情防治人员薪酬待遇，做好工伤认定和待遇保障，实施职称评聘倾斜措施，落实一线医务人员生活保障，加强医务人员个人防护，确保轮换休整到位，做好心理调适疏导，落实有困难家庭的照顾帮扶，创造更加安全的执业环境，开展烈士褒扬和先进表彰等。

随着时间的推移，各地迎来了春耕生产的时节，为稳定全国粮食生产，2020 年 3 月 2 日，中央应对新冠肺炎疫情工作领导小组印发《当前春耕生产工作指南》（以下简称《指南》）。《指南》明确指出要落实粮食安全省长责任制，把做好春耕生产工作作为责任制考核的重要内容，各省（自治区、直辖市）粮食播种面积和产量要稳定在上年水平。《指南》要求，要确保春播粮食面积，分级、分类尽快恢复春耕生产秩序，分区按时抓好春管春耕，在做好疫情防护的基础上，确保 2020 年的粮食生产再获丰收。

为了加强疫情防控，全国各地纷纷实施各种严格的防控措施，封城、封路、封社区（封村）。各项疫情防控措施的实施都要具体落实在基础，这就凸显了一线城乡社区工作者的重要性。社区工作人员通过多种途径给社区居民宣传疫情防控知识，取得大家的理解和支持。为了全面摸排社区居民感染情况，社区工作者挨家挨户进行排查，全面掌握情况，务必不漏掉一人。对于疑似病例人员或从重点地区归来人员，进行隔离观察。及时上报社区人员身体状况，贯彻落实各项防护措施。由于社区封闭管理，居民无法外出，社区工作人员定期给居民进行采买，确保居民正常生活所需。可以说，新冠肺炎疫情发生以来，广大城乡社区工作者贯彻落实党中央、国务院决策部署，坚守岗位、日夜值守，英勇奋战在疫情防控一线，为遏制疫情扩散蔓延做出了重要贡献。为激励广大城乡社区工作者不畏艰险、勇往直前，2020 年 3 月 3 日，中央应对新冠肺炎疫情工作领导小组印发《关于全面落实疫情防控一线城乡社区工作者关心关爱措施的通知》，提出了八项具体措施关心关爱疫情防控一线城乡社区工作者。具体包括，对城乡社区工作者适当发放工作补助，切实做好城乡社区工作者职业伤害保障，改善城乡社区工作者防护条件，切实为城乡社区工作者减负减压，保障城乡社区工作者身心健康，加强城乡社区工作者关爱慰问，开展城乡社区工作者表彰褒扬，加大城乡社区工作者先进典型宣传力度。

2020 年 3 月 6 日，中央应对新冠肺炎疫情工作领导小组印发《关于进一步做好疫情防控期间困难群众兜底保障工作的通知》（以下简称《通知》）。《通知》要求，要切实做好兜底保障工作，更好解决疫情防控期间部分群众面临的突发性、紧迫性、临时性生活困难，以及特殊困难人员基本照料服务需求，织密织牢社会安全网，坚决打赢疫情防控人民战争、总体战、阻击战。受疫情影响，交通受阻，农民工无法正常外出打工，城镇居民无法复工生产，在外地滞留人员会面临生活困境，疫情确诊人员家庭会陷入困难，这些特殊对象都在通知文件中予以兜底保障。

正是由于党中央高度重视，习近平总书记统揽全局，亲自指挥，全党带领全国人民万众一心、同舟共济、共抚疫情，为全国疫情防控工作奠定了坚强的政治保证。

四、各级党组织和党员身先士卒

新冠肺炎疫情发生以来，在党中央的坚强领导下，各级党组织和党员同志身先士卒，挺身而出，积极落实和完善疫情防控措施，把人民群众生命安全和身体健康放在第一位，坚决遏制疫情蔓延势头。各地把疫情防控工作作为当前最重要的工作来抓，全国 31 个省（自治区、直辖市）依法依规启动重大突发公共卫生事件一级响应，全面动员，全面部署；各地各部门迅速行动，一系列防控、治疗、保障举措和机制落地，各项防控救治工作有序展开，一场没有硝烟的疫情防控阻击战全面打响，一名名共产党员挺身而出，一个个战斗堡垒巍然矗立，鲜红的党旗在疫情防控斗争第一线高高飘扬。在疫情面前不退缩、勇担当！无怨无悔！堡垒无言，却能凝聚强大力量；旗帜无声，却能鼓舞磅礴斗志。各级党组织和广大党员干部冲锋在前、奋战一线，把初心写在行动上，把使命落在岗位上。党员干劲更充足，人民群众信心更坚定，这股合力为疫情防控注入了强大的正能量。

面对疫情，广大医护人员毅然前往，特别是医护人员中的党员同志，主动申请到疫情一线，主动请缨到疫情重灾区，他们成为“最美逆行者”，与时间赛跑、跟病毒搏击，在病毒面前筑起一道道健康防线，为人民群众撑起一道道健康保障。广大党员干部把疫情防控作为巩固拓展“不忘初心、牢记使命”主题教育成果的重要检验，疫情在哪里，他们就战斗在哪里，以实际行动让党旗在全国防控疫情斗争一线高高飘扬。

基层党组织是党全部工作和战斗力的基础。哪里有疫情、有群众，哪里就有党组织坚强有力的领导和扎实有效的工作。面对新冠肺炎疫情的严峻形势，必须加强党中央集中统一领导。坚持党中央集中统一领导是打赢这场疫情防控阻击战的政治保障。事在四方，要在中央。党中央是总揽全局、协调各方的。只有坚持党中央的集中统一领导，全国上下服从党中央统一领导、统一指挥，坚定不移地把党中央各项决策部署落到实处，众志成城、团结奋战，才能打赢疫情防控的人民战、总体战、阻击战，才能保障人民群众生命安全和身体健康，才能保证我国经济社会大局稳定。基层党组织发挥战斗堡垒作用是打赢疫情防控阻击战的基础。治国安邦，重在基层；管党兴党，重在基础。党的基层组织是党的全部工作和战斗力的基础，担负着推动发展、服务群众、凝聚人心、促进和谐的重要责任，是团结带领党员干部群众贯彻党的理论和路线、方针、政策，落实党的任务的战斗堡垒。基层党组织遍布于社会各领域，与广大人民群众有着最直接、最广泛的联系，在我国经济社会发展中发挥着不可替代的重要作用，是我们党执政的根基。当前，为了全面打赢疫情防控阻击战，必须做好抓基层、打基础的工作，使每个基层党组织都成为坚强的疫情防控战斗堡垒。在疫情防控过程中，基层党组织必须充分发挥战斗堡垒作用，把广大党员全面动员起来，发扬不畏艰险、无私奉献的精神，坚定站在疫情防控第一线，做到哪里有急难险重的任务，哪里就有党组织坚强有力的工作，使各级基层党组织的核心作用、政治优势、组织优势、密切联系群众优势得到充分发挥。

疫情就是命令，防控就是责任。各级党组织领导班子和领导干部特别是主要负责同志坚守岗位、靠前指挥，做到守土有责、守土担责、守土尽责，基层党组织和广大党员发挥战斗堡垒作用和先锋模范作用，紧紧依靠人民群众坚决打赢疫情防控阻击战。这是一场生与死的较量，一场用生命与忠诚兑现誓言的战斗。疫情面前，用决心和行动再次阐释中国共产党何以能够历经磨难而奋起、历尽百折而不挠，不断夺取前进道路上无数“娄山关”“腊子口”，让人们更能深切理解“办好中国的事情，关键在党”这一论断的深刻内涵和价值所在，认识到“坚决维护党中央权威，健全总揽全局、协调各方的党的领导制度体系”的重要性与必要性。

在此次疫情中，我们看到了党员走在最前线的决心和勇气，在国家困难的时刻一名又一名的党员走在了困难之前，病毒就是敌人，防控疫情就是一场战争。能否打赢这场攻坚战，既取决于党的领导，又取决于每一位党员同志的付出和支持。“抗击疫情，党员当先”展示了共产党员先锋模范作用。“喊破嗓子，不如做出样子”，一名共产党员就是一个排头兵，共产党员的战斗力，需要艰难来考验，需要实践来检验。当前疫情肆虐，正是考验共产党员先进性和模范性的关键时刻，是考验一名党员党性的试金石。在抗击疫情这一特殊战场上，活跃着一大批特别能战斗的队伍：共产党员冲在最前面，他们置个人安危于度外，担负着阻断疫情进入场所的艰巨任务。许多党员有“用生命对待事业”的职责担当，把危险留给自己，把安全留给别人。广大基层党组织和广大党员在党的领导下，义无反顾，踊跃请战，迅速奔赴武汉防控疫情的主战场和全国各地分战场，党员这面鲜艳的红旗插遍了防控疫情的祖国大地，极大地鼓舞了全国人民的斗志和战胜疫情的信心。村头电线杆上的大喇叭响起来了、土味十足但接地气的老百姓喜闻乐见的宣传标语挂起来了，街头巷尾也敲起了宣传的锣鼓，防控疫情的“三句半”、顺口溜等各种段子层出不穷，大家惊叹高手在民间。人民群众的行动既是防控疫情的重要工作，也调节了严峻复杂形势带来的紧张心理压力。人民群众中蕴含着巨大的智慧和力量。回望历史，我们党紧紧依靠群众、有效组织群众，凝聚起改天换地的实践伟力。疫情在哪里，党员干部就战斗在哪里。各级党组织党员干部坚守工作岗位，靠前指挥，深入防控疫情第一线，面对疫情及时掌握，及时发声指导，及时采取行动，做到了守土有责，守土尽责。同时号召广大党员干部把做好疫情防控工作作为巩固拓展“不忘初心、牢记使命”主题教育成果的重要战场，坚定信心，振奋精神，迎难而上，守护好人民群众的生命安全和身体健康。

一个党员就是一面旗帜，广大党员发挥模范带头作用是打赢疫情防控阻击战的关键。党员是党的肌体最基本的细胞。在上面要求人，在后面推动人，都不如在前面带动人。共产党员带头冲在前、干在先，是我们党走向成功的关键。从革命战争年代无数共产党员“跟我上”的呐喊，到中华人民共和国成立后涌现出的一大批像焦裕禄、谷文昌、杨善洲、张富清这样的英雄模范率先垂范，正是无数共产党员不忘初心、牢记使命，充分发挥党员先锋模范作用，始终将群众的切实利益放在各项工作的第一位，带头走在最前面，为广大群众树立榜样，才能使党的事业蒸蒸日上，才能使党战胜和克服前进道路上的各种艰难险阻，不断开创各项事业发展的新局面。打赢疫情防控阻击战是党中央向全党全国发出的动员令，是当前全党最重要的工作。新冠肺炎疫情的暴发，不仅给我国的经济造成了严重影响和冲击，更是威胁到了我国人民的生命安全和身体健康。这种特殊时刻正是需要体现我们党性的时刻，在祖国和人民需要的时候，能不能挺身而出、能不能冲锋在前，是检验党员对党和人民是否忠诚的试金石。广大党员在疫情防控工作中，特别是在一些紧要关头和危急时刻，必须发扬大无畏精神，迎难而上、勇挑重担，在疫情防控一线亮身份、见行动、作表率，切实把责任扛起来，把标杆立起来，奋不顾身地冲在疫情防控最前沿，真正成为疫情防控的“主力军”、群众依靠的“主心骨”。面对新冠肺炎疫情，各级党组织和党员干部必须牢固树立以人民为中心的工作导向，始终牢记人民利益高于一切，发扬不畏艰险、无私奉献的精神，增强“四个意识”、坚定“四个自信”、做到“两个维护”，从思想上、政治上、行动上同以习近平同志为核心的党中央保持高度一致。全国人民在中国共产党的坚强领导下，心往一处想、劲往一处使，形成无坚不摧的磅礴力量，就一定能打赢这场疫情防控阻击战。为打赢疫情防控阻击战，不少医院设置党员先锋岗、党员责任区、党员攻关组。广大党员报名在前、战斗在前、引领在前，坚守在最困难、最危险的岗位上。上海华山医院感染科党支部书记、主任张文宏铿锵有力地说，“党员要上前线，现在就是前线，没有讨价还价的余地，我是支部书记，我先上，别的党员也必须顶上”。这些党员同志义无反顾，只因人民需要。84 岁高龄的中国工程院院士钟南山临危受命，奔赴疫情最严重的地方。他们在群众最需要的时候挺身而出，争当抗击疫情排头兵，以实际行动擦亮共产党人的金字招牌，有力彰显了共产党员的政治本色和过硬作风。

广大党员英勇无畏抗击疫情的牺牲精神，极大地感染和影响着身边群众。现在，越来越多的人主动向党组织靠拢，各地区各医院都有一大批优秀分子向党组织提出了入党申请。抗击疫情，众志成城。在党中央的坚强领导下，各级党组织和广大党员发挥战斗堡垒和先锋模范作用，广大医务工作者恪尽职守、忘我工作，社会各界团结一心、共克时艰，为打赢疫情防控阻击战汇聚起了磅礴力量。

党的领导是社会主义集中力量办大事的坚强政治保证。坚持全国一盘棋，调动各方面积极性，集中力量办大事是我国国家制度和国家治理体系的显著优势之一。中华人民共和国成立 70 多年来，在中国共产党的领导下，坚持全国上下一盘棋，集中力量办大事，战胜了诸多风险挑战，迎来了中华民族伟大复兴的光明前景。面对这场突如其来的疫情，在党中央坚强领导下，举国上下万众一心勇向前、众志成城战疫情。

所有这一切都印证着中国特色社会主义集中力量办大事的显著优势。其力量来源于全国同胞守望相助的团结意志，来源于党和人民生死与共的血肉联系，是我们办成一切大事难事、战胜一切风险挑战的根本保证。坚持党对一切工作的领导是全国各族人民的利益所在、幸福所在。坚持以人民为中心的发展思想，不断保障和改善民生、增进人民福祉。中国共产党是中国特色社会主义事业的领导核心，自党诞生之日起，就以谋求民族复兴与人民幸福为己任，党的近百年奋斗史，实际上就是为人民谋幸福、为民族谋复兴的奋斗历史。正因如此，历史和人民才坚定地选择中国共产党领导，才坚定地得出这一结论——坚持党对一切工作的领导，是党和国家的根本所在、命脉所在，是全国各族人民的利益所在、幸福所在。

“没有一个冬天不可逾越，没有一个春天不会来临。携起手，肩并肩，不惧风浪，直面挑战，迎接春暖花开！”

此次新冠疫情的暴发，再次体现了中国共产党领导和社会主义制度的优越性。在党中央的坚强领导下，全国人民众志成城、共克时艰，一方有难，八方支援。全国各地和军队的344支医疗队，42332名医务工作者先后驰援湖北，无数的物资聚集湖北。全国19个省对口支援湖北16个地级市，助力湖北疫情防控。这在其他国家是无法想象的，也是很难做到的。

中华人民共和国成立以来，在中国共产党的坚强领导下，英勇的中国人民战胜了许多艰难困苦，如1959—1961年的自然灾害，1976年的唐山大地震，1998年的特大洪灾，2003年的非典型肺炎疫情，2008年的四川汶川地震……我们相信，在党中央的坚强领导下，我们同样能够战胜新冠肺炎疫情，坚决打赢疫情防控阻击战。

此次新冠肺炎疫情防控的过程再一次证明了中国共产党的领导、中国特色社会主义制度的优越性。中国共产党自成立以来就以人民为根本，中国共产党人没有个人私利，党的一切工作都是为人民服务。如果没有中国共产党的坚强领导，我们如何能够战胜新冠肺炎这场浩大的疫情？如果没有中国特色社会主义制度的保障，我们如何应对这次疫情浩劫？无论是医院的疫情治疗一线，还是社区的一些对疫情防控的基础工作者，还有活跃在全国各地的疫情防控志愿者，这些队伍的主力军都是党员。他们虽然年龄不同、民族各异，但他们都有一个共同的名字——共产党员。他们都是共产党员，都有坚定的党性。在疫情面前，在人民群众的生命安全受到威胁的时候，他们勇往直前，义无反顾，冲到疫情防控的第一线。他们总是将危险留给自己，把安全留给人民群众。共产党员并不是超人，在平时他们和我一样普通，但是在疫情期间，在人民群众生命安全遇到威胁的关键时刻，他们毫不犹豫挺身而出，冲到疫情防控一线，为人民群众筑起安全屏障。共产党员也有血有肉，他们并不是对新型冠状病毒免疫，他们中的许多人也因感染新冠肺炎而憾然离世。但是他们知道自己的身份、自己的定位、自己的担当。这就是共产党人的责任，这就是共产党人的初心和使命。当我们面对鲜红的党旗，郑重举起右手，掷地有声地宣读入党誓言的时候，我们都已经时刻准备好，把自己的一切献给党，献给人民。

现在，在党中央的坚强领导下，全国的疫情形势持续好转，但我们不能掉以轻心，不到最后一刻绝不轻言胜利。况且，国际疫情防控形势依然严峻，近期接连出现境外输入型确诊病例，这给我国的疫情防控工作造成了较大压力。纵观国际疫情防控形势，相比其他国家甚至西方国家疫情防控成效，我们不由自主地庆幸我们生在一个伟大的国家，从内心深处深刻感受到作为中国这个大家庭一员的骄傲和自豪。在中国共产党的坚强领导下，我们能够快速行动，动员全国国力，采取有效措施，使一个具有 14 亿人口的大国的疫情在较短时间内能够取得明显成效，这是在其他国家不可想象的，也是难以复制的成就。

第二节　构建文旅产业危机管理机制

新型冠状病毒性肺炎疫情暴发以来，文旅产业被认为是受到影响最直接和最严重的产业之一。这几年，中国文旅产业迎来高速增长的局面来之不易，突发疫情对文旅产业的影响是最直接、最深刻、最严重的，哪怕疫情很快得到控制，对中国文旅产业来讲，恢复游客的信心以及文旅企业的重整旗鼓，也都需要时间。所以说，对中国文旅产业而言，2020 年都将是一次大考，甚至是整个行业的一次艰难时期。在全国越来越多的地区，文旅产业都被当作最重要的战略性支柱产业来对待，成为内外部资本在当地投资的重要产业通道和项目载体。国内文旅产业喜人的发展形势，快速增长的旅游人数，不仅直接带动了当地的消费增长，还为很多地区的人力资源结构的优化带来了新的可能，这些因素的叠加，让文旅产业客观上已经成为很多地区发展的最关键的动力来源和发展引擎。如果文旅产业遭遇断崖式下跌和产业链化的打击，就像文旅产业对地区发展的综合带动一样，负面影响也是综合性的。在这样的情况下需要尽快做出具体的救济安排，以防发生影响整个文旅产业的系统性风险，而一旦文旅产业发生系统性风险或波及产业链完整性的打击，对整个中国经济的影响都将是直接而深远的。

突如其来的疫情给处在发展快速上升期的文旅产业造成了严重影响，文旅产业系统在及时响应、果断施策的同时，对产业发展面临的短期困难也要充分估计。文化和旅游产业要不断发挥主观能动性，在疫情防控中总结经验、吸取教训，补齐短板、创新思路，全面提升产业危机应对能力，最大限度地减少突发事件对产业的影响。

本次疫情事件对文旅产业的影响我们需要辩证地来看，首先从一方面来说，要充分认识疫情事件对文旅产业带来的危机。当疫情袭来时，文旅产业成了遭受冲击最明显的产业之一，也成为防疫工作的第一线。春节假期历来都是文旅产业创收的“黄金周”，按照往常，许多家庭会早早安排出行旅游的计划，文旅企业也都严阵以待准备客流高峰的到来。但 2020 年这场突如其来的疫情阻断了成千上万人的出游活动。为避免大量人员流动引起的交叉感染，全国各地景区陆续宣布关闭，旅行社及在线旅游企业暂停经营团队旅游及“机票 + 酒店”产品，众多涉旅企业在积极贯彻落实党中央决策的同时，也在蒙受着巨大的经济损失。根据文化和旅游部数据中心综合测算，2019 年春节假期全国旅游接待总人数 4.15 亿人次，实现旅游收入 5139 亿元。基本可以确定，2020 年这两个数据同比会出现较大降幅，甚至全年旅游收入都会因此次疫情受到重大影响。但是，从另外一方面来看的话，也可以将疫情事件看作提升行业治理能力的一次契机。事实上，危机的发生并不可怕，可怕的是没有有效的应对机制，导致决策失误、处置失当引发事件恶化。历史告诉我们，旅游业向来都是与战争、疫情、天灾、经济风波、恐怖活动等危机事件相伴随。以旅游为目的的人口流动已经成为目前中国人口流动的重要组成部分，2019 年，全国旅游人数超过 60.1 亿人次，旅游总收入超过 6.5 万亿元，这种流动性背后所带来的社会治理效应和管控治理难题日渐成为常态。本次突如其来的疫情正是对旅游治理水平的重大考验。仅在 1998 年的亚洲金融危机之后，我国旅游业就先后经历了 2003 年“非典”、2008 年汶川地震、2017 年九寨沟地震等重大危机事件。但每次危机之后，旅游业总体依然呈较快的增长态势，其作为朝阳产业的性质并没有发生变化。但是，在本次疫情带来的公共危机中，能否有效处理危机事件，直接反映出了旅游业的治理能力如何。各类旅游行业协会、商业协会等机构应发挥重要作用，凝聚行业人心，认清发展趋势，积极探索、完善行业危机治理的对策，做好系统治理、依法治理、源头治理、综合治理，推动治理体系和治理能力现代化建设，创新应对各种挑战，尽可能减少负面影响，实现旅游业善治。事后还应及时总结经验与教训，为今后进一步强化危机管理夯实基础。

新冠肺炎疫情的暴发充分暴露出文旅产业在危机治理过程中存在的短板，这警示我们要构建应对突发事件的现代旅游治理体系，不断提升旅游治理水平，党政统筹，多方共建，文旅和卫生部门联动监控，文旅企业联防联控管理，居民和游客监督支持，智库及媒体科学研判。完善公共旅游安全规划，把公共旅游安全规划纳入全域旅游体系中，出台应急预案和旅游安全保障方案，整体提升旅游环境的卫生水平，如旅游厕所应备有必备的耗材，包括卫生纸、清洁液、消毒剂等。对文化旅游行业处置涉文旅突发公共事件起到指导和推动作用，提升文旅行业应急处置水平。

文旅产业有敏感性的一面，易受各种突发事件影响和冲击，但也是危机过后有望较快恢复的产业。尽管产业发展遇到了暂时困难，但是我们相信，在党中央、国务院坚强领导下，我们有能力打赢这场疫情防控阻击战。中国经济长期向好发展的趋势不会变，疫情过后，中国文旅产业定将重回快速发展轨道。当然，这在很大程度上也提示我们，在管控之后，需要尽快开始思考的是，因为这样休克式的管控措施和后续的严格执行，也让很多机构和企业的市场收入严重下滑，不仅没有了收入，可能还要面对给游客的赔付，一些公共文旅服务机构可能还好，但对一些市场化的文旅企业和服务机构来讲，打击或将是致命的——考虑到春节文旅消费的重要性，很多文旅企业其实在疫情防控之前就已经做了大量的投入准备，这些投入基本上打了水漂，成为沉没成本，对这些企业的健康运转将产生巨大影响，甚至会导致倒闭。而且，这种影响不仅是针对具体企业和机构层面的，还可能是区域甚至全国性的，也可能是涉及整个文旅产业的，因为对很多地区而言，春节期间的旅游人数和旅游收入甚至占到了全年的 10% 以上，有的地区可能还要更高，再加上这种管控可能带来的额外成本开支，影响可能是全局性的。所以，政府对这些市场化的文旅企业和机构做出纾困举措是非常必要的，这不仅是对文旅企业和机构在大局面前自我断腕式贡献的肯定，也是为这些企业的健康发展甚至生死的考虑，而这些企业的生死将牵涉到中国文旅产业的健康发展和可持续发展问题。

由于文旅产业的高关联性，疫情的影响不但可以通过产业链条影响到整个文旅产业的发展，甚至可以通过乘数效应影响到整个社会经济。因此，构建文旅产业的危机管理机制就显得极为迫切而且犹为重要。危机管理就是根据危机发生的不同阶段，采取不同的措施，对危机进行有效的管控，有效降低危机的危害性。

一、建立危机管理机制

建立旅游危机管理机制，要把旅游业的危机管理作为日常性工作加以确立，不断完善旅游应急管理体系。在突发疫情面前，文旅产业普遍暴露出了产业内部存在的体系化、制度化的应急措施的缺乏。所有的应对行动更多的是临时性的决策，这就难免出现很多的慌乱、无序、散失和错误操作等。要高度重视文旅产业危机管理工作，发挥各级政府、文旅主管部门、行业组织和文旅企业等主体作用，建立分类管理、分级负责、条块结合、属地管理为主的应急管理体制，完善快速反应处置机制。坚持应急处置与预防工作相结合，做好常态下的风险评估、预案管理、预案演练和应急准备工作，提高文旅产业应急系统的整体救援能力，确保整个系统有效、有序、正常运转。

构建文旅企业危机的预警机制，加强危机的预防，以最少的代价获得最大的危机管理效果。在平时注意企业各种数据的收集、信息的处理，在危机的萌芽或初期就能够及时识别和分辨危险信号，可以及时采取相关措施，防止危机继续恶化。牢固树立危机意识，时刻绷紧危机意识的弦，一刻都不能放松。将危机管理内容纳入企业培训，注意加强企业员工的危机管理培训，让企业全部员工都高度重视危机管理，保持高度敏感的危机意识。

强化危机管理培训，引导和培养旅游者良好的危机心理素质，面对危机不惧怕、不惶恐；提高个人应对危机的能力。这里一方面包括广泛宣传介绍各种形式危机的应对措施，如安全事故中的紧急自救、酒店火灾时的逃生技能和其他诸如海啸等灾害的常识，能正确辨认灾害暴发的征兆，提前预防。另一方面也包括在旅游目的地宣传和标识安全警语，特别是旅游目的地爆发概率最大的危机。调整旅游者个人行为模式。要引导旅游者出游方式的多元化；引导旅游者旅游活动的时空选择多元化；引导旅游者主动承担旅游行为的社会、生态责任，促使旅游者接受生态化的旅游行为模式；引导旅游者改变不良的日常行为模式，推广文明的日常行为和旅游行为模式；引导旅游者逐步提高旅游目的的层次。危机管理方案启动的时机很重要，过早没有必要，迟了会对旅游目的地危机管理造成消极影响。这就需要管理者在掌握足够信息的基础上，果断决策，及时启动预先设计的危机管理方案，因为危机的形式、规模是无法事先预测的，因此危机管理方案还必须保持足够的弹性，随时根据情况的变化做出相应调整。在危机事件的初期，往往是流言四起、消息混乱，旅游者容易听信这些流言。这时就要加强危机公关宣传，通过正规渠道公布相关信息，让旅游者及时获得权威信息。

国内旅游行业发展四十余年来，随着国家对旅游行业的各种支持，加上优质项目的示范效应，各类景区纷纷开发上马，供给总体过剩。此次疫情所暴露出来的问题值得我们认真思考与探索，国家层面旅游行业法律、法规不完善，这势必会影响行业发展，也影响行业效益和应对风险的能力。所以政府应从总体进行把控，对旅游行业进行改革。疫情结束后国家可优化完善当前的《旅游法》，按照法规要求，各级政府加强对辖区范围内旅游景区的布局、规划和开发的规范和监督，从源头上控制同质化、重复性项目，将不具备开发条件和运营条件的项目坚决剔除，减量增质。政府可出台关于文旅行业重大公共安全事件的应急处理预案和专项支持性政策。一是遇到重大公共安全事件时旅游企业能够上下联动，快速响应，科学应对，以减小旅游企业损失；二是出台政策为特殊时期受损的旅游行业提供专项资金支持，包括优惠信贷支持、降息免息、减税免税等，帮助旅游企业渡过难关。制定灵活的假期政策和高速免费政策。同时，将国家法定节假日免高速通行费政策灵活安排，让人民在免费天数中自由选择出游日期。从而减少旺季游客扎堆出游的现象，拉长旅游企业经营时间，这样有利于旅游企业平稳运营，降低游客旅游风险和旅游企业接待压力。国家将推出文旅产业应对重大突发事件的多元策略体系和运行机制，这将有效避免未来新的疫情出现后文旅产业可能出现的困局，让文旅产业能够在疫情突发时刻，在国家应对政策指导下实现积极、平稳过渡。

二、建立文旅产业危机管理救治机制

一旦危机发生，就需要完善的危机管理救治机制发挥作用，才能降低危机事件对于文旅产业的危害。2003 年非典型肺炎疫情暴发后，中国政府将其界定为“一场突如其来的灾害”，这就避免了其演化为复杂的社会危机。实施危机隔离与救助，由于危机具有不确定性，并且演变迅速，所以必须对危机进行隔离，这样就可以保持社会公共生活的正常，避免可能造成更大的公众心理伤害。世界各国都从“损失小利益，保护更大利益”的原则出发，以达到更好地保护公民权利的目的。与此同时，针对危机暴发的影响旅游目的地管理机构采取的救援行动，对受到伤害的旅游者实施救助。采取行动阻止危机的蔓延和破坏，尽可能地降低危机造成的消极影响。

此次疫情结束后，我们认识到建立文旅产业发展储备资金制度尤为重要，根据文旅产业的性质，结合文旅产业发展较为成熟的发达国家的经验，我们必须建立从中央到地方的文旅产业发展储备基金制度，这个基金在正常时间可以作为风险较低的投资使用，在特殊时期可作为补贴资金对遭受重大损失的业态和企业实施能够使其基本生存的补助。文旅主管部门要有专门负责重大灾害和不可抗力下文旅企业的经营情况和损失的调查评估部门和第三方工作机制，对重大疫情等灾害影响的本区域文旅企业的状态建立台账，做到胸中有数；在重大疫情和灾害面前，不但要有针对主体灾情的应对和处理机制，还要建立诸如产业受损层面的“次级”灾情应对和处理机制，将治理体系的“价值链”再延长一下。

三、建立危机管理恢复机制

危机的爆发是一个具有生命周期的过程，危机救治阶段的结束，并不意味着危机管理的结束，而是进入了一个新的阶段——危机恢复阶段。危机造成的破坏会在很长一段时间内持续影响文旅产业的后续发展。在疫情期间，旅游者的心理受到创伤和影响。疫情结束后，旅游者并不会立刻背上行囊去旅游，肯定会存在心理恢复期，这会导致文旅消费市场的恢复存在滞后期。因此危机过后旅游者信心的建立和恢复尤为重要，针对此次疫情产生的国际、国内影响，要积极研究、出台行业企业纾困政策，谋划危机后行业恢复、品牌重塑等工作，明确政策预期，增强发展信心。要采取多种措施树立旅游目的地的安全形象，抚平因为危机给旅游者造成的心理阴影；通过危机心理干预抚平情绪性的波动，使旅游者尽快从危机的阴影中走出来，达到危机前的心理状态，激发文化旅游消费潜力；最后，总结经验，完善及改进危机管理方案。在此次疫情发生之后，需要及时对文旅产业进行修复，旅游目的地和旅游城市、景区、住宿餐饮企业可以分别从以下几个方面进行疫后修复。

旅游目的地和旅游城市疫后修复建议：本次疫情对于不同城市的文旅产业产生不同程度的影响，对于此次疫情中的重灾区而言，可以开展疫情对旅游目的地格局影响的大数据研究，对于此次疫情的重灾区，诸如湖北省、河南省、浙江省、广东省等可委托相关文旅大数据服务机构开展基于大数据的疫情与旅游目的地关系研究，根据研究结果针对性地开展疫后修复。在疫情结束之后需要强化疫后旅游城市的卫生、安全与应急保障措施的改善和提升，以本次疫情的重灾区武汉来说，尽管位居国家卫生城市之列，但仍有“武汉三镇，本质是一个大农村”的说法，部分网络舆论对武汉城市印象停留在“脏”“乱”的层面，在此次疫情暴发之后，我们从网络曝光的华南海鲜市场可以看到武汉整个城市的卫生情况仍然需要进一步优化。本次疫情的发生，对所有城市都应该是一次警示，尤其是人流量大的旅游城市，更应该引起高度重视，需要对车站、机场、旅游集散中心、城市文旅街区等游客密集地开展行动，塑造城市卫生、整洁的形象，强化城市应对突发事件的安全与应急保障措施。疫情发生对于整个城市的旅游形象来说是毁灭性的打击，这种打击在短时间内难以恢复，对于游客来说，在很长的一段时间内都不敢选择此处作为旅游目的地，所以旅游目的地和旅游城市在疫后更应该积极进行疫后旅游营销和形象重塑。本次疫情的重灾区之首是湖北省，除此之外河南省、浙江省、广东省疫情也较为严重，要积极开展疫后旅游营销，根据疫情中人们对于健康、内心等认知的重塑，建议各文旅官媒、自媒体围绕“价值”（在任何情况下都有价值的事物，如美味的食品、健康的身体、良好的环境、平静的内心等，而非奢侈品、非生活必需品等）进行营销，如河南省可强调其悠久而健康的美食与乡村文化、中医药和传统文化等，浙江省可强调其优良的生态、宜居的环境等，湖北省则可参考其他案例将黑色旅游纳入城市旅游产品中。旅游目的地和旅游城市可以学习日本灾后旅游推广经验，通过系列宣传活动，消除疫情对游客的心理影响，重塑旅游目的地的安全形象和旅游形象，恢复重塑游客对目的地出游信心。借助媒体以及公众人物的影响力，积极邀请公众人物参与，让更多的人了解目的地现状。

积极推动组建“志愿者旅行团”，在疫情结束后，从食品健康和美食入手，邀请志愿者体验本地美食文化和生活方式，推动城市旅游发展。

旅游景区疫后修复建议：公布明确的景区灾害应急预案，疫情的突发，对旅游景区的应急与安全保障系统是一次考验与警示，在疫情之外，地震、泥石流、洪水、雪灾等自然灾害随时都可能对景区造成破坏性乃至覆灭性的影响，受疫情影响而暂停营业的景区，不妨将这一时期作为休整期，根据其地理区域、季节变化、天气状况以及社会环境等情况，明确其可能面临的灾害或紧急状况，公布相应的应急预案，并强化安全知识宣传。要通过景区的官方渠道积极宣传，将在疫情来临之时景区如何应对突发事件，如何采取专业措施，如何处理客户预订，如何协助游客返程等所采取的措施公布出来，让游客清晰明了地了解到。这些专业化的操作，认真的工作态度，诚恳的待客之道，是打动客人的关键要素。景区的美誉度来自于专业和认真，这为游客在疫情解除以后愿意第一时间来景区体验，提供了一颗定心丸。科学判断，做好有序推动景区逐步开放准备：疫情影响下，大量餐饮、娱乐、旅游需求被压制，随着疫情被控制，这些需求必然逐渐恢复甚至超过疫情暴发前。文旅部门应紧密关注疫情变化，在条件允许时，试点景区应逐步开放，根据景区性质的不同，建议生态康养型度假区，范围较大的山地、森林、湖泊等生态型景区优先开放（但一定要实行门票预约、游客限流，确保每位游客拥有安全的人均游览空间），而人流更加密集的文旅综合体、文旅商业街区、主题游乐园（尤其是室内主题乐园）建议后续逐步开放。做好景区扩容、留白与功能分区、游览线路优化：2019年8月，《国务院办公厅关于进一步激发文化和旅游消费潜力的意见》出台，明确提及要“推动旅游景区提质扩容”，受本次疫情影响，游客必然要求较大的人均可游览空间与心理安全空间，景区必然要进行扩容、布局调整、分区优化和游览线路优化，同时，规划“留白”也至关重要，规划预留区或成为景区的“标配”，在这一预留区，可配备一定数量的可移动文旅服务设施，用以应对可能出现的突发状况。

现在国内的旅游景区大多“小弱差散”，抗风险能力不强。在此次疫情的冲击下，很多景区注定要面临生死考验。在此次战胜疫情，顺利渡过难关之后，对于景区来说千万不能好了伤疤忘了疼，一定要强化自身的抗风险能力并且规范地采取各项疫后危机预防措施。第一，景区不要太高的负债率。绝大部分企业有一定额度的贷款，但贷负债率一定要适度，最好不要资不抵债。如果此次疫情需要 3~5 个月才能完全消除，在完全没有收入或者收入大幅下降的情况下，企业至少要有能扛 5 个月的现金。当然除了控制负债率之外，还应该降低应收款，减少库存，加快周转率，做好税务筹划。第二，景区要有完善的危机管理机制。景区要举一反三，除疫情外，还要针对地震、泥石流、洪涝灾害、火灾、干旱等各种天灾人祸，制定应急办法。平时要进行灾害演练，保证危机发生时，能够从容应对，把损失降到最低。景区要邀请专业人士，给全体员工尤其是管理层培训危机管理课程，建立危机意识，做到未雨绸缪。第三，景区要购买财产险、灾害险。可通过保险降低景区可能遭受的损失。

住宿餐饮企业疫后修复建议：对于被临时征用为隔离点的酒店来说，要做到卫生措施公开透明，打消游客心理障碍。对这些酒店的影响，主要存在于疫情被控制的初期，对这些酒店而言，只要做到卫生措施公开、透明、到位，自然可以打消游客心理障碍，同时，在酒店被征用期间，酒店为控制疫情做出的努力、酒店之内发生的感人或温暖的故事，还可以作为酒店文化的一部分，增加酒店的厚度与温度。对于乡村民宿来说，要结成利益共同体，化阻力为助力。在更强调家族、血缘、地缘、道德的乡土社会，“自治”与“德治”拥有着强大的生命力，面对疫情，不少村庄自动自发封村、封路，对疫情之下民宿的营业造成了一定影响，这一影响甚至可能持续至疫情之后，要消除这样的阻碍，可通过为原住民提供更多就业岗位、与原住民形成物资供应互助、与原住民达成利益共同体、引导村庄“能人”、长者、尊者、乡贤等进行宣传等方式消除障碍。对于餐饮企业来说，要承诺“无野味”、宣传餐饮的功能性，试行分餐制。食“野味”是这场疫情的肇始，疫情之后短暂时间内，旅游餐饮将自发隔绝“野味”，但从长远来看，需要国家相关部门，文化旅游、食药安全部门，旅游餐饮供应商，游客等共同努力，通过完善法律制度、杜绝野生动物非法交易，加强宣传与市场监管，切实做到“无野味”，转而强调美食对健康的功能，试点推行分餐制、单人食等用餐方式。机遇总伴随危险而生，疫情终将能被控制，而在危险之中能够认识到新的变化与机遇，疫中做好准备、疫后做好修复，才能转危为机，更好地迎接疫情之后产业的恢复和振兴。

有效的危机管理需要做到对危机事前、事中、事后所有方面的管理，在每一个阶段制定相应的战略，才能促进旅游事业的可持续发展。要不断创新工作的方式方法，实现稳定行业发展、满足居民需求与服务危机处理工作的有机统一。如为应对疫情等危机事件影响，可设立旅游行业危机处理基金等，用于对旅游企业各种形式的援助、危机过后旅游业宣传推广等，也可以用于奖励、资助那些在应对危机中表现突出、为尽快结束危机有突出贡献的单位、组织和个人；强化技术赋能，不断创新文旅产品与服务实现形式，借助线上直播、虚拟现实等手段，保障文旅产品有效供给等。各级旅游主管部门要进一步强化市场监管工作，在做好维护旅游市场秩序、保障游客各项权益等工作的基础上，一方面监督各文化旅游企业做好危机预防、预测、预警和预报工作，另一方面联合市场监管、卫生健康等部门，对文旅活动中打着原生态幌子的陈旧、不健康、不文明等行为进行严厉打击，将健康文明的生活方式贯穿到食、住、行、游、购、娱全过程，寓教于游，在旅游活动中提升游客素质，陶冶热爱自然、拥抱自然、与自然和谐共处的情操。

第三节　文旅产业振兴需要政府支持和企业自救

2020 年伊始，新冠肺炎疫情在全国乃至全球蔓延，对经济活动产生较大的影响，尤其是以文旅为主导的第三产业影响最为严重。以文旅为主导的第三产业在我国的国民经济体系中占据着十分重要的地位，2018 年全国文化及相关产业增加值为 41171 亿元，旅游及相关产业增加值为 41478 亿元，两者合计占 GDP 的比重达 8.99%。全国有文化及相关产业法人单位 210.3 万个，从业人员有 2055.8 万人，企业众多，从业人员规模巨大。但是同时，这两个产业的中小微企业比例较大，也是需要特别关注的领域。中小微企业抗冲击能力差，而一旦这个群体受到致命的打击，我国的就业、民生都会受到巨大影响，我国的就业市场和社会稳定就会承受巨大压力。从目前的情况来看，这次疫情对于我国文旅行业所造成的影响具体有多严重还不能准确测算，文旅产业的众多企业中会有多少在这次疫情中破产还是未知数。如果在此次疫情结束之后还有很多文旅企业无法正常经营，将形成一些不可逆的产业损失和伤害。受此次疫情冲击最为严重的是交通运输、文旅餐饮、商业零售、影视院线等板块。为了进行有效的疫情防控，全国各地城市、乡村街道开始封路、封城，旅游产业彻底进入"瘫痪"。突如其来的疫情，使中国人对健康的认知有了更深刻的理解，生活习惯有所调整，消费心理受到冲击。同时，疫情也使人们对文化旅游的消费更加理性和谨慎，食、住、行、游、购、娱、商、养、学、闲、情、奇的消费习惯都将全面升华。如何制定更多创新的产品和服务体系来满足新消费者的需求，推动行业自身的发展，是疫情过后文旅产业复苏的关键。新冠肺炎疫情牵动人心，疫情影响下，文旅产业亟待政府政策支持和企业有效自救措施。开展抗"疫"以来，在企业自救的同时，我们也看到了国家层面在政策上的支持，省级政府层面的举措，企业自救的行为，业界人士的努力，正在形成一股同心协力的潮流，多管齐下抗击疫情的影响。

一、政府支持措施

自疫情暴发以来，文旅行业受到了极大的冲击，在这种情况之下，很多中小型企业都面临着倒闭的风险，国家对于文旅产业也提供了很多政策支持。在这场疫情中，文旅企业不论体量大小，无一例外，均遭受到巨大的打击，行业的政府主管部门就像文旅企业的"娘家"，在这个时候，要给予温暖、及时、有力的拥抱。一方面，积极消化、落实、执行中央和各部委、地方政府政策中涉及文旅的内容；另一方面，还要积极研究本部门能给辖区内的文旅企业创造和提供的积极的舆论环境、正向的发展支撑和切实的帮扶措施，在有条件和确实有必要的情况下，帮助文旅企业申请专项政策。旅游行业具有带动性和惠民性特点，数据显示，我国旅游产业对国民经济的综合贡献和社会就业综合贡献率均超过 10%。由于目前旅游行业大部分旅游企业属中微小企业，行业整体抗风险能力差，因此除企业积极自救外，还需要政府出台扶持政策。

疫情发生之后，对于文旅产业的后续发展，政府需要尽快制定针对旅游业的帮扶细则，尽快出台各地针对文旅产业复苏的支持政策和实施细则。从政策层面看，文旅部和地方文旅行政部门要在三方面继续发力：一是根据国家统一部署，继续采取积极措施，争做阻击疫情中的坚强一环。二是从减轻文旅企业压力、促进文旅消费、提升公共服务质量的角度，尽早谋划减免税等系列宏观调控举措，帮助文旅企业渡过难关，减轻损失。三是做好文旅行业应对公共卫生危机的管理措施和恢复策略研究。

建议文旅主管部门适时组织产学研方面的生力军，基于产业一线的实践，对危机造成的损失量进行准确评估；对危机管理、应急管理的绩效水平进行科学评估，从而为文旅行业危机管理政策、危机后的恢复政策提供科学的决策依据。文旅产业面临着生死攸关的重大考验，应根据文旅产业受损特征，将现有政策进行进一步强化、深化与细化。如在线旅游企业的大量退订损失如何在上下游间分担、行业全面停摆后各项成本的具体补贴、旅游企业保险的加速办理、旅游行业的融资担保等问题，应在重点调研后尽快形成指导意见与实施细则。

分级、分类、分部门细化政策，努力提高政策的针对性和适配性，建议对是否重点影响行业、是否民营企业、是否高新技术、企业就业人数规模等进行合理分类，提供更加切合不同旅游企业实际的“定制化”政策包。建议结合不同区域、不同部门的实际工作，叠加形成不同区域及部门的配套政策，给企业提供多重政策加持。此外，由于近年来各类新兴旅游业态较多，对具有突出典型示范意义的各类旅游新业态、新模式，还可促成“一司一策”。

构建奖补结合机制，建立专项扶持资金，依法建立合理的补偿机制，推进奖补结合，促进以奖代补。对疫情中保就业、惠民生、贡献大的文旅企业，给予直接奖励。对疫后文旅企业的营销活动，经批准且取得良好效果的，对其营销费用给予一定资金奖励。增加对文化旅游事业的财政补贴，对企业直接损失及防控费用合理地进行一次性补偿、纳入成本核算或进行所得税抵扣，增加减税、退税、补贴等多种方式切实给企业减负。同时，建议各地设立专项资金，及时拨付奖补资金，以支持旅游企业恢复营业、升级改造、员工培训等迫切需要。

分类制定长短期政策，适当延长政策时效，由于国际疫情防控形势仍不明朗，应区分旅游业恢复初期、中期、后期政策类型和强度。企业至少需要 6 个月的运营现金流，目前的支持政策以短期救市为主，对旅游企业的中期、长期政策支持不足，企业经营的可持续性挑战仍较大。可继续深化研究旅游企业在疫情结束后的一段时间内继续享受各类缓缴、延补政策，以及后续对文旅企业上市提供政策支持等。优化金融支持方案，切实保障企业生产运营，继续以多元渠道保障文旅企业资金需求。

提高对民营旅游企业、小微旅游企业的信贷投放规模，争取融资成本再降低，鼓励银行减免利息。对受疫情影响资金需求扩大的存量小微旅游企业，主动增加授信额度，对近期有贷款到期的旅游企业，提前做好续贷安排。对创新型旅游企业，提供无息或贴息贷款，开辟文旅企业“债权融资”“股权融资”绿色通道。出台消费刺激方案，增加专项采购计划及预算，文旅市场未来复苏首位应是近郊游、周边游和省内游，各地政府及文旅管理部门基于复兴旅游业、刺激消费的需要，可出台居民旅游消费刺激方案和消费补贴方案。增加政府对各文旅企业的专项采购计划与预算，对预算经费范围内的旅游营销类、规划咨询类、研究课题类业务，向各类文旅企业倾斜。在“十四五”规划编制的重要节点，为科学指导疫后文旅产业的恢复振兴，可新增文旅产业的振兴规划，文旅产业振兴规划等专项规划预算。科学引导企业第一时间进入白名单，当前各地政府出台的疫情帮扶政策具有普惠性质，虽然分类指导和精准施策不足，但也在一定程度上缓解了各文旅企业的资金成本压力，特别是各地政府相继出台的暂退 80% 旅行社旅游服务质量保证金、缓缴社保、信用修复等急救措施。因此，需尽快引导企业进入白名单，指导企业充分学习政策细节，善用每一笔补贴。还应鼓励各旅游企业成立疫后旅游复兴联盟或应对疫情协作体，共同维护行业形象与行业利益，对旅游业实施细则献计献策，及时在疫后采取市场营销联合行动。提供法务及其他类型的支持，提供法务保障及各类法律解释，研究扩大对企业的失信豁免范围，对非常时期的用工辞退方案、银行信贷存续、合同不可抗力违约方面有更为落地的政策，切实保障企业生存。此外，还可全面清理政府部门、政府平台公司、国有市场主体与旅游业市场主体的业务往来账款，对已达付款期的，加快支付账款，对未到付款期的，按合同约定酌情提前支付。

文化和旅游部办公厅下发通知：向旅行社暂退部分旅游服务质量保证金，暂退标准为现有交纳数额的 80%。随后我国多地出台相关救市措施，旅游企业及从业者深受鼓舞。北京、上海、重庆、四川、广东等多省市针对疫情影响出台了相关支持政策，帮助企业减轻经营困境，渡过疫情难关。北京市于 2020

年2月3日出台的《关于进一步支持打好新型冠状病毒感染的肺炎疫情防控阻击战若干措施》规定，对于旅游、住宿、餐饮、会展、商贸流通、交通运输、教育培训、文艺演出、影视剧院、冰雪体育等受影响较大的行业企业，经企业提出申请确认后，可以给予缓缴企业员工社会保险费的优惠政策，只要企业在2020年7月底之前将应缴的社会保险费补缴齐全即可。这样即可缓解企业的财务压力，又不影响企业员工享受相关社会保障政策。

2020年2月5日文旅部出台向旅行社暂退80%旅游服务质保金政策后，黑龙江、上海、吉林、广东、江苏、宁夏等多地针对文旅行业陆续发布支持政策，部署暂退旅游服务质保金工作。其中，上海除暂退80%旅游服务质保金外，还要求加大对旅游等受疫情影响较大的行业的信贷支持，通过变更还款安排、延长还款期限、无还本续贷等方式，对到期还款困难的企业予以支持，不抽贷、不断贷、不压贷。加快建立线上续贷机制，如因疫情影响导致贷款逾期，可合理调整有关贷款分类评级标准。宁夏回族自治区则规定，对受疫情影响较大的文化旅游等行业以及暂遇困难的小微企业，不得抽贷、断贷、压贷，通过增加信用贷款和中长期贷款等方式，在原有贷款利率水平上下浮10%以上。三亚市则于2月发布政策，称将安排1亿元专项扶持资金用于稳定三亚旅游市场，支持旅游业发展，包括但不限于各金融机构为资金周转的困难提供低息贷款，财政贴息；还款困难的旅游企业金融机构不抽贷，适当延期，三亚财政也给予贴息扶持；贷款困难的中小旅游企业由三亚市融资担保公司提供担保，三亚市政府提供贴息扶持。

通过相应金融政策，让旅游企业能够应对疫情危机。包括无息或贴息贷款、质量保证金退还，相应地减税、退税、基金、补贴、金融支持等，做好受困企业金融服务等。借鉴非典型肺炎疫情时期的经验，研究调研和出台相关的扶持政策，对旅游饭店、餐饮、娱乐、旅行社、交通等行业，减免42项国家行政性收费和15项政府基金，免征营业税、城市维护建设税等税收，并提供贴息贷款等一系列有力的货币财政政策支持。在金融行业，中国人民银行等部门发布了《关于进一步强化金融支持防控新冠肺炎疫情的通知》，在保持整体流动性、稳定市场预期的同时，对文旅产业等受影响较大的行业也有特别的关注。

目前，已经有浙江、江西、北京等多地出台应对疫情、支持企业健康发展的政策，其中有三十多个省市及地市各级政府部门专门出台政策应对疫情对中小微企业的冲击，这是比较罕见的。当前推出的手段不可谓不全面，其中财政税收手段、金融手段是最重要的内容。很多措施包含了减税、减费的措施，要求金融机构的内容主要是要降低企业的资金使用成本，包括降低贷款利率，不抽贷、断贷、压贷，贷款展期，给予一定额度的其他续贷，无还本续贷，降低融资担保成本、免除相关手续费等。

另外，政府对企业的运营及管理成本也给予了关注，要求降低、减免房租，降低用电成本等。应该说，很多措施是接地气的，是关照了微观主体的基本诉求的。文化旅游行业内部分业态差异较大，经营管理上有较大差别。金融机构在服务时应重点考虑企业的经营模式、财务特点、资产特点、人力资源结构等因素，分门别类，有针对性地提供金融解决方案。如文化内容型的企业多为以项目制为中心的中小微企业，包括电影电视制作、戏剧创作及演出、实景演出等，这些企业可能项目刚刚上马，成本已经开始产生，如贷款，但因为疫情停工后将无限期等待，甚至项目下马。类似的还有会展服务企业，以项目聚集人力资源。对于这类企业，应结合已经立项的具体项目进行评估，予以专门的关注。电影院线、景区依靠门票收入形成现金流，已经实施的与现金流相关的抵押、证券化等金融方案需要重新评估并予以补救。

支持文旅产业就是支持实体经济发展，如何走出困境，政府和金融机构需要有打持久战、拉锯战、攻坚战的准备。由于疫情的影响，很多中小文化企业和旅游企业最现实的问题就是活下来，通过降成本，包括资金使用成本和运营管理成本等，是可以取得效果的。应该说，很多措施是接地气的，是关照了微观主体的基本诉求的。这次疫情对文旅产业的影响较大，形成的经济压力也很大，不是某个政府部门、经济部门或市场主体能够独立承担的。所以，出台金融支持应对疫情的相关政策，应建立在政府、金融机构、文旅企业、员工多方主体共同承担的原则上。企业应能够制定较好的自救方案，能够挖掘企业自身潜力，员工也应具有承担部分收入损失的基本担当，这是金融支持文旅企业走出困境的重要前提之一。疫情影响巨大，正在检验市场的能力、企业的能力和产业的能力。在一定外力的扶助下，市场主体应能够激发生存欲望，应相信市场有自我修复能力。

政府仍应将重点放在制度环境的构建上，金融机构把重点放在清理积案、提高效率、应办快办上，企业具体怎么干，怎么自救，政府和金融机构都不应越俎代庖。金融机构不应过度使用金融工具。信贷机构对文化和旅游企业的支持，首先要做到的是“不雪上加霜”，如不抽贷、不断贷、不压贷。在商业领域不应过度降低风险管理要求，防止担保等方面产生衍生风险。在公共危机事件中，市场主体既有义务，也有权利。不应过度干预商业金融机构的市场行为，强制商业金融机构承担过重的公共救济责任。可以在规则之后进行免责或救济，但不应破坏市场规则，不能要求市场主体以支持企业的名义先行放弃市场规则。

疫情冲击之下，活下来是最现实的需要。但对金融来说，还需要着眼未来，需要结合激发市场活力、调整产业结构等目标开辟第二战线，为疫情之后的产业金融服务做准备。一是以恢复市场创新活力为目标，制定文化产业金融及旅游产业金融服务创新方案，对已经基本消除风险隐患的新金融模式松绑，给新金融活动更多空间。二是应结合区域特点，将金融解决方案的重点放在产业调结构方面。未来文化产业和旅游产业的产业结构的重要方向是要促进数字化转型，提升数字化生产和数字化生存能力。三是应结合金融市场改革，提升直接融资比例目标，加快资本市场改革。结合注册制改革，加快符合条件的企业上市和在新三板挂牌。四是结合防风险目标，加速推动金融科技应用，建立新的金融基础设施。如要提高文化产业和旅游产业的信用贷款比例，就应着手以金融科技推动建立具有长期效应的行业信用管理体系。

在疫情结束之后，整个文旅产业的复兴更需要政府的援助，疫后恢复与“十四五”规划的叠加性，需要文旅主管部门以强有力的措施布局区域文旅产业。第一，是提前谋划，一方面系统总结过去几年的发展，另一方面密切监控与科学评估疫情给行业带来的影响，尤其是整体性、规律性的影响，在中央的总体要求和整体部署下，结合全社会经济发展的形势，制订区域文旅行业振兴发展的总体思路、原则、目标、战略，拟定实现路径，进行空间规划，设计系统重大工程，构建发展项目库。第二，是变中思“变”，新冠肺炎疫情是我国经济社会发展的“黑天鹅”，对全社会和文旅产业的影响是始料未及的大意外，是中国现代旅游业诞生发展以来面临的最大的变局和挑战之一。疫情结束后，整个行业绝不会是原有势头重新接续那么简单直接，而是会有系统复杂的变化。我们站在新的起点谋划未来，需要更大量的分析，更有洞察力的思考，更具未来性的谋划，这些都要提早着手，并做足“变革”的准备，以改革与创新作为以后文旅行业振兴的最大驱动力之一。疫情之下，政府文旅主管部门要扎实做好疫情防控管理的“基本账”，主动做好支持帮扶文旅行业发展的“核心账”，也要积极筹备疫后文旅行业行业振兴的“未来账”，为“十四五”时期的文旅业改革创新发展做好准备。

二、文旅企业积极自救

“时代的一粒灰，落在个人头上就是一座山。”这句话对于在此次疫情中受到影响的文旅企业来说最为贴切，此次疫情对于整个文旅行业来说所造成的打击可以说是接近于毁灭性的，在这种态势下，除了国家出台相关的政策文件，采取相应的扶持措施之外，在寒冬之下、疫情之中，企业如何在被动局面中主动出击，在市场反弹中提前站位，从而更好地“活下来，熬下来，站起来”这是文旅企业需要认真思考的问题。在这样的灾难面前，每个企业自己能够“活下来、熬下来、站起来”才是对国家最大的帮助。

从企业层面看，大企业受到的冲击相对较小，各大文旅企业可将目前的调整期作为优化发展战略、培训各级管理人员的窗口期，提升企业的竞争力、综合服务水平，为疫情解除后应对市场需求做准备。中小旅游企业由于少有危机应对计划与资源储备，受到的冲击会比较大，比较脆弱。中小企业要及早谋划可行的策略，在联合发展、特色发展、拓展未来游客来源、扩大经营范围等方面做出选择，力争用最短的时间弥补危机期间的损失。一场突如其来的疫情在中国经济改革转型的关键点上让所有人都陷入了思考。2020 年注定是一个不平凡的年份，人们在寒冬和早春交替之际渴望着阴霾退散，早日复工，回到正常的生产生活中来。然而在经济下行的大环境中，出口贸易不稳、通胀压力增大，1 月份 CPI 上涨 5.4%，达 8 年以来最高水平，化解债务风险而形成的投资疲软，让各行各业对疫情结束后的未来都感觉好像无力适从。难怪有人说“中国经济在经历了 20 年的高速发展之后失去了慢下来的能力”，而老天似乎为我们按下了“暂停键”。面对这样的非常时期，文旅企业一定要尽快自救，挺过难关。

（一）坚定信心

对于在此次疫情中受到影响的文旅企业来说，首先应该坚定信心能够挺过这次灾难，文旅行业一定能够重新迎来春天。从宏观经济上看，近几年市场消费需求活力受到经济下行的影响，使 2020 年新冠肺炎疫情对文旅企业造成的冲击，比 2003 年非典型肺炎疫情时期大得多。但需要看到的是，旅游投资和消费的市场信心依然高涨。2019 年全国多数地区旅游人数和收入的增长都超过了 10%，远高于其他多个行业增速，基本跟 2018 年持平，对 GDP 的贡献已超过 12%。与 17 年前不同的是，那时候旅游刚成为新需，而现在，旅游已是刚需；那时候旅游产品多是观光，而现在则在市场推动下向生态、研学、运动、康养、亲子、休闲度假等方面进行深度下沉和迭代，有强烈的细分市场。在现代互联网发展下，有人认为未来旅游的形式会发生变革，但 5G、VR、AR 等技术革新所带来的虚拟体验却永远无法取代旅游所要求的在现实场景体验，生产和消费的同时属性让旅游经济实体形态不会改变。文旅产业中实体企业仍然在发挥着重要的作用，在疫情期间或许受到极度抑制，但在疫情解除以后就会马上迎来一波强劲反弹。新冠肺炎疫情重创了整个第三产业，加剧了多数人对未来经济发展的担忧。在 2003 年 SARS 期间，第三产业仅占全国 GDP 比重的 32.28%，而到 2018 年却已攀升到 52.2%。尤其是住宿、餐饮、文旅、城市娱乐、电影、交通运输六大产业在春节期间几乎全军覆没。“活下去，才有希望”成为每一个文旅人的共识。普遍的观点是疫情会在两到三个月内好转，半年到一年能够解除疫情防控，政府的税收减免、银行贷款、企业补贴等相关政策是拯救中小企业的关键。虽然我国国内疫情防控形势趋好，但鉴于目前国际疫情防控的严峻形势，所以疫情什么时候能够彻底结束现在还很难确定，而文旅产业的恢复期按照以往经验需要在生产生活恢复正常以后的半年到一年。多数文旅中小民营企业可能挺不到下半年，在这半年中需要迅速进行自救，从而能够应对疫情期间以及疫情结束后的重启与转型。

（二）积极作为

企业需要自己主动出击，把握好实际，在困境中寻找新的出路。首先对于政府出台的各项政策，企业自身应该紧跟国家的大方针来走，在国家众志成城全力抗击疫情的大背景下，许多省市已经出台政策，严格限制集会，防止二次传播、交叉传播，文旅作为一项人群聚集性的活动，是首当其冲的。因此文旅景区应当首先贯彻国家的政策，在抗击疫情的大是大非上全力贯彻，对自己企业负责也对社会负责。文旅产业遇到的生存危机不能只靠情怀去解决，还需要及时能够得到政府的支持与帮助。企业需向政府主动表达企业困难，争取"实打实"的政策，文旅补贴或鼓励政策是一定会有的，关键是景区能够提前做好准备，提前达到政府相关的要求。因此时刻关注政府后期的补贴政策很有必要。部分财政较为宽松的地方政府也会直接进行货币补偿，但一定会对企业的规模有一定的限制，因此企业做好准备，或者企业联合起来去申请相关补贴，就很有必要了。即使某些地方暂时没有补贴或鼓励政策，各地的文旅企业也应当有意识地与当地的文旅协会及相关机构一起，争取相关的补贴或鼓励政策。与其坐等，不如主动，从目前的情况来看，行动迅速的江浙地区，已经展开对中小企业的补贴，苏州已经出台"苏十条"，对中小企业进行补助或补贴，文旅部及地方政府的相关措施也在路上，文旅企业应该做好准备，提前做好各类资料准备，待政策一出，即可第一批响应政府政策，从而在困难期占据主动。建议政府动用风险补偿基金，对文旅企业的融资成本进行补偿。

（三）控制现金流量

企业在这次疫情中要主动构建自身的造血功能，让自己熬下来，其中最为重要的是企业中的现金流，毫无疑问，现金流是一个企业中至关重要的一部分，企业要建立底线思维，重构自身的成本能力，在人工成本、原材料、生产技术等环节缩减费用、剥离不良业务，提升存量项目的经营效率。企业如同个人，自身健康才能抵御疾病。所以景区应做好日常运营，严控成本，增加对关键风险点和景区利润点，以景区丰富的现金储备应对各种危机。对于后入局者，可一面低价收购优良资产，利用资产包分割、商业改造等手段，优化资产、平衡轻重资产比重及投入产出周期，控制资产质量，一面利用产业融合优势，导入文化、艺术、体育、创意等内容，盘活老资产，激活新项目。

（四）做好项目提升

对于文旅企业来说，最重要的是给顾客所带来的体验感，文旅归根是体验经济，要真正关注“顾客价值”，去研究和提前布局疫情后市场反弹后新的需求产品和体验痛点，打磨服务。在自然教育、自驾游、家庭亲子、研学旅行等最先重启的市场需求中，在体验设计、服务质量、公共安全等维度下功夫。在疫情期间企业更应该思考如何进行商业模式、产品模式、服务模式的调整，加强创变的勇气与思路。这段暂停空档时期，正好可以给景区做一个全面体检，正是查漏补缺的时候，可对标新版《旅游景区质量等级的划分与评定》或《旅游度假区等级评定细则》等标准，寻找短板。这段暂停空档时期，旅游区正好可以静心思考景区的未来发展，要积极完善和优化企业管理制度，加强市场和营销的研究，强化科技的应用，加强研发升级更具市场竞争力的旅游产品，以迎接疫情之后的报复性消费反弹。作为只能将游客带入体验的旅游景区，核心思路是尽量保持自己景区的知名度，不让景区几月过后无人知晓、无人问津，同时尽可能找到新的收入点，不能让旅游附属住宿餐饮行业，让景区变成一片“死城”，熬到整体旅游业恢复。既然客观条件上已经不允许我们把游客引进来，我们就只能把旅游景区搬出去。这也是传统景区转型的一个契机。同时对于资金能够撑下去的企业而言，暂停期就是一个最好的提升扩张期，可以明确部分的新项目或硬件设施提升，利用文旅暂停期从容不迫地进行产品更新。如果实力允许，景区还可以关注周边区域的土地及业态，合适机会下做一定的扩张。本次疫情将会对文旅行业进一步洗牌，未来综合型的文旅业态会是一个发展趋势，提早的布局是非常有利的。对于旅游区而言，如何在疫情危机中最小成本地提升景区竞争力及产品品质，产品文化挖掘及内涵赋予尤为关键。此次歇业空档时期是最佳的景区文化提炼及挖掘的契机。对景区文化元素、文化形象、文化精髓进行深入挖掘及提炼，融入整个景区的空间及产品体系中，构建景区内在核心主题及文化吸引力。围绕文化主题对景区产品、景观、购物、娱乐、设施等进行系统化的包装及升级，形成系列化、体系化的产品序列，打造景区的核心品牌，使得景区在未来市场复苏及反弹中获得最强竞争力。对于景区存量产品升级，应抓住疫情后的新消费机遇，迎接市场反弹。利用产业融合优势，实现“旅游+”多元融合，导入文化、艺术、体育、美食、音乐、影视、游戏等其他主题内容，实现产品价值的叠加升级，盘活老资产，激活新项目。针对不同人群细分市场设计专项产品，包括研学、亲子、康养旅游，体育及户外运动旅游，线上旅游、在线教育、科技+旅游等领域将成为未来旅游产品趋势。

（五）重视新模式

虽然旅游在此次疫情期间一直处于寒冬之中，但是在此次疫情中却出现了一些新的旅游模式，并且受到了大众的广泛关注。危中求机，深谙此次疫情将会对文旅行业造成巨大冲击的文旅人在危机下纷纷展开了自救行动。在疫情期间故宫推出的全景App、故宫与腾讯的“玩转故宫”小程序、国家图书馆推出的“国博邀你云看展”、敦煌数字供养人计划、敦煌诗巾等新模式，起到了分散经营风险，打造企业竞争新的“护城河”的目的。利用低谷期积极探索“互联网+商业模式”“智能化+降低成本”“数字科技+内容创新”“新媒体+营销”等跨界融合，加速新商业模式培育。结合现在的时代特点，通过5G的普及使用，智能化为旅游业带来赋能。提供“无人接触服务”模式，通过人工智能服务体系，提升智能化的管理体系，提升外在服务与企业IP意识。文旅旅居业态新模式将会与“无人”模式紧密结合，无人超市、售货机、无人管家等实现标准化升级。通过电子商务，对核心文旅产业功能区的在线流量和社群提供虚拟旅游、文创产品推广，精准定位社群经济建设。对以康养为主题的文旅景区，全面设计以亲子、核心团众、家庭为“放心”团的新消费观念。疫情过后正是春暖花开，消费者对大自然的需求大，同时更倾向非群聚概念，谋划设计以康养修心为主题的内容“核心团”体验内容，通过健全的全域标准化服务体系，设立疫后心理康复文旅计划。

据不完全统计，全国旅行社、在线OTA和酒店在整个春节期间的订单退定量为上亿人次，直接损失达2000多亿元，其中旅行社和在线OTA最大的损失环节在于免费退改后形成的垫资损失以及高额的退改员工加班费用。损失已经造成，无法弥补，但是未来面临2~3个月的业务销售真空期，让很多企业会因现金流不足形成倒闭潮。在网上呼声渐高的落实带薪休假制度、合并假期、延长“五一”“十一”等节假日基础上，旅行社、在线OTA和酒店完全可以充分借鉴分时度假产品的模式，从2月、3月开始对旅游产品重新进行包装组合和促销。如果能够搭配一定的优惠促销方式，在疫情结束后普遍火爆的市场预期下，无疑能够让更多人选择提前购买。同时分时度假产品还具有能够抵御如本次新冠肺炎疫情等公共卫生事件对销售订单退订的影响损失。分时度假起源于20世纪60年代的欧洲，由于度假风气的兴盛，地中海沿岸开发了大量海滨别墅，成为欧洲乃至世界的休闲度假中心。由于房产价格高昂，多数中产阶级家庭无法单独购买，然而部分富豪阶层有能力购买但却很少有时间使用，造成资源闲置浪费严重，空置率极高。所以通过向顾客销售一段时间（通常是一周）的物业度假使用权，并通过交换服务系统来实现使用权的互换，从而可实现时间换时间，提高资源使用率。

（六）练好内功

在此次疫情下各文旅企业更应该明白自救的重要性，即使政府给予帮助和扶持，但是更为重要的是企业在这次疫情中应该如何让自己活下来，在疫情结束之后应该怎样为自己迎来发展机遇。疫情为各行各业包括文旅产业带来了一段沉淀和思考的时间。国内文旅产业早就进入了转型期，但一直没有切实转变发展方式，文旅产业各方面都应利用这段被迫暂停的时期思考一下，怎样从只追求规模、速度向提高发展质量和效益有效转变。这场疫情对行业企业都有影响，相比之下，规模较小或刚起步的企业以及员工们才更脆弱，因此我们在做好防疫工作的前提下，首先想的应该是怎样保障好员工的权益，并想方设法让企业活下来。各文旅企业应该站起来，主动寻求市场的“宠爱指数”，在此次疫情中暴露出来的一个重要问题是传统的文旅模式不仅不能应对像此次疫情这样的风险，并且传统的文旅模式也已经不再受到大众的欢迎，所以首先要做的应该是重塑“内容生产能力”，构建撩客魅力。停摆正好是研究如何转型升级的时间窗口，重塑产品内容和品牌形象，持续内容输出和长效运营是制胜关键。对于企业来说，内容创意团队的培养、独有内容的孵化和引进、内容供应链的搭建、内容生产工业化水平的提升、内容IP转化及商业变形能力是迎接市场反弹的最好准备，塑造持续的盈利能力。对于传统景区来说，疫情期间可以认真思考新的旅游产品研发问题，景区虽然关闭了，但是产品研发的节奏不能停。员工回家了，还可以远程办公；厨师在家里还可以继续研发菜品和小吃；产品研发部门还可以继续跟游乐设备厂商沟通，补充游乐项目；经营部门还要继续研究景区是否要调整产品内容，增加研学课程、亲子体验项目等；服务部门还要继续思考如何改进服务流程和服务环节，如何为游客提供更加贴心的服务。

产品研发是持续性的工作，是几十年如一日的工作。同时，通过疫情对于社会的反思教育，加大对营地教育、自然科普、生态旅行、度假方式、生活理念等内容产品的创新研发，提升产品溢价能力，建立市场新认知，重塑企业品牌的转型路径。在营销上也要进行相应的转型，要卖“美景、美食、美物”，更要卖“美好生活”，疫情后的旅游需求释放是逐级的，周边、国内、入境、出境将滚雪球般逐级释放，带来三到四波次的市场行情变化。企业要预判市场热点，针对不同需求层次提前站位布局。在营销形式上，在线直播、内容社交等形式运用至关重要。火神山直播万众瞩目，疫情下景区无法线下打卡，但可“线上签到”。比如南京红山动物园的“云游动物园”，点名观看景区动物，为疫后到访游客转化提供了可能。以及通过游戏的社交营销、云直播营销等形式都值得探索尝试。在营销内容上，一方面，要对旅游活动、餐饮等涉及野生动物内容的方面额外注意、疫情后游客拥堵的不利信息要及时处理，进行旅游危机管理。另一方面，除了营销先赋的自然资源外，更好地营销美好生活。景区独有的健康生活方式的构建，自然舒适体系的打造，生态友好理念的传递，自然教育内容融入等生活方式型营销将是重点，如李子柒现象给文旅内容营销带来了诸多启示。

（七）做好危机管理

文旅企业在自救行动上，要沉着冷静主动应对疫情危机。旅游业涉及面广、产业链长、相关企业多，需要党委政府、社会各界、旅游企业、广大游客的共同努力。但面对防疫抗疫的严峻形势，全体旅游战线的工作者更要沉着冷静，主动应对，根据党中央的统一部署，切实担当起旅游人的使命。要加强沟通，有效维护旅游者信心。旅游者的信心高低决定了疫情过后行业的复苏快慢。在世界旅游组织（UNWTO）2003年5月制定的《旅游业危机管理指南》中，明确了旅游业危机管理的主要途径有四个：沟通、宣传、安全保障和市场研究。其中，基于诚实和透明之上的良好的沟通是成功的危机管理之关键。现阶段在政府部门的指导下，旅游从业者要及时、妥善解决出游未归者和尚未出游者的行程变化、取消所产生的费用、接待等事宜，维护旅游者信心，展现行业良好的社会责任感和担当，树立正面的社会形象。要顾全大局，同舟共济应对危机。当前，要把维护人民群众生命安全和身体健康摆在一切工作的首位，党中央的各项举措也充分证明了这一点。中国旅游景区协会、中国旅行社协会、中国旅游饭店业协会等也先后发出倡议，呼吁会员单位提高政治站位，确保游客利益。但是当众多涉旅企业或是停止营业，或是承担防疫任务，全力配合各地党委政府做好防控工作之际，仍有个别企业只考虑自身经济利益，不愿给游客退费或是调整行程，直到政府介入。大疫面前，旅游企业眼光应放长远，相互理解，相互支持，同舟共济，降低损失。尤其交通、住宿、景区、餐饮、旅行社等境内外的旅游供应商和从业者，应当给予中国游客退改优惠措施，不应趁火打劫。因防控疫情造成的企业损失，相信政府税收部门也会根据实际情况给予减税免税等政策。要主动作为，把危机转化为发展的良机。近年来我国旅游业快速发展，一些企业在节假日常常是满负荷甚至超负荷经营。根据以往经验，大量的旅游需求会在旅游危机事件结束后涌现出来。能否在需求到来时保质保量提供优秀服务，是企业能否实现快速发展甚至变道超车的重中之重，建议在疫情防控期间，企业可以调整经营预期，重新梳理旅游业态，对内完善和优化管理制度，提前做好如大型设施设备维修保养等检验工作，同时加强内部网上培训，做好人才储备；对外可以做一些市场和营销的研究，整合优质旅游资源，加强行业合作和产品研发，设计出更具市场竞争力的旅游产品。只有备足"粮草"，方能厚积薄发。危机是暂时的，它终将过去，旅游复苏是必然的，旅游企业要有信心做好准备，蓄势以待。我们坚信在党中央的领导下，旅游业只要坚定信心、齐心协力、练好内功、未雨绸缪，就一定能迎来新一轮的春天。

各个企业现在就应该进行系统深度自检，消除运营过程中的一切安全隐患，制定明确的应急预案，强化安全知识宣传。尤其是防范公共危机，让游客或者客户方安全消费、安心托付。建立重大突发事件的应急反应机制，提高企业的抗压能力和可持续发展能力。对于整个文旅行业来说，在此次疫情后需要重视“供应链”风险，需时刻了解上下游状态，抓紧协调各类供应商，评估履约风险。尤其在此次疫情中，OTA 与供应商、民宿与平台等出现了损失承担的利益纠纷，亟须有实力的平台型企业牵头出台疫情、灾难事件冲击的扶持政策。比如，美团的“七项商户帮扶措施”、爱彼迎的“十项承诺”、携程“同袍计划”等对建立更具持续性的供应关系大有裨益。要及时编制文旅“疫后振兴方案”，因为这对于企业来说，就是编制《企业疫后振兴方案》；对于地方政府来说，就是编制《区域文旅业振兴实施方案及工作计划》，在科学盘点疫情带来的各类影响的基础上，通过政策杠杆、金融扶持、项目撬动、模式挖潜、招商引资等措施，迅速启动疫后文旅业全面振兴。

（八）关注消费趋势变化

业内人士普遍对疫情过后文旅行业的快速复苏和反弹式增长持乐观态度，由于长时间的活动受限，疫情过后，生态游、近郊自驾游、户外运动旅游、亲子游会是最先快速发展的旅游形态。度假区、度假村等度假业态和中医药养生养老旅游将迎来发展利好，体育旅游将为更为广泛的大众所认可与接受。

经过两三个月甚至更长时间的“数字化”触摸世界的方式的浸淫，人们对于信息化、数字化的接受程度大幅度提高，结合 5G 技术、AR、VR 技术的推广应用对于数字旅游、智慧旅游的发展是一个大好的机遇。疫情期间，各类“云”终端连接工作、学习和生活的方式正成为主流。“云办公”“云课堂”“云会诊”集中上线，“云监工”助力中国战“疫”。截至目前，全国约 2 亿人在家“云办公”。钉钉“在家上课”计划覆盖服务 1200 万名学生。“云看病”下，超 300 万人在线完成问诊就医服务。此外，“云监工”也让国内外网友共同见证了中国基建的速度与激情。“云”科技也将推动社会革新。随着 5G 商用落地，文化和旅游产业领域，政府和企业也都主动上“云”，拥抱科技，跨界融合，打造升级线上产品，发力线上服务。技术升级推动数字文旅更加丰富多元。在博物馆、美术馆、景区相继关停后，云看展、云讲座、线上娱乐、云景区、云旅游大放异彩。文博领域“闭馆不闭展，宅家听讲座”，仅北京地区就推出100余家博物馆、纪念馆、美术馆等线上展览资源。其中，国家博物馆目前开放的数字展厅有35个展览项目。敦煌石窟的线上展厅开放了涵盖30座洞窟、跨越10个朝代的展览项目。线上娱乐领域翘楚《王者荣耀》除夕当天日峰值流水高达20亿元，展现了超强的吸金能力。景区等传统旅游领域中，"游云南"平台推出特别策划"足不出户游云南"，通过24小时手机慢直播，可宅家观看云南重点旅游区域及景区的1482个实时精美画面，全景客将国内外900个景区搬到线上，实现了2000多万人看、1亿多次浏览，疫情期间的一篇虚拟景区推文更是获得200万+的阅读量。或许现在一些文旅新产品是为了救急，疫情之后，用户增长会趋缓。

从长远看，互联网带来的全新旅游体验理念一旦被市场广泛接受，用户习惯经过培养并辅以良好服务，在特定场景和情形下，部分新用户可以留存转化。线上展览、一机游等已然成为探索文旅产业转型升级的试验田，以数字科技为核心的消费模式有望带动在线旅游行业实现新一轮的高速增长。需求迭代促进数字文旅更具互动体验。互联网时代，单向传播效率已经越来越低，有活力、有参与性、互动性的好内容、好产品供不应求。

疫情过后，文旅产业会大力弥补疫情期间造成的经济损失，这中间，网络和科技等要素领域将成为修补疫情带来的文旅经济缺口的主力军。我们已经看到，疫情期间，线上的文旅活动不但没有中止，反而更加活跃，凸显了网络的巨大优势。同时，体现智慧旅游价值的文旅科技创新由于其特殊的价值倍增功能，也将扮演更加积极的中坚作用。此外，文化旅游消费市场还将呈现出诸多新特征、新规划，虽然身处疫情中，企业也要开始谋划，着手准备后疫情时期的发展。

（九）重塑形象

值得注意的是，疫后振兴的时间恰好与"十四五"规划的全面启动时间匹配，有利于系统布局、深度融合。对于受疫情影响严重的地区，要在形象修复和品牌重塑上加大力量，重振市场信心。一方面，强化疫后目的地城市的卫生、安全与应急保障措施，塑造目的地城市卫生、整洁的形象，强化目的地城市应对突发事件的安全与应急保障措施。另一方面，积极进行疫后目的地城市旅游形象的重塑和品牌营销。而对文旅企业来讲，要在目的地和行业系统形象重塑的基础上，积极更新、构建自身IP系统，针对重点市场进行创新营销。疫情之后，整个供给市场与消费市场都将开始快速重组，呈现出若干新的特征和趋势，每个企业自身也要审时度势，结合新形势、新技术、新挑战，重新布局业务内容、市场区域、拓展方式和收益盈利结构，实施“三个强化”：强化数字化业务实施路径，强化共建共享的价值平台，强化解决痛点的核心能力，构建企业的核心竞争力。疫情终将能被控制，而在“危”中能够寻到“机”，疫中做好准备、疫后做好修复，才能转“危”为“机”。本次疫情将加快文旅行业的整体洗牌，各个细分领域都将强大一批、创新一批、诞生一批、淘汰一大批，这取决于企业的应变能力，以变求适应、求引领、求强大。变化能力又建立在扎实的积累、持续的研发、创新的思想和变化的决心与勇气之上。

（十）典型文旅企业的自救

2003年非典型肺炎疫情暴发之时，对于旅游产业也造成了很大的冲击，在整个行业都陷入了极度低迷的时候，很多企业没有信心能够度过这次寒冬，并且在疫情中就此倒闭。回顾当时的整个企业历程，在线旅游平台的龙头企业携程不仅度过了疫情的艰难时刻，而且抓住了旅游业的发展机遇，后成功上市，成为我国现在旅游行业的龙头企业。非典型肺炎疫情暴发开始，携程的营业额剧降，经营利润直接跌破了公司红线。而当时全中国都笼罩在对一种未知病毒的恐惧中。此前，曾经有很多公司希望收购携程，其中包括一些实力雄厚的国际巨头。但是都被携程董事长梁建章婉言拒绝，而非典型肺炎疫情袭来时，没有一家公司提出收购意向。携程及时召开了董事会，研究如何应对这艰难的局面，并且采取了相应的一系列应对措施来进行自救，这些措施都值得我们现在去学习和思考。首先携程鼓舞了整个企业员工的士气，“非典过后，携程会更好！”这句话成为当时携程内部最重要的口号，并且携程坚持不裁员，甚至连原来合同到期，拟不再续约的员工，都一并保留，同时降低运营成本，在非典型肺炎疫情时期，采取一线人员轮岗制，对轮岗的人员发放补贴，保持业务不中断。管理人员和部分部门每天只上半天班，发60%的工资。但很多员工依然会义务加班，坚守整天，开拓新的业务来源，争取到与招商银行合作开展信用卡电话销售的项目，同时向招商银行出租携程闲置的呼叫中心，为招行外呼发卡。此举不但盘活了“非典”期间闲置的座席资源，还为携程争取到了可观的现金收入。坚持战斗在一线，非典型肺炎疫情时期，机场门可罗雀，大部分商家关闭了机场柜台。携程却坚守战场，销售人员始终坚持在一线发卡，同时还配合机场等相关部门，做好乘客的安抚和服务工作。依然活跃的携程柜台与携程人员，成为那段时间机场的一道亮丽的风景线。苦练内功，开展全员培训。携程人事培训部的忙碌程度甚至超过了非典型肺炎疫情之前。在上述的举措之下，携程的人员始终斗志昂扬，现金流也撑过了最难的时间，公司内部运作效率大大提高，人员素质得到了整体提升，同时还通过非典战役的洗礼，发掘、培养、提拔了一批业务骨干，迅速吸收了一大批从传统旅游企业中流动过来的人员，积极扩张，一举坐稳了行业龙头的地位。2003 年 7~9 月，携程的营业额达到了创纪录的 5800 多万元，与第一季度相比增长了 73%。非典型肺炎疫情过后的报复性增长，使得携程一下子受到了资本市场的追捧，只用了 3 个月的时间就完成了上市的各项准备工作。2003 年 12 月，携程成功登陆美国纳斯达克市场，获得了超过 15 倍的认购比例，是互联网泡沫破裂以来，第一家在美国上市的中国公司。时至今日，携程已经成长为一家市值达 200 亿美元（约 1400 亿元人民币）的行业巨头。

时隔 17 年，当 2020 年新型冠状病毒肺炎暴发的时候，携程作为 OTA 行业的代表，又再一次地走在了整个行业的前面。可以说携程作为旅游行业的龙头企业，在疫情期间的举措和自救措施对于行业内的其他中小型企业来说有着更为重要的引领和示范作用。疫情暴发至今，携程几乎是以周为单位不断地更新和实施“自救”措施。2020 年 1 月 29 日，继发布面向游客和供应商的退改保障计划和政策后，携程再度发布“门店关怀计划”。为了进一步减轻全面门店遭受疫情的影响，携程推出了减免管理费、延长任务额度期、提供精英课程三个方面的自救措施来给全国的门店进行减压，以帮助这些门店能够顺利度过疫情困境。

携程作为全国 OTA 的龙头企业，在自救的基础上还积极采取措施，对产业链条的合作伙伴进行救助。携程于 2020 年 2 月 5 日推出了资助合作伙伴的“同袍计划”，宣布将通过资金支持、费用减免、保险保障等多个方面保障合作伙伴的利益，为合作伙伴减负，为合作伙伴注入救命资金。携程将启动 10 亿元供应商合作伙伴支持基金，减免合作酒店、旅行社佣金；分别针对酒店和旅游供应商推出经营贷、程信链产品，联合多家银行为平台商户提供不少于 100 亿元额度规模的小微贷款；联合中国平安为携程平台湖北地区机票、酒店、旅行社、门店合作伙伴提供免费新冠肺炎疫情公益保险；还为合作伙伴提供 2000 门精品线上课程，帮助合作伙伴进行充电、提升。2020 年 2 月 13 日，携程宣布启动主要面向中小企业的 5000 万元支持基金，承担退订订单中无法减损的资源方费用。与此同时，该集团全球玩乐平台与多家银行达成合作，为旗下符合资质的合作商，提供最高 50 万元的低息贷款。作为在中国深耕多年的文旅企业，携程深刻明白，文旅产业关联性强，只有整个产业链条健康发展，才能保证整个产业健康有序发展，大家已经成了一个命运共同体，一损俱损，一荣俱荣。

在此次新冠肺炎疫情期间，除了携程之外，其他的各大 OTA 旅游平台也相继采取了应对疫情措施，各大平台纷纷采取措施对合作商家和门店进行扶持。2020 年 2 月 11 日，飞猪也已推出平台商家扶助计划，依托阿里巴巴雄厚的经济体力量，从增流量、免年费、提供贷款和保险、强营销、助转型等 7 大方面，对平台上所有商家的后续经营给予全面支持，并为本次疫情中提供安心退改保障的商家给予定向帮扶。

同时，酒店业也频频推出行业“自救”措施。2 月 11 日，铂涛宣布在母公司锦江的支持下，将联合旗下品牌对投资人予以力所能及的保障措施。锦江借助铂涛年利率不超过 4.5% 的专项贷款资金 35 亿元，主要用于酒店防疫物资采购、流动性资金补充、酒店升级改造、正常经营恢复等；扩大减免铂涛旗下各品牌在营酒店的持续加盟费和管理费用范围；延缓已贷款铂涛投资人 6 个月的还款期。要加强“法律风险”管控，对外加强维系客户的力度，妥善解决合同履约的法律问题。由此可见，关建时期领导者（负责人、操盘手）的审时度势、正确决策至关重要，而信心所在，坚持不懈，系胆系魂。面对现实，需要每一个企业，每一个企业负责人做出应对，及时自救。

总的来说，疫情对文旅产业的影响是暂时的，不会影响国内经济长期向好的趋势。与其说疫情使众多中小文旅企业哀鸿一片、举步维艰，不如说很多景区从一开始，就对投资操盘、自身定位、项目性质、回报预期与如何运营没有考虑清楚，才造成诸多景区更加脆弱、不堪一击，而疫情和风险更使其难以维持。当下，我国文旅产业经济虽然受世界经济形势影响，还处于低谷期，但是，随着未来国内外经济的复苏，随着中国人口结构、收入结构的不断变化，中产崛起，文化旅游消费能力和意愿不断提升，文旅消费必将成为当今世界人民普遍的生活方式，各类文旅消费人群快速扩大；我国作为文明古国、文化大国和新兴经济体，资源自带旅游属性，国内外旅游吸引力仍然强劲。同时，随着后工业化时代到来和人工智能的发展，更多劳动力将被解放，老百姓收入更高，闲暇时间更多，文旅市场将迎来新的发展机遇期。因此，文旅产业从业者还应恢复信心，做好内功，迎合市场做好各类产品、服务创新与升级，期待文旅行业更好的明天。

参考文献

［1］安国俊，贾馥玮．新冠疫情对经济的影响分析及对策研究［J］．金融理论与实践，2020（3）：45–51．

［2］白海霞，普荣．供给侧改革下旅游地旅游供应链创新发展研究［J］．高师理科学刊，2019，39（4）：51–54．

［3］鲍富元，杨玉英．海南入境旅游影响因素的实证研究——基于 1993—2017 年数据［J］．江苏商论，2019（11）：44–49，53．

［4］曹福荣．旅游业敏感性及危机管理的适当解读——冷静后的再研究与实证分析［J］．旅游学刊，2011，26（7）：44–52．

［5］柴寿升，曹艳梅，龙春凤．国内旅游危机管理研究综述［J］．青岛酒店管理职业技术学院学报，2011，3（3）：6–11．

［6］陈晨，张岩，樊忻．北京市 SARS 传播的预测模型研究［J］．科技创新导报，2008（3）：160–161，163．

［7］陈娟娟．“后非典时代”国际生态旅游的发展［J］．北方经贸，2004（2）：114–115．

［8］陈水波，陈志辉．后 SARS 时期旅游营销策略创新［J］．财经理论与实践，2003（5）：118–120．

［9］成志湘．试论旅游业的危机管理［J］．贵州商业高等专科学校学报，2004（4）：29–32，49．

［10］丛明．“非典”对经济、税收的影响及对策［J］．上海财税，2003（7）：6–8．

［11］崔凤军．新冠肺炎疫情对文旅产业的冲击与对策——兼论文旅产业的敏

感性与脆弱性［J］. 台州学院学报，2020，42（1）：1–5，48.
［12］邓娟 . 旅游地灾害管理机制构建研究［D］. 浙江大学，2004.
［13］丁宁，张玉，许栋，张明，危莉，陈稳，张义丹 . 基于疫情暴发地定点医院视角的新型冠状病毒肺炎防治实践与思考［J］. 中国医院管理，2020，40（3）：18–21.
［14］董晓梅 . 国内旅游业危机管理研究综述［J］. 昆明大学学报，2008（2）：64–67.
［15］方晓勤 . 我国旅游危机管理应对机制建设初探［J］. 旅游纵览（下半月），2014（6）：29–30.
［16］冯欢欢 . 新冠肺炎疫情对航空客运市场影响分析［N］. 中国航空报，2020–03–03（6）.
［17］冯玮，吴莹洁 .30 年来国内外旅游危机管理研究述评［J］. 湖北文理学院学报，2017，38（11）：56–61.
［18］傅蕴英，宋沁蓓，康继军 . 自然灾害型重大危机事件对区域旅游业冲击的效果评估：基于合成控制法的量化研究［J］. 旅游学刊，2019，34（6）：124–134.
［19］高京燕 . 供给侧改革背景下旅游产业结构优化策略［J］. 华北水利水电大学学报（社会科学版），2019，35（3）：16–20.
［20］龚柏华 . 国际商事合同不可抗力条款对“新冠肺炎”疫情适用法律分析［J］. 上海对外经贸大学学报，2020，27（2）：5–15，25.
［21］桂文林，韩兆洲 . 危机事件对中国入境旅游外汇收入影响评估［J］. 旅游学刊，2010，25（12）：28–36.
［22］韩鹏宇，郑慧芳，毕秀欣，孙殿兴 . 从 SARS 到 COVID–19：进化与启示［J］. 中国人兽共患病学报，2020，36（5）：403–409.
［23］何静 . 政府主导下的旅游危机管理研究［D］. 燕山大学，2014.
［24］胡世雄，徐巧华，罗恺伟，杨浩，孙倩莱，刘子言，赵善露，曾舸，张恒娇，戴志辉，肖洁华，高立冬 . 湖南省新型冠状病毒肺炎感染者流行病学特征分析［J］. 实用预防医学，2020，27（4）：385–388.
［25］胡越秋，王军，董泽华 . 新冠肺炎疫情防控期间企业复工决策分析——

基于行为经济学视角［J］. 统计与决策，2020，36（5）：157–160.

［26］胡中华 . 他山之石可以攻玉——香港会展业应对非典冲击经验专题分享［J］. 中国会展，2020（3）：62–66.

［27］黄卫平 . 中国经济在“非典（SARS）”冲击下的确定与不确定性［J］. 经济界，2003（4）：23–27.

［28］黄雪莹 . 新冠肺炎疫情对旅游业的影响及应对策略［N］. 中国旅游报，2020–02–28（3）.

［29］赖启航，夏福贵 . 后“非典”时期我国旅游业如何实现“软着陆”［J］. 宜宾学院学报，2004（2）：61–64.

［30］黎枫，刘欣然 . 粗糙集理论在旅游突发事件应急响应中的应用［J］. 技术经济，2019，38（3）：78–87.

［31］李炳善 . 浅谈旅游景区的主要危机及管理［J］. 文化产业，2018（11）：29–30.

［32］李锋 . 基于本底线的不同性质旅游危机事件影响比对研究——以中国 4 次旅游危机事件为例［J］. 旅游学刊，2009，24（4）：73–78.

［33］李锋 . 旅游目的地危机事件的影响评估新考量［J］. 旅游科学，2008（3）：24–30.

［34］李锋 . 三次突发事件对中国旅游影响的对比分析研究［J］. 灾害学，2009，24（2）：95–100.

［35］李静 . 我国旅游业的政府危机管理体系构建［D］. 北京林业大学，2012.

［36］李梦子，隋鑫 . 文化产业与旅游产业融合发展研究综述［J］. 旅游纵览（下半月），2019（11）：46–47.

［37］李强，季洪伟，王尔杰 . 自然灾害对旅游业的影响及其管理措施［J］. 现代经济信息，2013（11）：336.

［38］李士雪，单莹 . 新型冠状病毒肺炎研究进展述评［J］. 山东大学学报（医学版），2020，58（3）：19–25.

［39］李翔宇，余杰 . 从“非典时期”看网络技术在中国旅游业的应用［J］. 重庆职业技术学院学报，2005（4）：44–45，48.

［40］李雁红 . 魂牵梦绕凤凰城——晋城五年拾零［J］. 文史月刊，2008（9）：

46–57.

[41] 李一君，雷石标 . 海南旅游业危机管理理念和能力建设研究 [J]. 旅游纵览（下半月），2019（10）：89–90.

[42] 李臻 . 对外开放背景下我国文旅产业发展趋势分析 [J]. 人民论坛，2019（26）：80–81.

[43] 梁勇，干胜道 . 疫情防控下的高校网上财务管理思考 [J]. 会计之友，2020（6）：123–127.

[44] 梁中华 . 不必太悲观：缺口罩但不缺“钱”[J]. 股市动态分析，2020（5）：15–16.

[45] 梁梓晖，张亚丽，陆泽源，陆家海 . 新冠肺炎暴发疫情下流行病学关键概念理解偏差及其对防控的影响 [J]. 热带医学杂志，2020，20（3）：289–291.

[46] 刘春玲，郑艳侠 . 旅游危机对旅行社行业的影响及应对策略研究——以“非典”事件为例 [J]. 商场现代化，2007（4）：237–238.

[47] 刘刊，鲁传颖，张海冰，叶江，强晓云，周亦奇，叶玉，王玉柱，薛磊 . 抗击新冠肺炎疫情，本院在国际英文舆论场传播中国声音 [J]. 国际展望，2020，12（2）：155.

[48] 刘治彦 . 文旅融合发展：理论、实践与未来方向 [J]. 人民论坛 · 学术前沿，2019（16）：92–97.

[49] 栾惠德 . 外部冲击与旅游业的发展：以“非典”为例 [J]. 统计与信息论坛，2009，24（1）：66–69.

[50] 罗志恒 . 新冠疫情对经济、资本市场和国家治理的影响及应对 [J]. 金融经济，2020（2）：8–15.

[51] 马翠，严兴科 . 新型冠状病毒肺炎疫情的心理应激反应和防控策略研究进展 [J]. 吉林大学学报（医学版），2020，46（3）：649–654.

[52] 马继刚，史聪伟 . 基于 IPA 模型的旅游危机事件对旅游地形象的影响与对策研究 [J]. 旅游研究，2018，10（3）：55–63.

[53] 马丽君，孙根年 .30 年来危机事件对中国旅游业发展的影响及比较 [J]. 经济地理，2009，29（6）：1005–1010.

[54] 马丽君，张家凤. 旅游危机事件网络舆情传播时空演化特征与机理——基于网络关注度的分析 [J]. 旅游导刊，2019，3（6）：26–47.
[55] 马莉. 新冠肺炎疫情对通航产业的影响预判及应对建议 [N]. 中国航空报，2020–02–25（7）.
[56] 莫莉秋. 旅游企业危机公关的若干思考 [J]. 度假旅游，2019（3）：95，104.
[57] 穆罕默德·赫塔卜（Mohammed Khattab）. 从“非典”看中国政府的“危机管理” [D]. 南京师范大学，2006.
[58] 年四锋，张捷，张宏磊，章锦河，张卉. 基于危机响应的旅游地社区参与研究——以汶川地震后大九寨环线区域为例 [J]. 地理科学进展，2019，38（8）：1227–1239.
[59] 欧阳胜. 湘西地区旅游突发事件与危机管理研究 [J]. 旅游纵览（下半月），2018（10）：51–52.
[60] 任朝江，牛冲槐. 后“非典”时期区域产业发展政策探析 [J]. 山西高等学校社会科学学报，2004（2）：71–73.
[61] 戎爱萍. 全域旅游背景下文旅产业发展探析 [J]. 经济师，2019（12）：159–160.
[62] 沈国兵. “新冠肺炎”疫情对我国外贸和就业的冲击及纾困举措 [J]. 上海对外经贸大学学报，2020，27（2）：16–25.
[63] 沈正赋. 突发公共事件的危机管理、舆情应对和共情传播——基于新冠肺炎疫情的检视与思考 [J]. 对外传播，2020（2）：42–45，1.
[64] 四川省县域经济学会课题组，张成明. 新冠肺炎疫情对农业的影响及对策建议 [J]. 当代县域经济，2020（3）：18–21.
[65] 孙根年，马丽君 .2003 年 SARS 对我国铁路客运量的后影响评价 [J]. 铁道学报，2006（6）：28–34.
[66] 孙建华. 旅游危机管理中舆论控制的策略研究 [J]. 辽宁行政学院学报，2011，13（10）：5–6.
[67] 万红莲. 旅游与传染病的关系及防治对策研究 [D]. 陕西师范大学，2004.

[68] 王超，修长柏 . 入境中国的韩国游客旅游需求影响因素分析——基于内蕴线性函数模型 [J] . 现代商业，2017（32）：27–28.
[69] 王东 . “非典”对经济的影响有多大 [J] . 当代世界，2003（7）：29–30.
[70] 王辉 . 旅游网络舆情危机对旅游地形象的影响研究 [J] . 旅游纵览（下半月），2018（8）：31.
[71] 王季青，曹建龙 . 旅游业公共卫生危机管理研究 [J] . 全国商情（理论研究），2010（3）：102，106.
[72] 王健，韩康 . 宏观调控政策协调：正视“非典”对宏观经济的影响 [J] . 中国行政管理，2003（7）：12–16.
[73] 王洁平 . 城市旅游业危机管理 [J] . 中国城市经济，2008（7）：56–65.
[74] 王芃，梁晓峰 . 专业学会在应对突发公共卫生事件中的作用——以新型冠状病毒肺炎疫情应对为例 [J] . 行政管理改革，2020（3）：17–22.
[75] 王琴，李扣庆，邱铁，金彧昉 . 从“复工”到“复产”：快速修复供应链 [J] . 会计之友，2020（6）：157–161.
[76] 王舒 . 浅析危机事件对中韩旅游互动的影响——运用本底趋势线法 [J] . 新西部，2019（33）：65–66.
[77] 王也 . 旅游业中的危机管理机制 [J] . 旅游纵览（下半月），2015（4）：57.
[78] 王一，高俊岭，陈浩，毛一蒙，陈苏虹，戴俊明，郑频频，傅华 .2019 冠状病毒病（COVID–19）疫情期间公众媒体暴露及其与心理健康的关系 [J/OL] . 复旦学报（医学版），2020，47（2）：173–178.
[79] 王志华，陈光兵 . 浅析“非典”对我国旅游业发展趋势的影响 [J] . 计划与市场探索，2003（8）：65–66.
[80] 魏尚平，曾赤梅 . 非典，对湖北经济影响有多大 [J] . 今日湖北，2003（7）：6–11.
[81] 魏小安，付磊 . 旅游业受“非典”影响情况分析及对几个相关问题的辨析 [J] . 旅游学刊，2003（4）：14–23.
[82] 乌杰 . 浅谈旅游危机管理机制的构建策略 [J] . 科技资讯，2008（1）：197.

[83] 吴洁 . 基于互联网时代背景的旅游企业营销策划分析［J］. 中国管理信息化，2018，21（24）：93–94.

[84] 吴令云，赵远东 . 用时间序列模型分析突发事件对经济的影响［J］. 统计与决策，2004（4）：111–112.

[85] 吴其付 . 论中国旅游业的危机管理机制——以非典时期旅行社行业的救助与自救措施为例［J］. 桂林旅游高等专科学校学报，2004（3）：68–71.

[86] 萧灼基 . 非典对经济的影响及其对策建议［J］. 北京观察，2003（7）：6–7.

[87] 徐连仲 . 非典对国民经济的影响有九个方面［J］. 中国物价，2003（7）：14–16.

[88] 薛刚，孙根年 .2003 年 SARS 对国内旅游影响的后评价——基于本底趋势线的 31 个省、市、自治区客流量损失的估算［J］. 经济地理，2008，28（6）：1059–1063.

[89] 严庆 . 在应对疫情中增强中华民族的内在凝聚力［J］. 民族论坛，2020（1）：3–8，17.

[90] 杨明春，夏文桃 . 浅析 SARS 过后中国旅游业强劲恢复的原因［J］. 吉林广播电视大学学报，2007（2）：72–74.

[91] 杨鹏，黄旭，黄轲 . 突发公共卫生事件对广西经济的影响及对策［J］. 广西城镇建设，2020（1）：42–52.

[92] 叶晨曦，许韶立 . 疫情对我国旅游业影响的定量研究——以 SARS 和甲型 H1N1 流感为例［J］. 乐山师范学院学报，2012，27（3）：78–81.

[93] 依绍华 . 浅析非典对旅游经济的影响［J］. 桂林旅游高等专科学校学报，2003（3）：27–29，51.

[94] 张晨 . 供给侧改革视域下我国文化旅游产业发展模式研究［J］. 旅游纵览（下半月），2019（9）：46–47.

[95] 张东来 ."非典"对经济的影响及补救措施［J］. 学理论，2003（9）：20–21.

[96] 张凌辉 . 新冠疫情对医药物流行业带来的影响［J］. 物流技术与应用，

2020，25（2）：44–45.
[97] 张凌云，朱新芝 . 社会实验：旅游业对地区国民经济影响测度的一种简易方法——以“非典”时期的北京为例［J］. 旅游学刊，2010，25（6）：32–36.
[98] 张胜冰 . 文旅深度融合的内在机理、基本模式与产业开发逻辑［J］. 中国石油大学学报（社会科学版），2019，35（5）：94–99.
[99] 张铁生，孙根年，马丽君 . 危机事件对张家界旅游影响评价——基于本底线模型的高分辨率分析［J］. 经济地理，2012，32（10）：145–151.
[100] 赵晓燕著 . 北京入境旅游市场实证研究［M］. 北京：中国旅游出版社，2013.
[101] 赵阳 .“非典”后旅游企业危机管理的问题与对策［J］. 哈尔滨市委党校学报，2003（5）：25–26.
[102] 周娟，金鹏 . 长江三峡旅游危机管理战略解读［J］. 宁波大学学报（人文科学版），2006（1）：130–136.
[103] 周晓冰 . 近十五年国内外旅游危机研究综述［J］. 旅游论坛，2016，9（4）：11–16.
[104] 朱琳，赵英伟 . 由“非典”影响谈旅游业危机管理体系的构建［J］. 科技进步与对策，2003，20（18）：96–98.
[105] 朱明芳，刘思敏 .TRAMO/SEATS 在危机事件中对旅游影响研究的应用［J］. 旅游学刊，2007（6）：69–74.
[106] 邹凤莲 . 从“非典”看我国旅行社存在的若干问题及其引发的思考［J］. 新余高专学报，2003（4）：35–36.
[107] 邹巍 . 论旅游业遭遇风险的冲击及其对策研究［J］. 理论界，2004（3）：150–151.

附　录

邓爱民：从“危”与“机”的转换中抢抓机遇引导我国文旅产业自我恢复与创新发展

疫情的暴发重创了整个旅游行业，中国作为疫情集中暴发地，文旅产业的发展危机四伏。

从形象层面上来看，我国文旅产业正面临着严重的形象危机。疫情暴发之后，国外部分国家不仅给我国贴上“病毒”“疫区国”等标签，还对武汉封城这一决定，借题发挥，发表了我国是一个“经济制裁”“封闭国家”等不实言论，以此来迷惑、误导各国普通民众与海外投资者，损害我国的国际形象。安全、自由、可靠的地方形象不仅是旅游者进行旅游决策时的优先考虑因素，还是影响国内外文旅行业投资者信心的重要因素。“疫区国”“经济制裁”等负面的形象标签将严重制约我国疫后旅游业的复苏与发展。

从市场层面来看，我国文旅产业正面临着严峻的市场危机。人口的聚集与流动是旅游产业运行的前提，疫情对于人群的“强制封锁”，不仅导致旅游者集中退款、旅游业全面停工，而且随着疫情的持续发展，旅游企业在无收入来源的同时，还承担着房租、水电气等固定费用的支出，以致部分中小型旅游企业正面临破产危机。与此同时，国外疫情形势的逐渐恶化还将进一步阻碍我国入境旅游发展，入境旅游市场停滞状态可能持续存在。此外，由于疫情所造成的焦虑、恐慌心理需要一定时间来缓解，短期内游客出行的意愿必然降低，这将对我国旅游业产生更大的冲击，旅游市场形势的严峻可见一斑。

从管控层面上来看，我国文旅产业正面临着潜在的管控危机。从国内层面来看，随着我国疫情逐渐向好，各行各业逐步复工，人民群众逐渐恢复正常生活是必然趋势。当前，我国部分区域已经开始降低风险等级并制定了相应的防控方案。在旅游领域，一些省份已制订了有序开放旅游景区的方案，陆续恢复了旅游业的发展。但风险等级降低并不意味着没有风险。此次新冠肺炎潜伏期长，且前期症状不仅与普通常见病状相似还呈现出多样化，如果没有一个科学有效的管控方案，旅游业一旦放开，就有可能引致新一轮的疫情扩散。从国际层面上看，我国疫情逐步好转的同时，国外疫情却逐渐升级并大有蔓延之势，这就意味着我国既要继续做好国内防控工作，还要严防境外输入。因此，我国边境省份与口岸城市旅游管控的责任重大，压力将进一步加大。

虽然此次疫情暴发让我国文旅产业深陷危机，但有“危险”就有“机遇”，如何实现文旅产业的“化危转机”，率先抢抓机遇，对于疫后我国文旅产业的短期复苏与长期转型升级具有重要意义。

基于以上观点，现提出具体建议如下：

第一，撕掉负面形象标签，着力改善形象危机，化“污名”为“美名”。

1. 加强官方之间的沟通交流，重塑中国国际旅游形象。中国新冠肺炎疫情发生以来，许多国际友邦、友人纷纷伸出援助之手，感动了无数国人。现今疫情已在全球范围内蔓延，国家文旅部门可积极与各疫情暴发国展开交流，分享中国文旅业抗疫经验，并与各国一起协商探讨危机下旅游业的发展对策，开展国际间合作。同时，支持和鼓励如世界旅游联盟等非政府组织开展国际间交流，联合各国旅游协会、有影响力的旅游企业以及旅游智库等共商全球旅游业当下抗疫举措与未来发展等问题，为各国旅游业发展交流经验、建言献策、齐心抗疫，共筑人类命运共同体。此外，在全球疫情彻底得到控制后，国家文旅部等有关部门应积极发起和开展旅游外交活动，向各国展现我国疫后发展现状，并通过提升出入境便利化等措施积极推动出入境旅游的发展。同时，支持国内各地市依托国际姊妹城市、友好城市积极进行“以点带面”的城市国际推广并针对外国友人开展一系列旅游推介活动和优惠活动。积极加强国际间沟通联系，展现感恩、友好、活力、负责任的大国形象，真正做到“山川异域，风月同天”。

2. 充分保留利用抗疫资源，讲好英雄城市战疫故事。全国疫情焦灼肆虐之时，习近平总书记指出“武汉是英雄的城市，湖北人民、武汉人民是英雄的人民，历史上从来没有被艰难险阻压垮过，只要同志们同心协力、英勇奋斗、共克时艰，我们一定能取得疫情防控斗争的全面胜利”。疫情结束后，可以以雷神山、火神山医院原址为中心，整合人员、设施设备以及技术资源，建设湖北省国家卫生应急移动防疫中心，以期为突发事件紧急医学救援提供强有力的卫生防疫保障。同时，将其中部分区域改建成纪念馆，以公共卫生安全为主题，通过原貌展示、新闻视频图片展示等形式并辅以多媒体互动设施建设，并邀请“两山”医院的建设者、志愿者、医护人员等亲历人员前来为参观者讲述他们的抗疫故事。在此基础上，充分利用医院原有的基础设施资源，全力将其打造成国家级研学实践教育基地，积极与学校合作，开展卫生安全知识科普课堂。从情与理两方面着手，让警钟长鸣。此外，还可以将“两山”医院研学基地与北京小汤山医院以及各地抗疫地标整合在一起，丰富中国战疫故事内涵，讲好英雄城市的战疫故事。

3. 支持抗疫影视文学发展，加强文旅产业深度融合。全国各地在抗疫期间涌现出许许多多感人至深的故事，许多在社交网络上也广为流传，如武汉市中心医院疼痛科主任蔡毅的长文《林君走了》讲述了该医院小卖部老板小林的故事，引起巨大反响，被许多网友分享改编创作以纪念这位抗疫平民英雄。国家广电总局等相关部门机构可以鼓励开展抗疫故事的挖掘和再创作，以电影、电视剧、纪录片、小说、广播剧等形式呈现，并通过主流媒体和新媒体等渠道进行传播，展现大灾大难面前人性的善与恶、悲与欢、情与法、公与私的故事。同时，鼓励开展国际间影视文学交流，支持优秀抗疫作品输出，展现中国人民坚韧的形象和不屈的精神，引导积极正面的讨论热度。

4. 推广健康安全食品理念，重建消费者的信任感。利用危机，在疫情结束后，从食品健康和美食入手，鼓励旅行社组建参观交流团，邀请国际研学团队或者网红旅游达人来华免费参观体验，让游客了解中国特别是湖北武汉的餐饮业现状。此外，也可邀请综艺节目团队来华体验拍摄等。通过多种渠道向世界展示，食用野生动物并不是广大中国民众的选择，与此同时，展现最正宗的中国美食文化和最健康的生活方式，让世界各地的游客消除对中国食品安全的疑虑，重建消费者的信任感和安全感。

第二，增强企业和游客信心，沉着应对市场危机，化“冲击影响”为“转型动力”。

1. 稳步走分步骤拉动内需，重新激发旅游市场活力。疫情结束后的短时间内，广大民众将对中远距离旅游持观望态度。同时，由于疫情期间国内大部分企业停产停工、学校全面停课，以致疫情过后可能会出现周末以及假期压缩的情况，短期内人们休闲时间将受到影响。基于此，建议各省市按照“露天先于室内，周边先于远程，乡村先于城市”的步骤，优先推出一批户外游、一日游、周边游、乡村游、亲情游等线路和产品，并与推动农民就业、脱贫攻坚结合起来，抓住契机发展本地区休闲农业，做到及时盘活各地区旅游资源，拉动内需，重新激发旅游市场活力。

2. 鼓励线上线下融合发展，助力文旅企业渡过难关。由于疫情的影响，人流物流都受到限制，在此种情况下以新技术应用为支撑的线上活动得到广泛推广，如线上购物、线上办公、线上咨询、线上教育等。文旅企业也应积极抓住新的发展趋势，在危境中寻求新的生机。各地文旅部门可支持与指导本地旅游企业与旅游电商平台、本地媒体合作，举办线上旅游交易会，汇集文旅资源供给和需求主体，打通线上旅游供需渠道，减少线下聚集疫情传播风险，提前释放旅游市场疫后消费动能，全面助推文旅市场复苏发展。重庆市就成功打造了“2020 重庆春季线上旅游交易会”，其经验值得全国推广。另外，各地文旅企业也可以通过线上培训的方式，安抚员工的同时提升企业员工特别是导游人员的工作技能。通过探索线上发展的模式，做到“现金流不断、劳动力不乱”，助力文旅企业渡过难关。同时，还应思考这种短期线上应用效应的长期发展，在疫情结束后也应鼓励文旅企业线上服务与线下实体的融合，促进旅游经济的高质量发展。

3. 依托各地现有旅游资源，培育疫情后旅游新热点。经此一“疫”，将会引起越来越多国民对自身生命健康状况的关注以及生活理念的变化，康养旅游、医疗旅游、运动旅游将成为疫情过后的旅游业发展新热点。政府部门可鼓励各地市结合本地特色生态旅游资源发展康养旅游，如聚合乡村旅游资源禀赋优势，因地制宜地打造特色康养小镇。同时应注意到，在与瘟疫的斗争中，中医药学形成了自身独特的理论和方法，2003 年抗击“非典”，中西医结合的治疗方式被世界卫生组织评价为“安全有效的途径”。如今面对新冠肺炎疫情，中西医结合治疗的独特优势也在不断显现，据《湖北日报》报道，湖北省全省累计确诊病例中医药使用率达 88.93%。疫后中医药资源富集地也应把握住机遇，创造性地利用中医药资源发展康养旅游。此外，鉴于疫情期间公共交通成为疫情传播的主要渠道，人们在短时期内会对其存在一定的抵触心理，发展自驾游是一个新方向，也是今后满足游客个性化需求的新路径，文旅部门可指导相关旅游企业围绕自驾做好线路策划和沿途服务及时推送，并支持自驾车营地的建设发展。

4. 政企联合推出旅游奖励，致敬感恩抗疫人员付出。疫情发生以来，全国各地无数医务工作者、志愿者等不顾危险、不顾辛劳、毅然站在了抗击疫情的第一线。为了感谢他们的无私付出，建议各省市文旅部门和相关旅游企业、旅游景区合作，针对医护人员等抗击疫情有功人员，推出相关旅游奖励，如地区旅游一卡通，凭卡免费参观相关景点，获得酒店住房优惠、餐饮美食优惠以及旅游交通优惠等。同时，对医护人员的家属也提供相应的优惠政策，解决医护人员出游的顾虑，将感恩致敬落到实处，让抗疫人员感到贴心暖心。

5. 顺应灾后行业发展趋势，引导旅游企业转型升级。此次疫情的暴发，给全国文旅行业带来冲击的同时，也给带来了改革调整的契机。面对文旅行业的“洗牌”，政府要做好政策引导和科学的管理协调。首先政府应该制定出科学合理的文旅产业发展规划，在此基础上为文旅产业的投资融资提供一个开放的平台，加大对文旅产业的资金投入，最后努力提升文旅环境和服务能力，争取实现整个文旅产业转危为机的跨越式发展。

第三，完善旅游治理体系，加紧防范管控危机，化“潜在难题”为“发展优势”。

1. 实事求是制订开放方案，渐进有序恢复旅游活动。当前，内忧外患的疫情形势要求我国在疫情完全结束之前，尚不能放松一丝警惕，必须根据疫情的变化动态调整旅游业的开放方案。就国内旅游而言，由于疫情控制得当，各地疫情风险都实现了不同程度的降低，因此需根据实际情况与需求逐步开放旅游业。应以地市级行政区域为基本单位，通过评估区域内疫情风险大小，依据不同的风险程度提出不同的开放方案与管控方案。然而，鉴于当前国外疫情升级，建议我国暂时暂停开放入境与边境旅游，并采取适当措施劝止国内游客出境与国外游客入境。同时，边境各省份应分别制定国内与入境旅游的防控措施与恢复方案，确保不会引起输入性疫情。

2. 加速推进智慧旅游建设，实时掌握旅游动态格局。旅游业最明显的特征就是人口流动频繁，而这种频繁移动正是传染病广泛扩散的重要路径。因此，对旅游者进行实时的行动与健康监控（如体温测量）不仅能够及时有效地避免一些传染病的进一步扩散，还能为旅游者提供更贴切的服务。因此，未来旅游业的发展应当加快推进智慧旅游的建设，完善与创新旅游信息平台功能，以便能及时公布国内外旅游环境信息，定时推送旅行卫生保健信息。与此同时，还可快速收集掌握旅行者的相关信息，以确保旅游者在旅行过程中的生命安全，真正使我国成为一个实现旅游安全的大国。

3. 建立旅游公共卫生体系，提高我国旅游服务质量。从当代人口流动来看，以观光为目的的人口流动占主要部分，但人们的旅游行为不仅是观光旅游，还包括休闲娱乐、探亲访友、文化体育、健康医疗、短期教育(培训)、宗教朝拜，或因公务、商务等为目的出行，这也就意味着旅游是导致人口流动的主要原因。对比近些年来全球所发生的重大公共卫生事件，如SARS、H1N1、登革热等传染病无一例外不是因为旅行者的缘故而导致的大范围传播，以致各地造成不同程度的社会混乱与经济受损。因此，我国作为世界上人口流动最多的国家，理应围绕旅游建立一个健全的公共卫生体系。既是如此，我国可借此次疫情以旅游部门牵头，与交通、医疗、卫健等部门共同建立一个以预防管理为主的旅游公共卫生体系，从源头上杜绝重大公共卫生事件的发生。除此之外，对于旅游公共卫生体系的建设也需要重视应对机制的建立。此次疫情应对的现实情况说明，即使我国自“非典”之后已经加强了突发公共卫生事件应急管理建设，并在全国范围内构建起了覆盖各类突发公共卫生事件及相关医疗卫生救援的应急预案体系，但仍有不足之处，暴露了其“防疫应对机制不健全，危机处理方案不完善”的弊端，文旅部门更是如此。鉴于此，我国文旅部门应吸取此次教训，立足旅游与疾病传染之间的关系，完善防疫应对机制并加大对旅游危机应对演练的重视，并协同相关部门每年定期举办实战演练，确保旅游公共卫生危机再次出现时能够充分应对。

4. 构建游客心理干预机制，克服疫情前后负面情绪。疫情的暴发会引致社会恐慌和焦虑，过于恐慌和焦虑容易导致社会过度防御行为的产生。过往经验及当下现状表明，过度防御最直接的表现就是歧视。如在这次疫情中，不仅武汉及湖北人，还有那些曾有过武汉旅居史的相关人员，都在不同程度受到网络及身边人员的不公对待、排斥等歧视行为，而外出旅行的武汉人甚至遭到劝返、不允许入境、拒绝酒店预订等行为。这些歧视行为会影响被歧视旅游者的心理和行为，从而影响旅游者对旅游目的地的印象。鉴于此，旅游业作为一种服务性行业，要求“顾客至上，服务第一”，面对疫情引致旅游企业与旅游者的负面情绪，应该建立一套“旅游部门主导 + 心理机构援助”的心理干预机制，以此及时安抚受害旅游者的情绪，减轻疫情中由于旅游部门或企业无心之失带给部分旅游者的伤害，维持或挽回旅游目的地的形象。

后 记

本书主要由中南财经政法大学旅游研究院院长邓爱民教授（撰写 18 万字）和青年学者李鹏（撰写 16 万字）合作完成，另外青年学者韦银艳、韩笑、柏文慧参与了部分章节的撰写工作。各章分工为：第一章，邓爱民、韩笑；第二章，邓爱民、韩笑；第三章，邓爱民、韦银艳；第四章，邓爱民、韦银艳；第五章，邓爱民、柏文慧；第六章，李鹏；第七章，李鹏；第八章，李鹏；第九章，李鹏、柏文慧。

本书编写过程中，参阅和引用了国内外大量的著作、论文等研究成果，在此向相关作者表示衷心的感谢和深深的敬意！同时，我们得到了中国旅游出版社的大力支持，在此一并表示感谢！

项目策划：段向民
责任编辑：段向民　武　洋
责任印制：谢　雨
封面设计：武爱听

图书在版编目（CIP）数据

中国文旅产业 : 疫情影响与全面振兴 / 邓爱民，李鹏著. -- 北京 : 中国旅游出版社，2020.7

ISBN 978-7-5032-6496-2

Ⅰ. ①中… Ⅱ. ①邓… ②李… Ⅲ. ①文化产业一研究一中国②旅游业发展一研究一中国 Ⅳ. ①G124 ②F592.3

中国版本图书馆CIP数据核字(2020)第103254号

书　　名：中国文旅产业：疫情影响与全面振兴

作　　者：邓爱民　李鹏　著
出版发行：中国旅游出版社
（北京静安东里 6 号　邮编：100028）
http://www.cttp.net.cn　E-mail:cttp@mct.gov.cn
营销中心电话：010-57377108，010-57377109
读者服务部电话：010-57377151
排　　版：北京旅教文化传播有限公司
经　　销：全国各地新华书店
印　　刷：北京明恒达印务有限公司
版　　次：2020 年 7 月第 1 版　2020 年 7 月第 1 次印刷
开　　本：720 毫米 × 970 毫米　1/16
印　　张：25.75
字　　数：396 千
定　　价：69.80 元
ISBN　978-7-5032-6496-2

版权所有　翻印必究
如发现质量问题，请直接与营销中心联系调换